高职高专物流管理专业
人民交通出版社“十一五”规划教材
教育教学改革项目推荐教材

生产物流管理

主　编　原　宇　邵　雷
副主编　蒋　丽　王　倩

人民交通出版社

内 容 提 要

本书系统地介绍了生产物流管理的主要工作内容、操作手段和技巧，具体内容包括：生产物流管理的基本概念、特征及发展趋势，工厂布置物流，生产库存物流管理，生产物流成本管理与生产物流质量控制，生产方式与生产物流，准时生产物流，柔性制造系统，生产物流管理信息系统，生产物流组织与管理。

本书适用于高职高专物流管理专业，也可作为技术应用型高校物流管理及相关专业的教学用书，还可作为培训机构和各级管理人员实施培训的教材及自学用书。

高职高专物流管理专业
人民交通出版社“十一五”规划教材
教育教学改革项目推荐教材

编委会 BIAN WEI HUI

前言 QIAN YAN

依托**教育部高职高专物流管理专业教育教学改革研究项目**，由项目负责人上海第二工业大学黄中鼎教授牵头，人民交通出版社组织多所院校的专家编写了本套推荐教材。本书为其中之一。

生产物流管理是生产管理的重要组成部分，它是从动态的角度来研究生产企业内部物料的实体移动，综合考虑企业的各种因素，以提高物流整体作业效率。生产物流是制造业各个环节组成有机整体的纽带和桥梁，是生产得以持续进行的基础。随着科学技术的发展，制造业规模的不断扩大，生产的自动化水平的不断提高，要求生产物流与现代生产制造系统相适应。

本书从提高企业的生产物流管理效率出发，结合国内外企业发展的实际，融合国际先进物流管理思想，系统地介绍了生产物流管理的主要工作内容、操作手段和技巧，具体内容包括：生产物流管理的基本概念、特征及发展趋势；工厂布置物流；生产库存物流管理；生产物流成本管理与生产物流质量控制；生产方式与生产物流；准时生产物流；柔性制造系统；生产物流管理信息系统；生产物流组织与管理。

本书紧密结合当前生产物流领域的实际情况，引用了大量的案例，突出操作性与实用价值，注重对学生操作技能的培养，并在编写上有所创新。本书适用于高职高专物流管理专业，也可作为技术应用型高校物流管理及相关专业的教学用书，还可作为培训机构和各级管理人员实施培训的教材及自学用书。

本书由原宇（营口职业技术学院）、邵雷（浙江科技学院）担任主编，蒋丽（营口职业技术学院）、王倩（沈阳工程学院）担任副主编。具体分工如下：原宇编写第一章，并负责全书框架结构的设计和统稿工作；邵雷编写第七章、第八章、第九章、第十章；蒋丽编写第二章、第三章、第六章；王倩编写第四章、第五章。

在本书的编写过程中，参阅了许多专家学者的著作和研究成果，在此表示诚挚的谢意。由于编者水平有限，书中难免有疏漏和不当之处，恳请各位专家和读者不吝批评指正。

编　者

2008 年 7 月

目录 MU LU

第一章　生产物流基础

能力目标、知识目标与学习要求

生产物流是企业物流的关键环节，认识并研究生产物流的基本原理，将有利于企业物流优化，提高企业竞争力。本章从物流的角度看生产，首先界定生产系统与物流系统含义以及生产物流系统的概念和特征，重点对生产物流管理的基本内容及对象进行分析。最后介绍了生产物流管理的发展趋势。通过教学，使学生掌握物流系统的构成、现代生产物流系统的结构、生产物流系统设计的基本原则等相关内容。

第一节　生产系统与物流系统概述

一、生产系统

(一)生产系统的概念

生产系统是企业大系统中的一个子系统，是支撑企业生产运行的物质基础，生产系统由硬件和软件两部分组成。生产系统的硬件通常是指生产机器设备、工具器具、生产场地、厂房、运输车辆、通信设施等，它构成生产系统的物质形式。生产系统的软件指的是生产组织形式、人员配备要求、工作制度、运行方式以及管理上的各种规章制度。

生产系统的运动规律就是输入资源，经过生产过程输出产品或服务，并且在生产过程中不断进行信息反馈，如图 1-1 所示。不同的企业根据不同的生产目的应输入不同的资源，具体有：劳动力、资金、土地、建筑物、机器设备、工艺装备、原材料、燃料和信息等。生产系统输出的是产品或服务。它们必须具有使用价值，必须符合社会和市场的需要，这样才能销得出去，这是实现企业赢利目标的前提。

生产系统是一个输入、输出的转换系统，转换过程就是生产过程。企业一定要通过自身的努力，使输出大于输入，才能真正实现企业的赢利目标。为此，企业应尽可能采用最经济的生产方式，以消耗最少的人力、物力、财力和时间，降低成本，缩短交货期，提高效益。

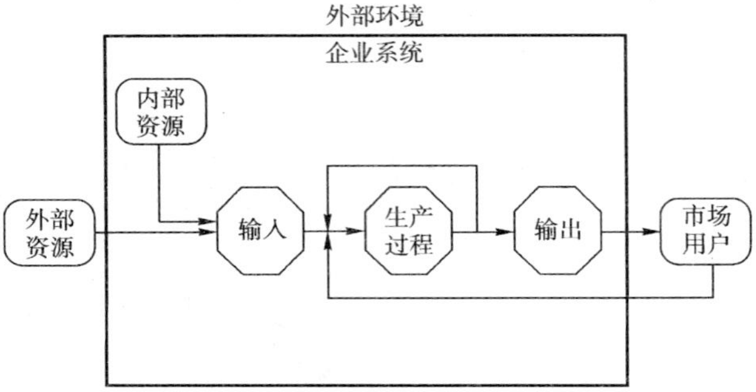

图 1-1　生产系统的运动

在生产系统中还要不断加强内部协调工作。为此，应重视系统内部各环节的信息反馈。信息反馈可以指挥、控制、调整企业生产过程中的偏差，从而使生产顺畅地进行，生产出符合要求的产品或提供劳务。

生产系统与外部环境的联系息息相关，所以必须强调生产系统对外部环境的适应性，加强应变能力。尤其是外部市场瞬息万变，生产系统自身一定要及时地应变。

(二)企业生产系统类型划分

为了更好地研究和组织企业的生产过程，就需要按一定的标志将企业生产系统划分为不同的生产类型，据此实行分类指导。企业生产类型划分的标志很多，在此只介绍两种最典型的划分方法。

1. 按业务来源划分

按业务来源企业生产可以分为订货生产型和存货生产型两种。

订货生产，通常是根据用户的需要进行生产，体现“以需定产”。在订货生产方式下，由于顾客订货一般是不稳定的，时多时少，有时要货急，所以会给生产能力带来冲击，因此，要求企业在生产能力上要保持一定的灵活性和机动性。在销售方面，要争取尽可能多的订单。此外，要严格根据合同按期交货，努力提高履约率。

存货生产，企业根据市场需求预测安排生产，并通过对产品库存来调节生产与市场需求之间的矛盾，即在市场需求低于产量时库存便增加，当市场需求高于产量时就用库存来补偿生产不足。这种安排生产的方式，能使企业生产能力利用率维持在一定水平上，保持稳定的生产秩序。

2. 按产品品种和生产的重复程度划分

按产品品种多少和生产的重复程度，企业生产系统可分为大量生产、成批生产和单件小批生产。

大量生产的特点是产品品种少，同种产品产量大，经常重复生产同种产品，每个工作地固定加工一道或几道工序，专业化程度高。

成批生产的特点是产品品种较多，各种产品的数量不等，生产条件比较稳定，每个工作地要负担较多的工序,各种产品成批轮番生产,工作的专业化程度比大量生产低。成批生产按批量大小,又可分为大批生产、中批生产和小批生产。大批生产接近于大量生产,因而一般称为大量大批生产;小批生产接近于单件生产,因而一般称为单件小批生产。只有中批生产才具有典型的成批生产特点。

单件生产的特点是产品品种很多,每种产品只生产一件或几件之后不再重复,或虽有重复但不定期,生产条件很不稳定,工作的专业化程度很低。

由于生产类型特点的不同,反映出来的经济效益也不相同。在大量生产条件下,工作地专业化程度高,可采用高效率的专用设备和工艺装备,便于组织流水线和自动线,工人操作简单,技术熟练,计划管理工作简单,具有较高的劳动生产率和较低的产品成本,经济效益最好。单件生产条件下,工作地专业化程度低,一般采用通用设备和工艺装备,设备利用率和劳动生产率低,对工人技术水平要求高,计划管理工作复杂,产品成本高,经济效益最差。成批生产的经济效益介于大量生产和单件生产之间。

(三)生产系统与物流系统的联系

企业的生产系统实质上也是一个物流系统。企业的生产系统是用来支撑生产过程的,而产品生产过程是企业生产系统的核心部分。产品的生产过程就是一个典型的物流过程,它是企业物流系统的主要组成部分,同时它也导致其他的企业物流,如供应物流、销售和回收物流、废弃物流等。

例如汽车装配生产线(图 1-2),这条生产线把车桥、发动机、车轮、变速箱、车厢等装配成一辆汽车,因此它是汽车的生产系统。但是,从物流的角度看,它又是一个物流系统:按着一定节拍运行前进的装配线传送带,载着汽车的骨架前行,经过各个装配工序,依次装配上发动机、车轮、变速箱、车厢等各个部件,最后变成一辆完整的汽车,下线后进入成品库暂存待售。

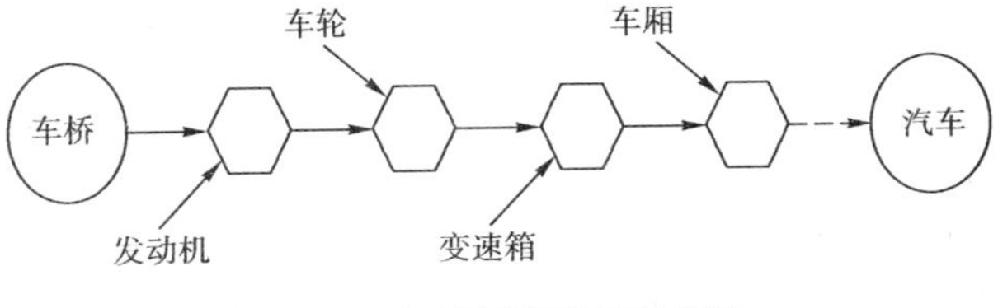

图 1-2　汽车装配线物流示意图

又例如各个车间,如发动机车间,也是一个物流系统(图 1-3)。加工发动机的机壳、主轴、齿轮等部件的各个生产流水线并行运作,都分别由原材料库输入原材料,然后沿各自的流水线一道一道工序地前进,依次进行加工,最后在流水线的末端被加工成一个完整的部件,这些部件再装配成发动机。

由此可以看出,生产过程也就是一个物流过程,生产系统也就是一个物流系统。生产物流和生产流程同步,是从原材料购进开始直到产成品发送为止的全过程的物流活动。原材料、半成品等按照工艺流程在各个加工点之间不停地移动、转移,形成了生产物流。如果生产物流中断，生产过程也将随之停顿。

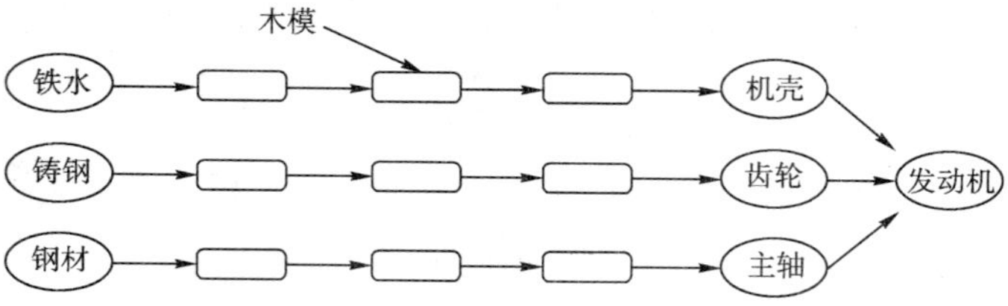

图 1-3 发动机车间物流示意图

生产物流最基本的职能，就是创造物资的形质效用。虽然生产物流创造空间效用、时间效用，但那是为生产服务的，是为保障生产顺利进行服务的。因此，生产物流系统最突出、最本质的功能是创造物资的形质效用，创造为需求者所需要的物资的形状和性质，以满足需求者的需要。

企业内部的生产物流系统还引出了企业外部的供应物流系统和分销物流系统。生产物流系统是分销物流系统的“源泉”，分销物流系统则是生产物流系统的延续。企业生产物流系统既是企业供应物流系统的“汇归”，也是企业供应物流系统在企业内的延续。而供应物流和分销物流都属于社会物流，因此可以说，企业生产物流系统是社会物流系统在企业内部的延续和表现形式。生产过程需要原材料或者零部件。原材料只能通过采购获得，有些零部件也得通过采购获得，这就形成了企业的供应物流。供应物流是企业生产系统正常运行的首要前提。“巧妇难为无米之炊”，没有供应物流，再完美的生产系统也成为无水之源。生产过程的最终产品应当是满足社会需求的，所以最终产品必须销售给社会，这就形成了企业的销售物流。通过销售物流，企业得以回收资金，进行再生产活动。销售物流的效果关系到企业的存在价值是否被社会承认，也是企业生产系统是否有必要的体现。

生产过程除了直接引出供应物流和分销物流之外，还直接和间接引出废弃物物流和回收物流。在生产加工的过程中，总是会或多或少地产生一些废弃物，如边角料、包装材料等。这些废弃物如果不及时清理干净，会给生产系统带来很多问题，甚至会引发安全事故。因此，必须根据实际需要进行收集、分类、加工、包装、搬运、储存，并分门别类地分送到专门的处理场所进行处理，这就是废弃物物流。此外，生产过程中不合格品的返修、退货或者周转使用的包装容器从社会返回到企业就形成了回收物流。

由此可见，企业的生产系统也是一个物流系统。它是社会物流系统在企业内部的延续和表现形式。

二、物流系统

(一)物流

随着市场竞争激烈程度的增加，除了非价格竞争因素受到重视外，企业还要设法提高价格竞争力。价格竞争力的强弱与营运成本有密切关系，而过去一向被忽视的物流已成为降低成本的关键因素之一。营运成本中，企业界较注意生产成本，物流活动所产生的成本因素一向不被重视，一是因物流绩效及成本不易明确计算与评估，二是过去在生产成本上通过生产技术、生产过程的改善已可大幅改善绩效。但是目前上述物流问题随着科技的进步，技术上已渐渐可以达到降低成本的目的，所以近年来企业界反而特别注意通过物流活动的改善降低其营运成本。

广义上讲，物流泛指物质资料的场所(或位置)转移和时间占用的物理性活动，具体内容包括：运输、保管、包装、装卸搬运、流通加工等活动和与之相应的信息与管理活动。狭义上讲，物流是指从生产企业内部的原材料、协作件的采购开始，经过生产制造过程中的半成品的装卸搬运、保管和成品包装，到流通部门的运输、保管、配送，最后到达用户的全过程，以及与之相应的信息与管理活动。为了便于研究，按照物流系统的作用、属性及活动的空间范围，一般有下列分类。

1. 按照作用分类

物流科学按照物流系统的作用可分为：

(1)供应物流。生产企业、流通企业或消费者购入原材料、零部件或商品的物流过程称为供应物流。对于生产企业而言，是指生产活动所需原材料、零部件或备品备件等物资的采购；对于流通企业而言，是指从买方角度出发的交易活动中发生的物流。

(2)销售物流。生产企业、流通企业售出产品或商品的物流过程称为销售物流。对于生产企业而言，是指产品的销售；对于流通企业而言，是指从卖方角度出发的交易活动中发生的物流。

(3)生产物流。从生产企业购进物资入库起，直到产品离开成品库的物流全过程称为生产物流。因此，生产物流存在于每个生产企业，与企业生产过程同步。

(4)回收物流。在生产和流通活动中，一些物资可以回收并再加以利用的物流过程称为回收物流，如作为包装容器的纸箱、塑料筐、酒瓶回收等，又如我国冶金行业产生废钢铁(金属废弃物)作为炼钢原料使用等。

(5)废弃物流。生产和流通系统中所产生无用废弃物的处理活动中的物流过程称为废弃物流，如开采矿山时产生的土石的处理，炼钢过程中产生的钢渣，以及工业废水、工业垃圾的处理等。

2. 按照空间范围分类

物流科学按照物流系统的空间范围可分为：

(1)地区物流。在一定的行政区域或地理位置发生的物流过程称为地区物流。地区物流系统对于提高该地区企业物流活动效率、推动经济发展、保障居民生活，具有重要作用。研究地区物流应根据该地区的具体情况和特点，从本地区的利益出发组织好物流活动。

(2)国内物流。在一个主权国家内发生的物流活动称为国内物流。国内物流是一个国家的经济动脉,对于提高一个国家内企业物流活动效率、推动经济发展、保障居民生活,具有重要作用,应该纳入国家的整体规划中。国内物流的研究重点为:物流基础设施的规划,如铁路、公路、航空,以及大型物资集散基地等的规划;制定有关政策法规;物流技术装备、器具的标准化;物流新技术的开发、引进以及发展物流教育等。

(3)国际物流。在国际上发生的物流活动称为国际物流。随着国际经济贸易一体化发展,国际物流活动日趋频繁,国际物流的研究已成为物流研究的一个重要领域。

3. 按照性质分类

物流科学按照物流系统的性质可分为:

(1)社会物流。常称为大物流,是指流通领域发生的物流。社会物资流通是国民经济的命脉,对于全面提高经济效益和社会效益有非常重要的作用。社会物流是物流科学的主要研究领域。

(2)行业物流。常称为中物流,是指行业内发生的物流。同行业中的企业是市场竞争的对手,但在物流领域中常常相互协作,共同促进行业物流合理化。行业物流应作为各个行业协会的重要研究课题。

(3)企业物流。常称为小物流,是指企业内发生的物流。企业物流按照物流活动发生的先后顺序可划分为:供应物流、生产物流、销售和回收物流、废弃物流。

(二)物流系统

1. 物流系统的概念

物流系统是指在一定的时间和空间里,由所需位移的物资、包装设备、装卸搬运机械、运输工具、仓储设施、人员和通信联系等若干相互制约的动态要素所构成的具有特定功能的有机整体。物流系统的目的是实现物资的空间效益和时间效益,在保证社会再生产顺利进行的前提条件下,实现各种物流环节的合理衔接并取得最佳的经济效益。物流系统是社会经济大系统的一个子系统或组成部分。

2. 物流系统的特征

(1)整体相关性

物流系统是一个由人和机构成的相关整体。物流系统是由人和形成劳动手段的设备、工具所组成。它表现为物流劳动者运用运输设备、装卸搬运机械、仓库、港口、车站等设施,作用于物资的一系列生产活动。在这一系列的物流活动中,人是系统的主体。因此,在研究物流系统的各个方面问题时,把人和物有机地结合起来,作为不可分割的整体,加以考察和分析,而且始终把如何发挥人的主观能动作用放在首位。

(2)大跨度性

物流系统是一个大跨度系统。这反映在两个方面,一是地域跨度大,二是时间跨度大。在现代经济社会中，企业间物流经常会跨越不同地域，国际物流的地域跨度更大。通常采取储存的方式解决产需之间的时间矛盾，这样时间跨度往往也很大。大跨度系统带来的主要是管理难度较大，对信息的依赖程度较高。

(3)可分性

物流是一个可分系统。作为物流系统，无论其规模多么庞大，都可以分解成若干个相互联系的子系统。这些子系统的多少和层次的阶数，是随着人们对物流的认识和研究的深入而不断扩充的。系统与子系统之间，子系统与子系统之间，存在着时间和空间上及资源利用方面的联系；也存在总的目标、总的费用以及总的运行结果等方面的相互联系。

(4)动态性

物流系统是一个动态系统。一般的物流系统总是联结多个生产企业和用户，随需求、供应、渠道、价格的变化，系统内的要素及系统的运行经常发生变化。这就是说，社会物资的生产状况、物资的需求变化、资源变化、企业间的合作关系，都随时随地影响着物流，物流受到社会生产和社会需求的广泛制约。物流系统是一个具有满足社会需要、适应环境能力的动态系统。为适应经常变化的社会环境，人们必须对物流系统的各组成部分不断地修改、完善，这就要求物流系统具有足够的灵活性与可变性。在有较大的社会变化情况下，物流系统甚至需要重新进行系统的设计。

(5)复杂性

物流系统的复杂性。物流系统的运行对象——“物”，遍及全部社会物资资源，资源的大量化和多样化带来了物流的复杂化。从物资资源上看，品种成千上万，数量极大；从从事物流活动的人员上看，需要数以百万计的庞大队伍；从资金占用上看，占用着大量的流动资金；从物资供应经营网点上看，遍及全国城乡各地。这些人力、物力、财力资源的组织和合理利用，是一个非常复杂的问题。

在物流活动的全过程中，始终贯穿着大量的物流信息。物流系统要通过这些信息把各个子系统有机地联系起来。如何把信息收集全面、处理好，并使之指导物流活动，亦是非常复杂的事情。物流系统的边界是广阔的，其范围横跨生产、流通、消费三大领域。这一庞大的范围，给物流组织系统带来了很大的困难。而且，随着科学技术的进步，生产的发展，物流技术的提高，物流系统的边界范围还将不断地向内深化，向外扩张。

(6)多目标性

物流系统是一个多目标系统。物流系统的总目标是实现宏观和微观的经济效益。但是系统要素间有着非常强的“背反”现象，常称之为“效益背反”现象，在处理时稍有不慎就会出现系统总体恶化的结果。通常，对物流数量，人们希望最大；对物流时间，希望最短；对服务质量，希望最好；对物流成本，希望最低。显然，要满足上述所有要求是很难办到的。例如，在储存子系统中，站在保证供应、方便生产的角度，人们会提出储存物资的大数量、多品种问题；而站在加速资金周转、减少资金占用的角度，人们则提出减少库存。又如，在运输中，选择最快的运输方式为航空运输，但运输成本高，时间效用虽好，但经济效益不一定最佳；而选择水路运输，则情况相反。所有这些相互矛盾的问题，在物流系统中广泛存在。而物流系统又恰恰要求在这些矛盾中运行。要使物流系统在诸方面满足人们的要求，显然要建立物流多目标函数，并在多目标中求得物流的最佳效果。

3. 物流系统的模式

物流系统是社会经济大系统的一个子系统或组成部分。一般地说，物流系统具有输入、处理（转化）、输出、限制（制约）和反馈等功能，其具体内容因物流系统的性质不同而有所区别，如图 1-4 所示。

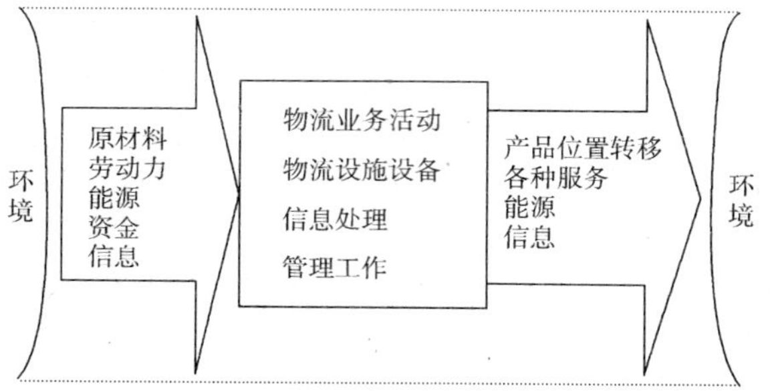

图 1-4　物流系统的模式图

（1）输入

输入包括原材料、设备、劳力、能源等。就是通过提供资源、能源、设备、劳力等手段对某一系统发生作用，统称为外部环境对物流系统的输入。

（2）处理（转化）

处理（转化）是指物流本身的转化过程。从输入到输出之间所进行的生产、供应、销售、服务等活动中的物流业务活动称为物流系统的处理或转化。具体内容有：物流设施设备的建设；物流业务活动，如运输、储存、包装、装卸、搬运等；信息处理及管理工作。

（3）输出

物流系统的输出则指物流系统与其本身所具有的各种手段和功能，对环境的输入进行各种处理后所提供的物流服务。具体内容有：产品位置与场所的转移；各种劳务，如合同的履行及其他服务等；能源与信息。

（4）限制或制约

外部环境对物流系统施加一定的约束称之为外部环境对物流系统的限制和干扰。具体有：资源条件，能源限制，资金与生产能力的限制；价格影响；需求变化；仓库容量；装卸与运输的能力；政策的变化等。

(5)反馈

物流系统在把输入转化为输出的过程中，由于受系统各种因素的限制，不能按原计划实现，需要把输出结果返回给输入，进行调整，即使按原计划实现，也要把信息返回，以对工作做出评价，这称为信息反馈。信息反馈的活动包括：各种物流活动分析报告；各种统计报告数据；典型调查；国内外市场信息与有关动态等。

发展至今，物流系统是典型的现代机械电子相结合的系统。现代物流系统由半自动化、自动化以至具有一定智能的物流设备和计算机物流管理和控制系统组成。任何一种物流设备都必须接受物流系统计算机的管理控制，接受计算机发出的指令，完成其规定的动作，反馈动作执行的情况或当前所处的状况。智能程度较高的物流设备具有一定的自主性，能更好地识别路径和环境，本身带有一定的数据处理功能。现代物流设备是在计算机科学和电子技术的基础上，结合传统的机械学科发展来的机电一体化的设备。从物流系统的管理和控制来看，计算机网络和数据库技术的采用是整个系统得以正常运行的前提。仿真技术的应用使物流系统设计处于更高的水平。

4.物流系统的目标

不同的物流系统，所欲达到的目标是不同的。从不同的角度去观察物流系统，得出的系统目标也会存在巨大的差异。我们从物流的经营角度去认识，则物流系统一般要达到以下的一些效果：

(1)服务。物流系统是联结生产与再生产、生产与消费等的桥梁、纽带，因此，较强的服务性是物流系统的重要目标。例如，物流系统采取送货、配送等形式，就是其服务性的体现；实时响应，无脱销、无货损等事故，是其物流服务质量的具体表现。近年来出现的“准时供货方式”、“柔性供货方式”等，也是物流系统不断提高其服务性的表现。

(2)速送。是指能按客户要求的时间、地点、数量、质量，把货物准时送到。速送性不但是服务性的延伸，也是流通对物流提出的要求。速送性不仅是传统物流系统的目标，更是现代物流系统的重要目标，尤其是随着社会大生产的发展，速送性显得尤其重要。在物流领域采取的诸如直达物流、多式联运、高速公路、自动仓库、计算机信息管理等手段，都有助于速送性目标的实现。

(3)规模效益。追求物流系统的规模性，是以此来追求物流系统的“规模效益”。规模与经济性密切相关联。如何规划物流设施的集中与分散，规划中的货运枢纽站场能否与现有物流设施兼容、协同运作，货运站场、配送中心、仓库的分布数量与规模大小，怎样对各种物流要素进行合理配置以达到最佳系统状态等等，都是在实现物流系统的规模性目标时所需考虑的问题。以物流规模作为物流系统的目标，是以此来追求“规模效益”。生产领域的规模生产是早已为社会所承认的。由于物流系统比生产系统的稳定性差，因而难于形成标准的规模化格式。在物流领域以分散或集中等不同方式建立物流系统,研究物流集约化的程度,就是规模优化这一目标的体现。

(4)有效利用空间。在进行物流系统建设时,必须占用大量土地面积;随着区域经济的发展,城镇建设、道路建设用地紧张的现象非常突出。因此,有效地利用有限的空间,是物流系统的重要目标。审慎地进行物流选址和规划用地效率等,是为了实现该目标的具体体现。

(5)完善库存控制。库存控制是服务性的延伸,宏观调控的要求,也影响到物流系统本身的效益。正确确定库存控制方式、库存数量、库存结构、库存分布,努力协调仓库、物流设施、物流中心或运输枢纽中的仓储功能与库存控制功能等等,都是为了实现这一目标的体现。库存控制是及时性的延伸,也是物流系统本身的要求,涉及物流系统的效益。物流系统是通过本身的库存,起到对千百家生产企业和消费者的需求保证作用,从而创造一个良好的社会外部环境。同时,物流系统又是国家进行资源配置的一环,系统的建立必须考虑国家进行资源配置、宏观调控的需要。在物流领域中正确确定库存方式、库存数量、库存结构、库存分布就是这一目标的体现。

(6)运行机制。建立与实施科学有效的运行机制是物流系统的基本目标之一。机制是指系统运行所依据的原理和基本运作方式。采用什么样的运行机制是物流系统规划的重要内容,直接关系到整个物流系统的建设和运作。

(7)区域联运效率。是指物流设施与港口、机场、不同运输方式的集装箱枢纽站场、中转站、零担货运站与铁路、高速公路、干线道路等线路组成的运输网及节点的配合性。

(8)节约。节约是物流系统提高相对产出的重要手段,包括各种人、财、物投入的节约,以及时间的节约。节约是经济领域的重要规律,在物流领域中除流通时间的节约外,由于流通过程消耗大而又基本上不增加或提高商品使用价值,所以利用节约来降低投入,是提高相对产出的重要手段。

5.物流系统的基本功能

物流系统因具备许多有利功能,所以才广为企业所采用,大致可包括下列功能:

(1)运输功能

运输是物流的核心业务之一,也是物流系统的一个重要功能。选择何种运输手段对于物流效率具有十分重要的意义,在决定运输手段时,必须权衡运输系统要求的运输服务和运输成本,可以从运输机具的服务特性作判断的基准:运费、运输时间、频度、运输能力;货物的安全性、时间的准确性、适用性、伸缩性、网络性和信息等。

(2)仓储功能

在物流系统中,仓储和运输是同样重要的构成因素。仓储功能包括了对进入物流系统的货物进行堆存、管理、保管、保养、维护等一系列活动。仓储的作用主要表现在两个方面:一是完好地保证货物的使用价值和价值,二是为将货物配送给用户,在物流中心进行必要的加工活动而进行的保存。随着经济的发展,物流由少品种、大批量物流进入到多品种、小批量或多批次、小批次物流时代，仓储功能从重视保管效率逐渐变为重视如何才能顺利地进行发货和配送作业。流通仓库作为物流仓储功能的服务据点，在流通作业中发挥着重要的作用，它将不再以储存保管为其主要目的。流通仓库包括拣选、配货、检验、分类等作业并具有多品种、小批量，多批次、小批量等收货配送功能以及附加标签，重新包装等流通加工功能。根据使用目的，仓库的形式可分为：配送中心（流通中心）型仓库：具有发货、配送和流通加工的功能；存储中心型仓库：以存储为主的仓库；物流中心性仓库：具有存储、发货、配送、流通加工功能的仓库。

物流系统现代化仓储功能的设置，以生产支持仓库的形式，为有关企业提供稳定的零部件和材料供给，将企业独自承担的安全储备逐步转为社会承担的公共储备，减少企业经营的风险，降低物流成本，促使企业逐步形成零库存的生产物资管理模式。

（3）包装功能

为使物流过程中的货物完好地运送到用户手中，并满足用户和服务对象的要求，需要对大多数商品进行不同方式、不同程度的包装。包装分工业包装和商品包装两种。工业包装的作用是按单位分开产品，便于运输，并保护在途货物。商品包装的目的是便于最后的销售。因此，包装的功能体现在保护商品、单位化、便利化和商品广告等几个方面。前三项属物流功能，最后一项属营销功能。

（4）装卸搬运功能

装卸搬运是随运输和保管而产生的必要物流活动，是对运输、保管、包装、流通加工等物流活动进行衔接的中间环节，以及在保管等活动中为进行检验、维护、保养所进行的装卸活动，如货物的装上卸下、移送、拣选、分类等。装卸作业的代表形式是集装箱化和托盘化，使用的装卸机械设备有吊车、叉车、传送带和各种台车等。在物流活动的全过程中，装卸搬运活动是频繁发生的。因而是产品损坏的重要原因之一。对装卸搬运的管理，主要是对装卸搬运方式、装卸搬运机械设备的选择和合理配置与使用以及装卸搬运合理化，尽可能减少装卸搬运次数，以节约物流费用，获得较好的经济效益。

（5）流通加工功能

流通加工功能是在物品从生产领域向消费领域流动的过程中，为了促进产品销售、维护产品质量和实现物流效率化，对物品进行加工处理，使物品发生物理或化学性变化的功能。这种在流通过程中对商品进一步的辅助性加工，可以弥补企业、物资部门、商业部门生产过程中加工程度的不足，更有效地满足用户的需求，更好地衔接生产和需求环节，使流通过程更加合理化，是物流活动中的一项重要增值服务，也是现代物流发展的一个重要趋势。

流通加工的内容有装袋、定量化小包装、拴牌子、贴标签、配货、挑选、混装、刷标记等。流通加工功能其主要作用表现在：进行初级加工，方便用户；提高原材料利用率；提高加工效率及设备利用率；充分发挥各种运输手段的最高效率；改变品质，提高收益。

(6)配送功能

配送功能的设置,可采取物流中心集中库存、共同配货的形式,使用户或服务对象实现零库存,依靠物流中心的准时配送,而无需保持自己的库存或只需保持少量的保险储备,减少物流成本的投入。配送是现代物流的一个最重要的特征。

(7)信息服务功能

现代物流是需要依靠信息技术来保证物流体系正常运作的。物流系统的信息服务功能,包括进行与上述各项功能有关的计划、预测、动态(运量、收、发、存数)的情报及有关的费用情报、生产情报、市场情报活动。财物流情报活动的管理,要求建立情报系统和情报渠道,正确选定情报科目和情报的收集、汇总、统计、使用方式,以保证其可靠性和及时性。

从信息的载体及服务对象来看,该功能还可分成物流信息服务功能和商流信息服务功能。商流信息主要包括进行交易的有关信息,如货源信息、物价信息、市场信息、资金信息、合同信息、付款结算信息等。商流中交易、合同等信息,不但提供了交易的结果,也提供了物流的依据,是两种信息流主要的交汇处;物流信息主要是物流数量、物流地区、物流费用等信息。物流信息中库存量信息、不但是物流的结果,也是商流的依据。

物流系统的信息服务功能必须建立在计算机网络技术和国际通用的 EDI 信息技术基础之上,才能高效地实现物流活动一系列环节的准确对接,真正创造"场所效用"及"时间效用"。可以说,信息服务是物流活动的中枢神经,该功能在物流系统中处于不可或缺的重要地位。

信息服务功能的主要作用表现为:缩短从接受订货到发货的时间;库存适量化;提高搬运作业效率;提高运输效率;使接受订货和发出订货更为省力;提高订单处理的精度;防止发货、配送出现差错;调整需求和供给;提供信息咨询等。

第二节　生产物流系统的概念和特征

一、生产物流

生产物流(Production Logistics)在物流术语国家标准中的定义是:生产过程中,原材料、在制品、半成品、产成品等在企业内部的实体流动。

(一)从生产工艺角度分析

由于企业物流是生产工艺的一个组成部分,所以物流过程和生产工艺过程几乎是密不可分的。它们之间的关系有许多种,有的是在物流过程中实现生产工艺所要求的加工和制造,有的是在加工制造过程中同时完成物流,有的是通过物流对不同的加工制造环节进行链接。它们之间有非常强的一体化的特点——"工艺是龙头,物流是支柱”，所以生产物流是指企业在生产工艺中的物流活动（即物料不断地离开上一工序，进入下一工序，不断发生搬上搬下、向前运动、暂时停滞等活动）。其过程为：原材料、燃料、外构件等物料从企业仓库或企业的“门口”开始，进入到生产线的开始端，再进一步随生产加工过程并借助一定的运输装置，一个一个环节地“流”，在“流”的过程中，本身被加工，同时产生一些废料余料，直到生产加工终结，再“流”至制成品仓库。

(二)从物流的范围分析

企业生产系统中物流的边界起于原材料、外构件的投入，止于成品仓库，它贯穿生产全过程，横跨整个企业（车间、工段），其流经的范围是全厂性的、全过程的。物料投入生产后即形成物流，并随着时间进程不断改变自己的实物形态（如加工、装配、储存、搬运、等待状态）和场所位置（各车间、工段、工作地、仓库）。

(三)从物流属性分析

企业生产物流是指生产所需物料在空间和时间上的运动过程，是生产系统的动态表现。换言之，物料（原材料、辅助材料、零配件、在制品、成品）经历生产系统各个生产阶段或工序的全部运动过程就是生产物流。

综上所述，企业生产物流是指伴随企业内部生产过程的物流活动，即按照工厂布局、产品生产过程和工艺流程的要求，实现原材料、配件、半成品等物料在工厂内部供应库与车间、车间与车间、工序与工序、车间与成品库之间流转的物流活动。

二、生产物流系统

(一)生产物流系统的概念

生产物流系统是将生产目标完成和生产顺利进行所必需的物料、设备、部件、动力、动力件等，整合为一个物流系统并能使生产物流总体趋于合理化的综合体。生产物流是企业物流的主体。它的大致过程是：原材料、配套件调入和储存，投入生产后，经过下料、发料，运送到各加工点和存储点，以在制品的形态，从一个生产单位（仓库）流入另一个生产单位，按照规定的工艺过程进行加工、存储，借助一定的运输装置，在某个点内流转，又从某个点内流出，始终体现着物料实物形态的流转过程，终点是到达成品库，退出生产（图 1-5）。所以生产物流的起点是原材料、外购件的投入，终点是成品库，贯穿生产全过程。生产物流系统可归纳为投入、生产转换、输出三个基本环节。物料随着时间的推移，不断改变自己的实物形态和场所位置，物料不是处于加工、装配状态，就是处于存储、搬运和等待状态。如果工业企业物流不畅将会导致生产停顿。

(二)生产物流系统特征

生产物流研究的重点是如何对生产过程中的物料流进行科学的规划、管理与控制。生产物流系统区别于其他物流系统的最显著的特点是它和企业生产紧密联系在

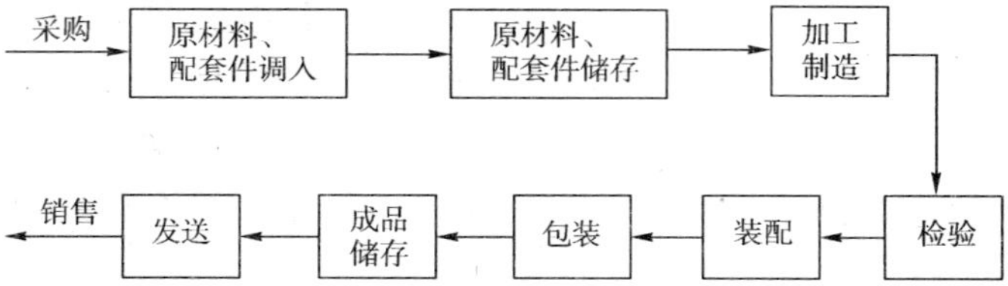

图 1-5　生产物流系统的流程图

一起。只有合理组织生产物流过程才有可能使生产过程始终处于最佳状态，如果物流过程的组织水平低，达不到基本要求，即使生产条件、设备再好，也不可能顺利完成生产过程，更谈不上取得较高经济效益。

生产物流系统特征要求，也就是合理组织生产物流的基本要求，表现为以下几个方面：

1. 物流过程的连续性

生产物流过程的连续性是指物料处于不停的运动之中，且流程尽可能短，它包括空间上的连续性和时间上的连续性。时间上的连续性是指物料在生产过程的各个环节，自始至终处于连续状态，没有或很少有不必要的停顿与等待现象。空间上的连续性要求生产过程各个环节在空间布置上合理紧凑，使物料的流程尽可能短，没有迂回往返现象。提高生产物流过程的连续性，可以缩短产品的生产周期，降低在制品库存，加快流动资金的周转，提高资金利用率。

2. 物流过程的平行性

生产物流过程的平行性是指物料在生产过程中实行平行交叉作业。一个企业通常生产多种产品，每一种产品又包含着多种零部件，加工装配式生产使实现物流生产过程的平行性成为可能。平行作业是指相同的零件同时在数台相同的机床上加工；交叉作业是指一批零件在上道工序还未加工完时，将已完成的部分零件转移到下道工序加工。显然，平行交叉作业可以大大缩短生产物流过程的周期。

3. 物流过程的节奏性

生产物流过程的节奏性是指产品在生产过程的各个阶段，从投料到最后完成入库，都能保证按计划有节奏、均衡地进行，能够在相等的时间间隔内，完成大体相等的工作量。节奏性与均衡性的含义基本相同只不过它的时间间隔取得较小。均衡性一般取月、旬、日，节奏性则以小时、分、秒计。节奏性一般用于大量大批生产。生产物流过程不均衡会造成忙闲不均，既浪费资源，又不能保证质量。还容易引起设备、人身事故。

4. 物流过程的比例性

生产物流过程的比例性是指生产过程各个环节的生产能力要保持适合产品制造的比例关系。它是生产顺利进行的重要条件，如果比例性遭到破坏，则生产物流过程必将出现“瓶颈”。瓶颈制约了整个生产物流系统的产出，造成非瓶颈资源的能力浪费和物料阻塞，也破坏了生产物流过程的连续性。

5. 物流过程的适应性

生产物流过程的适应性是指生产过程的各个阶段、各个工序都按后续阶段和工序的需要生产。即在需要的时候，按需要的数量，生产所需的零部件。生产物流过程的适应性将企业与用户紧密联系起来，用户需要什么样的产品，企业就生产什么样的产品，需要多少就生产多少；何时需要就何时提供。要做到让用户满意。

(三)生产物流系统的设计原则

生产物流系统的设计融合在企业生产系统设计中，企业进行生产系统设计时，不仅要考虑生产系统的布置要适应生产能力的需要，而且还要考虑进料、临时储存、生产系统前中后的搬运、调度、装箱、库存、运送等物流活动。设计生产物流系统时，应遵循下列一般原则。

1. 功耗最小原则

生产物流过程中不增加任何附加价值，只消耗大量人力、物力和财力，因此物流“距离”要短，搬运“量”要小。

2. 流动性原则

良好的企业生产物流系统应该流动顺畅，消除停滞，力求生产流程的连续性。当物料向成品方向前进时，应尽量避免工序或作业间的逆向、交错流动或发生与其他物料混杂的情况。

3. 高活性指数原则

采用高活性指数的搬运系统，减少二次搬运和重复搬运量。

第三节　生产物流管理的基本内容及对象

一、生产物流管理的基本内容及对象

生产物流管理是生产管理的重要组成部分，它是从动态的角度来研究生产企业内部物料的实体移动，综合考虑企业的各种因素，以提高物流整体作业效率。生产物流管理的基本内容有：

(一)物资资源投入的管理

1. 物料准备和供应的物流管理

物料是指制造产品、提供服务所需的原材料、零部件和其他物品。物料管理是企业物流管理的基础工作和重要手段，在生产过程中物料消耗是一种生产性消费行为，编制好物料供应计划和考核物资消耗高低的标准，是企业物流管理的基础工作和重

要手段。抓好物料消耗定额工作,对加强物流管理具有十分重要的意义。物料准备和供应的管理的主要目标是以最经济的方法保证及时充足、保质保量的物料供应。

2. 设备的物流管理

现代化企业提供产品和服务能力的一大特点是取决于其设备的能力,而不是人员工作的速度,因此生产与运作管理中设备管理的主要目的是保持足够、完好和灵活的生产运作能力。

(二)生产转换过程的物流管理

1. 工厂物流布置

工厂物流布置是根据企业的经营目标和生产纲领,在已确定的空间场所内,按照从原材料的接收、零件和产品的制造,到成品的包装、发运的全过程,将人员、设备、物料所需要的空间做最适当的分配和最有效的组合,以便获得最大的生产经济效益。工厂布置设计包括两个内容:工厂总体布置和车间、仓库等布置。工厂布置的目的是要将企业内的各种物质设施进行合理安排,使它们组合成一定的空间形式,从而有效地为企业的生产运作服务,以获得更好的经济效果。设施布置在设施位置选定之后进行,它要确定组成企业的各个部分的平面或立体位置,并相应地确定物料流程、运输方式和运输路线等。

2. 物料需求管理

由于诸多方面的原因,企业物料的库存数量是经常变动的,为了使库存量保持在合理的水平上,就要进行合理的、科学的库存控制。当库存物料的储备数量过少时,则不能满足企业生产或经营的需要;而储备数量过多时,不仅要占用大量资金,影响流动资金的周转,而且还要占用大量的生产面积和仓库面积,还可能由于长期积压而使存货损坏变质,造成浪费。因此,需要加强库存控制,做好物料需求计划,搞好存货的科学管理,从而在保证企业生产或经营活动能够正常进行的前提下,使库存量维持在合理的水平上,降低库存成本,提高企业的经济效益。物料需求管理研究在什么时间、以什么数量、从什么来源补充库存,使得保持库存和补充采购的总成本最少。物料需求管理的目标是以最合理的成本为用户提供所期望的服务水平。

3. 物料流的配送管理

配送是按用户提出的要求(包括货物的品种、质量、规格、数量、送达时间等要求)进行备货、送货的一种综合性的、一体化的物流运动。从环节上看,既包含着货物运输,同时也融合了集货、存储、分货、拣选、配装等活动。有些货物的配送活动(如生产资料配送)还常常附带着流通加工。

从运动程序上看,配送贯穿着以下几种操作:收集信息以此作为配送的依据;备货,包括组织货源和理货;运送货物,这是构成配送的一个重要因素,也是配送的最终环节。物料流配送管理的目的是对送货工具(运输工具)、送货路线和运输方式等进行选择,以此优化运输,及时将物料运达目的地。

(三)生产物流的输出管理

由于生产的目的不是为了生产而生产，在生产完成了制造过程之后，要销售给顾客。虽然如何销售不属于生产物流管理的范围，但为了销售，必须在生产过程中及生产过程完成之后，对制品进行质检、包装、运输、放置到成品库，这之中也要发生相应的物的流动。本书不涉及仓储及企业外部运输的物流管理。

二、企业生产物流的计划与控制

企业生产物流，尤其是制造企业的生产物流，是伴随着产品生产制造过程而发生的，也就是说，产品的生产制造过程实质上是一个物流过程。企业根据市场需求预测或已接到的客户订单做出的生产运作计划实际上就是物料流动的计划，它具体安排了物料在各工艺阶段的生产进度，并使各生产环节上的在制品的结构、数量、时间与计划相协调。而企业生产物流的控制则主要体现在对生产物料流动速度的进度控制及对生产物料数量上的控制，即根据实际进度与计划进度的差异及实际情况的变动来控制生产物料的数量与流动速度。

三、生产物流管理的目标

在企业生产系统中，物料流转贯穿加工制造过程的始终，生产物流管理的目标就是：

(1)效率目标。提供畅通无阻的物料流转，减少生产等待物料的时间、缩短生产周期、提高生产效率。

(2)保障目标。在恰当的时间、以恰当的方式和数量、在恰当的地点、以最经济的方法保障物料的供应。防止物料损坏、丢失，防止人身设备事故，以保证生产过程顺利、高效地进行。

(3)效益目标。确定最佳供应路线和供应组合，减少物料搬运的数量、频率和距离，减少搬运费用，降低物料供应的成本。

四、生产物流业务的管理重组

生产物流业务的管理重组作为管理思想，出现于20世纪90年代，由于是站在新的角度去审视企业，并且大量采用了充满挑战和机遇的IT技术，所以业务流程再造成为企业管理界的热门话题。生产物流业务的管理重组是对企业流程的改善和重新设计，通过改变管理、信息、技术、组织结构和员工之间的关系，使企业在质量、响应速度、成本、柔性、顾客满意度、股票价值，以及其他重要流程业绩方面取得优势。概括地说，生产物流业务的管理重组包括以下三个内容。

1. 生产物流功能的重组

通过对生产物流功能的重组，从根本上考虑和彻底地设计企业的流程，使其在成本、质量、服务和速度等关键指标上取得显著的提高。生产物流业务流程的重组突破了传统的劳动分工理论的思想体系，它强调以“流程导向”代替原有的“职能导向”的企业组织形式，为企业经营管理提出了一个全新的思路。生产物流的重组是一种革命的新方法，这种方法通过使用信息技术和人力资源管理技术，对企业的流程进行创新，通过检查和简化企业关键流程中的活动和信息流，可以达到降低成本、提高质量和增大柔性的目的。

2. 生产物流组织的重组

企业作为一种组织客体，必须不断地调整自身结构，以便在发展过程中不断地适应各种环境的变化。管理者通过各种运作方式，运用组织结构中不同部门、不同活动的组合，使系统中的信息流、物流和资金流正常流动，并最终实现企业的经营目标。组织结构就像人体的骨骼，在企业管理中起着支撑作用。企业为实现其经营目标所具有的一系列功能，以及为完成这些基本职能需要进行的一系列活动，都可以用一系列的业务流程来阐述。因此，为了能够有效地对上述活动进行协调和控制，就产生了对企业的组织结构进行调整与重组的问题。组织重组包含两项基本内容：一是职能解析，二是管理过程分析与重组。通过职能分析，可以确定企业所应具备的基本职能和为实现基本职能需执行的工作内容。通过管理过程分析与重组，即对为实现基本职能所进行的活动的顺序分析，可以找出不合理部分，进行重新安排，以使活动更加有效。这样就形成了企业必须具备的基本职能的各个管理过程，即重组后企业应该具备的管理过程。职能分析和管理过程重组是相辅相成、相互修正的，利用职能分析和管理过程分析的结果，结合组织结构划分原则，便可得到新的组织结构。当然，由于重组原则和企业着眼点不同，所以可以得到多种组织结构方案供决策者参考评价，进而最终确立重组后的企业组织结构。物流管理组织结构有以下几种：

(1)传统物流管理组织结构

这种组织结构是按职能专业部门分工的组织形式，如图 1-6 所示。这时的部门划分主要表现为按专业分割，虽然有上级主管部门进行协调，但是由于各个部门总是从各自的利益出发，从部门主管开始就很难达成一致，更不用说下面的工作人员。这种现象意味着整个工作缺乏跨职能协调性，从而导致重复和浪费，信息常被扭曲或延迟，权力界限和责任常常是模糊的。这时候还没有出现独立的物流管理功能，也没有独立的职能部门。

(2)简单功能集成的物流组织形式

当企业初步认识到业务分割和分散化的组织使企业反应迟钝这个问题时，便开始了对组织功能合并和集成的尝试，这种变化出现在 20 世纪 30 年代。但是这时的功能集成只集中在少数核心业务上。例如，在市场营销领域，集中点通常围绕在客户服务周围；在制造领域，集成通常发生在进入原材料或零部件采购阶段，大多数的部门并未改变，组织层次也没有很大改变，因此其功能整合的效果有限。简单功能集成的组织机构形式如图 1-7 所示。

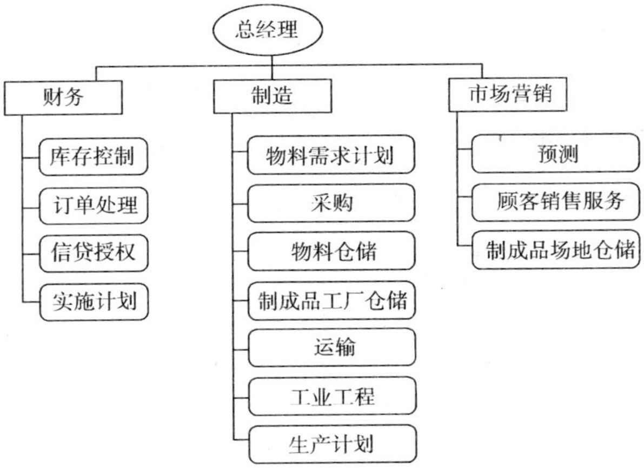

图 1-6　传统型组织结构

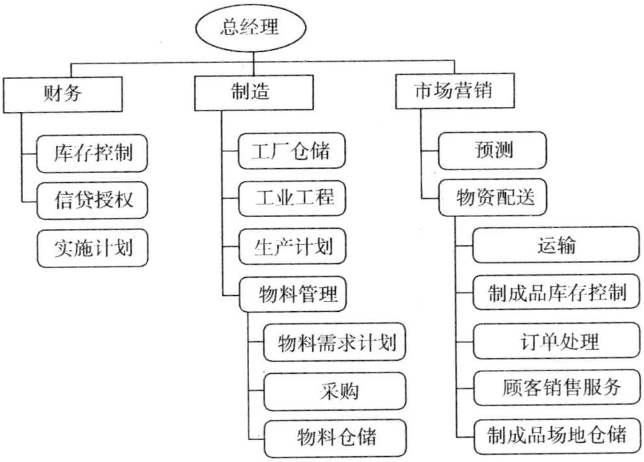

图 1-7　简单功能集成的物流组织结构

(3)物流功能独立的组织形式

20 世纪 60 年代末 70 年代初，物流管理的重要性受到了进一步重视，出现了物流管理功能独立的组织形式，如图 1-8 所示。此时将物资配送和物料管理的功能独立出来，在企业中的地位得到了相应的提高。尤其是随着市场需求量的逐渐加大，企业为了更快地、成本更低地做出反应，纷纷建立面向零售业的物流配送中心，这也是造成物流管理部门相对独立和地位提升的原因之一。

(4)一体化物流组织形式

20 世纪 80 年代初期出现了物流一体化组织的雏形。这种组织结构试图在一个高层经理的领导下，统一所有的物流功能和运作，目的是对所有原材料和制成品的运

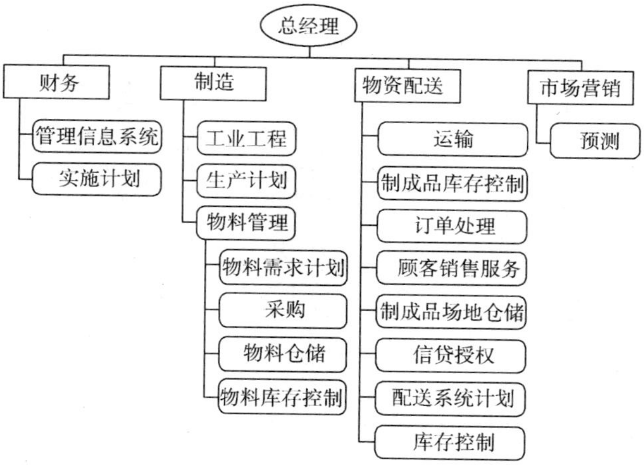

图 1-8　物流功能独立的组织结构

输和存储进行战略管理，以使企业获得最大利益。这一时期计算机管理信息系统的发展，促进了物流一体化组织的形成，如图 1-9 所示。在这种组织结构中，最高层负

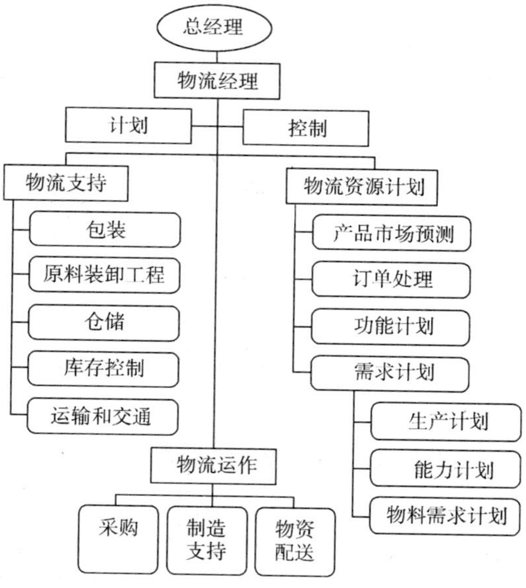

图 1-9　一体化物流组织结构

责总体的计划与控制，这种努力的结果促进了一体化的形成。计划功能关注的是长期的战略定位，并对物流系统质量改进和重组负责。物流控制的注意力集中在成本和客户服务绩效的测量上，并为管理决策制定提供信息。物流控制系统开发是综合物流管理预测的关键程序之一。这时的物流组织将厂商定位在可以处理采购、制造支持和物资配送之间的利益协调方面，有利于从整体把握全局观念。

3. 生产物流管理的重组

利用先进的物流管理技术、方法以及管理思想着眼于降低总体的物流成本，这种重组实际上是一种管理方法的创新，不仅是生产物流管理的基础工作，更重要的是管理效率的提升和发展。在生产物流管理的重组方面，可以利用最新的信息技术、系统化技术、统筹管理方法等，全方位的提高生产物流管理的层次、质量和效率。

第四节　生产物流管理的发展趋势

一、生产物流的发展阶段

生产物流和生产流程同步，是从原材料购买开始，直到产成品发出为止的全过程的物流活动。原材料、半成品等按照工艺流程在各个加工点之间不停顿地移动，形成了生产物流。如果生产物流中断，生产过程将随之停顿。生产物流的发展经历了五个阶段：

（一）人工物流

原始的物流是从人们的举、拉、推等人工操作开始的。第一代物流是人工的，但至今人工物流仍存在于很多系统中。

（二）机械物流

由于机械设备的使用，人类的生产能力和活动范围都扩大了，现代化设备能让人们更快地举起、移动更重的物体，机器延伸了人们的活动范围，使物料堆得更高，在同样的面积上可以储存更多的物料。从19世纪中叶到20世纪中叶的将近一个世纪的时间里，机械化系统一直起着主导作用。与此同时，它在当今的许多物流系统中，仍是重要的组成部分。

（三）自动化物流

自动存取系统、自动引导车、电子扫描器和条形码构成了自动化物流系统的主要组成部分，自动化物流也采用机器手堆垛物料、包装、监视物流过程及执行某些操作，大大提高了物流效率。

（四）集成化物流

在自动化物流的基础上，进一步将物流系统的信息集成起来，使物料计划、物料调度、物料搬运、物料生产的各个过程的信息，通过计算机网络相互沟通。这种系统使生产与物流间更加协调。

（五）智能物流

将人工智能集成到物流系统中，在生产计划做出后，自动生成物料和人力需求，查看存货单和购货单，规划并完成物流过程。智能化物流在某些物流系统中得到了应用。

二、生产物流的发展趋势

生产物流是制造业各个环节组成的有机整体的纽带和桥梁，是生产过程持续不断的基础，传统的生产物流，物流设备是以手工、半机械化和机械化为主，生产效率低，工人劳动强度大。传统的物流信息传送速度慢，信息分散，准确性差，落后的生产物流制约了生产的快速发展，随着科学技术的发展，制造业规模的不断扩大，生产的自动化水平的不断提高，要求生产物流与现代生产制造系统相适应。

随着科学技术的发展和管理科学的不断完善，尤其是以物的动态流转过程，特别是加工制造过程为主要研究对象的生产物流将呈现如下发展趋势：

（一）物流向信息化的方向发展

现代社会已经步入了信息时代，物流的信息化是整个社会信息化的必然要求和重要组成部分。物流信息化表现在：物流信息的商品化，物流信息收集的代码化和数据库化，物流信息处理的电子化和计算机化，物流信息传递的标准化和实时化，物流信息存贮的数字化和物流业务数据的共享化等。信息化是现代物流发展的基础，没有物流的信息化，任何先进的技术装备都无法用于物流领域，信息技术在物流中的应用将会彻底改变世界物流的面貌，一些新的物流信息技术在未来的物流中将会得到普遍采用。与现代化生产制造相适应的物流系统信息量大，节奏快，路线复杂，要求高。所以，应采用计算机管理，才能对物流系统进行动态管理。计算机与其他系统实时联机，发送和接收信息，使物流系统与生产制造系统有机地联系，可以提高物流系统的效率。

（二）物流设备向机械化、自动化的方向发展

采用快速、高效自动化的物流设备是生产物流现代化的基础。物流机械化、自动化的效果有：扩大物流作业能力、提高劳动生产率、减少物流作业的差错等。物流机械化、自动化的技术很多，如条码技术、射频自动识别技术，自动化立体仓库回来技术，自动存取技术，自动分拣技术，自动导向和自动定位技术，货物自动跟踪技术等。典型的现代化物流设备有：自动化立体仓库，改平面堆放为立体空间堆放，节约了库房面积，有利于自动化管理。自动引导运输车，快速准确的运输，便于计算机管理与调度。自动化上下料机器，与加工设备同步协调，安全、快捷，便于计算机管理与控制。这些技术在经济发达国家已经普遍使用于物流作业中，在我国，虽然某些自动化技术已被采用，但达到普遍应用还需要相当长的时间。

（三）物流系统向整体化的方向发展

生产物流系统点多、线长、面宽、规模大。相对来说，传统生产物流设备落后、搬运效率低，传统生产物流的分散化和个体化是制约生产发展的一个重要原因。现代生产物流是把物流系统看成一个整体，从系统化、集成化的概念出发对生产物流系统进行设计、分析、研究和改进，追求系统整体的优化。

(四)物流技术向标准化的方向发展

标准化技术也是现代生产物流技术的一个显著特征和发展趋势,同时也是现代生产物流技术实现的根本保证。货物的运输配送、存储保管、装卸搬运、分类包装、流通加工等各个环节中信息技术的应用,都要求必须有一套科学的作业标准。例如,物流设施、设备及商品包装的标准化等,只有实现了物流系统各个环节的标准化,才能真正实现物流技术的信息化、自动化、网络化、智能化等。特别是在经济全球化和贸易全球化的新世纪中,如果在国际间没有形成物流作业的标准化,就无法实现高效的全球化物流运作,这将阻碍经济全球化的发展进程。

(五)物流功能向协同化的方向发展

生产物流功能的协同化主要表现在:第一,生产订单与物流的协同性。现代物流理论认为,订单是产品在某市场范围内全部需求的集合,是各类不同用户对企业所提供的核心产品、形式产品和附加产品认知、感受、接受、偏爱程度的综合反映。以订单为依据的采购,才能使采购物资的数量、质量、规格、型号完全符合生产的需要,生产的产品完全符合销售的需要,销售的商品完全符合用户的需要。要做到这一点,必须使订单的信息流与集团公司的存货结合起来,使采购和回运、分销和配送业务相互沟通,在订单的统帅下,产生协同效用。第二,JIT 管理与物流时空变化的协同性。"JIT"即"Just In Time"的缩写,译为"即时"。即时管理是与当今世界物流管理相适应的极为重要的理念。生产性企业集团 JIT 的核心内容就体现在 JIT 采购、JIT 送料、JIT 制造和 JIT 配送几个方面。JIT 管理的目的就在于实现零库存、零距离、零运营资本。零库存就是配送中心没有长期闲置的物料堆积,也没有滞销的产成品的库存积压。

S 本章小结

1. 生产物流系统是将生产目标完成和生产顺利进行所必需的物料、设备、部件、动力、动力件等,整合为一个物流系统并能使生产物流总体趋于合理化的综合体。生产物流是企业物流的主体。生产物流系统可归纳为投入、生产转换、输出三个基本环节。

生产物流系统特征:(1)物流过程的连续性;(2)物流过程的平行性;(3)物流过程的节奏性;(4)物流过程的比例性;(5)物流过程的适应性。

生产物流系统的设计原则:(1)功耗最小原则;(2)流动性原则;(3)高活性指数原则。

2. 生产物流管理的基本内容及对象:物资资源投入的管理;生产转换过程的物流管理;生产物流的输出管理。

3. 生产物流的发展经历了五个阶段:(1)人工物流;(2)机械物流;(3)自动化物

流;(4)集成化物流;(5)智能物流。

生产物流的发展趋势:(1)设备向机械化、自动化的方向发展;(2)物流向信息化的方向发展;(3)物流系统向整体化的方向发展;(4)物流技术向标准化的方向发展;(5)物流功能向协同化的方向发展。

E 练习题

1.简述什么生产物流系统?生产物流系统有哪些特点?

2.简述生产物流管理的基本内容及对象是什么?

3.生产物流的发展经历了哪几个阶段?

第二章 生产系统规划布局的物流管理

能力目标、知识目标与学习要求

生产系统规划布局包括工厂布置、厂区布局布置两大类问题。工厂布置、厂区布局布置本身是一个物流的配置问题,也是一个影响和决定生产物流的关键因素。做好工厂布置、厂区布局布置是管好物流的前提。定置管理是对生产现场中的人、物、场所三者之间的关系进行科学的分析研究,使之达到最佳结合状态的一门科学管理方法。本章要求重点掌握厂址选择的方法、工厂布置的物流管理方法,车间布置物流管理的目标和原则,掌握定置管理的基本理论。

第一节 工厂布置与物流管理

工厂布置从物流管理的角度看,主要包括厂址选择和工厂总平面布置。

一、厂址选择

厂址选择是指如何运用科学的方法决定工厂的地理位置,使企业的整体经营运作系统有机结合,以便有效、经济地达到企业的经营目的。厂址选择是一项包括政治、经济、技术的综合性工作。必须贯彻国家建设的各项方针政策,多方案比较论证,选出投资省、建设快、运营费低、具有最佳经济效益、环境效益和社会效益的厂址。

(一)选址

工厂建在固定的厂址,位置一经确定,就不能移动。厂址选择是否得当,对工业在各个地区的合理分布,城市和工业区的建设,自然资源的开发利用和环境保护,都具有深远的影响;同时,也直接关系到拟建企业的建设投资、建设工期和投产后的经济效益。这是一项政策性强、技术性和经济性要求高的工作,对大型和特大型建设项目的厂址选择尤为重要。

厂址选择的决策过程:

厂址选择总体分析是要进行三个层次的决策,首先要进行区域选择,即在省际甚至在洲际范围内考虑厂址问题；其次要进行社区选择，决定在哪个城市或乡镇；最后进行地址选择，落实到具体的厂址、面积等方面。具体的厂址选择决策应该包括下面7个步骤：

(1)确定选址的目标。选择厂址或店址虽然都是为了寻找一个更好的经营地点，但具体的目标方面仍有差异，有的是为了扩大生产能力，有的是为了接近客户、占领市场，有的是为了寻求成本的降低，有的“迁都”选址是为了开发疆土、实现区域间的经济平衡，因此明确选址的深层次目标对于决策来说是至关重要的。

(2)确定建厂的最佳区域。在明确选址目标的前提下进行厂址的区域选择，如果是为了开发市场、接近客户，区域选择很明确；如果是为了寻找低廉的劳动力来降低生产成本，可选的区域就要相对多一些；而如果是为了扩大生产能力、实现多角化经营等，那时可选的区域可能还会增多。进行区域选择时主要考虑企业经济活动的需求，可借助盈亏平衡分析来预测不同区域的建厂获利潜力。

(3)确定建厂选点的决策要素及其评价标准，主要从产品、营销、技术、设施、交通、人员等方面考虑:哪些对实现目标影响最大或作用最显著，然后分析、确定各项要素的实际要求水平，如客户要求必须在72h之内交货等，就是一项具体的决策厂址的评价标准。

(4)对区域中的社区按以上标准进行筛选，可采用定性打分的判别方法，将各社区的达标满意水平反映出来，进行对比分析、评价。

(5)对定性筛选后的重点社区进行定量分析，可利用运筹学中的运输问题模型进行求解，比较出最优的社区。

(6)在社区内对最佳地点进行决策，也可采用运输模型求解。

(7)确定建厂的实施方案与工作计划，包括进行基础设施设计、资金预算计划、各项工作的总体计划安排等。

(二)工厂选址的影响因素

1.原料、燃料及产品销售

工厂选址要接近原料厂地及产品销售地区，运输方便，保证原料、燃料及时供应，产品迅速销售并降低运输成本。

2.地形

外形应尽可能简单，如为矩形场地长宽比一般控制在1∶1.5之内，较经济合理。地形应有利于车间布置、运输联系及场地排水。一般情况下，地下水位最好低于地下室和地下构筑物的深度；地下水对建筑基础最好无侵蚀性，了解蓄水层水量。

3.气候

考虑高温、高湿、云雾、风沙和雷击地区对生产的不良影响，考虑冰冻线对建筑物基础和地下管线敷设的影响。

4.交通运输

根据工厂运货量、物料性质、外部运输条件、运输距离等因素合理确定采用的运输方式（铁路、公路、水运、空运）。运输路线应最短，方便，工程量小，经济合理。

5. 给水排水

靠近水源，保证供水的可靠性，并符合生产对水质、水量、水温的要求。污水便于排入附近江河或城市下水系统。应有利于同相邻企业和城市（镇）科技、信息、生产、修理、公用设施、交通运输、综合利用和生活福利等方面的协作。

6. 能源供应

靠近热电供应地点，所需电力、蒸汽等应有可靠来源。自备锅炉房和煤气站时，宜靠近燃料供应地；煤质应符合要求，并备有储灰场地。

7. 居住区

要有足够的用地面积和良好的卫生条件，有危害性的工厂应位于居住区夏季最小频率风向的下风侧，并要有一定的防护地带。配合城市建设，宜靠近现有城市，以便利用城市已有的公共设施。居住区应靠近工厂，职工上下班步行不宜超过30km，高原与高寒地区步行不宜超过 15～20km。

8. 施工条件

了解当地及外来建筑材料的供应情况、产量、价格，尽可能利用当地的建筑材料。了解施工期间的水、电、劳动力的供应条件，以及当地施工技术力量、技术水平、建筑机械数量、最大起重能力等。

9. 安全防护

工厂与工厂之间，工厂与居住区之间，必须满足现行安全、卫生、环保各项有关规定。必须满足人对水、电源的要求。

10. 其他

厂址地下如有古墓遗址或地上有古代建筑物、文物时应征得有关部门的处理意见和同意建厂文件；避免将厂址选择在建筑物密集、高压输电线路地工程管道通过的地区，以减少拆迁；在基本烈度高于 7 度地区建厂时，应选择对抗震有利的土壤分布区建厂；厂址不应选择在不能确保安全的水库下游与防洪堤附近。

选择具体位置时的影响因素主要有：

1. 面积

厂区用地面积应满足生产工艺和运输要求，并预留扩建用地。有废料、废渣的工厂，其堆存废料、废渣所需面积应满足工厂服务年限的要求。居住用地应根据工厂规模及定员，按国家、省、市所规定的定额，计算所需面积。施工用地应根据工厂建设规模、施工人数、临建安排等因素考虑。

2. 工程地质

应避开发震断层和基本烈度高于 9 度的地震区，泥石流、滑坡、流沙、溶洞等危害地段，以及较厚的 3 级自重湿陷性黄土、新近堆积黄土、一级膨胀土等地质恶劣区。应避开具有开采价值的矿藏区、采空区，以及古井、古墓、坑穴密集的地区。场地地基承载力一般应不低于 0.1MPa。

3. 周围环境

所选位置能否为职工提供包括住房、娱乐、生活服务、交通等在内的良好生活条件。这也是能使生产运作系统有效、高效运行的必要条件之一。同时也要考虑科技依托条件，对于一些技术密集型产业，尤其是高新技术产业，应选择建在科技人员集中的地区，如大专院校和科研院所的附近，以利依托雄厚的科技力量开发新产品。

总之，进行厂址选择是一个企业的重大长远决策，要进行充分的可行性研究。目前很多地方进行了开发区的规划，这对厂址选点有所帮助，但对制造业工厂的区域决策、服务业的选点决策来说仍应进行慎重仔细的分析、决策。

二、工厂总平面布置与物流管理

工厂总平面布置是指对整个工厂大系统内所有占据空间位置的要素进行总体设计，使之在有限的空间范围内各得其所，相互协调地实现系统规定的共同目标。

工厂总平面布置就是工厂的总安排。它是根据已选定的厂址地形，对组成工厂的各个部分，包括基本生产车间、辅助生产车间、仓库、公用设施、服务部门、绿化设施等进行合理布置，确定其平面和立面的位置，并相应地确定物料流程、运输方式和运输线路。所谓布置，就是对一个系统内所有占据空间位置的要素进行总体安排，使之在有限的空间范围内各得其所，相互协调地实现系统规定的共同目标。工厂总平面布置是一个大系统，它是由生产作业系统、技术开发系统、劳务供应系统、后勤系统、运输系统、动力系统、照明系统、给排水系统、安全系统等子系统组成的。这个大系统对外又属于一个更大规模的系统，即属于城市或地区规划的一个组成部分。各系统之间、一个系统内部各要素之间存在着相互制约、相互依存的关系，并处于变动状态，不断地有各种资源、信息的输入和输出。因此，工厂总平面布置必须从系统的观点出发，统筹兼顾，全面规划，合理部署，讲求整体的最优效果。

（一）工厂总平面布置的原则

工厂总平面布置必须从系统的观点出发，统筹兼顾，全面规划，合理部署，讲求整体的最优效果。进行厂区平面布置应遵循下列原则：

(1)满足企业生产过程的要求。工厂总平面布置应使厂房、设施和其他建筑物的配置满足企业生产过程的要求和工艺流程合理。

(2)尽可能使厂区内的物料运输距离最短。这就要求尽可能避免交叉运输和重复往返运输，尽可能减少物料流量。因此，应尽可能使厂房按生产流程的顺序布置。

(3)尽可能使工厂总平面布置紧凑。一般说来，工厂占地面积小，厂区布置紧凑，则建厂时的土方工程量就小，运输路线、工程管道和道路的里程也短，因而基建费用就低。为了节约用地，不仅要提高企业的建筑系数(厂房、建筑物占地面积在全厂总面积中所占的比重)，还要提高单位建筑面积的产量和利用多层建筑物的优点。

(4)要合理划分厂区。尽可能按功能或其他条件把厂区划分为不同的功能区域，把相同或相近功能且条件要求相近的生产单位布置在同一个区域内。如机械制造厂可分为加工区、动力区、办公区和生活区等等，这样便于管理，有利于厂区安全和环保。

(5)有利于整体协调。工厂总平面布置应有整体观念，在可能的条件下使厂区布置各要素之间相互协调。如一个单位的进出口处应布置得对于另一个发放或接收的单位是最方便的。

(6)工厂总平面布置要有利于安全和职工的健康。安全要求是多方面的，如防火、防爆、防盗、防毒等，在厂区布置时均应予以妥善考虑。另外，厂区布置应充分考虑保证在其内工作的职工的身心健康，注意厂区的绿化和美化，并设置适当的休息区域。

(7)充分利用外部环境提供的便利条件。在进行工厂总平面布置时应充分考虑环境给予的各种便利条件并尽可能予以利用，特别是厂外运输条件。生产过程的流向和运输系统的配置应满足货运路线的要求，保证物料输入和产品输出比较方便。

(8)工厂总平面布置要与环境相协调。企业应牢固树立自己是社会一成员的思想，应使厂区的环境、建筑的式样与周围的社区环境相协调，尤其是在历史名城或风景区附近。

(9)考虑远景发展需要。工厂总平面布置要充分考虑远景发展需要，在可能的情况下为企业未来的发展预留余地。

(二)工厂总平面布置的物流管理方法

工厂总平面布置要经过反复实验、比较、验证，是一个设计、修改、再设计的过程。开始可以纸面上利用模型进行设计。模型有平面的、立体的、带颜色的、按比例的等多种形式，可根据实际需要具体决定。布置时一般先安排主要生产车间和某些由特殊需要决定其位置的作业。如禁止吸烟的作业场所，应另设吸烟区；仓库区域内应设置消防车通道；储存石油、化学易燃物品的仓库可布置在地下室或其他比较安全的地方。其次确定主要过道的位置。厂区内的人行道、车行道应平坦、有足够的宽度和照明设备；主要过道的两端尽可能与厂外公路相连接，中间与各车间的大门相连接，道路与轨道交叉处应有信号装置、箭杆和明显标志。最后，根据各组成部分的相关程度，确定其他辅助部门和次要过道的位置。利用模型在纸上进行布置、设计，便于修改比较，也便于形成几个不同的布置方案。对不同的布置方案要进行技术经济评价，从中选择出一个最适合企业目标和需要的方案。评价的方法有：

(1)优缺点比较法。罗列各个方案的优缺点进行分析比较，并按最优、次优、一般、较差、极坏五个等级评分，得分最高者为最优方案。

(2)经济效益比较法。按一定的技术经济指标计算各方案的经济效果，从中选择一个最优方案。如将单位面积的投资费用与单位面积的产量或收益进行比较，计算单位产品所需要的工时或成本作为方案评价的依据等。

(3)要素比较法。列出评价方案的全部要素,然后用分等加权法从中选出最优方案。评价工厂布置方案的要素主要有:将来改建、扩建的难易程度;重新布置的可能性,物资流通和搬运的效率;地面和空间的利用程度;满足生产工艺要求的程度;安全卫生;仓库储存的效率;是否便于管理,设备的利用程度;外观与绿化;辅助部门的工作效率;能源利用,对自然条件、建筑物的有效利用;环境保护与三废处理;所需的投资费用和生产经营费用等。

(4)生产活动相关图布置法。这种方法首先要绘制生产活动相关图,以表明工厂(或系统)各组成部分之间的关系,然后以此为根据,按其相关程度进行布置,以求得最优的总体布置方案。

(5)物料流向图布置法。这种方法主要是按照原材料、在制品、成品等物资在生产过程中总的流动方向和搬运量来进行工厂布置,特别适用于物料运量很大的工厂。

工厂总平面布置经过模型试验、方案比较,确定最优方案后,就可以到现场进行实地布置(图 2-1)。现场布置可根据具体条件对原设计方案进行必要的修正。由此可见,工厂布置过程实质上是一个实践、认识、再实践的过程。在这个过程中,工程技术人员、生产操作人员的经验和集体智慧起着主导作用。

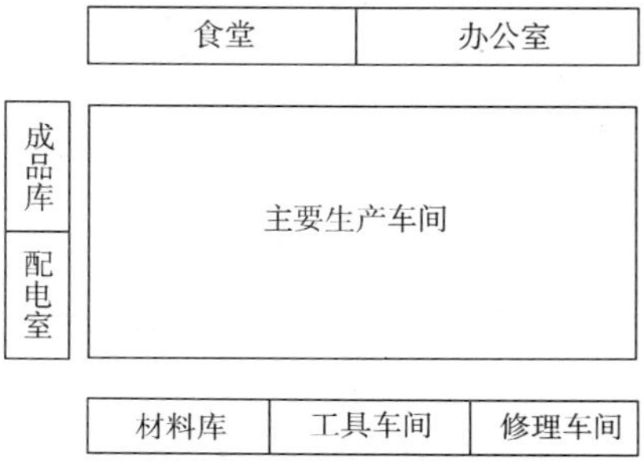

图 2-1　工厂总平面布置草图

第二节　厂区布置与物流管理

厂区布置从物流管理的角度看包括:车间布置、工作地布置、库房布置。

一、车间布置与物流管理

车间是进行产品生产的主要场所,其组成取决于车间的生产性质和生产规模。一般大型的生产车间由基本生产部分、辅助生产部分、过道部分、车间管理部分、生活福利部分等组成。

(一)车间布置物流管理程序

车间布置是一项生产组织的重要工作,必须按照一定的工作程序进行。具体程序是:

1. 搜集布局的基础资料

基础资料对生产过程的布局十分重要,在进行生产过程布局前,首先要搜集如厂区地形、面积、自然条件、交通运输条件、地质及水文地质等资料,以及上级主管部、局批准建厂的生产发展规划,市场的调查资料,以及有关方面的建厂协议等。

2. 确定物资流程图和生产系统图

根据产品品种与产量、生产工艺流程，确定物料流程图；并列出生产过程中的生产部门，作较详细的生产系统图。

在生产系统图上是以基本生产过程为主体，把必要的辅助生产以及为生产服务的部门也包括在内，简明地表示了工厂主要生产系统各部门之间的关系。

3. 确定各部门的相互关系及位置

为了进一步表示各生产部门之间的关系，还需作定量分析。其方法有"生产活动相关图布置法"、"物料流向图布置法"、"从至表法"等。在实际使用时，以上方法常相互配合，灵活应用，既可用于工厂布局，也可用于车间内部布局。

(二)车间布置应遵循的原则

(1)确定设备布置形式。根据车间的生产纲领，分析产品—产量关系，确定生产类型是大量生产、成批生产还是单件生产，由此决定车间设备布置形式是采用流水线式，或者是成组单元式还是机群式。

(2)满足工艺流程要求。车间布置应保证工艺流程顺畅、物料搬运方便，减少或避免往返交叉物流现象。

(3)实行定置管理，确保工作环境整洁、安全。车间布置时，除对主要生产设备安排适当位置外，还需对其他所有组成部分包括在制品暂存地、废品废料存放地、检验试验用地、工人工作地、通道、辅助部门如办公室、生活卫生设施等安排出合理的位置，确保工作环境整洁及生产安全。

(4)选择适当的建筑形式。根据工艺流程要求及产品特点，配备适当等级的起重运输设备，进一步确定建筑物高度、跨度、柱距及外形，此外还应注意采光、照明、通风、采暖、防尘、防噪声，并应使布置具备适当的柔性，以适应生产的变化。

(三)车间总体物流规划管理

1. 车间物流布置系统输入——PQRST 五因素分析

P——产品、材料(Product)；

Q——产量、数量(Quantity)；

R——生产路线或工艺路线(Route)；

S——辅助服务(Supporting Service)；

T——时间(Time)。

为了便于记忆，相应地用 5 个英文字母 P、Q、R、S、T 来表示。

它们的具体含义是：

P 指规划设计系统所生产的产品、原材料、加工的零件、成品或提供的服务项目。这些资料由生产纲领(工厂的和车间的)和产品设计提供，包括项目、种类、型号、零件号、材料等。产品这一要素影响着设施的组成及其相互关系、设备的类型、物料搬运的方式等。

Q 指所生产、供应或使用的商品量或服务的工作量。其资料由生产统计和产品设计提供，用件数、重量、体积或销售的价值表示。数量这一要素影响着设备规模、设备数量、运输量、建筑物面积等因素。

R 这一要素是工艺过程设计的成果，可用设备表、工艺路线卡、工艺过程图等表示。它影响着各作业单位之间的关系、物料搬运路线、仓库及堆放地的位置等。

S 指公用、辅助、服务部门。包括工具、维修、动力、收货、发货、发运、铁路专用线、办公室、卫生站、更衣室、食堂等，由有关专业设计人员提供。这些部门是生产的支持系统，在某种意义上增强了生产能力。有时，辅助服务部门的总面积可能大于生产部门所占的面积，要给予重视。

T 指在什么时候、用多长时间生产出产品，包括各工序的操作时间、更换批量的次数。在工艺过程设计中，根据时间因素可以求出设备的数量、需要的面积和人员，并平衡各工序的生产能力，这些都是影响仓储、收货、发运以及辅助部门配合的因素。

2. 车间物流布置系统规划程序

输入数据 PQRST；物流分析；利用相关图表以找出各活动间的相关联系；绘出物料流程图和生产活动相关图；利用计算、换算面积标准，概算布置比率趋势与预先所需的面积；将可利用面积和所需面积相比较，看是否足够；作面积相关图及其调整；必须考虑的修正条件；方案布置优化分析；以优缺点评估法或因素分析、成本比较来评估各种布置方案。

3. 设备配置方法

车间设备配置的基本形式有两种，一种是把同类机器布置在一起，如按车床组、铣床组、磨床组等分区进行布置；另一种是按加工对象所需设备布置。这两种设备布置的优缺点与车间两种专业化形式的优缺点相同。

设备配置的具体形式很多，下面着重介绍按加工对象所需的设备的配置。

在单一品种生产的条件下，设备的布置可采取直线式、蛇形式、U 字式、环形式和 Z 字式等。

直线式是常用的方式，它排列比较简单，组织比较容易，流程比较畅通，如图 2-2 所示。图 2-2a)为单直线式，一般适用于工序的工作地较少的情况。图 2-2b)为双直线式，一般适用于厂房宽度容纳得下，几种零件需要并行生产的情况。

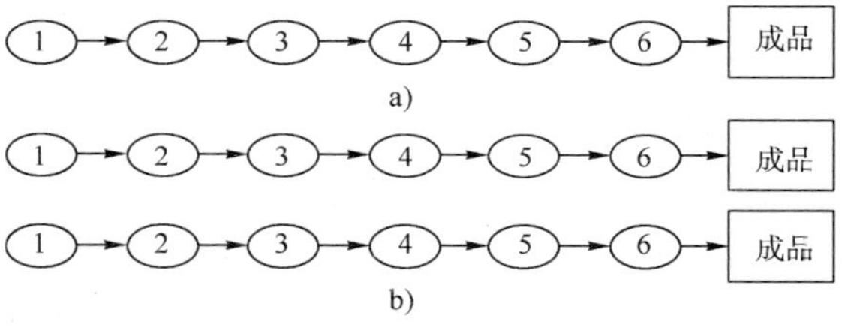

图 2-2　直线式

蛇形式适用于厂房长度较短，宽度较大的情况下，它可以缩短纵深流程，合理利用空间。蛇形式如图 2-3 所示。

U 字式适用于受场地限制，材料进口与成品出口必须置于同一侧。其图形如图 2-4 所示。

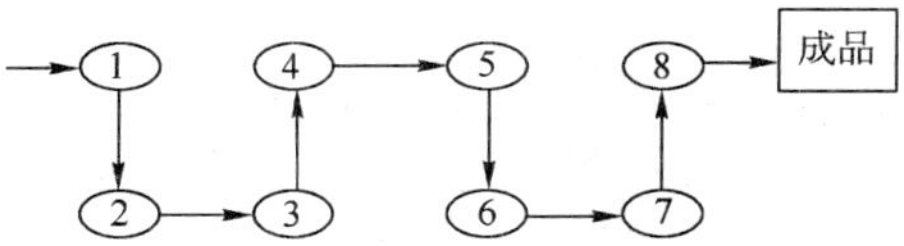

图 2-3　蛇形式

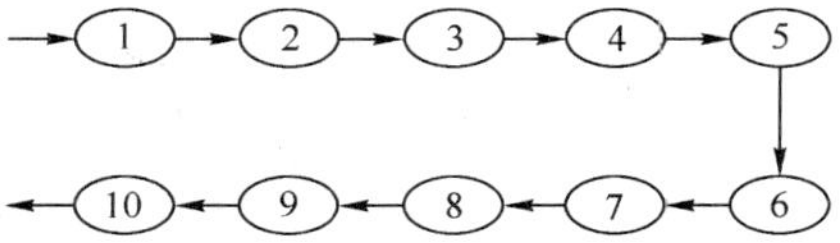

图 2-4　U 字式

环形式适用于辅助工具、容器，运输工具必须周而复始地送回起点。环形的中心可装置旋转式起重设备和工具存放设备。这种形式对工作地之间的联系比较方便，如图 2-5 所示。

Z 字式适用于空间狭窄，零件体积较小的情况，如图 2-6 所示。

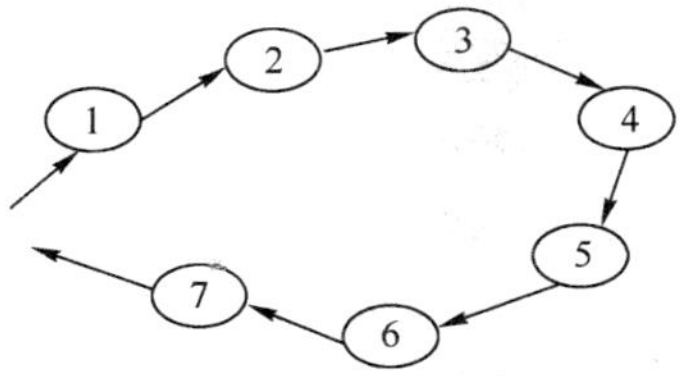

图 2-5　环形式

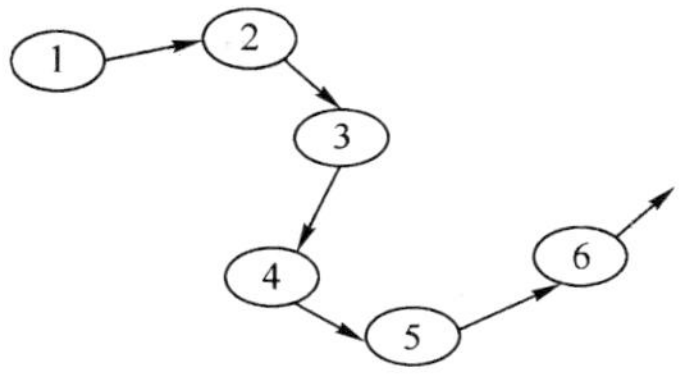

图 2-6　Z 字式

设备布置的方法一般采用平面布置，就是用厚纸板或塑料板仿照设备外形，按一定比例做成各种样板，包括工作台、工具箱、运输装置等，然后在平面图上进行，寻求合理的布置方案。这种方法简便易行，便于移动、所花费用少，但不能反映设备的高度是否与厂房建筑物的高度相适应。如果用木料或塑料做成与实物相似，按一定比例缩小立体模型，然后在车间的建筑模型开间中进行布置，就可以克服平面布置的缺点，但制造模型的费用较高。

设备布置的一个重要问题，就是要使物料的运输路线最短和总运量最小。解决这个问题单凭经验和用试排的方法是不够的，还要利用某些数学方法，如“从至表法”等。

(四)工厂和车间物料的搬运物流管理

主要的物料搬运设备有：传送带、工业卡车、自动导向车、吊车和葫芦（滑轮）、工业机器人。

1. 传送带

传送带是能将物料从一个地点传送到另一个地点的一组固定设备，按其结构和功能的不同，可以将其分成滚子传送带、翻斗传送带和皮带传送带三种。传送带的主要优点是不需要操作者，运送量大，运输成本低。其主要缺点是投资大，占空间也大，运输路线难以调整。

2. 工业卡车

工业卡车是可以自由行驶的载物车辆，可用人力推拉，更多的是通过内燃机或电动机带动。工业卡车包括叉车、平车和工业拖拉机三种。

3. 自动导向车

自动导向车不需要人驾驶，并具有很大的灵活性，它可以沿着规定的路线自由行驶，完成预定的功能。自动导向车一般用蓄电池作为动力，自动导向车的运动受信号控制，一般采用遥控计算机来储存指令，一台计算机可以控制数台在不同地点工作的自动导向车。

4. 吊车和葫芦

吊车和葫芦是安装在建筑物上方的物料搬运设备，它不占用生产场地，在其活动的范围内具有很大的灵活性。

5. 工业机器人

工业机器人是具有人的一定特征的可编程机器，它的外形并不像人但能承担某些人的工作。

二、工作地布置与物流管理

(一)工作地物流管理的原则

(1)尽可能按照生产过程的流向和工艺顺序布置设备，尽量使加工对象成直线运动，路线最短，将倒流减少到最低限度。

(2)注意运输方便，充分发挥运输工具的作用。如加工大型零件和长棒料的设备应布置在车间入口处，大型加工设备应布置在有起重机的车间里。

(3)尽可能为工人创造安全、良好的工作环境。充分保证采光、照明、卫生、取暖、防尘、防污染等，设备的传动部分应有保护装置。合理布置工作地，保证生产安全，并尽可能为工人创造良好的工作条件。

(4)考虑工人的作业方便。设备及工作地之间应留有必要的工人走动、操作及放置图纸、工具的地方，考虑多机床看管工人作业的方便，应使工人在设备与设备之间的走动距离最短。

(5)充分合理地利用车间的面积。合理利用车间生产面积，正确规定设备、墙壁、柱子、过道之间的距离。

(6)充分考虑机床的精度和工作特点。注意维护设备精度，照顾设备工作的特点。如精加工设备应布置在光线最好和振动影响最小的地方。

(二)工作地物流管理的方法其优缺点

生产过程布局按专业化的原则，基本可分为按工艺布局、按对象布局以及按成组工艺布局三类。

1. 按工艺布局

按工艺布局，就是按照生产过程各个不同工艺阶段的工艺特点进行布局。即把完成企业生产过程某个工艺阶段或部分工序的有关机器设备集中在一个区域，对不同的产品、零部件进行相同工艺的加工。如划分为铸造车间、锻工车间、机械加工车间、装配车间。在机械加工车间内部又进一步划分为车工工段、铣工工段、磨工工段等。这是工艺专业化程度较高的划分方法。

2. 按对象布局

按对象布局有两种形式：一种是以产品或部件为对象。另一种是以同类零件为对象。

所谓按对象布局，就是把同类的加工对象（产品或同类零部件）的全部或大部分工艺过程集中在一个生产单位内。一个车间集中了不同的机器、不同工种的工人，因此一个产品或零件的制造可以全部封闭在一个车间内加工完成。故也有称为封闭式的车间，如汽车厂的底盘车间、发动机车间、齿轮车间等。

按工艺布局与对象布局的比较如表 2-1 所示。由于两种形式的布局各有优缺点，故在实际运用时，常灵活运用，采用综合布局，即在对象布局的前提下采用工艺布局，或在工艺布局的前提下采用对象布局。例如在机械制造业中铸造、锻造、毛坯的制造是按工艺原则部署铸造、锻造车间，对铸造、锻造车间还可划分为铸铁件、铸钢件、模锻、自由锻等车间，或在车间内分别设类似的工段等。

工艺与对象布局比较表 表 2-1

布局类型 / 比较项目	按工艺布局	按对象布局	按成组布局
生产对象与专业方向	能适应品种、结构的变化	适合品种、结构、生产规模与发展方向比较稳定的产品，可组织大规模自动化、流水线生产	适合结构、工艺类似的零件的小批量、多品种生产
设备	设备以同类分群，通用性强	同一产品使用类型齐备的各种设备，专用设备多	设备可以稍加调整或重新组合生产相似的不同零件，设备较少
工人技术水平	对工人技术水平要求高，工人应能适应各种操作	对工人技术水平要求低，工人进行较简单的专业操作	工人技术水平要求较高
生产过程特点	生产周期长，生产流程长	生产周期短，生产流程短	生产周期较短，生产流程较短
物资资金利用	在制品较多，占用流动资金较多	在制品较少，占用流动资金较少	在制品较少，占用流动资金较少
管理	车间、工种之间的协作关系频繁、复杂	协作关系少，管理简单	协作关系较少，管理较为简单
生产效率和经济效益	较差	较好	好

3. 按成组工艺布局

在综合布局运用比较中，又产生了能适合小批量、多品种生产，同时生产效率、经济效益也较好的成组工艺布局。成组工艺布局的指导思想是：在品种多、批量小的生产情况下，把结构、工艺类似的零件汇总在一起，组成加工单元，人为地提高同类工艺的零件加工数量，形成成组工艺布局。

从三种布局的分析比较可看出：当产品的产量高、品种少时，适合按对象布局；当产品产量较少、品种较多，但零件的相似性较高时，适合按成组工艺布局；当产品品种非常多，而每种品种产量很低，品种之间的相似性也低时，适合按工艺布局。

三、库房布置与物流管理

(一)库房(料棚、货场)布置的物流管理原则

(1)有利于物资按品种、规格系列存放，不应混杂不清。经济性、安全性和操作性相结合。既要充分利用库容，尽量扩大储存面积，缩小非储存面积；又要注意保证物资存放及收发作业时的安全；便于机械化及人工操作，如正确规定货号、货垛、墙壁、柱子、通道之间的距离等。

(2)有利于物资的保管保养，创造良好的保管条件和工作条件。符合采光、照明、通风、取暖、防潮、防尘、卫生等要求。

(3)柔性。即考虑一定的机动区域，以适应物资存储的动态变化。

(二)库房(料棚、货场)平面布置的内容

库房(料棚、货场)平面布置的内容包括：总体布置、货位布置和统一编号、库房非储存面积的设计与布置等。

1. 库房(料棚、货场)的总体布置

总体布置是指对库房(料棚、货场)内的货架、料垛、通道、架(垛)间距、收发料区、办公地点等进行合理划分，正确安排它们的相互位置。

进行库房(料棚、货场)平面布置设计时，常常采用模拟的方法。以库房布置为例，即首先按一定比例画出库房平面图，依据门、窗、柱的位置，确定存货区、收发料区、办公室的位置，画出主通道。货架、料垛可用塑料片或厚纸板按比例制成模板(可以是几种尺寸和形式)，然后在草图上模拟排列。在布置妥当后，最终画出正式布置图。

2. 货位布置的方式

库房内货架或货垛的布置一般有直型布置和斜型布置两大类。在直形排列中又有横列式、纵列式和混合式。露天货场上货垛的安排，则一般与货场的主要作业通道成垂直方向，即按横列式排列，以便利搬运和装卸。

1)直形布置

即货架或货垛的排列与两侧墙壁互相垂直或平行。

(1)横列式布置。是指货架或货垛的长度方向与库房两侧墙壁互相垂直(与两端墙面互相平行)。这种布置方式的主要优点是:主通道长且宽,副通道短,整齐美观,对物品的存取查找方便;通风和自然采光良好。缺点是:通道占用面积大,面积利用率低。

(2)纵列式布置。是指货架或货垛的长度方向与库房两侧墙壁互相平行(与两端墙面互相垂直)。纵列式布置的优点、缺点与横列式正好相反。其优点主要是仓库面积利用率比较高;缺点是难以进行机械化作业,特别是叉车作业,存取物品不便,对通风采光不利。

(3)混合式布置。是指在同一库房内,货架或货垛的排列既有横列式又有纵列式,兼有上述两种方式的特点。

2)斜形布置

是指货架或货垛与主通道的交角成60°、45°或30°,即成斜向排列。这种布置方式的优点主要是:进行叉车作业时不必直角转弯;操作方便;可提高装卸搬运作业效率;同时可减少通道宽度和架(垛)距。其缺点是:形成众多的三角形面积,无法集中使用。一般斜式布置主要适用于品种较少、批量大、可用叉车操作直接上下架、码垛及搬运的物品。

3. 货位编号

货位布局合理安排后,应予统一编号。货位编号是将库房、料棚、货场、货架、货垛按地点、位置顺序统一编列号码。可使物品入出库时,按号存取,查找方便,减少收发差错,提高作业效率。所有编号应在编号地点、位置设置醒目的标志。统一编号的方法有:

1)库房与货场的编号

把整个仓库(包括库房、货棚、货场)按各储存场所的地面位置排列的顺序编号。货场按顺序编为:1号货场、2号货场等。也可以按方向编为东、南、西、北货场。库房可依次编为:1、2、3号库房等,且应在库房的外面墙上进行明显标记。

2)库房内垛位和货架的编号

库房内垛位和货架的编号,应按各个库房具体情况来定。对规格少、批量大的物品只分垛,不设排;对规格多、批量少的物品,为便于码垛和查找物品可分排,在排内设垛;对库内有固定货架的库房,应按货架的顺序排列编号。总之,垛位编号要有条有理、简单、方便,便于查找。

(1)库房内的垛位号应从库房内收发区一头开始,顺序编排、库内排号。中间有通道的库房,库房两边可按单双号分别编号,即一边为单号,一边为双号,并将排号标在墙上,同一栋库房排号不得重复,同向库房排号的顺序应保持一致。

(2)每一排内可按具体情况分若干垛,垛不作固定标记,但应在每个垛上挂垛卡。

(3)库房垛位表示方法见图2-7~图2-9。

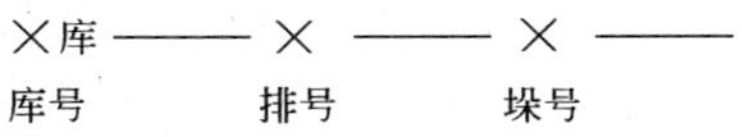

图 2-7　库内垛位设排的表示方法

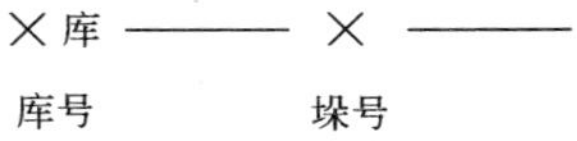

图 2-8　库内垛位不设排的表示方法

3)货场、垛位的编号

(1)一个货场应划分若干货区,一个货区只能有一个编号,各货区间要以明显的界线分开。

(2)一个货区由排和垛组成(也可不设排)。

(3)排号的编列,一般应以货区不能延伸的一端为始点,逐排顺序排列。同一货区内排号不得重复,同向货区排号顺序应该一致。

(4)排中可根据需要设垛。

(5)货物垛位表示方法如图 2-10 所示。

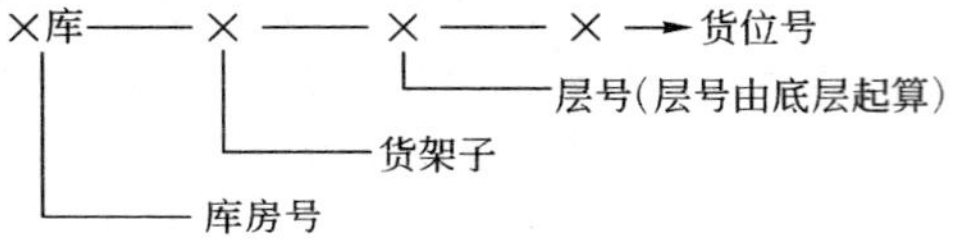

图 2-9　有货架的货位表示方法

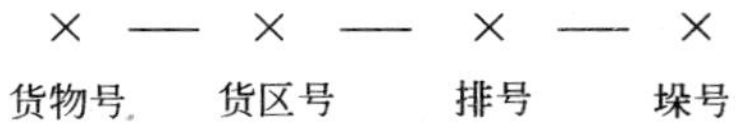

图 2-10　货物垛位表示方法

4. 库房非储存面积的设计与布置

(1)通道。库房内的通道可分为主通道、架(垛)间通道的巡回通道。主通道又可分为纵向通道和横向通道。库房纵向通道宽度一般为 2.5～3m;每隔 20～30m 设一条横向通道,宽度可与门相同。主通道主要是供装卸搬运设备在库内走行,其宽度主要取决于装卸搬运设备的外形尺寸、回转范围以及单元装卸货物的大小。货架、货垛间的通道,主要供作业人员存取搬运物品时走行之用,其宽度视具体情况而定。一般情况下,架间通道宽度大多为 1m 左右。巡回通道作为仓库保管员穿行架(垛)间的过道,宽度一般为 0.5m 左右。

(2)墙距。墙距是货架(垛)与库墙之间必须保持的一定距离,以保证建筑物的安全及物品免受库外湿度和温度的影响。一般库房内墙距为 0.3～0.5m,当墙距兼作一般通道用时,可放宽至 1m 左右。

(3)收发料区。收发料区是供收料、发料前临时存放物品之用的场所,一般应分别划出收料区和发料区。如两者共用,应注意收发料切勿混淆。收发料区一般设在库门附近,以方便收发料作业,其大小应视每次收发批量的大小、物品外形尺寸等而定。批量大、外形尺寸大则收发区面积大。此外,还与收发料频繁程度、品种规格多少、设施情况等有关。

(4)保管员办公室。可设在库内,也可设在库外,库内办公室有利于收发料作业,方便看管。对于危险品仓库,则一律在库外设办公室,以保证安全。

（三）自动化立体仓库

1. 自动化立体仓库概念

自动化立体仓库简称高架仓库，一般是指采用几层、十几层乃至几十层高的货架来储存单元货物，并用相应的搬运设备进行货物入、出库作业的仓库。由于这类仓库能充分利用空间储存货物，故常形象地将其称为“立体仓库”。根据国际自动化仓库会议的定义，所谓自动化仓库就是采用高层货架存放货物，以巷道堆垛起重机为主，结合入库出库周边设备来进行作业的一种仓库。它把计算机与信息管理和设备控制集成起来，按照控制指令自动完成货物的存取作业，并对库存货物进行管理。显见它是物流系统的核心之一，并在自动化生产系统中占据了非常重要的地位。

20 世纪初，日本开始兴建立体仓库，并且发展速度越来越快。从 1965 到1977 年短短的 12 年间，日本全国建立了 18833 座自动化立体仓库，存货总数达到 262 万托盘，是目前世界上拥有自动化立体仓库最多的国家之一。我国自动化立体仓库的起步较晚，1974 年郑州纺织机械厂建成了国内第一个自动化立体仓库。20 世纪 80 年代到 90 年代，立体库的设计与制造有了很大的发展，全国有几十家科研单位和生产厂家在进行自动化立体仓库的开发、设计、制造。近年来，仓储物流行业的学术组织定期在国内交流学术经验，针对目前我国立体库的设计制造水平，参照国外标准制定了一系列行业标准、规范，使立体仓库的设计制造进入了规范化发展。

2. 自动化立体仓库的特点

立体仓库的优越性是多方面的，体现在以下几个方面。

（1）提高空间利用率。早期立体仓库构想的基本出发点是提高空间利用率，充分节约有限且昂贵的场地，在西方有些发达国家提高空间利用率的观点已有更广泛、深刻的含义，节约土地已与节约能源、环境保护等更多方面联系起来。有些甚至把空间利用率作为考核仓库系统合理性和先进性的重要指标。仓库空间利用率与其规划紧密相连，一般来说，立体仓库的空间利用率为普通仓库的 2～5 倍。

（2）先进的物流系统提高企业生产管理水平。传统的仓库只是货物的储存场所，保存货物是其唯一的功能，属于静态储存。立体仓库采用先进的自动化物料搬运设备，不仅能使货物在仓库内按需要自动存取，而且可以与仓库以外的生产环节进行有机地连接，并通过计算机管理系统和自动化物料搬运设备使仓库成为企业生产物流中的重要环节。企业外购件和自制件进入立体仓库短时储存是整个生产的一个环节，是为了在指定的时间自动输出到下一道工序进行生产，从而形成自动化的物流系统的环节，属于动态储存，是当今立体仓库发展的明显技术趋势。以上所述的物流系统又是整个企业生产管理系统（从订货、设计和规划、计划编制和生产安排、制造、装配、试验及发运等）的一个子系统，建立物流系统与企业生产管理系统间的实时连接是目前自动化立体仓库发展的另一个明显技术趋势。

（3）加快货物存取，减轻劳动强度，提高生产效率。建立以立体仓库为中心的物流系统，其优越性还表现在立体仓库具有快速的入出库能力，妥善地将货物存入立体仓库，及时自动地将生产所需零部件和原材料送达生产线。同时，立体仓库系统减轻了工人综合劳动强度。

(4)减少库存资金积压。通过对一些大型企业的调查，我们了解到由于历史原因造成管理手段落后，物资管理零散，使生产管理和生产环节的紧密联系难以到位。为了达到预期的生产能力和满足生产要求，就必须准备充足的原材料和零部件。这样，库存积压就成为较大的问题。如何降低库存资金积压和充分满足生产需要，已成为大型企业面对的大问题。立体仓库系统是解决这一问题的最有效的手段之一。

(5)现代化企业的标志之一。现代化企业采用的是集约化大规模生产模式，这就要求生产过程中各环节紧密相连，成为一个有机整体。要求生产管理科学实用，做到决策科学化。建立立体仓库系统是其有力的措施之一。由于采用计算机管理和网络技术使企业领导宏观快速地掌握各种物资信息，且使工程技术人员、生产管理人员和生产技术人员及时了解库存信息，以便合理安排生产工艺，提高生产效率。国际互联网和企业内部网络更为企业取得与外界在线连接，突破信息瓶颈，开阔视野及外引内联提供了广阔的空间和坚实强大的技术支持。

3. 自动化立体仓库的分类

不同的立体仓库，其高度、货架形式、通道宽度都和现代化仓库是不同的，仓库内设备的配置应与仓库的类型相适应。

1)按照立体仓库的高度分类

(1)低层立体仓库。低层立体仓库高度在5m以下，主要是在原来老仓库的基础上进行改建的，是提高原有仓库技术水平的手段。

(2)中层立体仓库。中层立体仓库高度在5～15m之间，由于中层立体仓库对建筑以及仓储机械设备的要求不高，造价合理，是目前应用最多的一种仓库。

(3)高层立体仓库。高层立体仓库的高度在15m以上，由于对建筑以及仓储机械设备的要求太高，安装难度大，应用较少。

2)按照货架结构进行分类

(1)货格式立体仓库。货格式立体仓库是应用较普遍的立体仓库，它的特点是每一层货架都由同一尺寸的货格组成，货格开口面向货架之间的通道，堆垛机械在货架之间的通道内行驶，以完成货物的存取。

(2)贯通式立体仓库。它又称为流动式货架仓库，这种仓库的货架之间没有间隔，不设通道，货架组合成一个整体。货架纵向贯通，贯通的通道具有一定的坡度，在每一层货架底部安装滑道、辊道等装置，使货物在自重的作用下，沿着滑道或辊道从高处向低处运动。

(3)自动化柜式立体仓库。自动化柜式立体仓库是小型的可以移动的封闭立体仓库，由柜外壳、控制装置、操作盘、储物箱和传动装置组成，其主要特点是封闭性强、小型化和智能化，有很强的保密性。

(4)条形货架立体仓库。条形货架立体仓库是专门用于存放条形和筒形的货物的立体仓库。

第三节　定置管理的应用

一、定置管理的含义

定置管理起源于日本，由日本工业工程研究所的青木龟男先生始创。他从20世纪50年代开始，根据日本企业生产现场管理实践，经过潜心钻研，提出了定置管理这一新的概念，后来、又由日本企业管理专家清水千里先生在应用的基础上发展了定置管理，把定置管理总结和提炼成为一种科学的管理方法，并于1982年出版了《定置管理入门》一书。此后，这一科学方法在日本许多公司得到推广应用，都取得了明显的效果。

定置管理是对生产现场中的人、物、场所三者之间的关系进行科学的分析研究，使之达到最佳结合状态的一门科学管理方法。它以物在场所的科学定置为前提，以完整的资讯系统为媒介，以实现人和物的有效结合为目的，通过对生产现场的整理、整顿，把生产中不需要的物品清除掉，把需要的物品放在规定位置上，使其随手可得，促进生产现场管理文明化、科学化，达到高效生产、优质生产、安全生产。定置管理是“5S”活动的一项基本内容，是“5S”活动的深入和发展。

二、开展定置管理的步骤

开展定置管理应按照以下6个步骤进行：

(一)进行工艺研究

工艺研究是定置管理开展程序的起点，它是对生产现场现有的加工方法、机器设备、工艺流程进行详细研究，确定工艺在技术水平上的先进性和经济上的合理性，分析是否需要和可能用更先进的工艺手段及加工方法，从而确定生产现场产品制造的工艺路线和搬运路线。工艺研究是一个提出问题、分析问题和解决问题的过程，包括以下三个步骤：

1.对现场进行调查，详细记录现行方法

通过查阅资料、现场观察，对现行方法进行详细记录，是为工艺研究提供基础资料，所以，要求记录详尽准确。由于现代工业生产工序繁多、操作复杂，如用文字记录现行方法和工艺流程，势必显得冗长繁琐。在调查过程中可运用工业工程中的一些标准符号和图表来记录，则可一目了然。

2. 分析记录的事实，寻找存在的问题

对经过调查记录下来的事实，运用工业工程中的方法研究和时间研究的方法，对现有的工艺流程及搬运路线等进行分析，找出存在的问题及其影响因素，提出改进方向。

3. 拟定改进方案

提出改进方向后，定置管理人员要对新的改进方案作具体的技术经济分析，并和旧的工作方法、工艺流程和搬运线路作对比。在确认是比较理想的方案后，才可作为标准化的方法实施。

（二）对人、物结合的状态分析

人、物结合状态分析，是开展定置管理中最关键的一个环节。在生产过程中必不可少的是人与物，只有人与物的结合才能进行工作。而工作效果如何，则需要根据人与物的结合状态来定。人与物的结合是定置管理的本质和主体。定置管理要在生产现场实现人、物、场所三者最佳结合，首先应解决人与物的有效结合问题，这就必须对人、物结合状态进行分析。

在生产现场，人与物的结合有两种形式，即直接结合和间接结合。直接结合是指需要的东西能立即拿到手，不存在由于寻找物品而发生时间的耗费。如加工的原材料、半成品就在自己岗位周围，工检量具、贮存容器就在自己的工作台上或工作地周围，随手即得。间接结合是指人与物呈分离状态，为使其结合则需要信息媒介的指引。信息媒介的准确可靠程度影响着人和物结合的效果。

按照人与物有效结合的程度，可将人与物的结合归纳为 ABC 三种基本状态：

A 状态，表现为人与物处于能够立即结合并发挥效能的状态。例如，操作者使用的各种工具，由于摆放地点合理而且固定，当操作者需要时能立即拿到或做到得心应手。

B 状态，表现为人与物处于寻找状态或尚不能很好发挥效能的状态。例如，一个操作者想加工一个零件，需要使用某种工具，但由于现场杂乱或忘记了这一工具放在何处，结果因寻找而浪费了时间；又如，由于半成品堆放不合理，散放在地上，加工时每次都需弯腰，一个个地拣起来，既影响了工时，又提高了劳动强度。

C 状态，是指人与物没有联系的状态。这种物品与生产无关，不需要人去同该物结合。例如，生产现场中存在的已报废的设备、工具、模具，生产中产生的垃圾、废品、切屑等。这些物品放在现场，必将占用作业面积，而且影响操作者的工作效率和安全。

因此，定置管理就是要通过相应的设计、改进和控制，消除 C 状态，改进 B 状态，使之都成为 A 状态，并长期保持下去。

（三）开展对资讯流的分析

资讯媒介就是人与物，物与场所合理结合过程中起指导、控制和确认等作用的资讯载体。由于生产中使用的物品品种多、规格杂，它们不可能都放置在操作者的手边，如何找到各种物品，需要有一定的资讯来指引；许多物品在流动中是不回归的，它们的流向和数量也要有资讯来指导和控制;为了便于寻找和避免混放物品,也需要有资讯来确认。因此,在定置管理中,完善而准确的资讯媒介是很重要的,它影响到人、物、场所的有效结合程度。

人与物的结合,需要有四个资讯媒介物:第一个资讯媒介物是位置台账,它表明"该物在何处",通过查看位置台账,可以了解所需物品的存放场所,第二个资讯媒介物是平面布置图,它表明"该处在哪里"。在平面布置图上可以看到物品存放场所的具体位置。第三个资讯媒介物是场所标志,它表明"这儿就是该处"。它是指物品存放场所的标志,通常用名称、图示、编号等表示。第四个资讯媒介物是现货标示,它表明"此物即该物"。它是物品的自我标示,一般用各种标牌表示,标牌上有货物本身的名称及有关事项。在寻找物品的过程中,人们通过第一个、第二个媒介物,被引导到目的场所。因此,称第一个、第二个媒介物为引导媒介物。再通过第三个、第四个媒介物来确认需要结合的物品。因此,称第三个、第四个媒介物为确认媒介物。人与物结合的这四个资讯媒介物缺一不可。

建立人与物之间的连接资讯,是定置管理这一管理技术的特色。是否能按照定置管理的要求,认真地建立、健全连接资讯系统,并形成通畅的资讯流,有效地引导和控制物流,是推行定置管理成败的关键。

(四)定置管理设计

定置管理设计,就是对各种场地(厂区、车间、仓库)及物品(机台、货架、箱柜、工位器具等)如何科学、合理定置的统筹安排。定置管理设计主要包括定置图设计和信息媒介物设计。

1.定置图设计

定置图是对生产现场所在物进行定置,并通过调整物品来改善场所中人与物、人与场所、物与场所相互关系的综合反映图。其种类有室外区域定置图,车间定置图,各作业区定置图,仓库、资料室、工具室、计量室、办公室等定置图和特殊要求定置图(如工作台面、工具箱内,以及对安全、质量有特殊要求的物品定置图)。

定置图绘制的原则有:

(1)现场中的所有物均应绘制在图上;

(2)定置图绘制以简明、扼要、完整为原则,物形为大概轮廓,尺寸按比例,相对位置要准确,区域划分清晰鲜明;

(3)生产现场暂时没有,但已定置并决定制作的物品,也应在图上表示出来,准备清理的无用之物不得在图上出现;

(4)定置物可用标准信息符号或自定信息符号进行标注,并均在图上加以说明;

(5)定置图应按定置管理标准的要求绘制,但应随着定置关系的变化而进行修改。

2. 信息媒介物设计

信息媒介物设计，包括信息符号设计和示板图、标牌设计。在推行定置管理，进行工艺研究、各类物品停放布置、场所区域划分等都需要运用各种信息符号表示，以便人们形象地、直观地分析问题和实现目视管理，各个企业应根据实际情况设计和应用有关信息符号，并纳入定置管理标准。在信息符号设计时，如有国家规定的（如安全、环保、搬运、消防、交通等）应直接采用国家标准。其他符号，企业应根据行业特点、产品特点、生产特点进行设计。设计符号应简明、形象、美观。

定置示板图是现场定置情况的综合信息标志，它是定置图的艺术表现和反映。标牌是指示定置物所处状态、标志区域、指示定置类型的标志，包括建筑物标牌、货架、货柜标牌、原材料、在制品、成品标牌等。它们都是实现目视管理的手段。各生产现场、库房、办公室及其他场所都应悬挂示板图和标牌，示板图中内容应与蓝图一致。示板图和标牌的底色宜选用淡色调，图面应清洁、醒目且不易脱落。各类定置物、区（点）应分类规定颜色标准。

（五）定置管理的实施

定置实施是理论付诸实践的阶段，也是定置管理工作的重点。其包括以下三个步骤：

1. 清除与生产无关之物

生产现场中凡与生产无关的物，都要清除干净。清除与生产无关的物品应本着“双增双节”精神，能转变利用时，便转变利用，不能转变利用时，可以变卖，化为资金。

2. 按定置图实施定置

各车间、部门都应按照定置图的要求，将生产现场、器具等物品进行分类、搬、转、调整并予定位。定置的物要与图相符，位置要正确，摆放要整齐，贮存要有器具。可移动物，如推车、电动车等也要定置到适当位置。

3. 放置标准信息名牌

放置标准信息名牌要做到牌、物、图相符，设专人管理，不得随意挪动。

总之，定置实施必须做到：有图必有物，有物必有区，有区必挂牌，有牌必分类；按图定置，按类存放，账（图）物一致。

（六）定置检查与考核

定置管理的一条重要原则就是持之以恒。只有这样，才能巩固定置成果，并使之不断发展。因此，必须建立定置管理的检查、考核制度、制订检查与考核办法，并按标准进行奖罚，以实现定置的长期化、制度化和标准化。

定置管理的检查与考核一般分为两种情况：一是定置后的验收检查，检查不合格的不予通过，必须重新定置，直到合格为止。二是定期对定置管理进行检查与考核。这是要长期进行的工作，它比定置后的验收检查工作更为复杂，更为重要。定置考核的基本指标是定置率，它表明生产现场中必须定置的物品已经实现定置的程度。其计算公式是：

定置率＝实际定置的物品个数(种数)/定置图规定的定置物品个数(种数)×100％

三、定置管理的原则

(1)坚持相对稳定，持续改进，不断深化的原则。定置管理有很强的辐射功能，通过推行现场定置管理，可带动生产现场各项工作的改进，如工艺流程的理顺，跑冒滴漏的治理，管线乱搭、乱接的治理，加料抛撒、运料散落、堆放混乱问题的治理，设备清洁、泄漏和泄漏污染的治理，开关箱破损的治理，废物、垃圾乱扔的治理，作业场所卫生整洁治理，有害化学品随意堆放治理，废水、废气随意排放治理等。因此，应充分发挥定置管理的辐射作用，深化生产现场的安全治理，带动现场各项管理工作的积极开展，如文明生产、卫生洁美、能源管理、物资管理、设备管理、质量管理、环境管理、安全管理等。

(2)从实际出发，讲究实用的原则。要注重从实际出发，具体分析生产活动中人、物、场所的情况和企业自身特点和客观条件，制定切实可行的定置方案和办法，如生产现场环境优美整洁，作业场所物品摆放有序，灭火器材合理设置和摆放数量合适的器材，运行设备的安全防护等。

(3)规范化、制度化的原则。如定置图的绘制应认真、细致、规范并采用安全标准信息符号进行标注，应加强色调定置管理，以便识别、操作和检修，应完善现场检查制度。

(4)实行群体参与原则。安全定置管理应当是实实在在的内容，形式上不应该空泛和概念化，必须便于检查、考核，又能见到实效。

四、定置物流管理基本要求

定置管理的最终目标是建立人与物相结合的科学体系。其基本要求要做到：有图必有物、有物必有区、有区必挂牌、有牌必分类、按图定置、按类存放、账(图)物一致。

(1)有图必有物：定置管理图内要表示出物类和区域。

(2)有物必有区：物有所归，划区管理堆放，区域明确。

(3)有区必挂牌：信息标准化，标牌颜色、大小、文字、数字大小和字体，全场统一并纳入规范。

(4)有牌必分类：每类物品按所处的工艺状况表明专门的分类标志。将生产现场物品分成 A、B、C、D 四类。A 类为紧密结合之物；B 类为转化之物；C 类为固定之物；D 类为废物。

(5)按图定置：实行定置管理必须认真研究分析，绘出定置管理图，用定置管理图表示区域。

(6)按类存放：各类物品在管理区域内定置，做到各就各位，不得占用通道。

(7)账(图)物一致:做到在生产现场物流过程中不断实施定置管理,始终保持定置,使某物的台账或定置图与实物相符。在工具室、模具库、资料室及各类仓库中,除了应保持账、物、卡一致外,还应在账册中加注方位,为货架编号。账和卡是人、物结合的信息媒介,有利于人和物的结合。

五、定置管理的应用

1. 生产厂区的定置内容

根据工厂占地,合理设计厂区定置图,对场所和物件实行全面定置;对易燃、易爆、有毒、易变质、容易发生机构伤人和污染环境的物品及重要场所、消防设施等实行特殊定置;对绿化区域和卫生区实行责任定置;确定物品的停放(成品、半成品、材料、工具)区域;对垃圾、废品回收点定置;对车辆停放定置;按定置图要求,清除无关的物品。

2. 车间定置内容

根据车间生产需要、合理设计车间定置图;对物品临时停滞区域定置;对工段、班组及工序、工位、机台定置;对工具箱定置;设备定置;检查现场定置。

3. 库房定置内容

设计库房定置图,悬挂在库房的醒目处;对易燃易爆有毒及污染环境、限制贮存物等物品实行特别定置;限期储存物品要用特定的信息表示储存期;账簿前页应有序号、物品目录及存放点;物品存放的区域、架号、序号必须和账卡物目录相符。

4. 办公室定置内容

设计各类文件资料流程;办公桌定置;文件资料柜定置;卫生及生活用品定置;急办文件、信息特殊定置。

S 本章小结

1. 生产系统规划布局包括工厂布置、厂区布局布置两大类问题。工厂布置从物流管理的角度看,主要包括厂址选择和工厂总平面布置。

2. 厂址选择是指如何运用科学的方法决定工厂的地理位置,使企业的整体经营运作系统有机结合,以便有效、经济地达到企业的经营目的。

工厂选址的影响因素:(1)原料、燃料及产品销售;(2)地形;(3)气候;(4)交通运输;(5)给水排水;(6)能源供应;(7)居住区;(8)施工条件;(9)安全防护;(10)其他。

选择具体位置时的影响因素:(1)面积;(2)工程地质;(3)周围环境。

3. 工厂总平面布置是指对整个工厂大系统内所有占据空间位置的要素进行总体设计,使之在有限的空间范围内各得其所,相互协调地实现系统规定的共同目标。

工厂总平面布置的原则:(1)满足企业生产过程的要求;(2)尽可能使厂区内的物

料运输距离最短；(3)尽可能使工厂总平面布置紧凑；(4)要合理划分厂区；(5)有利于整体协调；(6)工厂总平面布置要有利于安全和职工的健康；(7)充分利用外部环境提供的便利条件；(8)工厂总平面布置要与环境相协调；(9)考虑远景发展需要。

E 练习题

1. 什么是厂址选择？工厂选址的影响因素有哪些？
2. 什么是工厂总平面布置？工厂总平面布置应遵循哪些原则？
3. 工作地物流管理的原则有哪些？
4. 什么是定置管理？

C 案例分析

上海某厂生产直流焊机的电柜，每件重50～60kg。开始由于工艺路线往复交叉，生产传递路线，即物流路线长达440m，后来经过“物流流程分析”，对少量机床位置做了适当的调整，改善了车间物流布局，使生产流程缩短为117m，节约搬运人力、电力达74%，减少了物料碰损，并提高了产品质量。

分析：该案例给你的启示是什么？

第三章　生产库存物流基础

能力目标、知识目标与学习要求

本章介绍生产库存物流管理中的一些主要知识，包括生产计划、库存物流管理以及 MRP、MRP II、ERP 等相关内容。通过对本章的学习要求理解生产计划、库存、零库存管理的含义；了解从 MRP、MRP II、ERP 的发展过程以及基本原理；会做简单的生产计划；会运用库存物流的 ABC 管理法；能运用经济订货批量模型确定库存的订货批量和订货点。

第一节　生产计划

一、生产计划概述

生产计划又称生产大纲，它是根据销售计划所确定的销售量，在充分利用生产能力和综合平衡的基础上，对企业所生产的产品品种、数量、质量和生产进度等方面所作的统筹安排，是企业生产管理的依据。

在现代企业中，生产经营活动是社会化大生产，企业内部分工精细，相互协作，任何一部分活动都不能离开其他部分而单独进行。尤其是生产运作活动，需要调配多种资源，在需要的时候，按需要的量提供所需的产品或服务，这样就离不开周密的计划。所以，计划是生产运作管理中的一个重要组成部分，而生产计划则是企业生产运作管理的依据，也是生产运作管理的核心内容。

制订生产计划就是要在企业总体经营战略的指导下，根据市场需求预测和订单来确定企业的产出品种、产出速度、产出时间、劳动力和设备的配置以及库存等，并对这些任务进行预先的考虑和安排，使企业能够获得满意的收益。在制订生产计划时要对各种生产要素进行反复的综合评估，从时间和空间上对生产任务做出总体安排，并进一步对生产任务进行层层分解，落实到车间、班组，以保证计划任务的实现。无论是制造业还是服务业，在生产经营中都存在生产运作计划问题，但相比之下，制造企业的生产计划常常会更为复杂。生产计划的核心是生产作业计划的编制工作，即根据计划期内确定的产品品种、数量、期限,以及发展变化的客观实际,具体安排产品及其部件在各个生产工艺阶段的生产进度、生产任务。

二、生产计划的任务

生产物流计划的任务包括:

1. 保证生产计划的顺利完成

为了保证按计划规定的时间和数量生产各种产品,要研究物料在生产过程中的运动规律,以及在各个工艺阶段的生产周期,以此来安排经过各个工艺阶段的时间和数量,并使系统内各个生产环节内的在制品结构、数量和时间相协调。

2. 为均衡生产创造条件

均衡生产是指企业及企业内的车间、工段、工作地等各个生产环节,在相等的时间阶段内,完成等量或均增数量的产品。均衡生产的要求:

(1)每个生产环节都要均衡地完成所承担的生产任务;

(2)不仅在数量上均衡地生产和产出,而且各个阶段的物流要保持一定的比例;

(3)尽可能缩短物料流动周期,同时保持一定的节奏。

3. 加强在制品管理,缩短生产周期

保持在制品、半成品的合理储备,是保证生产物流连续进行的必要条件。在制品过少,会使物流中断,影响生产的顺利进行;反之,又会造成物流不畅,延长生产周期。因此,对在制品的合理控制,既可减少在制品占用量,又能使各个生产环节实现正常衔接、协调,按物流作业计划有节奏地、均衡地组织物流活动。

三、生产计划的层次

与企业的组织结构类似,生产计划通常也被分为 3 个层次:高层(TOP Level)计划、中间层(MID Level)计划、低层(BOT Level)计划,即厂级生产计划、车间级生产计划和班组级作业计划,我们称之为分层式生产计划(HPP)。有时也用产品级生产计划(厂级)、零件级生产计划(车间级)和工序级作业计划(班组级)表示 3 级 HPP。尽管还有其他分层方法,但 3 级 HPP 是最为常见的。因为 3 级 HPP 既与制造企业组织结构的层次相吻合,也与产品的结构和工艺相对应,比较符合企业管理的习惯。3 级 HPP 的总体结构如图 3-1 所示。

1. 产品生产计划

产品生产计划是根据用户订单和市场预测制定的长期(通常是 1 年)生产计划,主要确定各种产品在计划期内各时间段的出产数量,使总生产费用最小。常用的方法有 APP、MPS 等。计划期常为年、月或周。

2. 零件组生产计划

产品生产计划生成后,将其分解为零件组生产计划、生成产品和部件装配计划、

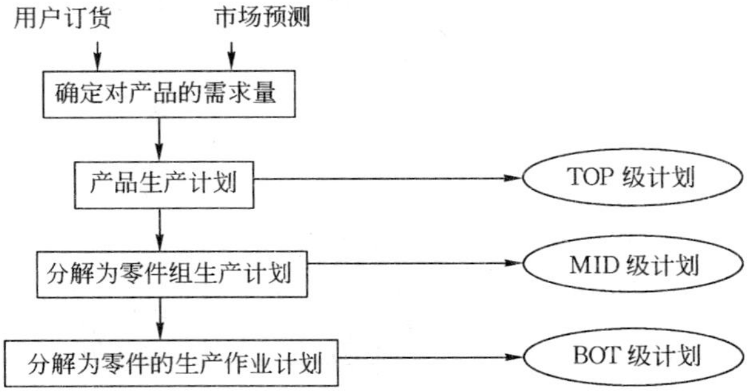

图 3-1 3 级 HPP 的总体结构

零件需求计划，确定出每种产品中各零件组的出产数量，零件组的生产数量必须与产品生产计划的要求一致。常用的方法有 MRP 等，计划期为月或周。

3. 零件的生产作业计划

根据零件组生产计划进一步分解，形成单个零件的生产作业计划，即根据 MRP 生成车间内部工序及生产作业计划。计划期为周或日。

4. 不同层次计划的比较

不同的计划涉及不同的管理层次，属于不同管理者的职能，从战略层计划（长期计划）到作业层计划（短期计划）所涉及的计划期越来越短，计划的时间单位越来越细，覆盖的管理范围越来越小，计划内容越来越详细，计划中的不确定性越来越小，管理层次也越来越低。对于长期计划而言，重点在于计划，而对短期计划而言，重点在于控制。总之，企业计划是分层次的，生产计划也是分层次的。在企业（组织）中，战略层计划主要考虑企业的长远发展规划，关系到企业的兴衰。各种职能计划，如销售计划、生产计划、生产技术准备计划、品种质量计划、新产品开发计划、成本计划、财务计划等，这些职能计划不是孤立的，而是相互联系的。随着计划期的缩短，计划的不确定性越来越小，因而计划的成分在减弱，而控制的成分在增强。作业层计划是战术层计划的细化，更强调控制。

四、生产计划的构成

制造企业的生产计划一般来说可由三部分构成：综合生产计划、主生产计划和物料需求计划。

（一）综合生产计划

综合生产计划（Aggregate Production Planning，APP）是对企业未来较长一段时间内资源和需求之间的平衡所做的概括性设想，是根据企业所拥有的生产能力和需求预测对企业未来较长一段时间内的产出内容、产出量、劳动力水平、库存投资等问题做出的决策性描述。综合生产计划的重要性是不言而喻的，从企业角度看，综合生产计划决定了企业产品的交货提前期，以及企业响应市场的能力。因而，综合计划的质量对企业的竞争地位有着重要的影响。综合生产计划并不具体制定每一品种的生产数量、生产时间、每一车间和人员的具体工作任务，而是按照以下的方式对产品、时间和人员做出总量安排。

1. 产品

按照产品的需求特征、加工特性、所需人员和设备的相似性等，将产品综合为几大系列，根据产品系列来制定综合生产计划。

2. 时间

综合生产计划的计划期通常是 1 年（有些生产周期较长的产品如大型机床等，可能是 2 年、3 年或 5 年），因此有些企业也把综合生产计划称为年度生产计划或年度生产大纲。在该计划期内，使用的计划时间单位是月、双月或季。在采用滚动式计划方式的企业中，还有可能近期 3 个月的计划时间单位是月，其他未来 9 个月的计划单位是季。

3. 人员

综合生产计划可用几种不同方式来考虑人员安排问题，例如将人员安排按照产品系列分成相应的组，分别考虑所需人员水平；或将人员根据产品的工艺特点和人员所需的技能水平分组等。综合生产计划中针对人员还需考虑因需求变化引起的对所需人员数量的变动，决定采取加班的方式还是扩大聘用等基本方针。表 3-1 为 G 公司的综合生产计划。

G 公司的综合生产计划　　表 3-1

	1 月	2 月	3 月
A 产品产量（台）	2 000	3 000	4 000
B 产品产量（台）	6 000	6 000	6 000
总工时（分钟）	3 400	3 400	3 750

对于表中 A 产品而言，该公司有许多不同规格型号（如 A1 型、A2 型、A3 型等）的产品，但在综合计划中并不针对每一种规格型号做出产量计划，综合计划的产出量是一个综合的概念。由于综合计划要为进一步制定详细的作业计划提供指导方针，因此，综合计划必须满足下列要求（规则）：(1)满足需求；(2)不超出生产能力的限制；(3)与企业总体经营方针一致；(4)使成本最小化。

（二）主生产计划

主生产计划（Master Production Schedule，MPS）是确定每一具体的最终产品在每一具体时间段内的生产数量（表 3-2）。这里的最终产品主要指对于企业来说最终完成、要出厂的产成品，可以是直接用于消费的消费产品，也可以是供其他企业使用的部件或配件。主生产计划通常是以周为单位，在有些情况下，也可能是旬或月。表

3-1 中的 A 产品分为 A1 型、A2 型和 A3 型三个型号，根据表 3-1 的综合生产计划所制定的主生产计划见表 3-2。

G 公司的主生产计划（单位：台）　　表 3-2

	1 月				2 月				3 月			
周次	1	2	3	4	5	6	7	8	9	10	11	12
A1 型产量		320		320		480		480		640		640
A2 型产量	300	300	300	300	450	450	450	450	600	600	600	600
A3 型产量	80		80		120		120		160		160	
月产量	2 000				3 000				4 000			

（三）物料需求计划

在主生产计划确定之后，为了使之能顺利实施，下一步要做的事是确保规定的最终产品所需的全部物料（如原材料、零件和部件等）以及其他资源在需要的时候能供应上。所谓物料需求计划，就是制定生产所需的原材料、零件和部件的生产采购计划，也就是外购什么，生产什么，什么物料必须在什么时候订货或开始生产，每次订多少，生产多少，等等。就是说，物料需求计划要解决的是主生产计划规定的最终产品在生产过程中相关物料的需求问题，而不是对这些物料的独立的、随机的需求问题。

这种相关需求的计划和管理比独立需求要复杂得多，对于一个企业来说也十分重要。这是因为只要在物料需求计划中漏掉或延误一个零件，就会导致整个产品的生产不能完成或延误。

综合生产计划、主生产计划以及物料需求计划之间的关系如图 3-2 所示。

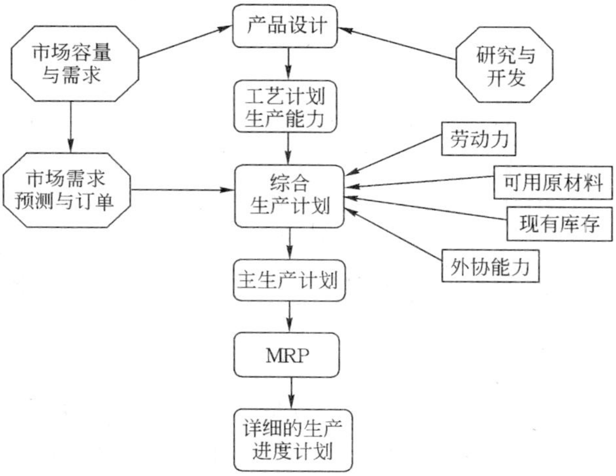

图 3-2　各计划之间的关系

首先，根据市场需求预测、已签订的订单以及相应的约束条件（如劳动力、可用原材料、现有库存、生产能力、外协能力等）制定出综合计划；其次，根据综合计划制定针对最终产品的生产计划——主生产计划；然后，根据主生产计划规定的最终产品出产时间与数量、产品的结构及库存状况制定完成主生产计划所需的各种原材料、零部件、外购件的数量和时间，即制定相应的物料需求计划；最后，根据物料需求计划合理安排详细的作业进度计划。从图 3-2 中可以看出，从综合计划—主生产计划—物料需求计划—详细的生产进度计划是一个不断细化的过程，各种计划之间的关系是非常密切的，每一步细化的结果是否正确、合理都会对整个生产产生影响。

第二节　库存物流管理

一、库存物流管理概述

（一）库存的概念

库存（Inventory）是指企业在生产经营过程中为现在和将来的耗用或者销售而储备的资源，包括原材料、材料、燃料、低值易耗品、在产品、半成品、产成品等。从客观上来说，库存是指企业用于今后生产、销售或使用的任何需要而持有的所有的物品和材料。

在企业物流活动的各个环节中，合理的库存起着一定的缓冲作用，并可以缩短物流活动的实现时间，加快企业对市场的反应速度。在企业接到顾客订单后，当顾客要求的交货时间比企业从采购材料、生产加工到运送货物到顾客手中的时间（供应链周期）要短时，就必须预先储存一定数量的该物品，来填补这个时间差。例如，某零售商向生产厂家订购一定数量的商品并要求第二天到货，而生产厂家生产该商品需要花 5 天时间，运送需要花 1 天时间。如果生产厂家预先生产一定数量的该商品并储存在成品仓库中，则只需 1 天的时间就可以满足顾客的要求；如果企业没有任何库存，则从生产到交货至少需要 6 天的时间，如果再考虑材料的采购时间，则需要比 6 天更长的时间，这样就有可能失去这笔订单。一般来说，企业在销售阶段为了能及时满足顾客的要求，避免发生缺货或延期交货现象，需要有一定的成品库存；在生产阶段，为了保证生产过程的均衡化和连续性，需要有一定的在制品、零部件库存；在采购生产阶段，为了防止供应市场的不确定性给生产环节造成的影响，保证生产过程中原材料、材料及外购件的供应，需要有一定的原材料、外购件库存。

从另外一个方面来看，库存物品要占用资金，发生库存维持费用，并存在库存积压而产生损失的可能。因此，既要利用库存加快企业物流各环节的快速实现，又要防止库存过量，占用大量不必要的库存资金。

(二)库存理论的产生及发展

物料的存储现象由来已久,但是把库存问题作为一门学科来研究,还是20世纪以后的事情。早在1915年哈里斯就提出了“经济批量”问题,它研究如何从经济的角度确定最佳的库存数量。“经济批量”的提出,从根本上改变了人们对库存问题的传统认识,是对库存理论研究的一个重大突破,是现代库存理论的奠基石。

第二次世界大战后,由于运筹学、数理统计等理论与方法的广泛应用,特别是20世纪50年代以来,人们开始应用系统工程理论来研究和解决库存问题,从而逐步形成了系统的库存理论,亦称“存储论”。电子计算机的问世,又进一步提高了库存控制的工作效率,促使库存理论成为一门比较成熟的学科。

由于诸多方面的原因,企业库存物料的库存数量是经常变动的,为了使库存量保持在合理的水平上,就要进行合理的、科学的库存控制。当库存物料的储备数量过少时,则不能满足企业生产或经营的需要;而储备数量过多时,不仅要占用大量资金,影响流动资金的周转,而且还要占用大量的生产面积和仓库面积,还可能由于长期积压而使存货损坏变质,造成浪费。因此,需要加强库存控制,搞好存货的科学管理,从而在保证企业生产或经营活动能够正常进行的前提下,使库存量维持在合理的水平上,降低库存成本,提高企业的经济效益。库存控制理论研究在什么时间、以什么数量、从什么来源补充库存,使得保持库存和补充采购的总成本最少。

(三)库存的分类

在企业物流活动中,企业持有不同的库存形式,从不同的角度可以对库存进行多种不同的分类。

1.按其在企业物流过程中所处的状态分类

按其在企业物流过程中所处的状态进行分类,库存可分为原材料库存、在制品库存、维护/维修库存和产成品库存。

(1)原材料库存

原材料库存是指企业通过采购和其他方式取得的用于制造产品并构成产品实体的物品,以及供生产耗用但不构成产品实体的辅助材料、修理用备件、燃料及外购半成品等的库存,是用于支持企业内制造或装配过程的库存。这部分库存是符合生产者自己标准的特殊商品,它存在于企业的供应物流阶段中。

(2)在制品库存

在制品库存是指已经过一定生产过程,但尚未全部完工,在销售以前还要进一步加工的中间产品和正在加工中的产品的库存,包括在产品生产的不同阶段的半成品库存,它存在于企业的生产物流阶段中。

(3)维护/维修库存

维护/维修库存是指用于维修与养护所需的经常消耗的物品或部件的库存,如石油润滑脂和机器零件的库存。它不包括产成品的维护活动所用的物品或部件的库存，它也存在于企业的生产物流阶段中。

(4)产成品库存

产成品库存是指准备运送给消费者的完整的或最终产品的库存。这种库存通常由不同于原材料库存的职能部门来控制，如销售部门或物流部门。它存在于企业的销售物流阶段中。

这几种库存可以存放在一条供应链上的不同位置。原材料库存可以放在两个位置：供应商或生产商之处。原材料进入生产企业后，依次通过不同的工序，每经过一道工序，附加价值都有所增加，从而成为不同水准的在制品库存。当在制品库存在最后一道工序被加工完后，变成完成品。完成品也可以放在不同的储存点：生产企业内、配送中心、零售点，直至转移到最终消费者手中。

2. 按库存的目的分类

(1)经常库存

经常库存是指企业在正常的经营环境下为满足日常的需要而建立的库存。这种库存随着每日的需要不断减少，当库存降低到订货点时，就要订货来补充库存。这种库存补充是按照一定的规律反复进行的。

(2)安全库存

安全库存是指为了防止由于不确定因素而准备的缓冲库存。不确定因素有：大量突发性订货、交货期突然提前、生产周期或供应周期等可能发生的不测变化及一些不可抗力因素等。例如，供货商没能按预定的时间供货、生产过程中发生意外的设备故障导致停工等。

(3)在途库存

在途库存指正处于运输或停放在相邻两个工作地之间或相邻两个组织之间的库存。这种库存是一种客观存在，而不是有意设置的。在途库存的大小取决于运输时间及该期间内的平均需求。

(4)季节性库存

季节性库存是指为了满足特定季节出现的特定需要(如夏天对空调的需要)而建立的库存，或是指对季节性出产的原材料(如大米、棉花、水果等农产品)在出产的季节大量收购所建立的库存。

3. 按用户对库存的需求特性分类

按用户对库存的需求特性，库存可分为独立需求库存与相关需求库存。独立需求库存是指用户对某种库存物品的需求与其他种类的库存无关，表现出对这种库存需求的独立性。从库存管理的角度来说，独立需求是指那些随机的、企业自身不能控制而是由市场所决定的需求，这种需求与企业对其他库存产品所作的生产决策没有关系，如用户对企业最终完成品、维修备件等的需求。独立需求库存无论在数量上还是在时间上都有很大的不确定性，但可以通过预测方法粗略地估算。

相关需求库存是指与其他需求有内在相关性的需求，根据这种相关性，企业可以精确地计算出它的需求量和需求时间，它是一种确定型需求。例如，用户对企业完成品的需求一旦确定，与该产品有关的零部件、原材料的需求就随之确定，对这些零部件、原材料的需求就是相关需求。这里主要讨论的是独立需求的库存控制问题。

对于独立需求库存，由于其需求时间和数量都不是由企业本身所能控制的，只能采用“补充库存”的控制机制，将不确定的外部需求问题转化为对内部库存水平的动态监视与补充的问题。

（四）库存的作用

库存的存在有利有弊，企业物流过程中保持库存有利的一方面主要通过以下几个方面来体现。

1. 预防不确定性，提高客户服务水平

拥有库存可以预防需求与供应的波动，提高客户服务水平。如果销售需求增大，而又不能及时增加生产量适应这个变化时，库存可以提高用户服务水平，即持有一定量的库存有利于调节供需之间的不平衡，保证企业按时交货，快速交货，能够避免或减少由于库存缺货或供货延迟带来的损失，这些对于企业改善顾客服务质量都具有重要的作用。当供应市场发生波动时，原材料库存可以防止这一波动对生产物流的影响，保证生产环节的顺利进行。当某一生产环节出现问题时，在制品库存可以保证生产环节的相对独立性，使其后续的生产环节能够按计划完成生产任务，从而保证订单能够按时完成。

2. 调节季节差异

有些产品如空调、啤酒等季节性很强，企业的生产能力无法满足高峰时期的需求，这样就可以在淡季储存这些产品用于满足高峰时期的需要。对于任何企业来说，根据季节性高峰需求设计生产能力是没有效率的，而且风险较大，较好的方法是全年有规律的小规模生产，这样就形成了在非高峰时期的产成品库存。另外，可以利用产成品的预期库存满足例如季节性需求、促销活动、节假日等的需求变化，避免打乱正常生产秩序。运输方式也可能造成季节供应的差异，如在冬季一些航道和港口冰冻，使得物品的供应受阻。在这种情况下，公司增加库存可以维持生产的连续进行。

3. 为了以经济批量订货

这也是库存具有的优点。大批量的采购可以获得价格折扣，降低采购次数，避免价格上涨。因此，如果通过持有一定的库存增大订货批量，就可以减少订货次数，从而减少订货费用。原材料合理的库存数量基于经济订货批量，可以降低总费用。

4. 客观的要求

在途库存是根据产成品从生产者到中间商及最终消费者手中所需要的时间及数量而确定的库存。由于生产者、中间商及最终消费者常常不在同一地理位置，因此需要有在途库存来消除生产者、中间商及最终消费者的位置上的差异。

从生产的角度来看，持有库存还可以达到以下两个目的：

(1)节省作业交换费用。作业交换费用是指生产过程中更换批量时调整设备所产生的费用。作业的频繁更换会耗费设备和工人的大量时间，新作业刚开始时也容易出现较多的产品质量问题，这些都会导致成本增加。而通过持有一定量的在制品库存，可以加大生产批量，从而减少作业交换次数，节省作业交换费用。

(2)提高人员与设备的利用率。持有一定量的库存可以从三个方面提高人员与设备的利用率：其一是减少作业更换时间，这种作业不增加任何附加价值；其二是防止某个环节零部件供应缺货导致生产中断：其三是当需求波动或季节性变动时，使生产均衡化。

(五)库存的弊端

一方面库存在企业物流活动中起着重要的作用，另一方面，库存也会给企业带来不利的影响，这些影响主要包括以下几点。

1. 占用大量资金

这是很显然的。库存成本是指企业为持有库存所需花费的成本。库存成本包括占用资金的利息、储藏保管费(仓库费用、搬运费用、管理人员费用等)、保险费、库存物品价值损失费用(丢失或被盗、库存物品变旧、发生物理化学变化导致价值的降低)等。

2. 掩盖其他问题

目前，很多人认为库存是一种浪费，是隐藏生产经营过程中各类弊端与缺陷的温床，是生产系统设计不合理、生产过程不协调、生产操作不良的体现。库存的存在掩盖了企业生产中存在的许多问题，如机器故障、质量缺陷、过长的操作准备时间和作业更换时间、较大的生产批量、作业计划不适当、工序之间缺乏协调和非均衡生产等。例如，库存可以掩盖经常性的产品或零部件的制造质量问题，当废品率和返修率很高时，一种很自然的做法就是加大生产批量和在制品、产成品库存；库存还可以掩盖供应商的供应质量、交货不及时问题等。

总之，持有库存要发生费用，还会带来一些其他管理上的问题，因此库存的作用及其弊端之间有一个折中、平衡的问题，这也就是库存管理所要研究和解决的问题。

二、库存物流的 ABC 管理法

ABC 管理方法，是指从企业需要的品种繁多的物资中，抓住重点，采取不同的订货方法，从而降低库存，加速资金周转的一种管理方法。

对所有物品都进行详细的库存分析是不经济的，因为通过不断地盘点、发放订单、接收订货等工作来维持库存要耗费大量的时间和资金。当资源有限时，企业就应该采用最好的方式利用有限的资源来对库存进行控制。换句话说，此时企业的库存控制重点应该集中在重要物品。

(一)ABC 分类法的基本思想

19 世纪,帕累托在研究米兰的财富分布时,发现 20%的人口控制了 80%的财富。这一现象被概括为“重要的少数、次要的多数”。在库存系统中,帕累托原理同样适用(少量物品占用了大量投资)。为了有效地进行库存控制,对于贵重物品应小量采购和严密控制,而对于低价物品就可以大量采购和稍加控制。通常根据年耗用金额将物品分为三类,分类的方法称为 ABC 分类法,也称 ABC 分析法。

ABC 分类法是库存总量管理中一种常见的方法,它将物品划分为特别重要的库存(A 类库存)、一般重要的库存(B 类库存)和不重要的库存(C 类库存)三个等级,然后对每类库存使用不同的库存管理策略。

A 类库存品:其年耗用金额占总库存金额的 70%~80%,其品种数占总库存数的 15%~20%。

B 类库存品:其年耗用金额占总库存金额的 15%~20%,其品种数占总库存数的 30%~40%。

C 类库存品:其年耗用金额占总库存金额的 5%~10%,其品种数占总库存数的 60%~70%。

(二)ABC 分析的一般步骤

第一步:搜集数据。按分析对象和分析内容,搜集有关数据。例如,打算分析产品成本,则应搜集产品成本因素、产品成本构成等方面的数据。

第二步:处理数据。利用搜集到的年需求量、单价,计算出各种库存品的年耗用金额。

第三步:编制 ABC 分析表。根据已计算出的各种库存品的年耗用金额,把库存品按年耗用金额从大到小进行排列,并计算累计百分比。

第四步:根据 ABC 分析表确定分类。根据已计算的年耗用金额的累计百分比,按照 ABC 分类的基本原理,对库存品进行分类。

第五步:绘制 ABC 分析图。以库存品种数百分比为横坐标,以累计耗用金额百分比为纵坐标,在坐标图上取点,并连接各点,则绘成 ABC 曲线。按 ABC 分析曲线对应的数据,以 ABC 分析表确定 A、B、C 三个类别的方法,在图上标明 A、B、C 三类,则制成 ABC 分析图。

(三)ABC 管理的具体方法

A 类库存品:这类库存品品种虽然较少,但其耗用的金额较大,对组织最重要,因此,需要最严格的管理。组织必须对这类库存品保持完整的库存记录,严格控制库存水平,防止缺货。对 A 类库存品,通常采用连续库存管理系统。

B 类库存品:这类库存品属于一般的品种,对它的管理的严格程度介于 A 类和 C 类之间。通常的做法是将若干物品合并一起订购。对 B 类库存品,采用强制库存系统较合适。

C 类库存品：这类库存品数量虽多，但耗用的金额较少，对组织的重要性最低。对这类的库存品通常订购 6 个月或 1 年的需求量，期间不需要保持完整的库存记录。由于这类库存的投资较少，所以往往把它的服务水准定得很高。对 C 类库存品，双堆库存管理系统通常被采用。

【例 3-1】 某小型配送中心拥有 10 项库存品，各种库存品的年需要量、单价如表 3-3 所示。为了加强库存品的管理，企业计划采用 ABC 库存管理法。假如企业决定按 20%的 A 类物品，34%的 B 类物品，50%的 C 类物品来建立 ABC 库存分析系统。问该配送中心应如何进行分类？

某小型配送中心库存需求量及单价 表 3-3

序存品代号	年 需 求 量	单价(元)	序存品代号	年 需 求 量	单价(元)
a	40 000	5	f	250 000	5
b	190 000	8	g	15 000	6
c	4 000	7	h	80 000	4
d	100 000	4	i	10 000	5
e	2 000	9	j	5 000	7

解：首先计算出各种库存品的年耗用金额，并按从大到小排序。计算数据见表 3-4。其次，计算出各库存品的累积耗用金额和累积的百分比，见表 3-5。

库存品的年耗用金额及排序 表 3-4

库存品代号	年耗用金额(元)	次 序	库存品代号	年耗用金额(元)	次 序
a	200 000	5	f	1 250 000	2
b	1 520 000	1	g	90 000	6
c	28 000	9	h	320 000	4
d	400 000	3	i	50 000	7
e	18 000	10	j	35 000	8

库存品的累积耗用金额和累积百分比 表 3-5

库存品代号	年耗用金额(元)	累积耗用金额(元)	累积百分比(%)	分 类
a	1 520 000	1 520 000	38. 9	A
b	1 250 000	2 770 000	70. 8	A
c	400 000	3 170 000	81. 1	B
d	320 000	34 990 000	89. 2	B
e	2 000 000	369 0000	94. 3	B
f	90 000	3 780 000	96. 6	C

续上表

库存品代号	年耗用金额(元)	累积耗用金额(元)	累积百分比(%)	分　类
g	50 000	3 830 000	97.9	C
h	35 000	386 5000	98.8	C
i	28 000	389 3000	99.5	C
j	18 000	3 911 000	100	C

最后，按照题目的规定，把库存品划分为A、B、C三类，见表3-6。

库 存 品 分 类

表3-6

分　类	每类金额(元)	库存品数百分比(%)	耗用金额百分比(%)	累计耗用金额百分比(%)
A=b,f	2 770 000	20	70.8	70.8
B=d,h,a	920 000	30	23.5	94.3
C=g,i,j,e,c	221 000	50	5.7	100.0

ABC库存分析图如图3-3所示。

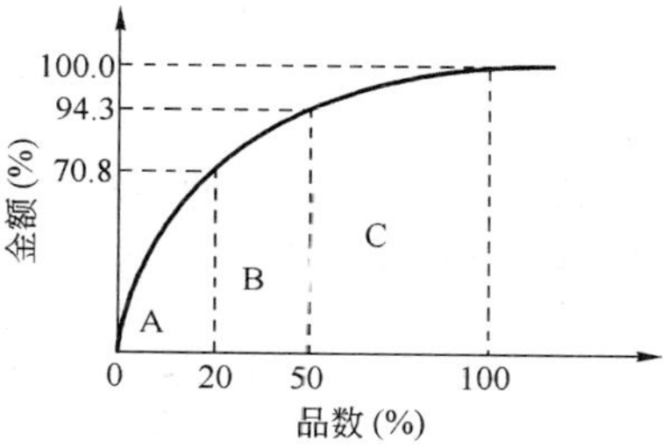

图3-3　库存分析图

三、库存物流的经济订货批量模型

库存管理除了做好各种日常业务管理外，还有一项重要的任务就是合理控制库存物品的存储数量，以便更经济、更有效地为生产和经营服务。尽可能使库存成本最小。库存控制模型有很多，这里主要介绍经济订货批量模型。

(一)经济订货批量模型的前提假设

经济订货批量模型最早由F. W. Harris于1915年提出。经济订货批量模型的前提假设：

(1)需求稳定，单位时间内的系统需求D恒定；

(2)订货提前期L不变；

(3)每次订货批量Q一定；

(4)每批订货一次入库，入库过程在极短时间内完成；

(5)订货成本、单件存储成本和单价固定不变；

(6)不允许出现缺货现象。

(二)库存成本

计算经济订货批量的目的是为了平衡订货成本和持有成本之间的关系，使得库存总成本最小。库存总成本主要包括以下方面：库存持有成本、订货成本、购置成本及缺货成本。

1. 库存持有成本

库存持有成本是指为保持库存而发生的成本，可以分为固定成本和变动成本。固定成本包括仓库折旧、保管员固定工资等，它与库存数量的多少无关。变动成本包括空间成本、资金成本、库存服务成本和库存风险成本，它与库存数量的多少有直接关系。

2. 订货成本

订货成本是指企业为了实现一次订货而进行的各种活动的费用。具体来讲，包括提出请购单、分析供应商、填写采购订货单、来料验收、跟踪订货，以及完成交易所必需的业务(差旅、电报电话、邮资、文书)等各项费用。这些成本很容易被忽视，但在考虑涉及订货、收货的全部活动时，这些成本很重要。

3. 购置成本

购置成本是指购买物资耗费的货款。当生产系统外购生产物资时，如果供应商采用差别定价策略，为用户提供批量折扣，则采购方可以通过增加每次订货的批量，获得价格优惠，降低总购置成本。此时，购置成本是库存成本的组成部分，影响订货决策。

4. 缺货成本

缺货成本是指由于库存供应中断而造成的损失，包括原材料供应中断造成的停工损失、产成品库存缺货造成的延迟发货损失和丧失销售机会的损失(还包括商誉损失)。如果企业以紧急采购代用材料来解决库存材料的中断之急，那么缺货成本表现为紧急额外购入成本(紧急采购成本大于正常采购成本的部分)。当一种产品缺货时，客户就会购买竞争对手的产品，那么就对企业产生直接利润损失，如果失去客户，还可能为企业造成间接或长期成本。在供应物流方面，原材料、半成品或零配件的缺货，意味着机器空闲甚至关闭全部生产设备。当企业的客户得不到全部订货时，称为外部短缺；当企业内部某个部门得不到全部订货时，称为内部短缺。外部短缺会导致延期交货、失销、失去客户三种情况。

(三)经济订货批量的确定

使库存总成本最小的订货批量称为经济订货批量。如果物品到货后的入库时间很短，则可以将全部物品看成是同一时间入库的。由于前置时间固定，所以可以取订货点为前置期内的需求量。刚入库时，库存数量为 Q 单位；由于需求速率固定，随后库存数量以固定的速率降低；当库存量降低到订货点时，就按 Q 单位发出一批新的订货；经过一个固定的前置期后，物品到达并入库，物品即将入库时的库存数量为零。如图 3-4 所示。

图 3-4 中，Q 为批量，$Q/2$ 为平均库存量，L 为订货点，$ac(=ce)$ 为订货间隔期，$ab(=cd=ef)$ 为前置时间。

图 3-5 表示了库存成本(存储成本及订购成本)随订货量大小变化的情况。

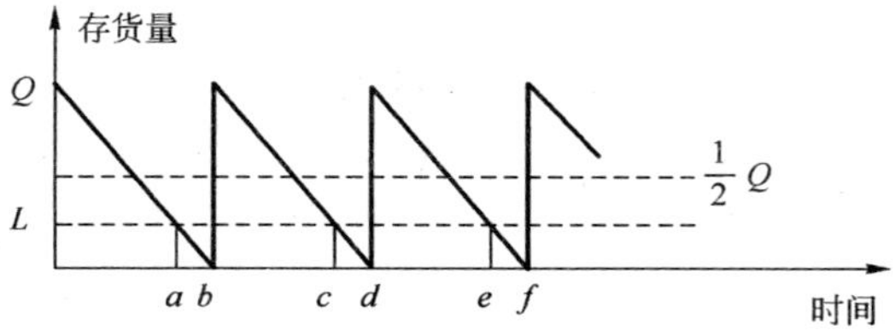

图 3-4　典型的库存模型

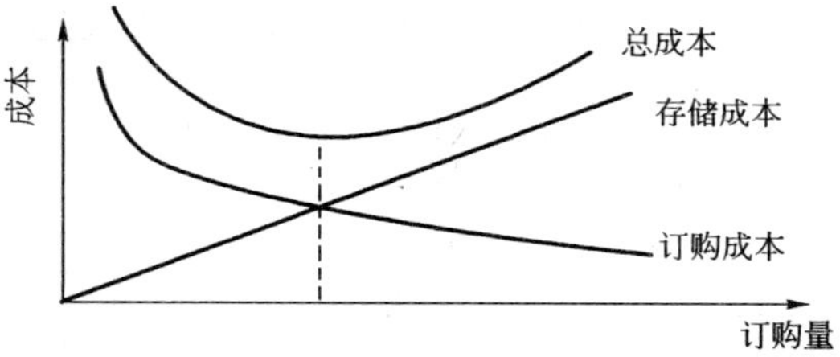

图 3-5　订货量与订购成本之间的关系

在年总需求量一定的情况下，订货批量越小，平均库存量就越低，但发生的订货次数就越多，如图 3-6 所示。如果能大幅度降低订货费用，就可以大大降低订货批量，这可以加快库存资金周转，有利于提高企业效益。

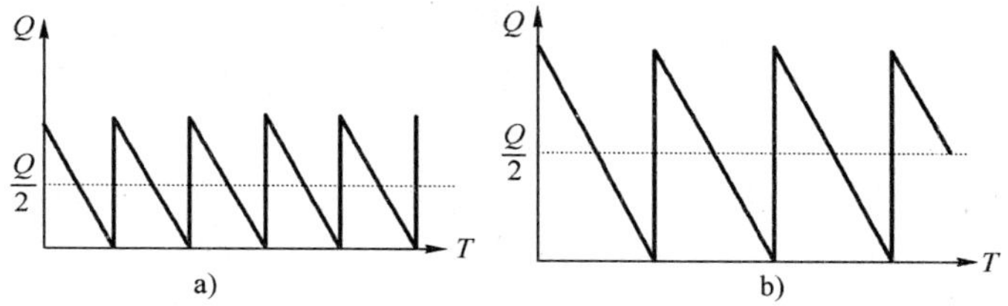

图 3-6　订货批量与平均库存量成本、订货次数之间的关系

现暂定计划期为一年，年需求量为 D，订货批量为 Q，每次订货的成本为 C，物资的订货单价为 P，年储存费率为 h。此时，年订货次数等于 D/Q，平均库存量为 $Q/2$，年订货成本可用公式表述为

$$\text{年订货成本} = C \cdot D/Q \tag{3-1}$$

年储存成本则为

$$\text{年储存成本} = P \cdot h \cdot Q/2 \tag{3-2}$$

年库存总成本 TC 为年订货成本与年储存成本之和，即

$$TC = C \cdot D/Q + P \cdot h \cdot Q/2 \tag{3-3}$$

利用微分法进行求解，对决策变量 Q 求一阶导数，并令其为零，可得 Q 的最优解 EOQ 如下

$$EOQ = \sqrt{\frac{2DC}{Ph}} \tag{3-4}$$

求得的订货量 EOQ 就是使年库存总成本为最小的经济订货批量。

【例 3-2】 某企业每年需要耗用 1000 件的某种物资，现已知该物资的单价为 20 元，每次的订货成本为 5 元，每件物资的年存储费率为 20%。试求经济订货批量。

解：经济订货批量为

$$EOQ=\sqrt{\frac{2DC}{Ph}}=\sqrt{\frac{2\times 1\,000\times 5}{20\times 0.2}}=50\text{ 件}$$

$$\text{年订货次数}=10\,000/50=20\text{ 次}$$

从计算结果可以发现，以经济订货批量订货时，年订货总成本与年存储总成本相等。此现象并非巧合，读者可以通过将式(3-4)中的 EOQ 分别代入订货成本与存储成本，发现二者此时相等。

(四)订货点的确定

通过确定经济订货批量，为管理者选择合适的订货批量，订货间隔期及做出正确的库存控制决策提供了辅助决策信息。下一步工作就是在确定订货批量及订货间隔期的基础上，确定何时发出订货指令，即确定订货点。由于需求稳定，单位时间内的系统需求 d 恒定已知，且假定从发出订货指令到交货的时间间隔(即订货提前期)L 一定，因此订货点处的库存储备量 R 可以通过下式计算确定。

$$R=dL \tag{3-5}$$

【例 3-3】 以例 3-2 数据为背景，假定每年有 250 个工作日，订货提前期为10 天，求其订货点的库存储备量。

解：由式(3-5)知，订货点的库存储备量为

$$R=dL=1\,000/250\times 10=40\text{ 件}$$

四、零库存管理

(一)零库存的概念

零库存管理可以追溯到 20 世纪六、七十年代，当时的日本丰田汽车实施准时制生产，在管理手段上采用看板管理、单元化生产等技术实行拉式生产，以实现在生产过程中基本上没有积压的原材料和产成品，这不仅大大降低了生产过程中的库存及资金的积压，而且在实施准时制过程中，提高了相关生产活动的管理效率。零库存是一种特殊的库存概念，是库存管理的理想状态，它并不要求企业的某些物品的储存量真正为零，而是通过实施特定的库存控制策略，使得物品(包括原材料、半成品和产成品)在采购、生产、销售、配送等一个或几个经营环节中，不以仓库存储的形式存在，而均处于周转的状态，从而实现供应链节点企业库存量的最优化。这样，就可以解决仓库建设，在库品的保管、维护、装卸、搬运等费用、人员配备、库存占用的大量流动资金，以及在库品的老化、变质等问题，提高库存管理效益。企业可以最大限度地逼近零库存。

(二)零库存管理与传统库存管理的区别

零库存管理与传统库存管理的区别如表3-7所示。

零库存管理与传统库存管理的区别　表3-7

比较项目	传统库存管理	零库存管理
库存行为认识	认为库存对企业极为重要,保持一定数量的库存有助于使企业提高效率	认为库存是一种浪费,为掩盖管理工作失误提供方便
库存管理区域	只对企业内部的物流控制	应对整个供应链系统的存货进行控制
库存管理重点	强调库存管理成本	强调对存货质量和生产时机的管理

(三)零库存的实施环节

零库存管理不仅应用在生产环节,而且应延伸到原材料采购、物流配送及产成品销售环节。

1.生产环节

在生产环节实现零库存的优点有:将生产环节中的在制品和半成品降到最低,减少在制品和半成品库存占用资金。在生产环节实现零库存的难点和成本有:生产设备需要较大的柔性,生产设备更新的投资成本较高;需要生产计划和车间作业管理模式的改变,使得生产作业管理软件的投入加大。

2.采购环节

在采购环节实现零库存的优点有:能够将原材料库存减少到最低甚至为零,减少原材料库存占用资金,并优化应付账款;能够降低库存管理成本(包括仓库费用、人员费用、呆滞库存等)。在采购环节实现零库存的难点和成本有:企业为实现采购环节零库存,需与少数几家供应商结成固定关系,甚至是单一供应关系,相对于多元采购会有供应商评价和考核困难,甚至会有意外断档的风险;小批量供应、运输或配送频率高,会造成较高的物流成本;要实现采购环节零库存,必须和供应商有良好的即时信息交流,需要有较大的信息化投入;由于企业计划、市场变化和产品更新等因素,会造成供应商产品积压和报废,影响长久合作的关系。

3.配送环节

在配送环节实现零库存的优点有:在配送中做到一体化协同运作,减少中间仓储和搬运等环节,可以将物流成本控制在最低水平。在配送环节实现零库存的难点和成本有:在配送中做到一体化协同运作,需要在各协作厂商间建立信息交换平台;需要有物流配送网络的配套和建设。

4.销售环节

在销售环节实现零库存的优点有:按真实的订单生产或者是销售预测准确,将成品库存降到了最低甚至零,减少了成品库存占用资金,并优化应收账款;能够避免成品因市场变化和产品升级换代而产生的降价风险;能够降低库存管理成本(包括仓库费用、人员费用和呆滞库存等)。

在销售环节实现零库存的难点和成本有:按订单生产的销售模式中,会造成客户等待、交货时间的延后,会丧失某些商机;直销模式需要建立强大的订单处理和客户服务系统;按销售预测的生产模式,对销售终端的数据采集和分析要求极高,而这方面的技术成本和管理成本巨大;小批量、高效率销售,会造成较高的运输或配送等物流成本。

从零库存的这几个实施环节分析来看,实施零库存管理,有优点也有难点,企业应该结合本身的实际情况加以选择。事实上,任何管理手段和技术都是需要成本和代价的,作为明智的企业,必须做到投入小、产出大,这样才能够盈利。

(四)零库存管理的主要运作形式

零库存管理的运作形式主要有以下几种。

1. 委托保管方式

委托保管方式是指接受企业的委托,由受托方代存代管货物,从而使企业不再保有库存,实现零库存。受托方可以利用其专业的优势,实现较高水平和较低费用的库存管理。委托企业不再设置仓库,减去了仓库及库存管理的大量事务,可以集中力量于生产经营。

2. 协作分包式

协作分包式主要是制造企业的一种产业结构形式。这种结构形式可以以若干分包企业的准时供应,使主企业的供应库存为零,同时主企业的集中销售库存使若干分包劳务及销售企业的销售库存为零。例如,分包零部件制造的企业,可采取各种生产形式和库存调节形式,以保证按企业的生产速率、按指定时间送货到企业,使企业不再设一级库存,达到零库存。

3. 准时制方式

准时制方式是指依靠有效的衔接和计划达到工位之间、供应与生产之间的协调,从而实现零库存。看板方式是准时方式中一种简单有效的方式,是日本丰田公司首先采用的,即在企业的各工序之间,或在企业之间,或在生产企业与供应者之间,采用固定格式的卡片为凭证,由下一环节基本上按一定的日程表向上一环节订货,并由上一环节按期(如按天或小时)准时给下一环节送货,各环节之间做到准时同步,实现零库存。

第三节 MRP、MRP II、ERP

在企业生产物流系统中,有很多的物流作业技术和物流管理技术。MRP(Material Requirement Planning,物料需求计划;Manufacturing Resources Planning,制造资源计划)技术是其中的一种,本节就专门研究 MRP 和 ERP 技术。

一、MRP的原理与应用

在MRP问世之前，库存计划通常采用订货点法。但是订货点法只能保证稳定均衡消耗情况下不出现短缺，不能保证消耗多变情况下不出现短缺，也无法起到降低库存的作用。1965年美国的J. A. 奥列基博士(Dr. Joseph A. Rollick)提出独立需求和相关需求的概念，并指出订货点法只适用于独立需求物资。由于市场需求是经常变化的，对各种物料的需求也是时刻在变化，这其中既有独立性的需求，也有相关性的需求。不出现短缺和降低库存是生产中遇到的两个互相矛盾的目标，而且增加库存并不一定就能保证所有物料不出现短缺。正是为了解决这个矛盾，美国生产管理和计算机应用专家Oliver W. Wight与George W. Plush首先提出了物料需求计划MRP。IBM公司首先在计算机上实现了MRP处理。随后，MRP经历了一个由基本MRP到闭环MRP，再到MRP II，然后再到ERP的发展过程。

(一)基本MRP的原理

基本MRP的原理是，由主生产进度计划(MPS)和主产品的层次结构逐层逐个地求出产品所有零部件的出产时间、出产数量。如果是自己加工，就形成了加工任务单。如果是向外采购，就形成了采购任务单。因此，MRP的基本任务是：从最终产品的生产计划(独立需求)导出相关物料(原材料、零部件等)的需求量和需求时间(相关需求)；根据物料需求时间和生产(订货)周期确定其开始生产(订货)的时间。

MRP的基本任务是编制零件的生产计划和采购计划。然而，要正确编制零件计划，首先必须落实产品的出产进度计划，用MRP的术语就是主生产计划(Master Production Schedule，MPS)，这是MRP展开的依据。MRP还需要知道产品的零件结构，即物料清单(Bill of Materials，BOM)，才能把主生产计划展开成零件计划。同时，还必须知道所需物料的库存数量才能准确计算出零件的采购数量。

由此可见，基本MRP的依据是：主生产计划(MPS)，物料清单(BOM)，库存信息。它们之间的逻辑流程关系如图3-7所示。

1. 主生产计划

主生产计划是确定每一具体的最终产品在每一具体时间段内生产数量的计划。这里的最终产品是指对于企业来说最终完成、要出厂的完成品，它要具体到产品的品种、型号。这里的具体时间段，通常是以周为单位，在有些情况下，也可以是日、旬、月。主生产计划详细规定生产什么、什么时段应该产出，它是独立需求计划。主生产计划根据客户合同和市场预测，把经营计划或生产大纲中的产品系列具体化，使之成为展开物料需求计划的主要依据，起到了从综合计划向具体计划过渡的承上启下的作用。

2. 产品结构与物料清单

MRP系统要正确计算出物料需求的数量和时间，特别是相关需求物料的数量和时间，首先要让系统能够知道企业所制造产品的结构和所有要使用的物料。产品结

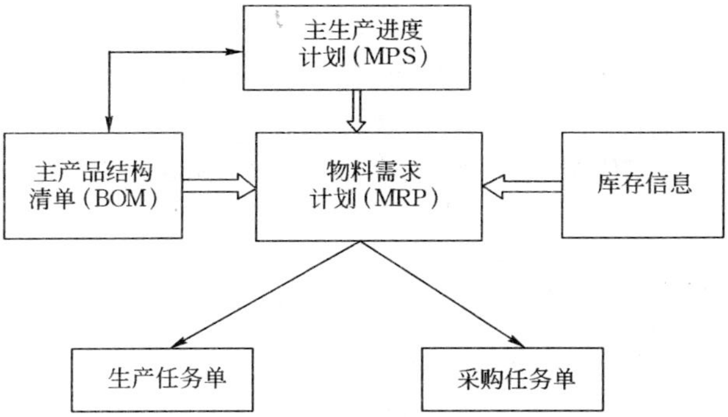

图 3-7　基本 MRP 逻辑图

构列出了构成成品或装配件的所有部件、组件、零件等的组成、装配关系和数量要求。它是 MRP 产品拆零的基础。图 3-8 是一个简化了的自行车的产品结构图,它大体反映了自行车的构成。

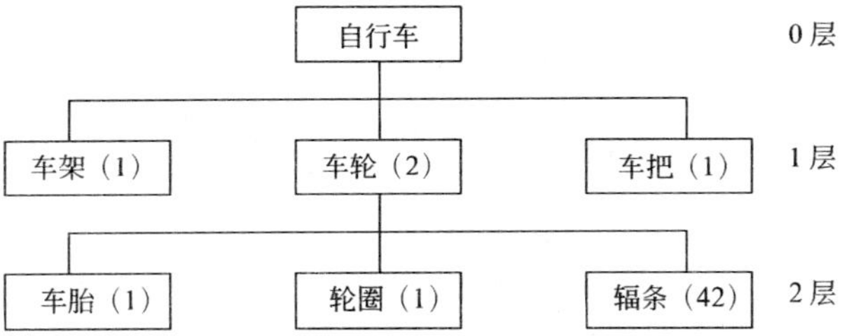

图 3-8　自行车产品结构图

(资料来源:方正. 物流管理学[M]. 武汉大学出版社,2003 年版,第 233 页)

当然,这并不是我们最终所要的 BOM。为了便于计算机识别,必须把产品结构图转换成规范的数据格式,这种用规范的数据格式来描述产品结构的文件就是物料清单。它必须说明组件(部件)中各种物料需求的数量和相互之间的组成结构关系。表 3-8 就是一张简单的与自行车产品结构相对应的物料清单。

自行车物料清单　　表 3-8

层次	物料号	物料名称	单位	数量	类型	成品率	ABC 码	提前期
0	GB950	自行车	辆	1	M	1.0	A	2
1	GB120	车架	件	1	M	1.0	A	3
1	CL120	车轮	个	2	M	1.0	A	2
2	LG300	轮圈	件	1	B	1.0	A	5
2	GB890	轮胎	套	1	B	1.0	B	7
2	GBA30	辐条	根	42	B	0.9	B	4
1	113000	车把	套	1	B	1.0	A	4

注::类型中"M"为自制件,"B"为外购件。

3. 库存信息

库存信息是保存企业所有产品、零部件、在制品、原材料等库存状态的数据。在MRP系统中，将产品、零部件、在制品、原材料等统称为“物料”或“项目”。为便于计算机识别，必须对物料进行编码。物料编码是MRP系统识别物料的唯一标识。

库存信息包括：

现有库存量：它是指在企业仓库中实际存放的物料的可用库存数量。

计划收到量(在途量)：它是指根据正在执行中的采购订单或生产订单，在未来某个时段物料将要入库或将要完成的数量。

已分配量：它是指尚保存在仓库中但已被分配掉的物料数量。

提前期：它是指执行某项任务由开始到完成所消耗的时间。

订购(生产)批量：在某个时段内向供应商订购或要求生产部门生产某种物料的数量。

安全库存量：为了预防需求或供应方面的不可预测的波动，在仓库中经常应保持的最低库存数量。

根据以上的各个数值，可以计算出某项物料的净需求量：

净需求量＝毛需求量＋已分配量－计划收到量－现有库存量

基本MRP的运算逻辑如图3-9所示。

下面结合实例说明MRP的运算逻辑步骤。图3-10是产品A的结构图。需要注意的是，由于提前期的存在，使得物料的计划交付时间和净需求的时间有时会不一致。另外，我们为了简化计算，也暂时没有考虑安全库存量。表3-9～表3-11分别是主产品A及其部件B、C的计算结果。

产品A的需求量计算(产品A，提前期＝2，批量＝10)　　表3-9

时段(周)	1	2	3	4	5	6	7	8
毛需求量	20	10		30	30	10		
已分配量								
计划收到			40					
现有库存(40)	20	10	50	20	－10	－20		
净需求量					10	10		
计划交付			10	10				

以上计算过程表明虽然1、2、4、5、6周均需要但实际A只要3周及4周各交付10个就可以了。这个计划下达时间和数量就是部件B和C的毛需求时间和数量的依据。

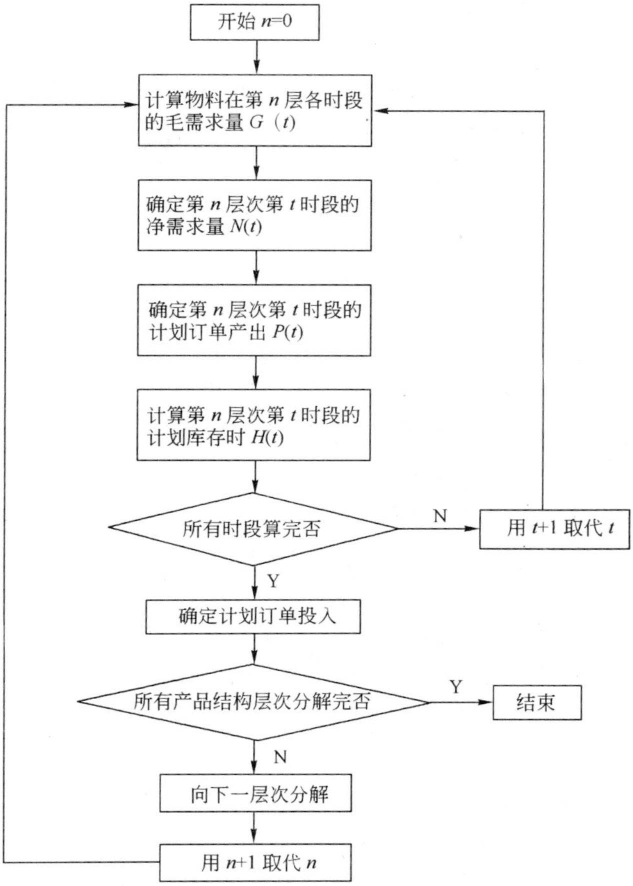

图 3-9　MRP 运算逻辑图

（资料来源：方正. 物流管理学[M]. 武汉大学出版社，2003 年版，第 235 页）

部件 B 的需求计算（部件 B，提前期＝1，批量＝20）　　表 3-10

时段(周)	1	2	3	4	5	6	7	8
毛需求量			20	20				
已分配量	0							
计划收到								
现有库存(30)	30	30	10	－10				
净需求量				10				
计划交付			10					

由表 3-10 可以看出，对于部件 B 需要在第 3 周交付 10 个。

部件C的需求量计算(部件C提前期=3,批量=30)　　表3-11

时段(周)	1	2	3	4	5	6	7	8
毛需求量			30	30				
已分配量								
计划收到								
现有库存(50)	50	50	20	−10				
净需求量				10				
计划交付	10							

由表3-11可以看出,对于部件C需要在第1周交付10个。我们还可以按照产品结构展开下一层的分解,分解方法和步骤如前,这里就不一一展开了。

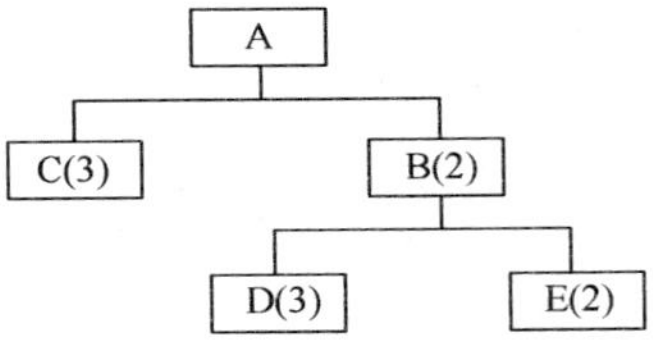

图3-10　A产品结构图

经过了以上的展开计算后,我们就可以得出产品A的零部件的各项相关需求量。然而现实中,企业的情况远没有这样简单,在许多加工制造性的企业中,由于产品种类繁多,并不只是产品A要用到部件B、部件C以及零件D和E,可能还有其他产品也需要用到它们,也可能零件D、E还有一定的独立需求(如作为服务件用的零件等)。所以,MRP要做的工作是要先把企业在一定时段内对同一零部件的毛需求汇总,然后再据此算出它们在各个时段内的净需求量和计划交付量,并据以安排生产计划和采购计划。

(二)闭环MRP的原理

1. 闭环MRP的原理与结构

20世纪60年代的基本MRP能根据有关数据计算出相关物料需求的准确时间与数量,但它还不够完善,其主要缺陷是没有考虑到生产企业现有的生产能力和采购有关条件的约束。因此,计算出来的物料需求有可能因设备和工时的不足而没有能力生产,或者因原料的不足而无法生产。MRP系统的正常运行,需要有一个现实可行的主生产计划,它除了要反映市场需求和合同订单以外,还必须满足企业的生产能力约束条件。因此,除了要编制资源需求计划外,还要制定能力需求计划(CRP),同各个工作中心的能力进行平衡。同时,基本MRP也缺乏根据计划实施情况的反馈信息对计划进行调整的功能。

正是为了解决以上问题,MRP系统在20世纪70年代发展为闭环MRP系统。闭环MRP系统除了物料需求计划外,还将生产能力需求计划、车间作业计划和采购作业计划也全部纳入MRP,形成一个封闭的系统,称为闭环MRP,如图3-11所示。因此,闭环MRP则成为一个完整的生产计划与控制系统。

2. 能力需求计划(Capacity Requirement Planning,CRP)

在闭环MRP系统中,把关键工作中心的负荷平衡称为资源需求计划,或称为粗

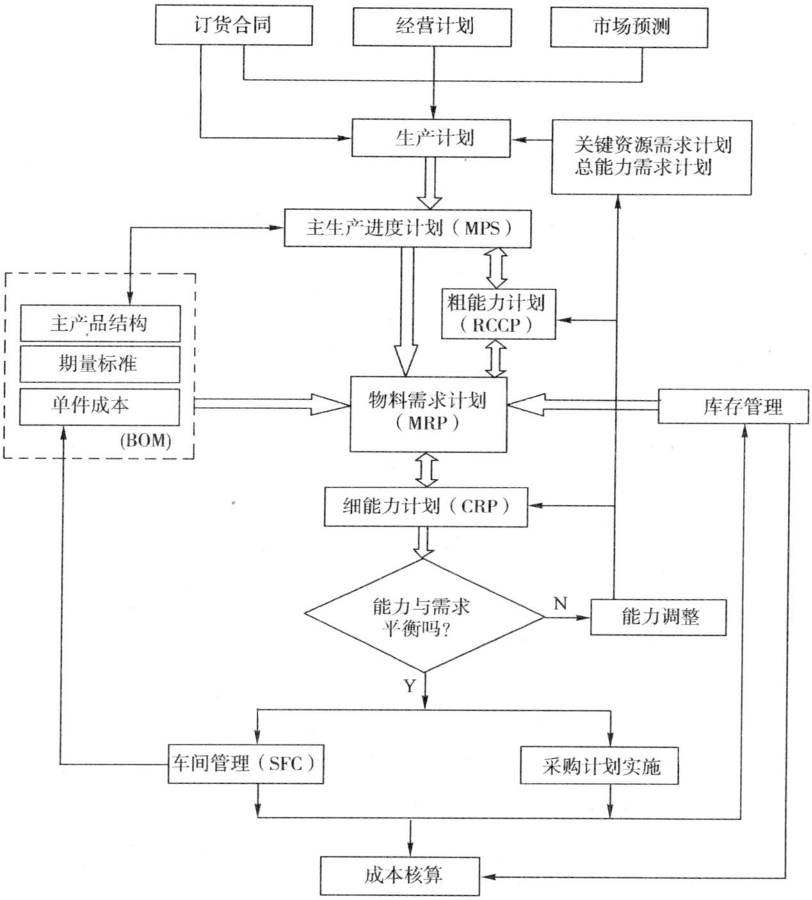

图 3-11　闭环 MRP 逻辑流程图

（资料来源：方正. 物流管理学[M]. 武汉大学出版社，2003 年版，第 238 页）

能力计划，它的计划对象为独立需求件，主要面向的是主生产计划；把全部工作中心的负荷平衡称为能力需求计划，或称为详细能力计划，而它的计划对象为相关需求件，主要面向的是车间。由于 MRP 和 MPS 之间存在内在的联系，所以资源需求计划与能力需求计划之间也是一脉相承的，而后者正是在前者的基础上进行计算的。

能力需求计划的依据主要有以下几个因素：

(1)工作中心：它是各种生产或加工能力单元和成本计算单元的统称。对工作中心，都统一用工时来量化其能力的大小。

(2)工作日历：它是用于编制计划的特殊形式的日历，它是由普通日历除去每周双休日、假日、停工和其他不生产的日子，并将日期表示为顺序形式而形成的。

(3)工艺路线：它是一种反映制造某项“物料”加工方法及加工次序的文件。它说明加工和装配的工序顺序，每道工序使用的工作中心，各项时间定额，外协工序的时间和费用等。

3. 由 MRP 输出的零部件作业计划

闭环 MRP 的基本目标是满足客户和市场的需求，因此在编制计划时，总是先不考虑能力约束而优先保证计划需求，然后再进行能力计划。经过多次反复运算，调整核实，才转入下一个阶段。能力需求计划的运算过程就是把物料需求计划订单换算成能力需求数量，生成能力需求报表。能力需求计划的计算逻辑过程可用图 3-12 来表示。

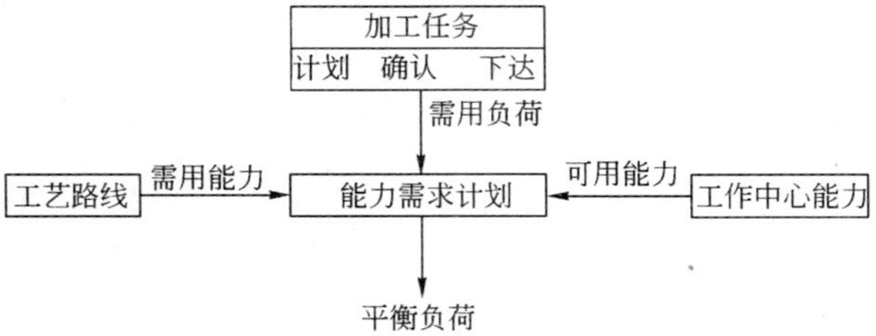

图 3-12 能力需求计划报表生成过程

在计划时段中也有可能出现能力需求超负荷或低负荷的情况。闭环 MRP 能力计划通常是通过报表的形式（直方图是常用工具）向计划人员报告，但是并不进行能力负荷的自动平衡，这个工作由计划人员人工完成。

各工作中心能力与负荷需求基本平衡后，接下来的一步就要集中解决如何具体地组织生产活动，使各种资源既能合理利用又能按期完成各项订单任务，并将客观生产活动进行的状况及时反馈到系统中，以便根据实际情况进行调整与控制，这就是现场作业控制。它的工作内容一般包括以下四个方面：

(1)车间订单下达：订单下达是核实 MRP 生成的计划订单，并转换为下达订单。

(2)作业排序：从工作中心的角度控制加工工件的作业顺序或作业优先级。

(3)投入产出控制：它是一种监控作业流（正在作业的车间订单）通过工作中心的技术方法。利用投入/产出报告，可以分析生产中存在的问题，采取相应的措施。

(4)作业信息反馈：它主要是跟踪作业订单在制造过程中的运动，收集各种资源消耗的实际数据，更新库存余额并完成 MRP 的闭环。

二、MRP II 的思想原理

闭环 MRP 系统的出现，使生产活动方面的各种子系统得到了统一。但这还不够，因为在企业的管理中，生产管理只是一个方面，它所涉及的仅仅是物流，而与物流密切相关的还有资金流。这在许多企业中是由财会人员另行管理的，这就造成了数据的重复录入与存储，甚至造成数据的不一致性。生产系统是企业资金占用和成本的主体，若这一部分不能反映出来，对企业的管理和决策都是很不方便的。系统是从主生产进度计划 MPS 开始的，但是主生产进度计划是由企业的年度生产计划得来的，年度生产计划规定了企业在计划年度内应生产的品种、规格、数量和交货期限。而闭环 MRP 的主生产计划 MPS 没有和年度生产计划联系起来。

于是，在 20 世纪 80 年代，人们把生产、财务、销售、工程技术、采购等各个子系统集成为一个一体化的系统，并称为制造资源计划(Manufacturing Resource Planning)系统，英文缩写还是 MRP，为了区别物料需求计划而记为 MRP II。

MRP II 的基本思想就是把企业作为一个有机整体，从整体最优的角度出发，通过运用科学方法对企业各种制造资源和产、供、销、财各个环节进行有效地计划、组织和控制，使它们得以协调发展，并充分地发挥作用。

(一)MRP II 的特点

MRP II 的特点可以从以下几个方面来说明，每一项特点都含有管理模式的变革和人员素质或行为变革两方面，这些点是相辅相成的。

(1)计划的一贯性与可行性。MRP II 是一种计划主导型管理模式，计划层次从宏观到微观、从战略到技术、由粗到细逐层优化，但始终保证与企业经营战略目标一致。它把通常的三级计划管理统一起来，计划编制工作集中在厂级职能部门，车间班组只能执行计划、调度和反馈信息。计划下达前反复验证和平衡生产能力，并根据反馈信息及时调整，处理好供需矛盾，保证计划的一贯性、有效性和可执行性。

(2)管理的系统性。MRP II 是一项系统工程，它把企业所有与生产经营直接相关部门的工作联结成一个整体，各部门都从系统整体出发做好本职工作，每个员工都知道自己的工作质量同其他职能的关系。这只有在“一个计划”下才能成为系统，条块分割、各行其是的局面应被团队精神所取代。

(3)数据共享性。MRP II 是一种制造企业管理信息系统，企业各部门都依据同一数据信息进行管理，任何一种数据变动都能及时地反映给所有部门，做到数据共享。在统一的数据库支持下，按照规范化的处理程序进行管理和决策。改变了过去那种信息不通、情况不明、盲目决策、相互矛盾的现象。

(4)动态应变性。MRP II 是一个闭环系统，它要求跟踪、控制和反馈瞬息万变的实际情况，管理人员可随时根据企业内外环境条件的变化迅速做出响应，及时决策调整，保证生产正常进行。它可以及时掌握各种动态信息，保持较短的生产周期，因而有较强的应变能力。

(5)模拟预见性。MRP II 具有模拟功能。它可以解决“如果怎样，将会怎样”的问题，可以预见在相当长的计划期内可能发生的问题，事先采取措施消除隐患，而不是等问题已经发生了再花几倍的精力去处理。这将使管理人员从忙碌的事务堆里解脱出来，致力于实质性的分析研究，提供多个可行方案供领导决策。

(6)物流、资金流的统一。MRP II 包含了成本会计和财务功能，可以由生产活动直接产生财务数据，把实物形态的物料流动直接转换为价值形态的资金流动，保证生产和财务数据一致。财务部门及时得到资金信息用于控制成本，通过资金流动状况反映物料和经营情况，随时分析企业的经济效益，参与决策，指导和控制经营和生产活动。

(二)MRP II 的计划层次

MRP II 是计划主导型的生产计划与控制系统。计划是企业管理的首要职能，只有具备强有力的计划功能，企业才能指导各项生产经营活动顺利进行。MRP II 的计划管理中包括两个方面的计划，一方面是需求计划，另一方面是供给计划。两方面的计划相辅相成，从而实现企业对整个生产经营活动的计划与控制。

MRP II 主要包括 5 个计划层次，即经营规划、销售与运作规划等综合生产计划、主生产计划、物料需求计划和能力需求计划。MRP II 的逻辑流程图如图 3-13 所示。这 5 个层次的计划实现了由宏观到微观、由战略级到战术级、由粗到细的深化过程。越接近顶层计划，对需求的预测成分越大，计划内容也越粗略和概括，计划展望期也越长。越接近底层的计划，需求就由估计变为现实，因而计划的内容也就具体详细，计划展望期也越短。在 5 个计划层次中，经营规划和销售与运作规划具有宏观的性质，主生产计划是宏观向微观的过渡性计划，物料需求计划是主生产计划的具体化，能力需求计划把物料需求转化为能力需求，而车间作业计划和采购作业计划则是物料需求计划和能力需求计划的执行阶段。

供需矛盾是企业最基本的矛盾。MRP II 系统，抓住这个最基本的矛盾，用模拟手段进行计划和调整，充分利用信息反馈，实现供需平衡。每一层计划都回答如下问题:需要生产什么？用什么来生产？现在有什么(包括物料和能力)？还应该得到什么？

在 MRP II 系统中上层计划是下层计划的依据，下层计划不能偏离上层计划的目标，从而整个企业遵循的是一个统一的计划。MRP II 计划管理是从长远规划开始的，这个计划层次通常称为经营规划(business plan)。经营规划是企业的战略规划，在这个层次上要确定企业的经营目标和策略，如产品开发、市场占有率、质量标准、技术改造和企业扩充、员工培训和队伍建设、销售收入和利润等，为企业的发展特别是在财务和经济效益方面做出规划。经营规划以货币单位表述，这是企业的总体目标，是各层计划的依据。以后的各个计划层次，都是对经营规划的进一步细化，不能偏离经营规划。经营规划在企业高层领导主持下会同销售、市场、工程技术、生产、物料和财务各部门负责人共同制定。执行过程中有新的情况，下层计划只有反馈信息的义务，而无变更经营规划的权利。变更经营规划只能是企业高层领导的职权(图 3-13)。

(三)MRP II 的适用性

MRP II 对于制造业是普遍适用的。关于这一点，经常有人发生疑问。由于制造业有着众多的行业和数不清的产品，所以发生这样的疑问是不奇怪的。要回答这个

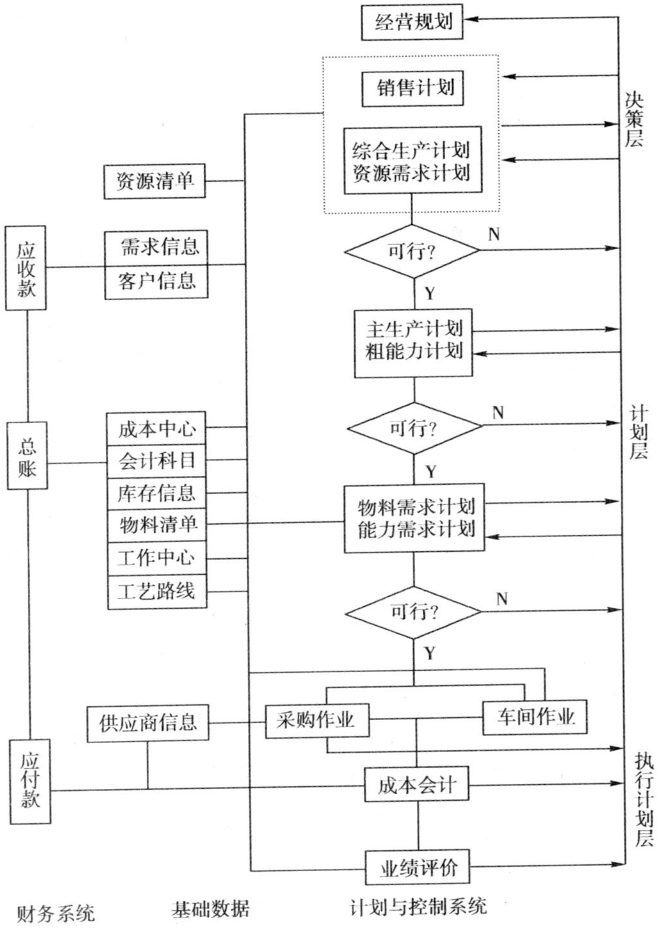

图 3-13　MRP Ⅱ 逻辑流程图

（资料来源：方正. 物流管理学[M]. 武汉大学出版社，2003 年版，第 241 页）

问题必须从制造业生产管理的本质规律出发。从以上的介绍可以看出，制造企业的生产管理要循环往复地回答以下 4 个问题。

A：我们将要生产什么？

B：我们用什么来生产？

C：我们有什么？

D：我们还应得到什么？

这 4 个问题可以分别由主生产计划、物料清单、库存记录和物料需求计划来回答，它们共同构成了一个基本方程式，称为制造业基本方程，这个方程可以用如下的概念公式来表示：

$$A \times B - C = D \tag{3-6}$$

它对所有的制造企业均是相同的，因此是一种标准逻辑。有关文献指出："这是制造企业中普遍存在的本质规律，正如地心引力，只能面对它，而不能改变它。"

MRP II 以现代计算机为工具，通过对大量的数据进行及时的处理来模拟制造企业的生产经营过程，亦即上述的制造业基本方程。由于制造业基本方程的普遍存在，MRP II 也是普遍适用的。

对 MRP 的适用性产生疑问的另一个原因是由于早期的 MRP 工作者所使用的习惯术语。在计算机时代的早期，制造业的标准逻辑尚未被普遍认识。特别是由于 MRP 起源于机械制造业，其早期工作者使用"零件"、"部件"等术语。因此，虽然在制造业的不同行业中都存在着制造业基本方程，然而人们却往往只看到不同，认为他们面临的是与众不同的生产环境。当时只有专职的财务人员认识到有标准的财务管理工具，如应收账款、应付账款、总分类账、明细分类账、预算、标准成本等等。一位专职的财务人员离开一家企业进入另一家企业，他至少不会看与众不同的财务系统。而在制造业的其他环节上，则没有标准的工具。

现在 MRP II 已向人们提供了制造业管理的标准工具和标准的知识体系，而且已被广泛地应用于实践。制造企业的各级管理人员可以而且应当使用诸如销售与运作规划、主生产计划、物料需求计划、能力需求计划等工具来控制和管理自己的企业，这正如财务人员早已有的标准财务工具一样。

在 MRP 出现之前，人们希望情况保持不变，以使得生产订单和采购订单的日期保持有效。每逢出现变化，人们则陷入被动。现代的 MRP II 为管理人员提供了一套强有力的计划和控制的工具，使用这样的工具可以很好地应对生产制造环境中永恒的变化。

三、ERP

企业资源计划（Enterprise resource planning，ERP）是在 MRP II 的基础上，通过前馈的物流和反馈的信息流、资金流，把客户需求和企业内部的生产经营活动以及供应商的资源整合在一起，体现完全按用户需求进行经营管理的一种全新的管理方法。ERP 在 MRP II 的基础上对企业资源的优化扩展到了包括质量管理、人力资源管理、设备综合管理、电子商务等各个方面，实现对整个供应链的有效管理。

（一）ERP 的产生背景

20 世纪 90 年代以来，由于经济全球化和市场国际化的发展趋势，制造业所面临的竞争更趋激烈。以客户为中心，基于时间，而向整个供应链，成为在新的形势下制造业发展的基本动向。实施以客户为中心的经营战略是 20 世纪 90 年代企业在经营战略方面的重大转变。

传统的经营战略是以企业自身为中心的。企业的组织形式是按职能划分的层次结构:企业的管理方式着眼于纵向的控制和优化:企业的生产过程是由产品驱动的,并按标准产品组织生产流程。客户对于企业的大部分职能部门而言都被视为外部对象,除了销售和客户服务部门之外的其他部门都不直接与客户打交道。在影响客户购买的因素中,价格是第一位的,其次是质量和交货期,于是,企业的生产目标依次为成本、质量、交货期。

以客户为中心的经营战略则要求企业的组织为动态的、可组合的弹性结构;企业的管理着眼于按客户需求形成的增值链的横向优化;客户和供应商被集成在增值链中,成为企业受控对象的一部分;在影响客户购买的因素中交货期成为第一位的,企业的生产目标也转为交货期、质量和成本。

实施以客户为中心的经营战略就要对客户需求迅速做出响应,并在最短的时间内向客户交付高质量和低成本的产品。这就要求企业能够根据客户需求迅速重组业务流程,消除业务流程中非增值的无效活动,变顺序作业为并行作业,在所有业务环节中追求高效率和及时响应,尽可能采用现代技术手段,快速完成整个业务流程。这就是基于时间的含义。而基于时间的作业方式的真正实现又必须扩大企业的控制范围,面向整个供应链,把从供应商到客户的全部环节都集成起来。

实施以客户为中心的经营战略涉及企业的流程重组。企业流程重组是对传统管理观念的重大变革,在这种观念下,产品不再是定型的,而是根据客户需求选配的;业务流程和生产流程不再是一成不变的,而是针对客户需求,以减少非增值的无效活动为原则而重新组合的;特别是企业的组织也必须是灵活的、动态可变的。显然,这种需求变化是传统的 MRP II 软件所难以满足的,而必须转向以客户为中心、基于时间、面向整个供应链为基本特点的 ERP 系统。这就是 ERP 产生的客观需求背景。而面向对象的技术、计算机辅助软件工程,以及开放的客户机/服务器计算环境又为实现这种转变提供了技术基础。于是,ERP 使应运而生了。

(二)ERP 的特点

1. 将用户放在了主导者的位置

ERP 脱离了以物料、人工和生产为中心的制造系统,而将用户放在了主导者的位置,真正地实现 ERP。

2. ERP 解决了多变的市场与均衡生产之间的矛盾

市场是多变的,而企业希望生产活动是均衡的,这是制造企业面对的一对基本矛盾。ERP 能够解决这个矛盾。企业应用 ERP 系统来计划生产时,要做主生产计划,由相关人员均衡地对产品或最终项目做出生产安排,使得在一段时间内主生产计划和市场需求(包括预测及客户订单)在总量上相匹配。在这段时间内,即使需求发生很大的变化,但只要需求总量不变,就可以保持主生产计划不变,从而可以得到一份相对稳定和均衡的生产计划,据此得到的物料需求计划也将是稳定的、均衡的。

3. ERP 能解决库存管理的难题

在库存管理的问题上，企业经常处于两难之中，既有物料短缺，又有库存积压。而 ERP 的核心部分 MRP 恰好就是为了解决这样的问题而发展起来的。同时，ERP 系统要求每种物料都必须有专人负责，这样既能把物料需求和供应的时间与数量计算清楚，而且能够分清责任，从而降低库存量和占压的资金，库存损失也可以随之降低。

4. ERP 可以保证对客户的供货承诺

要提高市场竞争力，就要迅速响应客户需求，并按时交货。这就需要市场销售和生产制造这两个环节很好地协调、配合。而 ERP 系统会根据产销两方面的变化，随时更新对客户的可承诺数据，使销售人员在给客户做出供货承诺时做到心中有数。

ERP 在这一方面的优势源于它对客户关系管理的应用。传统的 MRP 系统着眼于企业后台的管理，而缺少直接面对客户的系统功能。因为传统的企业只是着力于买到物美价廉的原材料，快速高效地生产出产品，至于哪种产品更受欢迎，哪些服务最有待改进这一类问题，却往往没有确切的答案，只能凭经验臆测。在电子商务的大环境中，企业的客户可能分散在全球各地，企业不可能对它们的情况了如指掌，所以必须有一个系统来收集客户信息，并加以分析和利用。基于上述背景，客户关系管理系统（又称前台管理系统）就成了 ERP 市场上最新的亮点。一般来说，客户关系管理系统包含销售、市场及服务三类模块。其中，销售模块有很多功能，从最初的需求生成，到自主销售，到最后的销售人员佣金管理都包含其中，而市场模块则偏重于对市场计划和市场战役的策划与管理，让企业心中有数；服务模块涉及服务的方方面面，如服务合同管理和电话呼叫中心的管理等，确保企业提供优质服务。

(三)ERP 中的物流管理

1. 分销管理

销售的管理是从产品的销售计划开始，对其销售产品、销售地区、销售客户各种信息的管理和统计，并可对销售数量、金额、利润、绩效、客户服务做出全面的分析。在分销管理中大致有三方面的功能。

(1)客户信息的管理和服务。它能建立一个客户信息档案，对其进行分类管理，进而对其进行针对性的客户服务，以达到最高效率的保留老客户、争取新客户。

(2)销售订单的管理。销售订单的管理贯穿了产品生产的整个流程。它包括：客户信用审核及查询（客户信用分级，来审核订单交易）；产品库存查询（决定是否要延期交货、分批发货或用代用品发货等）；产品报价（为客户作不同产品的报价）；订单输入、变更及跟踪（订单输入后，变更的修正及订单的跟踪分析）；交货期的确认及交货处理（决定交货期和发货事物安排）。

(3)销售的统计与分析。这时系统根据销售订单的完成情况，依据各种指标做出统计，如客户分类统计、销售代理分类统计等，然后再根据这些统计结果来对企业实际销售效果进行评价，包括销售统计(根据销售形式、产品、代理商、地区、销售人员、金额、数量来分别进行统计)、销售分析(包括对比目标、同期比较和订货发货分析，来从数量、金额、利润及绩效等方面作相应的分析)和客户服务(客户投诉记录、原因分析)。

2. 库存控制

库存控制用来控制存储物料的数量，以保证稳定的物流支持正常的生产，但又最小限度地占用资本。ERP 中的库存控制是一种相关的、动态的、真实的库存控制系统，它能够结合相关部门的需求，随时间变化动态地调整库存，精确地反映库存现状。这一系统的功能又涉及以下三个方面。

(1)为所有的物料建立库存，决定何时订货采购，同时作为采购部门采购、生产部门作生产计划的依据。

(2)收到订购物料，经过质量检验入库，生产的产品也同样要经过检验入库。

(3)收发料的日常业务处理工作。

3. 采购管理

采购管理是指确定合理的订货量、优秀的供应商和保持最佳的安全储备。能够随时提供定购、验收的信息，跟踪和催促对外购或委外加工的物料，保证货物及时到达；建立供应商的档案，用最新的成本信息来调整库存的成本。具体包括：

(1)供应商信息查询(查询供应商的能力、信誉等)；

(2)催货(对外购或委外加工的物料进行跟催)；

(3)采购与委外加工统计(统计、建立档案、计算成本)；

(4)价格分析(对原料价格进行分析、调整库存成本)。

MRP、MRP II、ERP 之间的关系如图 3-14 所示。

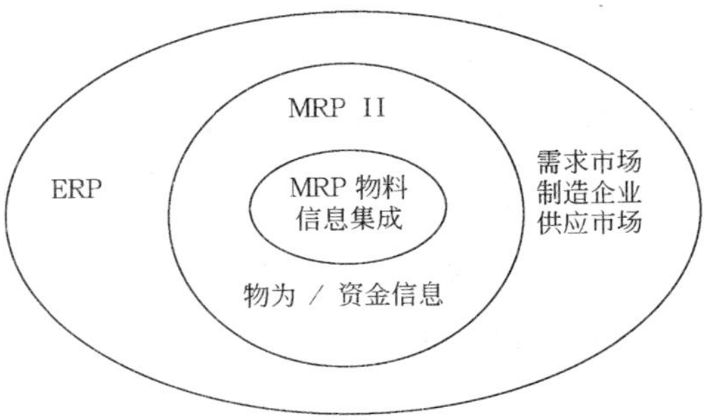

图 3-14　MRP、MRP II、ERP 的关系图

(四)ERP 的发展——ERP II

ERP II(Enterprise Resource Planning II)是 2000 年由美国调查咨询公司 Gartner Group 在原有 ERP 的基础上扩展后，提出的新概念。Gartner 给 ERP II 的定义

是:ERP II 是通过支持和优化企业内部和企业之间的协同运作和财务过程,以创造客户和股东价值的一种商务战略和一套面向具体行业领域的应用系统。为了区别于ERP 对企业内部管理的关注,Gartner 在描述 ERPⅡ时,引入了"协同商务"的概念。协同商务(Collaborative Commerce 或 C-Commerce),是指企业内部人员、企业与业务伙伴、企业与客户之间的电子化业务的交互过程。为了使 ERP 流程和系统适应这种改变,企业对 ERP 的流程以及外部的因素提出了更多的要求,这就是"ERP II"。其实,ERP II 定义是一种新的商业战略,它由一组行业专业化的应用组成,通过它们建立和优化企业内部和企业之间流程、协作运营和财务运作流程,从而将客户和股东价值优化。市场研究指出从现在到 2005 年,企业需要在协作社区内为协作商务而发布关键业务信息的需求将会使得 ERP II 逐步代替 ERP 系统成为企业内部和企业之间业务流程管理的首选。传统 ERP 系统注重制造业企业的资源计划和库存准确率,同时也注意到了企业的业务可见度。后续扩展的 ERP 需求使一些非制造业企业也采用 ERP 系统作为后台财务处理系统。但由于企业客户对供应链管理 SCM、客户关系管理 CRM 和电子商务功能等新功能的要求不断出现,一些 ERP 厂商为应对这方面的需求而推崇所谓的 EAS 企业应用套件。但是 EAS 那种在企业内对全部的人提供全部的事的方式并不适用未来的企业对专注和外部联结性的强烈需求。

ERP II 的定义强调未来的企业注重深度行业专业分工和企业之间的交流,而不仅仅是企业业务过程管理。

S 本章小结

1. 生产计划又称生产大纲,它是根据销售计划所确定的销售量,在充分利用生产能力和综合平衡的基础上,对企业所生产的产品品种、数量、质量和生产进度等分面所作的统筹安排,是企业生产管理的依据。制订生产计划就是要在企业总体经营战略的指导下,根据市场需求预测和订单来确定企业的产出品种、产出速度、产出时间、劳动力和设备的配置以及库存等,并对这些任务进行预先的考虑和安排,使企业能够获得满意的收益。

生产物流计划的任务包括:(1)保证生产计划的顺利完成;(2)为均衡生产创造条件;(3)加强在制品管理,缩短生产周期。

2. 制造企业的生产计划一般来说可由三部分构成:综合生产计划、主生产计划和物料需求计划。

3. 库存(Inventory)是指企业在生产经营过程中为现在和将来的耗用或者销售而储备的资源,包括原材料、材料、燃料、低值易耗品、在产品、半成品、产成品等。

库存的作用:(1)预防不确定性,提高客户服务水平;(2)调节季节差异;(3)为了以经济批量订货;(4)客观的要求。

从生产的角度来看，持有库存还可以达到以下两个目的：(1)节省作业交换费用；(2)提高人员与设备的利用率。

4. 本章介绍的库存物流管理法有 ABC 管理法和经济订货批量模型和零库存管理。

5. 库存成本：(1)库存持有成本；(2)订货成本；(3)购置成本；(4)缺货成本。

6. 生产计划中的物料需求计划是一种面向相关需求物料的计划方法，在生产计划与控制体系中位于主生产计划之后，是根据产品主生产计划、产品构成和相关物料的库存记录进行展开得到的相关需求物料详细的需求计划。物料需求计划经历了由基本 MRP 到闭环 MRP，再到 MRP II，然后再到 ERP 的发展过程。

E 练习题

1. 什么是生产计划？生产计划的构成？
2. 什么是库存？库存的作用有哪些？
3. 什么是库存物流的 ABC 管理法？
4. 什么是零库存管理？
5. 比较 MRP、MRP II、ERP 有什么不同？

C 案例分析

某企业生产某种产品，全年需要某种原料 2 025t，已知该物资的单位价格为 500 元，年存储费率为单价的 5%，每次订购费用为 1 250 元，在不允许缺货的条件下，问该企业每次采购的经济批量为多少？订货点为多少？

第四章 生产物流成本管理

能力目标、知识目标与学习要求

通过本章学习，掌握物流成本管理的有关知识；了解物流成本管理新模式；掌握标准成本法；掌握物流成本的分析方法和控制方法，尤其是目标成本法的相应计算；理解物流成本的绩效评价的相关指标，掌握偿债能力比率、营运能力比率、获利能力比率和现金流量比率等的相关计算。要求学生能运用本章所学的知识进行生产物流成本管理。

第一节 物流成本管理模式

一、物流成本及其管理

物流成本按其范围来分，有广义和狭义之别。狭义的物流成本是指由于物品实体的场所(或位置)位移而引起的有关运输、包装、装卸等成本。广义的物流成本是指包括生产、流通、消费全过程的物品实体与价值变换而发生的全部成本。它具体包括了从生产企业内部原材料协作件的采购、供应开始，经过生产制造过程中的半成品存放、搬运、装卸、成品包装及运送到流通领域，进入仓库验收、分类、储存、保管、配送、运输，最后到消费者手中的全过程，发生的所有成本。而物流成本管理则是对所有这些成本进行计划、分析、核算、控制与优化，以达到降低物流成本的目的。

二、物流成本的构成与分类

物流成本的管理一般是按实体的不同而区别对待的。物流成本从其所处的领域看，可分为流通企业物流成本和生产企业物流成本。

(一)流通企业物流成本的构成和分类

1. 流通企业物流成本的构成

在我国，物质资料的经营主要是由物资企业和商业企业共同承担的。流通企业物流成本是指在组织物品的购进、运输、保管、销售等一系列活动中所耗费的人力、物力和财力的货币表现，其基本构成如下：

1）人工费用，包括职工工资、奖金、津贴以及福利费等；

2）营运费用，如能源消耗、运杂费、折旧费、办公费、差旅费、保险费等；

3）财务费用，指经营活动中发生的资金使用成本支出，如利息、手续费等；

4）其他费用，如税金、资产损耗、信息费等。

2. 流通企业物流成本的分类

根据不同的标准划分，主要有如下几种：

1）按照成本的经济性质划分，可以分为生产性流通成本和纯粹性流通成本。

（1）生产性流通成本，又称追加成本，是生产性成本在流通领域的继续，是为了使物品最终完成生产过程，便于消费而发生的成本。生产性流通成本要追加到产品的价值中去，是必要劳动的追加成本。

（2）纯粹性流通成本，也称销售成本，是流通企业在经营管理过程中，因组织产品交换而发生的成本。纯粹性流通成本同商品的交换行为有关，虽然不创造新的价值，但也是一种必要劳动，是物品价值实现过程所必不可少的。

2）按成本与商品流转额的不同划分，可分为可变成本和相对不变成本。

（1）可变成本，或称直接成本，指物流成本中随商品流转额变动而变动的那一部分成本。这种成本开支的多少与商品流转额变化直接相关，即流转额增加，成本支出也随之增加，反之则减少，如搬运费、仓储管理费等。

（2）相对不变成本，或称间接成本，指物流成本中不随商品流转额的变动而变动的那一部分成本。这种成本与商品的流转额没有直接关系，在一般情况下，商品流转额变动，它不一定发生变动，或即使发生变动，也不与商品的流转额成比例变动。它受商品流转额增减变动的影响较小，开支的绝对金额是相对固定的，如员工工资、福利费、折旧费等。

3）按成本发生的流转环节划分，可分为进货成本、商品储存成本和销售成本。

（1）进货成本，是指商品由供货单位到流通企业仓库所发生的运输费、装卸费以及损耗费、包装费、入库验收费和中转单位收取的成本。

（2）商品储存成本，是指物流企业在商品保管过程中所开支的转库搬运、检验、挑选整理、维护保养、管理包装等方面的成本及商品的损耗费。

（3）销售成本，是指流通企业从商品出库到销售过程中所发生的包装费、手续费、管理费等。

（二）生产企业物流成本的构成和分类

1. 生产企业物流成本的构成

生产企业的主要目的是生产满足市场某种需要的产品。为了进行生产活动，生产企业必须同时进行有关生产要素的购进和产品的销售；另外，为保证产品质量，为消费者服务，生产企业还要进行产品的返修和废物的回收。因此，生产性企业物流成本是指企业在进行供应、生产、销售、回收等过程中所发生的运输、包装、保管、输送、回收方面的成本。与流通相比，生产企业的物流成本大多体现在所生产的产品成本之中，具有与产品成本的不可分割性。

生产企业的物流成本一般包括以下内容：

1)供应、仓储、搬运和销售环节的职工工资、奖金、津贴以及福利费等；

2)生产材料的采购费用，包括运杂费、保险费、合理损耗成本等；

3)产品销售费用，如广告费、运输费、展览推销费、信息费等；

4)仓储保管费，如仓库维护费、搬运费等；

5)有关设备和仓库的折旧费、维修费、保养费等；

6)营运费用，如能源消耗费、物料消耗费、折旧费、办公费、差旅费、保险费、劳动保护费等；

7)财务费用，如仓储物资占用的资金利息；

8)回收废品发生的物流成本。

2. 生产企业物流成本的分类

主要有以下标准：

1)按物流成本支出的形式不同划分，可分为本企业支付的物流成本和他企业支付的物流成本两项。

(1)本企业支付的物流费，是指企业在供应、销售、退货等阶段，因运输、包装、搬运、整理等发生的由企业自己支付的物流成本。它又可进一步分为自己支付和委托支付两种物流费。自己支付的物流成本包括材料费、人工费、燃料动力费、管理费、折旧费、利息支出费、维护保养费等；委托支付的物流成本包括运输费、手续费、保管费和包装费等。

(2)他企业支付的物流成本，是指由于企业采购材料、销售产品等业务发生的由有关供应者和购买者支付的各种包装、发运、运输、验收等物流成本。

2)按物流活动构成划分，可分为物流环节费、信息流通费和物流管理费。

(1)物流环节费，是指产品实体在空间位置转移所流经环节而发生的成本，包括包装费、运输费、保管费、装卸费及流通加工费等。

(2)信息流通费，是指为实现产品价值变换，处理各种物流信息而发生的成本，包括与库存管理、订货处理、为客户服务等有关的成本。

(3)物流管理费，是指为了组织、计划、控制、调配物资活动而发生的各种管理费，包括现场物流管理费和机构物流管理费。

3)按物流过程划分，可分为供应物流费、生产物流费、销售物流费、退货物流费、废品物流费。

(1)供应物流费，是指企业为生产产品购买各种原材料、燃料、外购件等所发生的运输、装卸、搬运等成本。

(2)生产物流费，是指企业在生产产品时，由于材料、半成品、成品的位置转移而发生的搬运、配送、发料、收料等方面的成本。

(3)销售物流费，是指企业为实现商品价值，在产品销售过程中所发生的储存运输、包装及服务成本。

(4)退货物流费，是指产品销售后因退货、换货所引起的物流成本。

(5)废品物流费，是指因废品、不合格产品的物流所形成的物流成本。

三、物流成本管理新模式

随着对成本及成本体系认识的不断深入，如对信息成本及机会成本的重视，物流成本管理也将更加深入化。同时，物流成本管理又是经营环境变化的产物，管理方法和管理观念与传统的成本管理的较大的不同。物流成本管理在新的成本理念、新的管理方式与管理观念的推动下，而产生了许多物流成本管理新模式，如目标成本管理、作业成本管理等。

(一)成本意识与效益模式

1. 成本意识模式

现代成本意识模式就是企业管理人员对成本管理和控制有足够的重视，不受“成本无法再降低”的传统思维定式的束缚，充分认识到企业成本降低的潜力是无穷无尽的。与其设定合理的目标，不如设计理想的目标。成本意识具有追求极限的“理想性”特征。如库存管理中的零库存就是这种“理想性”的体现。

这种无穷无尽地降低成本的思想必须依靠战略构筑、组织措施的配合才能形成现代完整意义上的成本意识。表现在物流成本管理中则为：

把降低成本的工作从物流管理部门扩展到供应、生产和设计等各个部门，形成全员式的降低成本格局，形成贯穿企业各部门的“组织化成本意识”；

将降低物流成本从战略布局的高度加以定位，即从选择开发项目种类、规模起就注入物流成本思考，具有长期发展观的“战略性成本意识”。

2. 成本效益模式

成本效益模式可以通俗地表述为“为了省钱而花钱”的思想，即为了长期地、大量地削减开支而应该支出某些短期看来似乎是高昂的费用。比如引进新型自动分拣设备，建设智能化仓库，可能导致一笔较大的支出，但在今后设备使用期间，因设备利用效率提高而增加的产出，加上设备维修费用的降低的综合效益，在抵补支出之外仍有剩余，总体效益由此得到了增加。

为未来“增效”而树立物流成本效益模式是极为重要的，它不仅是价值工程思想的一种体现，而且在为确立竞争优势而运用“差别化战略”时更为必要。这种战略是一种“人无我独有”战略。在物流成本管理中表现为分析物流市场中顾客的种种需求特性，选出一种或几种具有代表性的物流需求，为满足需求而开发同业所没有的新型物流服务产品投放市场，作为物流服务产品具有特殊功能的回报，物流企业能以高出同业，并足以补偿特殊功用成本的售价去占据市场，并击退部分同业。因为企业投产具有强烈差别化色彩的服务产品时往往花费甚巨，成本效益模式给予了推出这类差别化决策方案的可能性。

(二)成本节省与避免模式

1. 成本节省模式

成本节省模式是成本降低的一种初级形态，即力求在工作现场不消耗无谓的成本和改进工作方式以节约将发生的成本支出，是一种有组织、有计划地运用各种方法以降低企业内各项成本的措施。

要达到成本节省的目的，需要对整个企业而不仅仅是一个生产过程进行综合评价。成本节省不是一项临时措施，而是一个提高企业生产力的持续过程。成本节省一般表现为“成本维持”和“成本改善”两种执行形式。

在物流成本管理中的成本维持形式体现为：节约能耗、防止事故、以招标方式采购原材料或设备等。现代JIT系统则将成本维持提到了新的高度，它以“零库存”的形式节约了几乎全额的库存成本。

以扩大企业生产规模和提高劳动生产率来降低单位产品成本则不同于成本维持，它有着更为积极的改善态势，当然它也只是基于传统规模经济学的质朴且粗略的改善方式。现代的作业成本管理及其相配合的业绩计量与评价方式，则是一种更为精密、更为深入的成本改善技术，其成效在欧美物流企业中已是有目共睹。

2. 成本避免模式

从管理的源流来控制成本降低潜力就形成了成本避免模式(或称成本免除模式)，这可视为成本降低的高级模式。其基本思想是立足于预防，即早期避免成本的发生。如：从物流据点的选址、物流功能的规划等来避免一些成本的发生。

在传统管理会计中的“零基预算”可认为是成本避免的先驱。零基预算法在对任何一项支出作预算时，不考虑历史的或现实的费用水平，一切以零为起点，重新独立地分析支出项目的必要性和数额大小，借此避免不合理费用的继续存在。但“零基预算”的成本避免只是局限于单一价值管理的思路，美国的“成本设计”与日本的“成本企划”模式则在成本避免上走出了独特的步骤。

由美国国防部首创的“成本设计”活动是在军工企业激烈的国际竞争及美国相对有限的国防经费条件下产生的，它是对开发设计阶段、产品制造阶段和使用阶段发生的成本设定目标价值进行先期控制，或者说是在限定的成本条件下进行设计，在军用产品的图纸上注入成本思考以解决国防经费的不足问题。在日本独特的经济文化环境下，美国的“成本设计”则发展成了主宰日本成本管理思潮的主流模式，由丰田、日产等汽车公司在实践中摸索出了更系统、更具成效的成本企划模式。成本企划将成本管理的视野全面转换到了产品开发设计阶段，针对目标成本将价值工程分析方法与成本估算方法结合为一体运用，以达成先导式更具实效的成本避免。这种高层次的成本避免必须与工艺、工序在源流阶段的革新结合在一起加以实施。

(三)广义成本控制与计算模式

1. 广义成本控制模式

传统的成本控制模式有存货成本控制、生产过程成本控制等，这类手段固然服务于降低成本的目标，但充其量只是较早期的成本维持。随着成本管理实践的发展，上述的成本节省与成本避免两种形态的成本降低方式均被纳入更广泛范围的成本控制模式范畴。

以产品全生命周期目标成本为起点的控制更具现代特色。它成本控制对象既包括业务过程中游的制造目标成本、物流目标成本和营销目标成本，也包括业务过程上游的开发设计目标成本，还包括业务过程下游的使用目标成本、维护保养目标成本和废弃目标成本。完整意义的目标成本应是从业务过程上游至下游的全生命周期过程中为实现目标利润的最大宽容值。

所谓“广义成本控制”，简单地说，是指针对服务产品全生命周期业务过程以成本节省和成本避免这两种基本思想，综合工程方法、组织措施和会计计量的多样化手段实施成本控制。也可以从更为具体的基础控制形态来说明广义成本控制构造，即由业务对象过程与控制视野两种要素交汇而成的多样化的传统或新型的成本控制手段，它们所汇集成的控制构造可依其不同层次的效果目标分别展开为维持控制、改善控制和革新控制这三种方式，这是广义成本控制构造的更为具体的形态展现。

2. 成本计算模式

成本计算既是成本会计的中心，也是成本管理的基础，其重要地位毋庸置疑。传统的物流成本计算包括以汇总、分配、再汇总的形式计算物流成本，也包括以标准成本为核心手段进行成本预算。然而，在作业成本管理(Activity-Based Management，ABM)和作业成本企划模式确立以后，物流成本计算从形式到内容都有了飞速的发展。

首先，作为 ABM 基础的作业成本计算(Activity-Based Costing，ABC)在欧美企业已得到了广泛应用。ABC 法在提供更为精密的、真实的成本信息方面作用显著。其次，目标成本计算已经崛起为成本计算的生力军，正在发挥着日益重要的作用。

所谓“目标成本计算”，并不仅仅局限于为产品设定成本目标，从其利用目的来看，它在开发准备、确定设计制造方针、投产准备、物流和定价各个领域均可实施；其计算对象已从产品或部件这类实物对象扩展到了抽象的功能对象；其计算基础则从财务会计基础转向管理会计基础；其计算内容也并非是全部成本或平均成本，亦可采用部分成本或增量成本；在计算方式上，既可以采用各成本要素逐项加计形式，也可以将成本要素加以划分后，逐个以物理特性为基础进行理论的或统计学的分析计算，同时根据需要既可以概算也可以估算。

ABC 法和目标成本计算这类成本计算方法贯穿了从开发源流到销售服务的各个

阶段，是现代成本管理不可或缺的要素，这也是必须重新认识成本计算范畴的理由。

(四)成本元模式

成本元也称成本动因，其源自于ABC法范畴，但又不专属于ABC模式。建立成本元模式，旨在从现代成本管理内在的深层构造上解决管理的着力点问题。

成本元最为基础的构造是直接围绕着作业概念展开的，是微观执行层次上的范畴，可归结为“经营战术意义上的成本元”，具体可展开为“结构性成本动因”和“执行性成本动因”。

结构性成本动因分析应基于工业组织的视点来确定成本定位，其属性是企业在其基础经济结构层面的战略性选择。执行性成本动因分析的属性应定位为“针对业绩目标”的对成本定位的战略性强化。结构性动因分析解决配置的优化问题是基础，而执行性动因分析解决绩效提高问题是其持续，两者互相连贯、互相配合。

“经营战略意义上的成本元”的认识为现代成本管理拓宽了一个全新的视野。应该注意到，当代产业社会的主要结构性动因表现在技术与多样性上。作业成本管理侧重于多样性的管理模式，固然有其广泛的影响；但侧重于技术的成本企划，则推动了更具实效的革新控制，它对未来成本管理的持久性影响更是难以估量。可以断言，如果在技术和多样性这两个结构性动因上加大实施力度，进而实质性地推进执行性成本动因分析，这样的成本管理模式将在确立企业竞争优势上更具有针对性。

第二节 标准成本

一、标准成本概述

物流标准成本是通过精确的调查、分析与技术测定而制定的，用来评价实际成本、衡量工作效率的一种预计成本。在物流标准成本中，基本上排除了不应该发生的“浪费”，因此被认为是一种“应该成本”。标准成本和估计成本同属于预计成本，但后者不具有衡量工作效率的尺度性，主要体现可能性，供确定产品或服务销售价格使用。标准成本要体现企业的目标和要求，主要用于衡量产品或服务运作过程的工作效率和控制成本，也可用于存货和销货成本计价。

“标准成本”一词在实际工作中有两种含义：

一种是指单位产品或服务的标准成本，它是根据单位产品或服务的标准消耗量和标准单价计算出来的，准确地来说应称为“成本标准”。

$$\begin{aligned}\text{成本标准} &= \text{单位产品或服务标准成本}\\ &= \text{单位产品或服务标准消耗量}\times\text{标准单价}\end{aligned}\qquad(4\text{-}1)$$

另一种指实际产量的标准成本，是根据实际产品产量和单位产品成本标准计算出来的。

$$标准成本 = 实际产量 \times 单位产品标准成本 \tag{4-2}$$

二、物流标准成本的种类

(一)按经营管理水平及技术分类

物流标准成本按其制定所根据的技术和经营管理水平,分为理想标准成本和正常标准成本。

1. 理想标准成本

它是指在最优的物流运作条件下,利用现有的规格和设备能够达到的最低成本。制定理想标准成本的依据,是理论上的业绩标准、物流运作要素的理想价格和可能实现的最高经营能力利用水平。这里所说的理论业绩标准,是指在物流运作过程中毫无技术浪费时物流运作要素消耗量,最熟练的员工全力以赴工作,不存在任何损失和停工时间等条件下可能实现的最优业绩。这里所说的最高物流运作经营能力利用水平,是指理论上可能达到的设备利用程度,只扣除不可避免的机器修理、改换品种、调整设备等时间,而不考虑产品或服务销路不佳、物流运作技术故障等造成的影响。这里所说的理想价格,是指原材料、劳动力等物流运作要素在计划期间最低的价格水平。因此,这种标准是"物流的极乐世界",很难成为现实,即使暂时出现也不可能持久。它的主要用途是提供一个完美无缺的目标,绝不是实际成本下降的潜力。因其提出的要求太高,不能作为考核的依据。

2. 正常标准成本

它是指在效率良好的条件下,根据下期一般应该发生的物流运作要素消耗量、预计价格和预计物流运作经营能力利用程度制定出来的标准成本。在制定这种标准成本时,把物流运作经营活动中一般难以避免的损耗和低效率等情况也计算在内,使之切合下期的实际情况,成为切实可行的控制标准。要达到这种标准不是没有困难,但它们是可能达到的。从具体数量上看,它应大于理想标准成本,但又小于历史平均水平,实施以后,实际成本更大的可能是逆差而不是顺差,是要经过努力才能达到的一种标准,因而可以调动员工的积极性。

在物流标准成本系统中,广泛使用正常的物流标准成本。它具有以下特点:它是用科学方法根据客观实验和过去实践经充分分析制定出来的,具有客观性和科学性;它排除了各种偶然性和意外情况,又保留了目前条件下难以避免的损失,代表正常情况下的消耗水平,具有现实性;它是应该发生的成本,可以作为评价业绩的尺度,成为督促员工去努力争取的目标,具有激励性;它可以在工艺技术水平和管理有效性水平变化不大时持续使用,不需要经常修订,具有稳定性。

(二)按适用期分类

物流标准成本按其适用期,分为现行标准成本和基本标准成本。

1. 现行标准成本

它指根据其适用期间应该发生的价格、效率和物流运作经营能力利用程度等预计的标准成本。在这些决定因素变化时，需要按照改变了的情况加以修订。这种标准成本可以成为评价实际成本的依据，也可以用来对库存和配送成本计价。

2. 基本标准成本

它是指一经制定，只要物流运作的基本条件无重大变化，就不予变动的一种标准成本。所谓物流运作的基本条件的重大变化是指产品或服务的物理结构变化，重要原材料和人力价格的重要变化，技术和工艺的根本变化等。只有这些条件发生变化，基本标准成本才需要修订。由于物流市场供求变化导致的服务价格变化和物流运作经营能力利用程度变化，由于工作方法改变而引起的效率变化等，不属于物流运作的基本条件变化，对此不需要修改基本标准成本。基本标准成本与各期实际成本对比，可反映物流成本变动的趋势。由于基本标准成本不按各期实际修订，不宜用来直接评价工作效率和成本控制的有效性。

三、物流标准成本的制定

标准成本由物流服务的直接材料、直接人工和间接费用三部分组成，通常以直接材料、直接人工和间接费用三大项目按其性态划分为变动成本与固定成本作为制定标准的基础。尽管这三大项目的具体性质各有不同，但在制定标准成本时，无论是哪一个成本项目，都需要分别确定其用量标准和价格标准，两者相乘后得出成本标准。

用量标准包括单位物流服务材料消耗量、单位物流服务直接人工工时等，主要由生产技术部门主持制定，吸收执行标准的部门和职工参加。

价格标准包括原材料单价、小时工资率、小时间接费用分配率等，由会计部门和有关其他部门共同研究确定。采购部门是材料价格的责任部门，劳资部门和生产部门对小时工资率负有责任，各生产车间或部门对小时间接费用率承担责任，在制定有关价格标准时成本管理部门要与有关部门进行协商研究确定。

大多数企业都以正常标准成本为基础，即根据正常的工作效率、正常的经营管理水平和正常的价格规定标准成本。制定标准成本时既要考虑过去较长时期的实际平均水平，又要消除企业经营活动中的异常情况，并估计到未来的生产发展趋势。

（一）直接材料的标准成本

在单位物流服务的标准成本中，直接材料标准成本是生产单位产品所需各种直接材料的标准用量同这些材料在正常情况下的价格的乘积之和。直接材料的标准用量，指在现有物流运作条件和经营管理水平下，提供单位物流服务所需的材料数量。其中包括必不可少的消耗，以及各种难以避免的损失等。直接材料的标准用量是用统计方法、工业工程法或其他技术分析方法确定的。

“价格”标准指事先确定的购买材料、燃料和动力应付的标准价格，包括发票价格、运费、检验和正常损耗等成本，是取得材料的完全成本。

(二)直接人工的标准成本

直接人工的标准成本是单位物流服务所需消耗的各种人工的标准工时数同其相应的标准小时工资率的乘积之和。其中的标准工时数指在现有物流运作条件和经营管理水平下，提供单位物流服务所需要的工作时间，包括进行物流作业的直接加工所费工时、必要的间歇和停工时间所费的工时等。

工资率标准，也就是每一标准工时应分配的工资。需要注意的是，工资率标准应按现行工资制度所定的工资水平计算确定。如果采用计件工资制，标准工资率是预定的每件产品支付的工资除以标准工时；如果采用月工资制，需要根据月工资总额和可用工时总量来计算标准工资率。

(三)间接费用的标准成本

间接费用标准成本是单位物流服务标准工时数与事先确定的标准分配率的乘积。制定间接费用的标准成本时，标准工时数指在现有物流运作条件和经营管理水平下提供单位物流作业所需的直接人工小时(或机器小时)。

间接费用分配率标准取决于两个因素：一是产量标准，即企业充分利用现有生产能力所可能达到的最高作业量。由于许多企业物流服务种类繁多，作业量无法以实物单位汇总，因此，产量标准通常用直接人工小时或机器小时表示。二是间接费用预算，它所确定的费用发生额(区分变动费用和固定费用)与产量标准之比，就是间接费用的分配率标准。

间接费用标准成本分为变动间接费用标准成本和固定间接费用标准成本两部分。如果企业采用变动成本法进行成本计算，固定间接费用不计入物流成本，因此标准成本中不包括固定间接费用。在这种情况下，不需要制定固定间接费用的标准成本，固定间接费用的控制则通过预算管理来进行。如果采用完全成本法计算成本，固定间接费用要计入物流成本，还需要确定其标准成本。

将直接材料、直接人工和变动间接费用的标准成本相加，即得按变动成本法计算的单位物流服务标准成本，再加上固定间接费用的标准成本，即可得按完全成本法计算的单位物流服务标准成本。在实际工作中，标准成本制定可采用单位物流作业标准成本卡的形式进行。

第三节　物流成本的分析与控制方法

一、物流成本分析

物流成本分析是指利用物流成本核算数据和其他相关资料，以本期实际物流成本指标与目标物流成本指标、上期实际物流成本指标、国内外同类企业的物流成本指标等进行比较，以便了解物流成本相关指标升降变动情况，及其变动的因素和原因，并分清单位与个人的责任。

（一）物流成本分析的方法

物流成本分析采用的技术方法是多种多样的，它可以采用会计的方法、统计的方法或数学的方法。在实际的物流成本分析工作中，使用最广泛的技术方法主要有指标对比法和因素分析法。

1. 指标对比法

指标对比法又称比较法，这是实际工作中广泛应用的分析方法。它是通过相互关联的物流成本指标的对比来确定数量差异的一种方法。通过对比，揭露矛盾，发现问题，寻找差距，分析原因，为进一步降低物流成本、提高物流成本使用效益指明方向。物流成本指标的对比分析可采取以下几种形式：

1）实际指标与计划指标对比

进行物流成本分析时，可以将实际成本指标与计划成本指标进行比较，通过对比，说明计划完成的程度，为进一步分析指明方向。

2）本期实际指标与前期（如上年同期或历史最高水平）实际指标对比

通过对比，反映企业物流成本动态和变化趋势，有助于吸取历史经验，改进物流成本管理。

3）本期实际指标与同行业先进水平对比

通过对比，可以反映本企业与国内外先进水平的差距，以便扬长避短，努力挖掘降低物流成本的潜力，不断提高企业的经济效益。

应该指出的是，采用指标对比法时，应注意对比指标的可比性，即对比指标采用的计量单位、计价标准、时间单位、指标内容和计算方法等都应具有可比的基础和条件。在同类企业比较物流成本指标时，还必须考虑它们在技术经济上的可比性。指标的对比可以用绝对数对比，也可以用相对数对比。

2. 因素分析法

因素分析法是将某一综合指标分解为若干个相互联系的因素，并分别计算、分析每个因素影响程度的一种方法。如：企业物流成本是一个综合性的价值指标，各方面工作都会影响物流成本水平。物流成本升降是由许多因素造成的，概括起来有两类：一类为外部因素；一类为内部因素。外部因素是由来自社会，是外部经济环境和条件所造成的；内部因素是由企业本身经营管理所造成的。这样分类有利于评价企业的各方面工作质量。

因素分析法的一般做法是：第一，确定分析指标由几个因素组成；第二，确定各个因素与指标的关系，如加减关系、乘除关系等；第三，采用适当方法，把指标分解成各个因素；第四，确定每个因素对指标变动的影响方向与程度。

因素分析法的具体计算程序是：以物流成本的计划指标为基础，按预定的顺序将各个因素的计划指标依次替换为实际指标，一直替换到全部都是实际指标为止，每次计算结果，与前次计算结果相比，就可以求得某一因素对计划完成情况的影响。

下面举例说明指标与因素的关系。

设物流成本指标 N 是由 A、B、C 三因素乘积所组成，其计划成本指标与实际成本指标分别列示如下：

计划成本 $N_1=A_1\times B_1\times C_1$

实际成本指标 $N_2=A_2\times B_2\times C_2$

差异额 $G=N_2-N_1$

计算程序是：计划成本指标 $A_1\times B_1\times C_1=N_1$

第一次替换 $A_2\times B_1\times C_1=N_3$，$N_3-N_1=A$ 变动的影响；

第二次替换 $A_2\times B_2\times C_1=N_4$，$N_4-N_3=B$ 变动的影响；

第三次替换 $A_2\times B_2\times C_2=N_2$，$N_2-N_4=C$ 变动的影响。

以上三个因素变动影响的总和为：

$$(N_3-N_1)+(N_4-N_3)+(N_2-N_4)=G$$

从上式可知，三个因素变动的差异之和与前面计算的实际物流成本指标脱离计划成本指标的总差异是相符的，这就确定了各个因素对成本指标升降的影响程度，并可以确定各个因素所占差异的比重程度，为物流成本决策提供可靠的依据。从上例可以看出，因素分析法是在指标对比法的基础上发展的，成为对比法的补充。

(二)用于物流成本分析的成本指标

1. 各类物流成本

在进行物流成本分析时，首先可以对各类物流成本的数值进行分析，这样可以找出各类成本升降的原因，为进行相关物流成本决策，降低物流成本提供依据。

2. 企业物流成本的效益指标

具体而言，物流成本的效益指标包括物流营运能力指标和物流获利指标。其中营运能力是利润等财务目标实现的物质基础，而获利能力的提高又有助于推动营运能力的增强，两者相辅相成。对于物流成本的效益指标的分析，可以帮助企业掌握物流成本的效益状况与存在的问题，从而为进行相关物流成本决策，提升物流成本的效益提供依据。

1)物流营运能力指标

物流经营的基本动机是追求利润的最大化，而企业的物流营运能力，正是获取利润的基础。物流的营运能力可描述为：物流基于外部市场环境的需要，通过内部人力资源和作业资源的配置组合而对实现财务目标产生作用的程度。无疑，营运能力的大小对获利能力的持续增长有着决定性的影响。

(1)人力资源营运能力指标。物流作业是以人为核心展开的，物流成本中有相当的支出花费在人力资源的获取之上，物流作业人员素质与能力的高低对物流营运能力具有决定性的影响。衡量人力资源营运能力的指标为劳动作业效率指标，公式为：

物流劳动作业效率 = 物流营业净额 ÷ 从事物流作业的员工人数的平均值

物流营业净额 = 物流营业额 − 物流营业折扣与折让　　(4-3)

物流劳动作业效率越高，说明每一个从事物流工作的人员创造的物流营业净额越高，因而人力资源利用的越好，物流人力资源的营运能力越强。

(2)作业资源营运能力指标。企业物流成本中有很大部分是为了获取完成各项物流作业所需的作业资源而耗费的。作业资源的营运能力包括物流的总资产以及构成物流总资产的各要素的营运能力。

①物流总资产营运能力指标。物流总资产的营运能力是通过物流总资产的营业水平反映出来的，也就是说，物流总资产的周转率代表着物流总资产的营运能力，公式为：

物流总资产周转率 = 物流营业额净额 ÷ 平均物流资产总额　　(4-4)

物流总资产周转率，全面综合地反映了全部物流资产的营运能力。物流总资产周转率越高，说明在一定的计算期内，物流总资产周转的次数越多，周转一次的天数便越短，周转速度便越快，因而，物流总资产的营运能力也就越高。

②物流流动资产营运能力指标。物流总资产由流动资产与固定资产两个部分组成。为了更深入地剖析物流总资产的营运能力及其影响因素，必须对流动资产与固定资产的周转情况分别进行分析。

物流流动资产的周转额是物流营业额的直接来源。所以，对物流流动资产的分析应着眼于其对营业额实现的贡献。物流流动资产营运能力的大小主要通过物流流动资产周转率与周转天数来加以反映，其公式为：

物流流动资产周转率 = 物流营业额净额 ÷ 物流流动资产平均占用额　(4-5)

物流流动资产周转天数 = 计算期天数 ÷ 物流流动资产周转率　　(4-6)

物流流动资产周转率反映了企业物流流动资产的营运能力。

③物流固定资产营运能力指标。物流作业的收入主要来源于物流流动资产的周转，而不是物流固定资产的周转。但是，物流固定资产是实现物流流动资产周转的基础，物流流动资产投资规模、周转额的大小及周转速度的快慢在很大程度上取决于物流固定资产的作业经营能力及利用效率。因此，有必要考量物流固定资产的营运能力，即：物流固定资产的作业经营能力及利用效率。

反映物流固定资产营运能力的指标是物流固定资产周转率，其计算公式如下：

物流固定资产周转率＝物流营业额净额÷物流固定资产平均占用额

＝(物流流动资产平均占用额/物流固定资产平均占用额)

×物流流动资产周转率　　(4-7)

式中的物流固定资产平均占用额应按物流固定资产原值计算，因为这样可以剔出因不同企业所采用的折旧方法或折旧年限的不同而产生的差异，从而使企业能够就该指标进行比较分析与研究。

物流固定资产营运能力指标可以考量企业是否能以相对节约的物流固定资产投资达成了尽可能大的物流流动资产规模及尽可能快的周转速度，从而使企业能够以流动资产投资规模扩大和周转速度加快为手段，实现更多的物流营业额。该指标越高，说明物流固定资产的营运能力越高。

2)物流获利能力指标

企业支付物流成本的最终动力与目的是希望通过物流系统获取效益。所谓物流获利能力实际上就是指投入物流系统的资金(物流成本)的增值能力。通常用来源于物流系统的收益来反映该能力的高低。具体指标如下：

(1)物流作业利润率。物流作业利润率用以下公式表述：

$$物流作业利润率 = 物流利润 \div 物流营业净额 \tag{4-8}$$

物流所能带来的利润可以被分为不同的层次：毛利润、经营利润、营业利润、税前利润、利润净额。由于税前利润或利润净额中包含着非营业利润因素，所以建议在上述公式中使用经营利润、营业利润，这样得出的指标就能够更直接地反映获利能力。物流作业利润率是正向指标，该指标越大，说明该项作业的获利能力越强。

(2)物流作业的成本利润率。物流作业的成本利润率用以下公式表述：

$$物流作业成本利润率 = 物流利润 \div 物流成本 \tag{4-9}$$

物流作业的成本利润率为正向指标，即：该指标越高越好。

(3)物流作业的资产利润率。物流作业资产利润率是反映物流资产获利能力的风向标。具体指标如下：

①物流总资产利润率。根据利润层次的不同，可以列出三类物流总资产利润率：

$$物流总资产息税前利润率 = 息税前物流利润总额 \div 平均物流资产总额 \tag{4-10}$$

$$物流总资产利润率 = 物流利润总额 \div 平均物流资产总额 \tag{4-11}$$

$$物流总资产净利润率 = 物流利润净额 \div 平均物流资产总额 \tag{4-12}$$

物流总资产利润率主要是从资金来源(资本+负债)的角度出发，对物流资产的使用效益进行评价，因此，所有者与债权人都十分重视该指标：对于债权人而言，只要物流总资产的息税前利润率大于负债利息率，其债务本息的偿还就能得到保证；对所有者来说，较高的物流总资产息税前利润率只能降低或避免不能偿还债务本息的风险，为了确保资本得到保值增值，还需要对物流总资产利润率与物流总资产净利润率进行分析。

②物流流动资产利润率。为获取物流流动资产支出的物流成本与其周转是物流利润的主要来源。因此，物流流动资产的利润率能够揭示物流利润增长的基础是否稳固。考核物流流动资产获利能力的指标主要有两项公式如下：

$$物流流动资产经营利润率 = 物流经营利润 \div 物流流动资产平均占用额 \tag{4-13}$$

物流流动资产营业利润率 = 物流营业利润 ÷ 物流流动资产平均占用额 (4-14)

其中，物流流动资产经营利润率比物流流动资产营业利润率更为重要。

③物流固定资产利润率。由于物流固定资产是物流流动资产周转获利的物质基础，因此，还应当考察物流固定资产利润率，公式如下：

物流固定资产经营利润率 =物流经营利润 ÷ 物流固定资产平均占用额
=(物流流动资产平均占用额 / 物流固定资产平均额)
× 物流流动资产经营利润率 (4-15)

物流固定资产营业利润率 =物流营业利润 ÷ 物流固定资产平均占用额
=(物流流动资产平均占用额 / 物流固定资产平均额)
× 物流流动资产营业利润率 (4-16)

以上三大类指标均为正向指标。

(4)物流作业的净资产利润率。物流作业的净资产利润率用以下公式表示：

物流净资产利润率 = 物流利润净额 ÷ 物流净资产 (4-17)

企业支出物流成本的最终目的是实现物流系统利润的最大化，要达到这一目的，首先就要最大限度地提高物流净资产利润率。因此，物流净资产利润率是物流获利能力指标的核心。该项指标为正向指标。

二、物流成本控制

物流成本控制是企业在物流活动中依据物流成本标准，对实际发生的物流成本进行严格地审核，发现浪费，进而采取不断降低物流成本的措施，实现预定的物流成本目标。进行物流成本控制，应根据物流成本的特性和类别，在物流成本的形成过程中，对其事先进行规划，事中进行指导、限制和监督，事后进行分析评价，总结经验教训，不断采取改进措施，使企业的物流成本不断降低。

(一)现代物流成本控制意识

现代物流成本控制意识是指企业管理人员对物流成本管理和控制有足够的重视，充分认识到企业物流成本降低的潜力是无穷无尽的。现代企业物流成本控制的内容不仅仅是孤立地降低物流成本，其目的是从成本与效益的对比中寻找物流成本的最小化。必须指出，这种无穷尽降低物流成本的思想必须依靠战略构筑、组织措施的配合才能形成现代完整意义上的物流成本意识。其表现为：一方面把降低物流成本的工作扩展到供应、生产和设计等各个部门，形成全企业、全员式的降低物流成本格局，形成贯穿企业各部门的物流成本控制意识；另一方面将降低物流成本从战略布局的高度加以定位，即从选择开发项目种类、进行可行性研究起就注入对物流成本的思考，确立具有长期发展观的成本意识。

物流成本控制的现代化主要表现为以下几个方面：

(1)物流成本控制思想革新化。传统的算账报账型成本管理模式只采用手工操作，不考虑先进的控制手段；只依靠企业财务部门，不注意发挥广大员工的积极性。这就需要在物流成本控制的观念上革新，要树立竞争观念、效益观念、经营观念、法制观念和开拓观念等新的观念。

(2)物流成本控制组织合理化。这是管理现代化的保证，没有组织上的保证，企业就很难把现有的人力、物力和财力组织好，就不可能发挥最大的总体效益。物流成本控制组织合理化就是要求实行统一领导、分级控制的原则，要建立物流成本控制责任制度，保证目标物流成本的顺利实现。

(3)物流成本控制方法科学化。要总结我国物流成本控制的好经验，引进国外现代化成本控制方法，相互融合，发展提高。目前采用的主要有目标成本法、标准成本法、责任成本法、作业成本法等多种方法。

(4)物流成本控制手段电子化。在物流成本控制中应用电子计算机，不但可替代一些繁重的事务性劳动，而且可以加速信息处理，便于建立物流成本管理信息系统，使管理人员及时作出正确决策。同时，还应推广应用先进的检测手段和显示监控装置，加强对物质消耗和流向的控制，为物流成本控制和计算创造条件。

(5)物流成本控制人才专业化。要培养一支能够适应物流成本控制现代化需要的专业人员队伍，只有这样，才能推动物流成本控制工作不断前进，保证物流成本控制现代化早日实现。

(二)物流成本控制的基本程序

物流成本控制应贯穿于企业生产经营的全过程。一般来说，物流成本控制应包括以下几项基本程序：

1.制定成本标准

物流成本标准是物流成本控制的准绳，是对各项物流费用开支和资源耗费所规定的数量限度，是检查、衡量、评价实际物流成本水平的依据。物流成本标准应包括物流成本计划中规定的各项指标，但物流成本计划中的一些指标通常都比较综合，不能满足具体控制的要求，这就必须规定一系列具体的标准，确定这些标准可以采用计划指标分解法、预算法、定额法等等。

2.监督物流成本的形成

这就是根据控制标准，对物流成本形成的各个项目，经常地进行检查、评比和监督。不仅要检查指标本身的执行情况，而且要检查和监督影响指标的各项条件，如物流设施、设备、工具及工人技术水平和工作环境等。所以，物流成本日常控制要与企业整体作业控制等结合起来进行。物流成本日常控制的主要方面有：物流相关直接费用的日常控制、物流相关工资费用的日常控制和物流相关间接费用的日常控制。

3. 及时揭示并纠正不利偏差

揭示物流成本差异即核算确定实际物流成本脱离标准的差异，分析差异的成因，明确责任的归属。针对物流成本差异发生的原因，分别情况，分清轻重缓急，提出改进措施，加以贯彻执行。

4. 评价和激励

评价物流成本目标的执行结果，根据物流成本控制的业绩实施奖惩。

(三)物流成本控制必须遵循的原则

为了有效地进行物流成本控制，必须遵循以下原则：

1. 经济原则

这里所说的“经济”是指节约，即对人力、物力和财力的节省，它是提高经济效益的核心，因而，经济原则是物流成本控制的最基本原则。

2. 全面原则

在物流成本控制中实行全面性原则，具体说来有如下几方面的含义：

(1)全过程控制。物流成本控制不限于生产过程，而是从生产向前延伸到投资、设计，向后延伸到用户服务成本的全过程。

(2)全方位控制。物流成本控制不仅对各项费用发生的数额进行控制，而且还对费用发生的时间和用途加以控制，讲究物流成本开支的经济性、合理性和合法性。

(3)全员控制。物流成本控制不仅要有专职物流成本管理机构和人员参与，而且还要发挥广大职工群众在物流成本控制中的重要作用，使物流成本控制更加深入和有效。

3. 责、权、利相结合原则

只有切实贯彻责、权、利相结合的原则，物流成本控制才能真正发挥其效益。显然，企业管理当局在要求企业内部各部门和单位完成物流成本控制职责的同时，必须赋予其在规定的范围内有决定某项费用是否可以开支的权力。如果没有这种权力，也就无法进行物流成本控制。此外，还必须定期对物流成本业绩进行评价，据此实行奖惩，以充分调动各单位和职工进行物流成本控制的积极性和主动性。

4. 目标控制原则

目标控制原则是指企业管理当局以既定的目标作为管理人力、物力、财力和完成各项重要经济指标的基础，即以目标物流成本为依据，对企业经济活动进行约束和指导，力求以最小的物流成本，获取最大的盈利。

5. 重点控制原则

所谓的重点控制，简言之，就是对超出常规的关键性差异进行控制，旨在保证管理人员将精力集中于偏离标准的一些重要事项上。企业日常出现的物流成本差异成千上万，管理人员对异常差异重点实行控制，有利于提高物流成本控制的工作效率。

(四)成本控制的内容

物流成本控制按控制的时间来划分具体可分为物流成本事前控制、物流成本事中控制和物流成本事后控制三个环节。

(1)物流成本事前控制是在物流活动或提供物流作业前对影响物流成本的经济活动进行事前的规划、审核，确定目标物流成本，它是物流成本的前馈控制。

(2)物流成本事中控制是在物流成本形成过程中，随时对实际发生的物流成本与目标物流成本进行对比，及时发现差异并采取相应措施予以纠正，以保证物流成本目标的实现，它是物流成本的过程控制。物流成本事中控制应在物流成本目标的归口分级管理的基础上进行，严格按照物流成本目标对一切生产经营耗费进行随时随地地检查审核，把可能产生损失浪费的苗头消灭在萌芽状态，并且把各种成本偏差的信息，及时地反馈给有关的责任单位，以利于及时采取纠正措施。

(3)物流成本事后控制是在物流成本形成之后，对实际物流成本的核算、分析和考核，它是物流成本的后馈控制。物流成本事后控制通过实际物流成本和一定标准的比较，确定物流成本的节约或浪费，并进行深入的分析，查明物流成本节约或超支的主客观原因，确定其责任归属，对物流成本责任单位进行相应的考核和奖惩。通过物流成本分析，为日后的物流成本控制提出积极改进意见和措施，进一步修订物流成本控制标准，改进各项物流成本控制制度，以达到降低物流成本的目的。

物流成本的事中控制主要是针对具体各个物流成本费用项目进行实地实时的分散控制。而物流成本的综合性分析控制，一般只能在事后才可能进行。物流成本事后控制的意义并非是消极的，大量的物流成本控制工作有赖于物流成本事后控制来实现。从某种意义上讲，控制的事前与事后是相对而言的，本期的事后控制，也就是下期的事前控制。

(五)成本控制方法

常用的成本控制方法有标准成本法和目标成本法。标准成本法在本章第二节进行了详细的阐述，这里我们主要来讲解目标成本法。

1. 目标成本法的概述

目标成本是一种预计成本，是指产品、劳务、工程项目等在其生产经营活动开始前，根据预定的目标所预先制定的产品、劳务、工程项目生产和营建过程中各种耗费的标准。

目标成本法从本质上看，就是一种对企业的未来利润进行战略性管理的技术。目标成本法使得“成本”成为产品开发过程中的积极因素，而不是事后消极结果。企业只要将待开发产品的预计售价扣除期望的边际利润，即可得到目标成本，然后的关键便是设计能在目标成本水平上满足客户需求并可投产制造的产品。

2. 目标成本的确定

目标成本法在产品企划与设计阶段就先做市场调查制定出目标售价(最可能被

消费者接受的售价)，其次根据企划中长期计划制定出目标利润，最后以目标售价减去目标利润即为产品的目标成本，其计算公式如下：

$$目标成本 = 目标售价 - 目标利润 \tag{4-18}$$

目标成本的确定一般包括制定目标售价、确定目标利润和确定目标成本三个步骤。

1)制定目标售价

目标售价的制定通常可运用下列两种方法：

(1)消费者需求研究方法

新产品推出前要先做市场研究，以回答一些问题，例如市场目前和将来需要的是什么样的产品，消费者需要这些产品具有哪些功能与特色，这些产品的需用量如何，客户能付多少价格?

市场主要对以下问题进行调查研究：

①对经济、政治、人口、产业等宏观或总体性资料进行收集与预测；

②对过去、目前和将来的顾客作系统的消费者需求调查；

③选取特定消费者样本群体对他们的需求做深入研究。

(2)竞争者分析方法

收集竞争对手及其产品的资料与将来计划，这些资料及分析可回答一些问题，例如竞争对手现有哪些产品，将来可能有哪些产品，竞争对手产品品质、服务水准如何，竞争对手产品有哪些功能及特性，价格水准如何?

可以将主要竞争对手产品的资料收集在品质功能矩阵表里，然后将本企业的产品资料与竞争对手的资料进行比较。

在确定目标售价时应时刻牢记，销售价格能否提高主要取决于顾客对产品追加价值的看法，这些追加价值或来自于产品的功能或性能的提高，或来自于产品质量的提高。企业开发设计的新产品只有在功能或质量上不但超过了旧产品，而且超过了竞争者的同类产品时，才可以提高售价。另外，考虑到目标定价在整个目标成本规划中的重要性，企业也应十分谨慎地制定尽可能切实可行的目标售价。

2)确定目标利润

每种产品可能因不同市场需求、售价政策、成本结构、所需投入资本、品质等因素不同，其利润目标也会有所不同。

确定目标利润可采用目标利润率法：

$$目标利润 = 预计服务收入 \times 同类企业平均服务利润率 \tag{4-19}$$

或

$$目标利润 = 本企业净资产 \times 同类企业平均净资产利润率 \tag{4-20}$$

或

$$目标利润 = 本企业总资产 \times 同类企业平均资产利润率 \tag{4-21}$$

例如，某物流运输企业的同业平均服务利润率为16%，预计本年服务量为400万吨/公里，服务的市场价格为1元/吨公里，则：

$$目标利润 = 预计服务收入 \times 同类企业平均营业利润率 = (400 \times 1 \times 16\%)万元 = 64万元$$

$$目标总成本 = 营业收入 - 目标利润 = (400 \times 1 - 64)万元 = 336万元$$

$$目标单位成本 = 目标总成本 \div 作业量 = 336 \div 400 = 0.84元/吨公里$$

3)制定目标成本

目标成本为目标售价减去目标利润，按上述方法计算出的目标成本，只是初步的设想，提供了一个分析问题的合乎需要的起点。它不一定完全符合实际，还需要对其可行性进行分析。

目标成本的可行性分析，是指对初步测算得出的目标成本是否切实可行作出分析和判断。分析时，主要是根据本企业实际成本的变化趋势和同类企业的成本水平，充分考虑本企业成本节约的潜力，对某一时期的成本总水平作出预计，看其与目标成本的水平是否大体一致。经过测算，如果预计目标成本是可行的，则将其分解，下达到有关部门和单位。如果经反复测算、挖潜，仍不能达到目标成本，就要考虑放弃该产品并设法安排剩余的生产能力，如果从全局看不宜停产该产品，也要限定产量，并确定亏损限额。

一种产品的总目标成本确定后，可按成本要素如直接材料成本、直接人工成本、其他直接成本和间接成本等细分制定每一成本要素的目标成本，也可按产品的各部分功能分别制定各部分功能的目标成本。

3. 目标成本的分解

目标成本的分解是指将企业总体的目标成本值进行分解，将其落实到企业内部各单位、各部门的过程，目的在于明确责任，确定未来各单位、各部门的奋斗目标。分解目标成本时应结合企业的实际情况进行。通常可以先将总体目标成本分解到各种产品，然后再将各产品的目标成本分解到各车间或工序。

一种产品的目标成本确定以后，应将其自上而下按照企业的组织结构逐级分解，落实到有关的责任中心。具体的分解方法有以下几种：

(1)按管理层次分解。将目标成本按总公司、分公司、部门、班组、个人进行分解。这是一种自上而下的过程。分解的内容包括料、工、费三项。

(2)按管理职能分解。将成本在同一管理层次按职能部门分解。例如，推广部门负责推广费用，配送部门负责配送费用，运输部门负责运输费用，劳资部门负责工资成本，后勤部门负责燃料和动力费用，行政部门负责办公费等。

(3)按服务结构分解。把服务成本分成各种材料消耗和人工成本等，分派给各责任中心。

(4)按服务形成过程分解。按服务设计、服务材料采购、服务的提供、服务的推广过程分解成本,形成每一过程的目标成本。

(5)按成本的经济内容分解。把服务成本分成固定成本和变动成本;再把固定成本进一步分解为折旧费、日常费、办公费、差旅费、修理费等项目,把年度目标成本分为季度或月份成本目标,甚至分解成旬或日的成本目标;把变动成本分解为直接材料、直接人工、各项变动费用。

上述方法,要根据物流企业组织结构和成本形成过程的具体状况,选择采用。

第四节　物流成本的绩效评价

一、物流责任成本与财务绩效评估概述

在企业组织内部,高层管理者往往通过制定预算或编制计划等方式,对下级责任者设定财务绩效标准,而后进行绩效计量,据以反映实际执行情况,对之做出绩效评估。

物流财务绩效评估是以对物流活动实施分权管理为基础,将企业整个物流过程划分为各种不同形式的责任中心,对每个责任中心明确其权责及其财务绩效计量和评估方式,特别是物流成本的计量与评估方式,建立起一种以责任中心为主体,责、权、利相统一的机制,通过信息的积累、加工、反馈而形成的物流系统内部的一种严密控制系统。

(一)物流财务绩效评估的基础工作

企业要进行物流财务绩效评估,必须完善一系列基础工作,包括责任中心的划分、绩效评估指标的确定、内部转移价格的合理确定、绩效报告的编制和报告制度以及奖惩制度的设定等。

1.合理划分责任中心,明确规定责权范围

实施物流财务绩效评估制度,首先要按照分工明确、责任分明、成绩便于考核的原则,合理划分物流责任中心;其次必须依据各个物流责任中心的特点,明确规定其责权范围,使每个物流责任中心在其权限范围内,独立自主履行其职责。

2.定期编制责任预算,明确各物流责任中心的考核标准

在明确责任中心及其责权范围之后,应定期编制责任预算,使物流活动的总体目标按各物流责任中心进行分解、落实和具体化,并以此作为它们开展日常物流经营活动的准则和评估其工作成果的基本标准。

绩效考核标准应当具有时控性、可计量性和协调性等特征,即其考核内容只应为物流责任中心能够控制的因素。考核指标的实际执行情况,要能比较准确地计量和报告,并能使各个物流责任中在已完成物流活动总目标的过程中,明确各自的目标和任务,以实现局部与整体的统一。

3. 区分各个物流责任中心的可控与不可控费用

对各个物流责任中心工作成果的评估与考核，应仅限于能为其工作好坏所影响的可控项目，不能把不应由它负责的不可控项目列为考核项目。为此，要对企业所发生的每项物流成本判别责任归属，分别落实到各个物流责任中心，并根据可控费用来科学地评估各物流责任中心的成绩。

4. 建立健全的物流责任记录、报告系统

要建立一套完整的物流责任日常记录制度，建立计量和考核有关责任预算执行情况的信息系统，以便为计量和考核各物流责任中心的实际经营绩效提供可靠的依据，并能对实现各物流责任中心的实际工作绩效起反馈作用。一个良好的报告系统，应当具有相关性、适时性和准确性等特征，即报告的内容要能适应各级管理人员的不同需要，只列出其可控范围内的有关信息，报告的时间要适合报告使用者的需要，报告的信息要有足够的准确性，保证评估和考核的正确合理性。

5. 制定合理而有效的奖惩制度

要求对每个物流责任中心制定一套既完整又合理有效的奖惩制度，根据其实际工作成果的好坏进行奖惩，做到功过分明，奖惩有据。

(二)物流财务绩效评估的步骤

物流活动进行了一段时间后，需要对成本效益情况进行评估，以便发现问题、及时反馈。物流财务绩效评估的实施步骤如下：

1. 确定评估工作组织机构

评估组织机构直接组织实施评估活动，负责成立评估工作组。如果需要，评估组织机构还可选聘有关专家作为评估工作的咨询顾问。参加评估工作的成员应具备以下基本条件：

(1)具有较丰富的物流管理、财务会计、资产管理等专业知识；

(2)熟悉物流成本绩效评估业务，有较强的综合分析判断能力；

(3)评估工作主持人应有较长时间的经济管理工作经历，并能坚持原则，秉公办事。

2. 制定评估工作方案

由评估工作组制定评估工作方案，确定以下内容。

(1)评估对象：不同的企业可能具有不同的物流活动，因此必须首先确定企业的具体物流环节，明确评估工作的对象。当对物流企业进行成本绩效评估时，评估对象就是整个物流企业。

(2)评估目标：物流财务绩效评估目标是整个评估工作的指南和目的。不同的评估目标决定了不同的评估指标、评估标准和评估方法的选择，其报告形式也不相同。

(3)评估指标：评估指标是评估对象对应于评估目标的具体考核内容，是评估方案的重点和关键。评估指标分为物流作业评估指标、物流企业评估指标等。

(4)评估标准:物流财务绩效评估标准取决于它的评估目标,常用的评估标准是年度预算标准、竞争对手标准等。

(5)评估方法:有了评估指标和评估标准,还需一定的方法对评估指标和标准进行实际运用,以取得公正合理的评估结果。在物流财务绩效评估中常采用定量方法。

(6)报告形式:根据评估目标,确定最终需要形成的绩效报告形式,如成本—服务报告、趋势报告等。

3. 收集和整理基础资料和数据

根据评估工作方案的要求及评分需要收集、核实和整理基础资料和数据,包括各项具体物流作业的基础数据;其他企业的评估方法及评估标准;企业以前年度的物流成本绩效评估的报告资料等。

4. 评估计分

这是绩效评估过程的关键步骤。根据评估工作方案确定的评估方法,利用收集整理的资料数据计算评估指标的实际值。

5. 编制报告

按评估工作方案确定的报告形式,填写相应的评估指标值,并对评估指标数据进行分析,结合相关资料,得出评估结论。

6. 评估工作总结

将评估工作背景、时间地点、基本情况、工作中的问题及措施、工作建议等形成书面材料,建立评估工作档案。

(三)物流财务绩效评估的基本原则

在进行物流财务绩效评估的过程中,需要牢牢把握以下原则:

1. 成本与服务协调原则

成本要与花费这些成本所提供的服务数量、质量带来的收益相匹配。为客户花费的额外成本要分配到所提供的额外订单上。这样才能真正反映成本与服务的利益互换关系,从而确认和协调成本与收益,提出正确的评估结论。

2. 动态性原则

通过物流财务绩效评估,要能对未来时期的情况进行预测,并做出关键趋势判断。使得物流系统在突然失去控制前,通过成本评估信息,预见运作趋势,并得出合理、正确的建议。

3. 例外性原则

物流活动涉及面广,内容繁多。通过评估,要能发现例外情况的存在,并使之与其他活动区别开,从而对这些需要解决的特定活动或作业进行更具深度的评估。

按上述步骤和原则进行物流成本绩效评估,可真正评估物流成本和财务绩效,发现问题,以便集中精力解决问题,起到帮助决策的作用。

二、物流企业的财务分析与评价

物流企业作为独立的法人实体，在责任中心的划分上，一般可以当作投资中心或者利润中心进行管理。其财务绩效如何，受到企业内部和外部相关人们的关注，包括企业的股东、潜在的股东、债权人、财务分析师、企业的高级管理人员以及企业的员工等。我们可以采用相应的绩效评估指标去评估分析整个企业财务状况和经营成果。

一般来讲，人们可以通过企业公开发布的财务报表来分析评估整个企业的财务状况与经营成果。财务报表分析的一般目的可以概括为：评估过去的经营绩效，评估现在的财务状况，预测未来的发展趋势。

（一）财务分析的方法

在进行财务报表分析时，可以采用比较分析法和比率分析法。

1. 比较分析法

比较分析法是指将本期财务数据与其他相关数据进行比较，并分析揭示其差异和矛盾。比较分析法是最基本的分析方法。一般来讲，比较的对象包括以下几种：

(1)与本企业的历史相比较，即不同时期的财务指标进行比较，也可以称为趋势分析。它可以将连续数期的会计报表的金额并列起来，比较其相同指标的增减变动金额和幅度，据以判断企业财务状况和经营成果发展变化的一种方法。会计报表的比较，具体包括资产负债表比较、利润表比较、现金流量表比较等。比较时，既要计算出表中有关项目增减变动的绝对额，又要计算出其增减变动的百分比。

(2)与同类企业相比较，即与行业平均数或者竞争对手相比较，也称为横向比较。在比较分析时，既可以用本企业财务指标与同行业平均水平指标对比，也可以用本企业财务指标与同行业先进水平指标对比，还可以用本企业财务指标与同行业公认标准指标对比。通过行业标准指标比较，有利于揭示本企业在同行业中所处的地位及存在的差距。

(3)与计划预算数比较，即实际执行结果与计划指标相比较，也称为差异分析。当企业的实际财务指标达不到目标标准时，应进一步分析原因，以便改进财务管理工作。

2. 比率分析法

在财务分析中，比率分析法应用比较广泛。比率分析法是用同一期内的有关数据相互比较，得出它们的比率，以说明财务报表所列各有关项目的相互关系，来判断企业财务和经营状况的好坏。比率分析法是用相关项目的比率作为指标，揭示了数据之间的内在联系，同时，与基本财务数据相比较，财务比率指标是相对数，克服了绝对值给人们带来的误区，也可以排除企业规模的影响，使不同比较对象之间建立起可比性。比率分析中常用的财务比率有：

(1)相关比率，是同一时期会计报表及有关财会资料中两项相关数值的比率。这类比率包括：反映偿债能力的比率、反映盈利能力的比率和反映营运能力的比率。

(2)结构比率，是会计报表中某项目的数值与各项目总和的比率。这类比率揭示了部分与整体的关系，通过不同时期结构比率的比较还可以揭示其变化趋势。存货与流动资产的比率、流动资产与全部资产的比率等都属于这类比率。

(3)动态比率，是会计报表及有关财会资料中某项目不同时期的两项数值的比率。这类比率又分为定基比率和环比比率，可分别从不同角度揭示某项财务指标的变化趋势和发展速度。

(二)物流企业的财务分析与评价的指标体系

企业的财务绩效可以在对财务比率的分析基础上进行评估。财务比率一般可以分为三类：即偿债能力比率、营运能力比率、获利能力比率和现金流量比率等，每类比率分别从不同的角度反映了企业经营管理的各个层面和状况。

1. 偿债能力分析与评价

1)流动比率

$$流动比率 = 流动资产 / 流动负债 \tag{4-22}$$

它反映了流动资产对流动负债的保障程度，即单位负债相对应地有多少流动资产做后盾。其比率越高，表明企业的偿债能力越强，从债权人的角度对自己收回债权越有利和越有保障。一般流动比率为200%比较合理。

2)速动比率

企业的速动资产与流动负债的比率。速动资产是指企业那些在短期内可以迅速转化为现金的资产如：现金、股票、有价证券和应收账款等。

$$速动比率 = 速动资产 / 流动负债 = (流动资产 - 存货) / 流动负债 \tag{4-23}$$

由于存货一般要花费几个月的时间去处理。才有可能换回现金，所以存货不是速动资产。一般认为：速动比率应达到100%左右比较合理。过高，会造成资金闲置和浪费。

3)资产负债率

$$资产负债率 = 负债总额 / 资产总额 \tag{4-24}$$

资产负债率是衡量企业总负债的资产保障程度的。从企业债权人的角度看此指标越小越好，当从企业的角度看，此指标高表明企业活力充沛，但负债高，企业的再融资能力会降低。

4)产权比率

产权比率是负债与股东权益比率，是负债总额与所有权(股东)权益总额的比率。

$$产权比率 = 负债总额 / 股东权益总额 \tag{4-25}$$

它反映的是企业股东每单位权益承担着多少负债，其比率越高，股东的权益越不稳定和无保障。

5)利息保障倍数

利息保障倍数是企业经营业务的收益或收入或利润与企业的总利息费用之间的

比率，是反映企业在一定盈利条件下支付利息的能力：

$$利息保障倍数 = 税前利润 / 利息费用 \tag{4-26}$$

或

$$利息保障倍数 = (税前利润 + 利息费用) / 利息费用 \tag{4-27}$$

此指标越高，则企业支付利息的能力越强，贷款越好贷。

2. 现代物流企业营运能力分析与评价

1)存货周转率

$$存货周转次数 = 销货成本 / 平均成本 \tag{4-28}$$

$$\begin{aligned} 存货周转天数 &= 计算期天数 / 存货周转次数 \\ &= 平均存货 \times 计算期天数 / 销货成本 \end{aligned} \tag{4-29}$$

2)应收账款周转率

$$应收账款平均余额 = (期初应收账款 + 期末应收账款)/2 \tag{4-30}$$

$$应收账款周转率 = 赊销收入净额 / 应收账款平均余额 \tag{4-31}$$

指标越高越好。

3)流动资产周转率

$$流动资产周转率 = 销售收入 / 流动资产平均余额 \tag{4-32}$$

指标越高越好。

4)总资产周转率

$$资产周转率 = 销售收入 / 资产平均总额 \tag{4-33}$$

反映企业全部资产的使用效率。

3. 现代物流企业获利能力分析与评价

1)资本金利润率

$$资本金利润率 = 利润净额 / 资本金总额 \tag{4-34}$$

反映的是企业资本金的获利能力。

2)资产报酬率

$$资产报酬率 = (利润总额 + 利息) / 平均资产总额 \tag{4-35}$$

把利息作为企业资产报酬的部分是因为它也是企业负债资本增值的一部分，只是它被支付给了债权人。该指标的高低反映了企业的资产数量、结构及对资产的经营管理水平和投资能力。

3)销售利税率

$$销售利税率 = 利税总额 / 净销售收入 \tag{4-36}$$

反映了企业对国家贡献的大小。

4)成本费用利润率

$$成本费用利润率 = 税后利润净额 / 成本费用总额 \tag{4-37}$$

反映了企业付出与所得的关系，指标比率越高，说明企业为获得收益而付出的代价越小，企业的获利能力越强。

5)销售毛利率

$$销售毛利率 = 毛利 / 销售收入 \tag{4-38}$$

6)投资回报率

$$投资回报率 = 净收入 / 全部有效投资 \tag{4-39}$$

7)销售净利率

$$销售净利率 = 净收入 / 全部销售收入 \tag{4-40}$$

4. 现金流量比率

1)现金流动负债比

$$现金流动负债比 = 经营现金净流量 / 流动负债 \tag{4-41}$$

这个比率越高,表明企业承担短期债务的能力越强。

2)营业现金比率

$$营业现金比率 = 经营现金净流量 / 销售额 \tag{4-42}$$

该比率反映每一元营业收入得到的净现金,其数值越大越好。

3)全部资产现金回收率

$$全部资产现金回收率 = 经营现金净流量 / 全部资产 \tag{4-43}$$

S 本章小结

本章阐述了物流成本管理的有关知识,包括物流成本的概念、构成与分类,介绍了物流成本管理新模式;详细讲解了标准成本法,包括标准成本的分类和制定;详尽阐述了物流成本的分析方法和控制方法;讲解了物流成本的绩效评价体系,介绍了相关的指标,即偿债能力比率、营运能力比率、获利能力比率和现金流量比率等。

E 练习题

1. 简述物流成本管理新模式。
2. 什么是标准成本法?标准成本是如何分类的?
3. 物流成本分析的方法有哪些?
4. 如何进行物流成本控制?
5. 物流成本的绩效评估指标有哪些?

第五章　生产物流质量控制

能力目标、知识目标与学习目标

通过本章学习，要求学生掌握生产物流质量控制的相关知识，了解物流质量、物流质量管理的概念；掌握生产物流质量控制的概念、要求、特点和主要因素；掌握生产物流质量控制的方法，包括戴明环、生产物流质量管理控制旧七大方法（控制图、因果图、直方图、散布图、排列图、检查表、层别法）和生产物流质量管理控制新七大方法（关联图法、KJ法、系统图法、矩阵图法、矩阵数据分析法、过程决策程序图法、箭形图解法）；理解六西格玛质量管理方法在物流质量控制中的应用。

第一节　生产物流质量控制概述

一、生产物流质量控制的概念

（一）物流质量

物流质量是物流活动本身固有的特性满足客户和其他相关要求的能力。物流质量包括物流对象质量、物流手段的质量、物流方法的质量、物流工作的质量，是一种全面的质量观。物流质量具体包含以下内容：

第一，商品的质量保证及改善。物流的作业对象是具有一定质量的实体，具有合乎要求的等级、尺寸、规格、性能、外观，这些质量是在生产过程中形成的，物流活动就是转移、保持和延续这些性质和质量，最后实现对客户的质量保证和承诺。

第二，物流服务质量。物流企业所提供的产品是无形的服务产品，服务是物流企业的最重要、最根本的职能。所以，可以说整个物流企业的质量目标就是物流服务质量的标准。例如，美国的一些物流企业非常重视向客户提供技术性的服务支持，并以此作为重要的企业竞争的手段，编写企业的物流服务指南和标准化文件，散发说明书和样本等，以增加客户对企业服务的了解和沟通。

第三，物流工作的质量。物流工作质量是指物流活动所涉及的各个环节、部门、人员、各岗位具体工作的好坏或质量，是物流质量的重要保障和组成部分。物流工作的质量在于严格而又科学的组织、管理、引导、支持和激励，是主要涉及人员管理的部分。

第四，物流工程的质量。物流作为一项系统工程，受制于各种因素，如人的因素、设备因素、工艺方法和手段的因素、体制和环境的因素、监测和测试的因素等，所有这些因素构成物流系统化的物流工程，它的优劣决定了物流的质量。

（二）物流质量管理

现代企业物流质量管理就是依据物流系统运动的客观规律，为了满足顾客的服务需求，通过制定科学合理的基本标准，运用经济办法实施计划、组织、协调控制的活动过程。主要包括质量控制和质量保证。

质量保证是物流企业对顾客而言，是要对顾客实行质量保证，是为了维护顾客的利益，使顾客满意，并取得顾客的信任而进行的一系列有组织、有计划的活动。质量控制是对于物流企业内部而言，是为了保证某一工作、过程和服务的质量达到作业标准所采取的有关活动，其目标是保证产品的质量能满足顾客、法律、法规等方面提出的质量要求。

（三）生产物流质量控制

生产物流质量控制是指为达到质量要求所采取的作业技术和活动。质量要求需要转化为可用定性或定量的规范表示的质量特性，以便于质量控制的执行和检查。

质量控制是质量管理的一部分，致力于满足质量要求；质量控制的目标就是确保产品的质量能满足顾客、法律法规等方面提出的质量要求（如适用性、可靠性、安全性等）。质量控制的范围涉及产品质量形成全过程的各个环节。产品的质量受到各阶段质量活动的直接影响，任一环节的工作没有做好，都会使产品质量受到损害而不能满足质量要求。质量环的各阶段是由产品的性质决定的，根据产品的工作流程由掌握了必需的技术和技能的人员进行一系列有计划、有组织的活动，使质量要求转化为满足质量要求的产品，并完好地交付给顾客，还要进行售后服务以进一步收集意见改进产品，完成一个质量循环。为了保证产品质量，这些技术活动必须在受控状态下进行。

物流企业的质量控制的工作内容包括了作业技术和活动，也就是包括专业技术和管理技术两个方面。由于物流作业是多环节作业，每一阶段的工作要保证做好，应对影响其工作质量的人、机、料、法、环因素进行控制，并对物流质量活动的成果进行分段验证，以便及时发现问题，查明原因，采取相应纠正措施，以减少经济损失。因此，物流质量控制应贯彻预防为主与事后把关相结合的原则。

另外，还需注意质量控制的动态性。由于质量要求随着时间的进展而不断变化，为了满足新的质量要求，对质量控制又提出了新的任务。应不断提高设计技术水平、工艺水平、检测率和快速反应水平，不断进行技术改进和技术改造，研究新的控制方法，以满足不断更新的质量要求。因此，质量控制不能停留在一个水平上，应不断发展、不断前进。

质量控制贯穿于质量形成的全过程、各环节，要排除这些环节的技术、活动偏离有关规范的现象，使其恢复正常，达到控制的目的。

根据 ISO 9000 标准 2000 版对过程的解释，物流过程包括顾客需求的转换、设计、物流运作与服务提供等事项。物流企业在建立、实施质量管理体系以及提高质量管理体系的实施效果和效率时，通过采用过程方法，满足客户要求，提高物流服务质量。企业自身只有识别并管理许多相互关联的物流活动，把物流过程中的各环节、各工序之间资源利用、管理及输入输出活动看作过程，物流企业才能有效和高效地运作。过程方法用于物流服务质量管理体系，应强调以下几方面内容的重要性。

(1)了解并满足物流用户的要求：根据市场调研了解顾客需求，提高服务质量；

(2)从增值服务方面考虑过程：按定制化、个性化服务要求提供增值化服务；

(3)利用信息技术采集反映物流运作绩效指标的实时数据；

(4)根据物流服务测量结果对物流运作过程进行持续改进。

二、生产物流质量控制要求

物流企业应按 ISO 9000 系列质量标准体系的要求建立服务质量管理体系，形成企业文件，并加以实施和持续改进。物流企业应该注重以下要点：

(1)识别物流服务质量管理体系所需的物流运作过程；

(2)确定这些物流运作过程的顺序和相互作用；

(3)确定为保证这些物流过程的有效运作和控制所需的方法和标准；

(4)确保获得必要的信息和资源，以供支持这些物流过程的运作和监督；

(5)测量、分析和监控这些物流运作过程；

(6)采取有效措施，对这些物流运作过程进行改进。

三、生产物流质量控制的特点

(一)全面性关注

物流服务分为基本物流服务和增值物流服务。基本物流服务是物流活动中各作业环节基本的功能性服务，如运输、仓储、装卸、包装、流通加工、配送、信息处理等，这是物流服务最基本的内容。增值服务是为了满足关键客户的要求，向其提供个性化完备服务的承诺。物流服务质量涉及全面性的服务质量。

(二)全程性监控

物流服务质量与物流运作各环节、各工种、各岗位的具体工作质量密切相关，物流服务水平取决于物流运作全过程各项物流工程、物流工作质量的整体绩效。全过程监控的思想关键是把物流活动中下一道作业环节视为上一道作业环节的用户。每一道作业环节都按质量标准严格把关，树立“下道工序就是用户”的思想，不断提高物流服务质量。

（三）全员性参与

物流质量管理涉及物流系统的各类人员，各类人员都可能对最终物流质量产生影响。高质量的物流服务是全体员工共同努力的结果。物流服务质量在买卖双方相互作用的瞬间产生和实现，处理顾客关系以及为顾客服务的一线员工参与了服务质量的形成。但服务质量好坏又依赖于物流质量，后方支持对顾客感知的质量，同样负有重要责任。

（四）综合性评价

需要物流组织、物流技术、物流管理、经营制度等各个方面集成，主观客观评价相结合。诸如，物流服务质量是顾客感知的对象，物流服务质量不能由企业单方面决定，它必须适应顾客的需求和愿望。物流服务质量不能完全用客观方法制定，它更多的是顾客主观上的认识。

四、生产物流质量控制的主要因素

好的物流质量，是在整个物流过程中形成的，要想能“事前控制”物流质量，预防物流造成的不良品，必须对影响物流质量的诸因素进行有效控制。

第一，人的因素。人的因素包括人的知识结构、能力结构、技术熟练程度、质量意识、管理意识、个人素质、个人修养、责任心、归属感等反映人的综合素质的各项因素。

第二，体制的因素。体制的因素包括企业战略、发展规划、领导方式、组织结构、工作制度等方面。

第三，设备的因素。设备的因素包括物流各项装备的技术水平、设备能力、设备适用性、维修保养状况及设备配套性等。

第四，工艺方法因素。工艺方法因素包括物流流程、设备组合及配置、工艺操作等。

第五，计量与测试因素。计量与测试因素包括计量、测试、检查手段及方法等。

第六，环境因素。环境因素包括物流设施规模、水平、湿度、温度、粉尘、照明、噪声、卫生条件等。

这 6 个因素在物流过程中同时对产品质量、过程质量、作业质量和工程质量发生影响。全面监控物流过程，完善作业质量，提高工程质量，是进行物流质量管理的基础工作，也是做到以“预防为主”的物流质量管理的必要环节。

第二节　生产物流质量管理控制的方法

一、戴明环

PDCA 循环即是“计划→执行→检查→总结”工作循环的简称，因是美国著名质量管理专家戴明提出的，也称戴明循环，它是国内外普遍用于提高产品质量的一种管理工作方法。基本形状如图 5-1 所示。

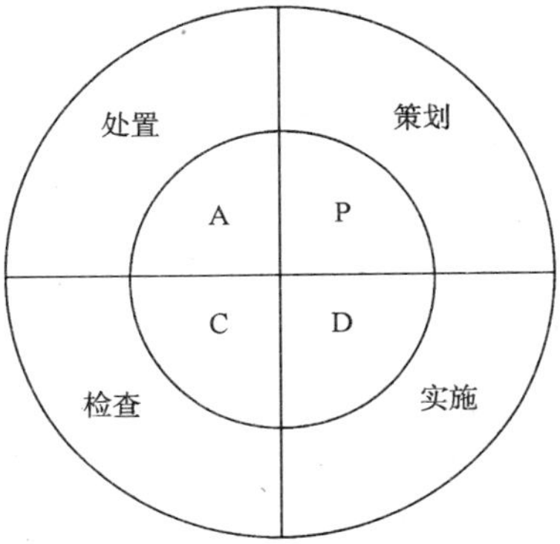

图 5-1　戴明环图

PDCA 反映了以下四个阶段的基本工作内容：

P(Plan)阶段——为满足顾客需求，以社会、经济效益为目标。制订技术经济指标，研制、设计质量目标，确定相应的措施和办法，即计划阶段。

D(Do)阶段——按照已制定的计划和设计内容，落实实施，以实现设计质量，即执行阶段。

C(Check)阶段——对照计划，检查执行的情况和效果，及时发现计划执行过程中的经验和问题，即检查阶段。

A(Action)阶段——在检查的基础上，把成功的经验加以肯定，形成标准，便于巩固成果，克服缺点，对于尚未解决的问题，则留到下一次循环解决。即总结阶段。

如果将上述工作程序具体化，则可分为八个步骤：

第一步：分析现状，找出存在的质量问题，并尽可能用数据加以说明；

第二步：分析产生质量问题的各种影响因素；

第三步：在影响质量的诸因素中，找出主要的影响因素；

第四步：针对影响质量的主要因素，制定措施，提出改进计划，并预计其效果；在进行这一步工作时，需要明确回答 5W1H 问题：

为什么要提出这样的计划，采取这些措施？为什么需要这样改进(Why)？

改进后要达到什么目的，有何效果(What)？

改进措施在何处(哪道工序、哪个环节、哪个过程)进行(Where)？

计划和措施在何时执行和完成(When)？

由谁来执行(Who)？

用何种方法完成(How)？

第五步：按照制订的计划认真执行；

第六步：根据计划的要求，检查实际执行的结果，看是否达到了预期的效果；

第七步：根据检查的结果进行总结，巩固已经取得的经验，同时防止重蹈覆辙；

第八步：提出这一循环中尚未解决的问题，让其转入下一次的 PDCA 循环中去处理。

PDCA 循环具有三个特点：

(1)大环套小环，互相衔接，互相促进。PDCA 作为企业管理的一种科学方法，适用于企业各个方面的工作。整个企业存在整体性的一个大的 PDCA 循环，各部门又有各自的 PDCA 循环，形成大环套小环，依次还有更小的 PDCA 循环，相互衔接，相互联系。

(2)螺旋式上升。PDCA 是周而复始地循环。每循环一次就上升一个台阶。每次循环都有新的内容与目标，都解决了一些质量问题，使质量水平不断提高。

(3)推动 PDCA 循环，关键在于 A(总结)阶段。对于质量管理来说，经验和教训都是宝贵的。通过总结经验教训，才能促进质量水平的提高。因此，推动 PDCA 循环，一定要抓好总结这个阶段。

按照 PDCA 循环的四个阶段、八个步骤推进提高产品质量的管理活动，还要善于运用各种统计工具和技术对质量数据、资料进行收集和整理。

戴明的质量管理思想对日本企业影响很大，日本企业纷纷使用 PDCA 循环，自己找问题，然后改进产品质量。经过几十年的努力，到 20 世纪 80 年代中期日本经济达到最辉煌的时期，其产品如汽车、家电等充斥世界各国市场。著名质量管理专家朱兰对日本经济奇迹的评价是："日本的经济振兴是一次成功的质量革命。"

戴明循环强调自主、主动管理，即立足于企业内部，详细分析本企业目前存在什么主要问题，然后改进，特点是自我超越。

马克姆·波里奇强调程序化管理、重视量化指标，即立足于企业外部，把本企业的业绩与同行最优秀企业的业绩进行对比，找出差距以寻求改进，特点是定点超越。

事实上，日、美企业都在找差距，只是找差距的方式不同；日本企业通过戴明循环，与自己比较，找出存在的问题，然后自我超越；美国企业则通过与优秀企业比较以发现差距，然后定点超越。最后，日、美企业在质量管理方面都取得了成功。

为何日、美企业质量管理的方式天壤之别，却得到了同样的结果？这源于东、西方不同的文化背景：日本企业根植于东方文化，深受中国儒家思想的影响，强调"自觉"、"修为"，敢于"舍生取义"，故他们自己和自己比较，就能发现差距，然后进行改进；美国企业属于西方文化范畴，强调制度的作用，自己的问题自己很难发现，只有通过别人监督才能发现自己身上的问题，故要和优秀企业比较才能找出差距，然后定点超越。

二、生产物流质量管理控制旧七大方法：控制图、因果图、直方图、散布图、排列图、检查表、层别法

(一)控制图(Control Chart)

控制图是根据假设检验的原理构造一种图，用于监测生产过程是否处于控制状态。它是统计质量管理的一种重要手段和工具。在生产过程中，产品质量由于受随

机因素和系统因素的影响而产生变差;前者由大量微小的偶然因素叠加而成,后者则是由可辨识的、作用明显的原因所引起,经采取适当措施可以发现和排除。当一生产过程仅受随机因素的影响,从而产品的质量特征的平均值和变差都基本保持稳定时,称之为处于控制状态。此时,产品的质量特征是服从确定概率分布的随机变量,它的分布(或其中的未知参数)可依据较长时期在稳定状态下取得的观测数据用统计方法进行估计。分布确定以后,质量特征的数学模型随之确定。为检验其后的生产过程是否也处于控制状态,就需要检验上述质量特征是否符合这种数学模型。为此,每隔一定时间,在生产线上抽取一个大小固定的样本,计算其质量特征,若其数值符合这种数学模型,就认为生产过程正常,否则,就认为生产中出现某种系统性变化,或者说过程失去控制。这时,就需要考虑采取包括停产检查在内的各种措施,以期查明原因并将其排除,以恢复正常生产,不使失控状态延续而发展下去。

通常应用最广的控制图是 W. A. 休哈特在 1925 年提出的,一般称之为休哈特控制图。

一般控制图纵轴均设定为产品的质量特性,而以过程变化的数据为刻度;横轴则为检测产品的群体代码或编号或年月日等,以时间别或制造先后别,依顺序点绘在图上。

在管制图上有三条笔直的横线,中间的一条为中心线(Central Line, CL),一般用蓝色的实线绘制;在上方的一条称为控制上限(Upper Control Limit, UCL);在下方的称为控制下限(Lower Control Limit, LCL)。对上、下控制界限的绘制,则一般均用红色的虚线表现,以表示可接受的变异范围;至于实际产品质量特性的点连线条则大都用黑色实线绘制。其基本形状如图 5-2 所示。

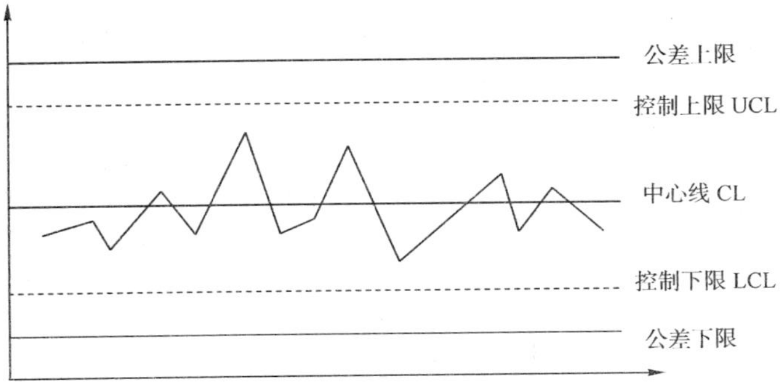

图 5-2 控制图

(二)因果图或鱼刺图(Cause & Effect/Fishbone Diagram)

在物流运作过程中,导致质量问题的原因通常有很多因素,因果图分析法就是把导致物流质量问题产生的重要因素进行分析和归类,并在图上用箭头把因果关系表示出来的图形。通过因果图可明确物流质量问题产生的各种原因,为质量改善和控制提供帮助，因其形状如鱼刺，故又称“鱼刺图”。

物流质量控制中因果图的主要内容包括：物流质量即物流运作和最终服务的各种质量特性，如物流运输环节中的实载率、事故率等；影响物流质量的各种因素；表示结果与原因以及原因与原因之间关系的部分称为枝干，其中中央的为主干并可用双线箭头（或单线箭头）表示，两边依次展开的就称为大枝、中枝和细枝并用单线箭头表示。其基本形状如图 5-3 所示。

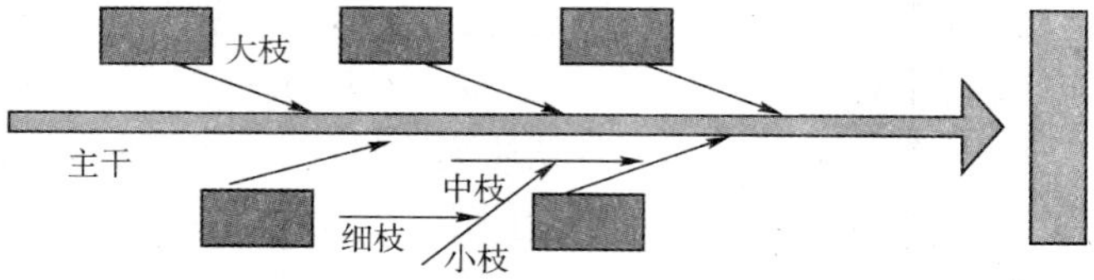

图 5-3　因果图

因果图按其在物流质量控制中表示的体系不同而分为以下几种类型：

(1)物流质量结果分解型。就是沿着产生物流质量问题的原因的思路查找各种可能的影响因素，一般在物流质量控制中应用该类型的因果图常按作业人员、物流设备、作业方法、作业对象特性、管理与环境等因素分成各大枝，再对各大枝进一步查找影响因素并细分为相应的中枝、小枝和细枝等。

(2)物流作业分类型。就是将物流运作过程作为因果图的大枝，然后把各作业环节中对质量结果有影响的因素细分为中枝、小枝等，例如当把物流服务时间延迟作为结果，作因果图时采用这种类型就比较方便。其缺点是某一相同的原因可能出现多次，这样就很难表现不同原因共同对质量结果的作用情况。

(3)物流原因罗列型。即先把所有影响被考查的质量结果的因素尽可能多的找出来，然后整理并根据因果关系的层次作出因果图。这种类型因果图的优点是能找出多种可能原因，从而不易漏掉主要原因，又由于原因众多可形成许多分支，使因果图内容更加充实；其缺点也正是由于原因众多而使分支间难于连接，不易作图。

因果图的作图要点及影响因素分析：

在物流质量控制中作因果图要把握以下要点：物流质量结果要找得具体合理并具有针对性，以便于作出有实用价值的因果图；达到什么目的，要改善就要对物流运作流程进行应有的优化以及具体作业的有效控制，要维持就要缩小物流质量的波动，同样达到最终对物流质量控制的目的；在查找原因时，要尽可能多的收集资料，充分听取特别是现场物流作业人员的意见，深入分析产生的质量问题，一个物流质量结果作一个因果图，多个质量结果就要作相应数量的因果图，便于有针对性的解决问题；在查找原因时，要多角度分析、发散思维，尽可能多地掌握影响质量结果的因素。

完成因果图后，要决定影响因素分析的切入点以利于进一步的调查，各原因的顺序可采用历史数据和具体质量问题的不同侧重点确定，然后对不同影响因素进行审查，通过解决诸如：原因主要在哪个作业环节产生、相关物流作业是否按规程进行、对原因可否采取措施、各种已实施措施与构想的方案对比分析情况、各种影响因素的测量方法以及是否对原因作出控制图进行分析等问题寻求对物流质量控制的最佳途径。

（三）直方图法（Histogram）

直方图又称柱状图、质量分布图。在质量管理中，如何预测并监控产品质量状况？如何对质量波动进行分析？直方图就是一目了然地把这些问题图表化处理的工具。它通过对收集到的貌似无序的数据进行处理，来反映产品质量的分布情况，判断和预测产品质量及不合格率。直方图是用横坐标标注质量特性值，纵坐标标注频数或频率值，各组的频数或频率的大小用直方柱的高度表示的图形，如图 5-4 所示。

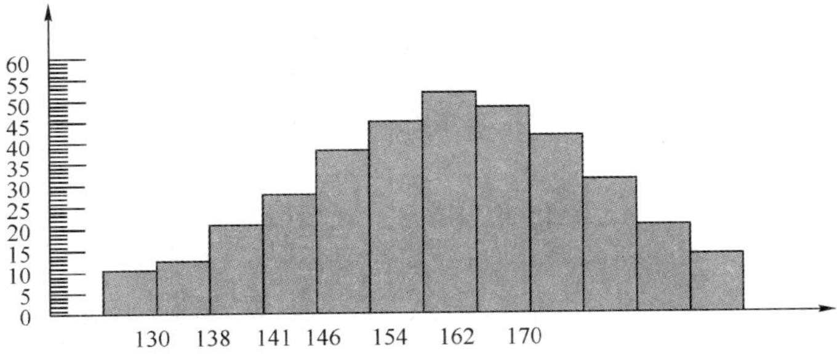

图 5-4　直方图

作直方图的目的就是通过观察图的形状，判断生产过程是否稳定，预测生产过程的质量。具体来说，作直方图的目的有：①判断一批已加工完毕的产品；②验证工序的稳定性；③为计算工序能力搜集有关数据。

我们使用直方图来观察和分析生产过程的质量状况。作直方图的目的是为了研究产品质量的分布状况，据此判断生产过程是否处在正常状态。因此在画出直方图后要进一步对它进行观察和分析。在正常生产条件下，如果所得到的直方图不是标准形状，或者虽是标准形状，但其分布范围不合理，就要分析其原因，采取相应措施。

（四）散布图法（Scatter Diagram）

散布图是表示两个变量之间关系的图，又称相关图，用于分析两测定值之间相关关系，它有直观简便的优点。通过作散布图对数据的相关性进行直观地观察，不但可以得到定性的结论，而且可以通过观察剔除异常数据，从而提高用计算法估算相关程度的准确性。

通过观察相关图主要是看点的分布状态，概略地估计两因素之间有无相关关系，从而得到两个变量的基本关系，为质量控制服务。基本形状如图 5-5a）所示。

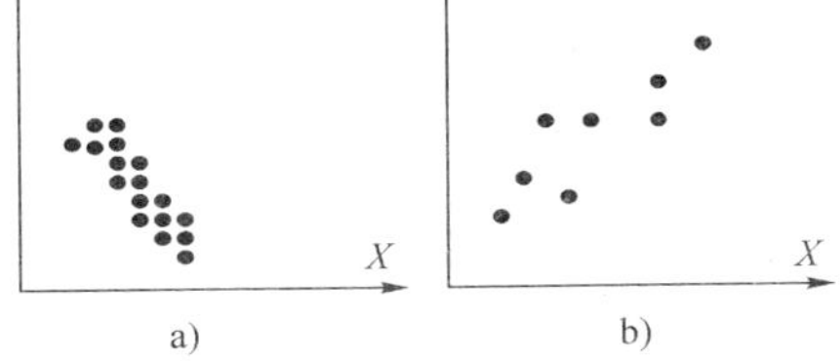

图 5-5　散布图法

例如，一个合金中的一项成分的含量与合

金的硬度的关系，或员工出错的数量与加班时间的关系等(图 5-5b)。

(五)排列图(Pareto Diagram)

排列图法，又称主次因素分析法、帕累托图法，它是找出影响产品质量主要因素的一种简单而有效的图表方法。

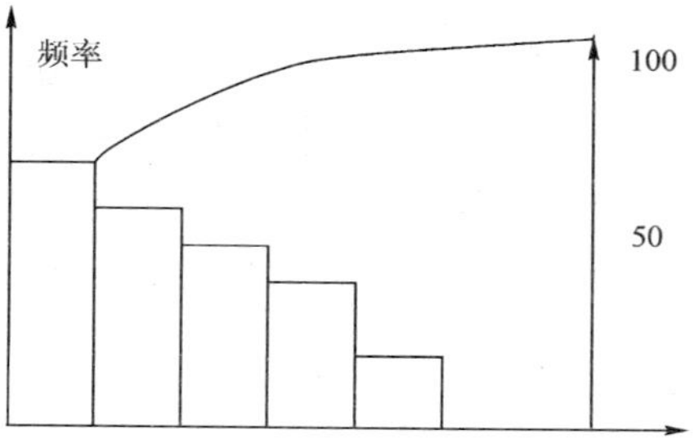

图 5-6 排列图

排列图是根据“关键的少数和次要的多数”的原理而制作的。也就是将影响产品质量的众多影响因素按其对质量影响程度的大小，用直方图形顺序排列，从而找出主要因素。其结构是由两个纵坐标和一个横坐标，若干个直方形和一条折线构成。左侧纵坐标表示不合格品出现的频数(出现次数或金额等)，右侧纵坐标表示不合格品出现的累计频率(如百分比表示)，横坐标表示影响质量的各种因素，按影响大小顺序排列，直方形高度表示相应的因素的影响程度(即出现频率为多少)，折线表示累计频率(也称帕累托曲线)。通常累计百分比将影响因素分为三类：占 0%～80%为 A 类因素，也就是主要因素；80%～90%为 B 类因素，是次要因素；90%～100%为 C 类因素，即一般因素。由于 A 类因素占存在问题的 80%，此类因素解决了，质量问题大部分就得到了解决。基本形状如图 5-6 所示。

(六)检查表(Check Sheets)

检查表又称调查表，统计分析表等。检查表是以简单的数据，用容易理解的方式，制成图形或表格，必要时记上检查记号，并加以统计整理，作为进一步分析或核对检查之用。目的是记录某种事件发生的频率。

常用的调查表有：

(1)缺陷位置调查表。这类调查表是调查产品各部位的缺陷情况，可将其发生缺陷位置标记在调查图表中产品示意图上。不同缺陷采用不同的符号或颜色标出。

(2)不良项目调查表。为了调查产品缺陷的种类及其所占的比重，可对不良项目分门别类地进行调查统计。

(3)不良原因调查表。为弄清不良品发生的原因. 以操作者、操作设备、操作方法、加工对象、时间等等为标志进行分层调查统计，找出关键的影响因素。

(4)过程分布调查表。为掌握过程能力，对过程中加工对象的技术特征进行检测和记录，并进行调查数据的分布分析，掌握过程分布的特征。

(七)数据分层法(Stratification)

数据分层法又称分类法、分组法。数据分层法就是性质相同的，在同一条件下收集的数据归纳在一起，以便进行比较分析。因为在实际生产中，影响质量变动的因素很多，如果不把这些因素区别开来，难以得出变化的规律。数据分层可根据实际情况按多种方式进行。例如，按不同时间、不同班次进行分层，按使用设备的种类进行分层，按原材料的进料时间、原材料成分进行分层，按检查手段、使用条件进行分层，按不同缺陷项目进行分层，等等。数据分层法经常与统计分析表结合使用。

数据分层法的应用，主要是一种系统概念，即在于要想把相当复杂的资料进行处理，就得懂得如何把这些资料加以有系统有目的加以分门别类的归纳及统计。

科学管理强调的是以管理的技法来弥补以往靠经验靠视觉判断的管理的不足。而此管理技法，除了建立正确的理念外，更需要有数据的运用，才有办法进行工作解析及采取正确的措施。

举个例子：我国航空市场近几年随着开放而竞争日趋激烈，航空公司为了争取市场除了加强各种措施外，也在服务品质方面下工夫。我们可以经常在航机上看到客户满意度的调查。此调查是通过调查表来进行的。调查表的设计通常分为地面的服务品质及航机上的服务品质。地面又分为订票，候机；航机又分为空服态度、餐饮、卫生等。透过这些调查，将这些数据予以分析，就可得到从何处加强服务品质了。

三、生产物流质量管理控制新七大方法：关联图法、KJ 法、系统图法、矩阵图法、矩阵数据分析法、过程决策程序图法、箭形图解法

（一）关联图法(Inter-relationship diagraph)

影响质量的因素之间存在着大量的因果关系，这些因果关系有的是纵向关系，有的是横向关系。纵向关系可以使用因果分析法来加以分析，但因果分析法对横向因果关系的考虑不够充分，这时关联图就大有用武之地。关联图法是根据事物之间横向因果逻辑关系找出主要问题的最合适的方法。

关联图，又称关系图，是用来分析事物之间"原因与结果"、"目的与手段"等复杂关系的一种图表，它能够帮助人们从事物之间的逻辑关系中，寻找出解决问题的办法。

关联图由圆圈（或方框）和箭头组成，其中圆圈中是文字说明部分、箭头由原因指向结果，由手段指向目的。文字说明力求简短、内容确切、易于理解，重点项目及要解决的问题要用双线圆圈或双线方框表示。基本形状如图 5-7 所示。

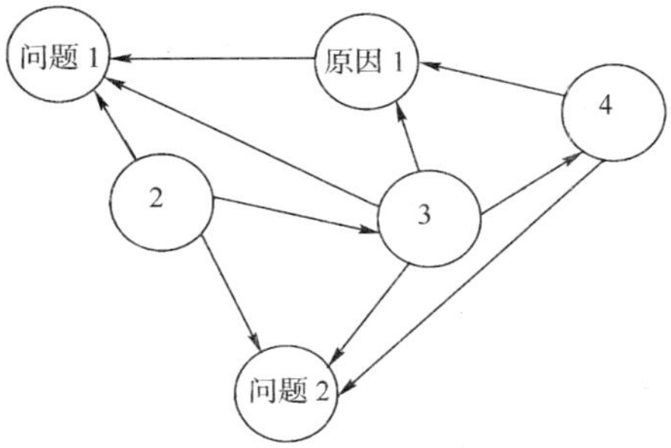

图 5-7　关联图

（二）KJ 法

KJ 法的创始人是东京工人教授、人文学家川喜田二郎，KJ 是他的姓名的英文缩写。KJ 法是将未知的问题、未曾接触过领域的问题的相关事实、意见或设想之类的

语言文字资料收集起来，并利用其内在的相互关系作成归类合并图，以便从复杂的现象中整理出思路，抓住实质，找出解决问题的途径的一种方法。

在全面质量管理活动中，KJ 法是寻找质量问题的重要工具，具体来讲，KJ 法可以用在以下几个方面：

(1)制订推行全面质量管理的方针和目标。

(2)制订发展新产品的方针、目标和计划。

(3)用于产品市场和用户的质量调查。

(4)促进质量管理小组活动的开展。

(5)协调各部门的意见，共同推进全面质量管理。

(6)调查协作厂的质量保证活动状况。

KJ 法是由 6～8 人组成的小组一起确定一个明确的问题，例如找出公司物流服务顾客投诉的可能原因。然后将这些原因和可能的解决方法记录在表格或小卡片上，并将其张贴在布告牌上。先通过随机的方式罗列，后通过分析它们之间的关系和内在联系，将根据其内在的吸引力或关联性进行分组。该工具可以将他们的焦点集中在主要的问题和产生这些问题的主要原因和因素上，而不是一些散乱的信息的简单收集。

(三)系统图法(Tree diagrams/systematic diagram)

系统图，是指系统寻找达到目的的手段的一种方法，它的具体做法是将把要达到的目的所需要的手段逐级深入。系统法可以系统地掌握问题，寻找到实现目的的最佳手段，广泛应用于质量管理中，如质量管理因果图的分析、质量保证体系的建立、各种质量管理措施的开展等。

系统图由方块和箭头构成，形状似树枝，又叫树枝系统图、家谱图、组织图等等，它是把价值工程中所用的机能系统因的手法应用到质量管理中来的一种图形方法。基本形状如图 5-8 所示。

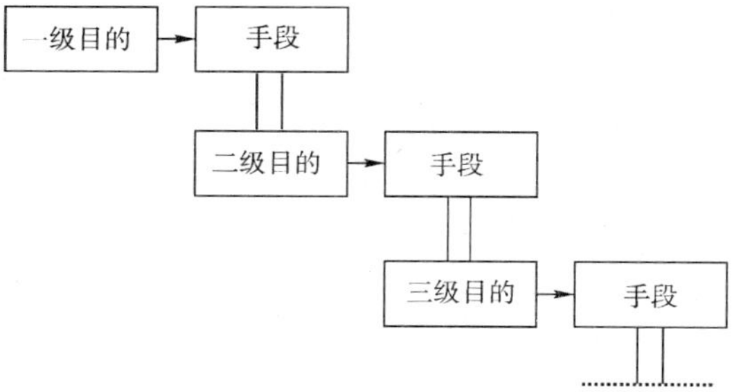

图 5-8　系统图

在质量管理活动中，下面几个方面经常用到系统分析图法：

(1)在开发新产品中，将满足用户要求的设计质量进行系统地展开；

(2)在质量目标管理中，将目标层层分解和系统地展开，使之落实到各个单位；

(3)在建立质量保证体系中，可将各部门的质量职能展开，进一步开展质量保证活动；

(4)在处理量、本、利之间的关系及制定相应措施时，可用系统图法分析并找出重点措施；

(5)在减少不良品方面，有利于找出主要原因，采取有效措施。

(四)矩阵图法(Matrix Diagram)

矩阵图法就是从多维问题的事件中，找出成对的因素，排列成矩阵图，然后根据矩阵图来分析问题，确定关键点的方法，它是一种通过多因素综合思考，探索问题的好方法。

在复杂的质量问题中，往往存在许多成对的质量因素，将这些成对因素找出来，分别排列成行和列，其交点就是其相互关联的程度，在此基础上再找出存在的问题及问题的形态，从而找到解决问题的思路。

矩阵图的形式如图 5-9 所示，A 为某一个因素群，A_1、A_2、A_3、A_4、…是属于 A 这个因素群的具体因素，将它们排列成行；B 为另一个因素群，B_1、B_2、B_3、B_4、…为属于 B 这个因素群的具体因素，将它们排列成列；行和列的交点表示 A 和 B 各因素之间的关系，按照交点上行和列因素是否相关联及其关联程度的大小，可以探索问题的所在和问题的形态，也可以从中得到解决问题的启示等。

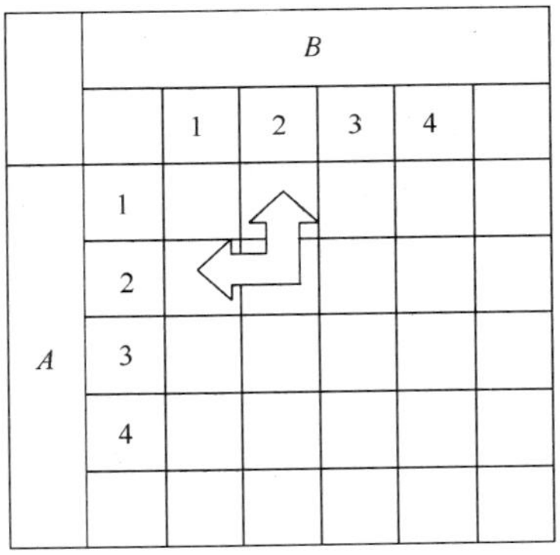

图 5-9 矩阵图

在质量管理中，常用矩阵图法解决以下问题：

(1)把系列产品的硬件功能和软件功能相对应，并要从中找出研制新产品或改进老产品的切入点；

(2)明确应保证的产品质量特性及其与管理机构或保证部门的关系，使质量保证体制更可靠；

(3)明确产品的质量特性与试验测定项目、试验测定仪器之间的关系，力求强化质量评价体制或使之提高效率；

(4)当生产工序中存在多种不良现象，且它们具有若干个共同的原因时，希望搞清这些不良现象及其产生原因的相互关系，进而把这些不良现象一举消除；

(5)在进行多变量分析、研究从何处入手以及以什么方式收集数据。

(五)矩阵数据分析法(Matrix Data Analysis Chart)

矩阵图上各元素间的关系如果能用数据定量化表示，就能更准确地整理和分析结果。这种可以用数据表示的矩阵图法，叫做矩阵数据分析法。在 QC 新七种工具中，数据矩阵分析法是唯一种利用数据分析问题的方法，但其结果仍要以图形表示。

数据矩阵分析法的主要方法为主成分分析法(Principal component analysis)，利用此法可从原始数据获得许多有益的情报。主成分分析法是一种将多个变量化为少数综合变量的一种多元统计方法。

矩阵数据分析法，与矩阵图法类似。它区别于矩阵图法的是：不是在矩阵图上填符号，而是填数据，形成一个分析数据的矩阵。

它是一种定量分析问题的方法。目前，在日本尚未广泛应用，只是作为一种“储备工具”提出来的。应用这种方法，往往需要借助电子计算机来求解。

(六)过程决策程序图法(PDPC 法，Process Decision Program Chart)

过程决策程序图法是在制订计划阶段或进行系统设计时，事先预测可能发生的障碍(不理想事态或结果)，从而设计出一系列对策措施以最大的可能引向最终目标(达到理想结果)。该法可用于防止重大事故的发生，因此也称之为重大事故预测图法。

过程决策图法具有很多优点，具体来说主要有以下四点：

1. 能从整体上掌握系统的动态并依此判断全局

据说象棋大师可以一个人同时和 20 个人下象棋，20 个人可能还下不过他一个人。这就在于象棋大师胸有全局，因此能够有条不紊，即使面对 20 个对手，也能有把握战而胜之。

2. 具有动态管理的特点

PDPC 法具有动态管理的特征，它是在运动的，而不像系统图是静止的。

3. 具有可追踪性

PDPC 法很灵活，它既可以从出发点追踪到最后的结果，也可以从最后的结果追踪中间发生的原因。

4. 能预测那些通常很少发生的重大事故，并在设计阶段预先考虑应付事故的措施

PDPC 法可以预测那些通常很少发生的重大事故，并且在设计阶段，预先就制定出应付事故的一系列措施和办法。

PDPC 法可分为两种，一种是顺向思维法；一种是逆向思维法。

顺向思维法是定好一个理想的目标，然后按顺序考虑实现目标的手段和方法。这个目标可以是任何的东西，比如大的工程、一项具体的革新、一个技术改造方案等。为了能够稳步达到目标，需要设想很多条路线。基本形状如图 5-10 所示。

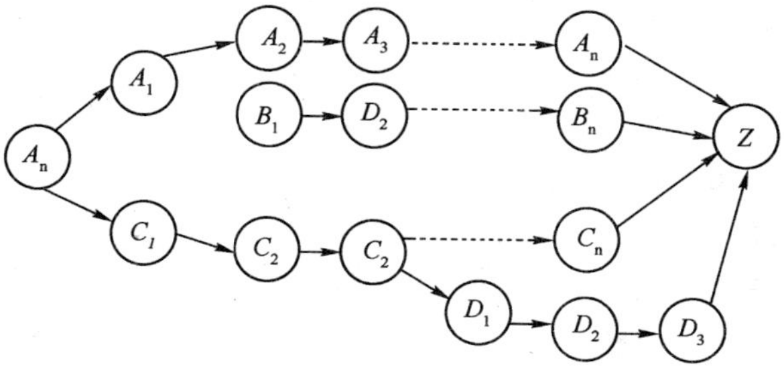

图 5-10 顺向过程决策程序图

总而言之，无论怎样走，一定要走到目的地。但行走的方案，并不需要真正等到碰得头破血流以后才去解决，而应该事先就已经讨论过了，所有的问题应该预先都预测到了。这样的话，在计划的实施过程中，就不会害怕突发性的事故了。

逆向思维法：当 Z 为理想状态（或非理想状态）时，从 Z 出发，逆向而上，从大量的观点中展开构思，使其和初始状态 A_0 连接起来，详细研究其过程做出决策，这就是逆向思维法。基本形状如图 5-11 所示。

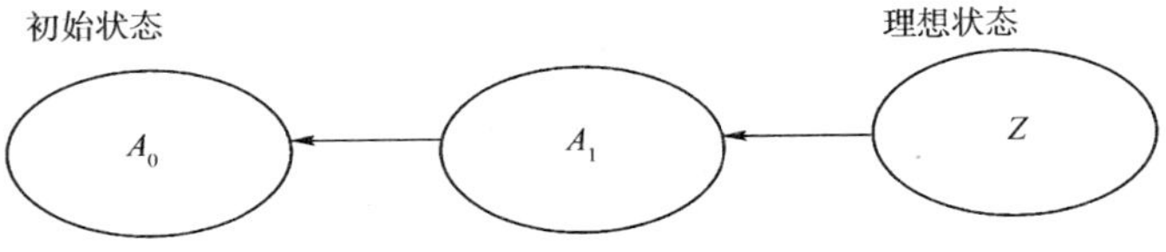

图 5-11 逆向过程决策程序图

逆向思维应该考虑从理想状态开始，考虑实现这个目标的前提是什么，为了满足这个前提又应该具备什么条件。一步一步退回来，一直退到出发点。

通过正反两个方面的连接，倒着走得通，顺着也可以走得通，这就是 PDPC 法一个正确的思考办法。

（七）箭形图解法（Arrow Diagram Method，ADM）

箭线图法又称矢线图法或双代号网络图法（Activity-On-Arrow，AOA），是网络图在质量管理中的应用。箭线图法用箭线表示活动，活动之间用节点（称作“事件”）连接，只能表示结束—开始关系，每个活动必须用唯一的紧前事件和唯一的紧后事件描述；紧前事件编号要小于紧后事件编号；每一个事件必须有唯一的事件号。

箭形图解法虽比顺序图法较少使用，但在某些应用领域仍是一种可供选择的方法。箭线图法仅利用“结束—开始”关系以及用虚工作线表示活动间逻辑关系。箭线图法可手编也可在计算机上实现。

某项目的网络图如图 5-12 所示，该图使用的是箭线图法（ADM）或双代号网络图法（AOA）。

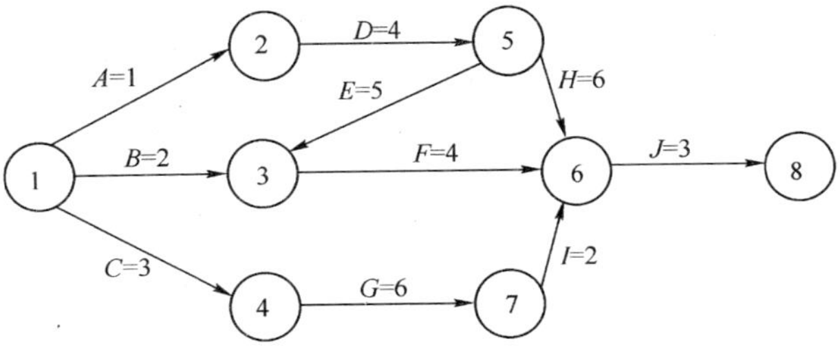

图 5-12 箭形图

注意这张网络图的主要组成要素：字母 A、B、C、D、E、F、G、H、I、J 代表了项目中需要进行的活动。箭线则表示活动排序或任务之间的关系。例如，活动 A 必须在活动 D 之前完成；活动 D 必须在活动 H 之前完成，等等。

该项目网络图的格式采用箭线图法或双代号网络图法——用箭线表示活动，用一种被称为节点的连接点反映活动顺序的网络制图技术。

【小知识】 QC 小组活动

质量管理小组是指企业的员工围绕着企业的质量方针和目标，运用质量管理的理论和方法，以改进质量和管理、提高经济效益和人员素质为目的，自觉组织起来、开展质量管理活动的小组，简称 QC 小组。

QC 小组最早起源于日本。1966 年美国质量管理专家朱兰博士参加了日本 QC 小组大会，后来他预见性地指出："通过推行这个(QC 小组)活动，日本将在世界上进入质量领先地位。"果然，这个预言被历史所证实。

我国的 QC 小组活动是 1978 年随着质量管理的引进而发展起来的，现已成为我国企业推进质量管理的重要基础和支柱之一，它是提高整个国民经济效益，增强企业素质的重要措施，是开展群众性质量管理的一个生动活泼的好形式。其积极作用表现为四个方面：

(1)为企业开展质量管理打好基础，为提高产品质量提供保证；(2)可以改善和增强人员素质，提高企业管理水平；(3)是实现企业质量方针、目标的基础；(4)为提高企业经济效益，降低成本开辟途径。

开展 QC 小组活动作为质量管理的一种措施和手段，通常应从 6 个方面实施管理。

1. QC 小组的组建

(1)采取自愿结合或行政组织等多种方式，在本部门或跨部门组建。人数在 3～10 人为宜，以便于管理和开展活动，可以根据不同的目的组建 QC 小组，诸如：以实现企业的质量方针和目标为目的；以加强对关键工序的质量控制为目的；以加强对特殊工序的质量控制为目的；以解决生产过程中的重大技术、质量问题为目的；以预防潜在的不合格问题的发生为目的；为其他与提高产品质量有关的目的。

(2)QC 小组类型主要有现场型、攻关型、管理型和服务型。应着重发展以工人为主体的"现场型"和"服务型"小组和技术人员参加的"攻关型"小组，提倡工人、技术人员和管理人员的"三结合"。

(3)QC 小组任务主要有：学习质量管理的理论、方法，贯彻质量管理标准，增强质量意识，树立质量第一、全员参与、系统控制、预防为主和让用户完全满意的观念；开展工序质量控制，改进质量、革新技术、改善环境、实施科学管理等；组织攻关活动；开展质量经济分析，降低消耗，减少质量损失；总结成果，交流经验。

2. QC小组活动的开展

QC小组应以科学的PDCA循环工作为理论依据，按程序开展活动，注意事项：

(1)要制定活动计划；(2)正确选择课题，要围绕企业的质量方针和目标以及市场需求进行选题；(3)采取生动活泼、有吸引力的好形式；(4)活动过程应讲求实效，创新、灵活，切合实际；(5)充分发挥小组每个成员的积极性，协调合作、提高活动效果；(6)对现状及存在问题的分析至为关键，要依靠集体智慧，分析、确认产生问题的主要原因与根源；(7)正确、合理选用数理统计方法，讲求实用、有效，切忌追求高、深、新的方法和形式；(8)活动的过程和结果认真记录，以满足证实需要和具有可追溯性。

3. QC小组活动成果的发表

QC小组活动取得成果之后，企业要让其填写成果申报表，受理成果申报，然后组织成果评审小组，对成果进行调查和验证，其主要内容包括：(1)活动是否按计划进行，是否做好记录；(2)活动中所用的统计方法是否正确、合理；(3)活动程序是否运用合理，是否根据课题具体情况灵活、合理、创新地开展活动；(4)活动的成果是否达到预定目标，经济效益的核算是否合理，并经财务部门确认；(5)活动成果是否经过一定时间的验证；(6)对效果好的措施是否采取了巩固、防止问题再发生的措施，纳入有关文件或进行了相应的更改。企业要组织召开一定形式的成果发表会，对参加QC小组活动的员工进行激励，对调动其积极性、促进小组活动的发展，将产生良好的效果。

4. QC小组活动成果的评价

活动成果的评价包括对小组活动的评价和对小组活动成果的评价两大方面。前者侧重于评价小组活动的经常性、持久性、全员性、科学性；后者要求在评价成果时做到全面、公正和合理，并实行统一的评价标准和办法。

第三节　六西格玛与生产物流质量控制

一、什么是六西格玛质量管理方法

六西格玛(6σ)概念于1986年由摩托罗拉公司的比尔·史密斯提出，此概念属于品质管理范畴，西格玛(∑，σ)指统计学中的标准差。旨在生产过程中降低产品及流程的缺陷次数，防止产品变异，提升品质。

20世纪90年代发展起来的6σ管理是在总结了全面质量管理的成功经验，提炼了其中流程管理技巧的精华和最行之有效的方法，成为一种提高企业业绩与竞争力的管理模式。该管理法在摩托罗拉、通用、戴尔、惠普、西门子、索尼、东芝等众多跨国企业的实践证明是卓有成效的。为此，国内一些部门和机构在国内企业大力推 6σ 管理工作，引导企业开展 6σ 管理。它是一个衡量业务流程能力的标准，它是一套业务流程不断优化的方法，它是一种卓越的管理哲学。

6σ 管理法是一种统计评估法，核心是追求零缺陷生产，防范产品责任风险，降低成本，提高生产率和市场占有率，提高顾客满意度和忠诚度。6σ 管理既着眼于产品、服务质量，又关注过程的改进。“σ”是希腊文的一个字母，在统计学上用来表示标准偏差值，用以描述总体中的个体离均值的偏离程度，测量出的 σ 表征着诸如单位缺陷、百万缺陷或错误的概率，σ 值越大，缺陷或错误就越少。6σ 是一个目标，这个质量水平意味的是所有的过程和结果中，99.99966% 是无缺陷的，也就是说，做 100 万件事情，其中只有 3.4 件是有缺陷的，这几乎趋近到人类能够达到的最为完美的境界。6σ 管理关注过程，特别是企业为市场和顾客提供价值的核心过程。因为过程能力用 σ 来度量后，σ 越大，过程的波动越小，过程以最低的成本损失、最短的时间周期、满足顾客要求的能力就越强。6σ 理论认为，大多数企业在 3σ～4σ 间运转，也就是说每百万次操作失误在 6 210～66 800 之间，这些缺陷要求经营者以销售额在 15%～30% 的资金进行事后的弥补或修正，而如果做到 6σ，事后弥补的资金将降低到约为销售额的 5%。

西格玛水平介绍：

6 个西格玛＝3.4 失误/百万机会——意味着卓越的管理，强大的竞争力和忠诚的客户

5 个西格玛＝230 失误/百万机会——优秀的管理、很强的竞争力和比较忠诚的客户

4 个西格玛＝6 210 失误/百万机会——意味着较好的管理和运营能力，满意的客户

3 个西格玛＝66 800 失误/百万机会——意味着平平常常的管理，缺乏竞争力

2 个西格玛＝308 000 失误/百万机会——意味着企业资源每天都有三分之一的浪费

1 个西格玛＝690 000 失误/百万机会——每天有三分之二的事情做错的企业无法生存

为了达到 6σ，首先要制定标准，在管理中随时跟踪考核操作与标准的偏差，不断改进，最终达到 6σ。现已形成一套使每个环节不断改进的简单的流程模式：界定、测量、分析、改进、控制。

界定：确定需要改进的目标及其进度，企业高层领导就是确定企业的策略目标，中层营运目标可能是提高制造部门的生产量，项目层的目标可能是减少次品和提高

效率。

测量：以灵活有效的衡量标准测量和权衡现存的系统和数据，了解现有质量水平。

分析：利用统计学工具对整个系统进行分析，找到影响质量的少数几个关键因素。

改进：运用项目管理和其他的管理工具，针对关键因素确立最佳改进方案。

控制：监控新的系统流程，采取措施以维持改进的结果，以期整个流程充分发挥功效。

二、六西格玛质量管理方法对物流企业管理的作用

(一)六西格玛质量管理对经营业绩的改善

在企业内部，规范的六西格玛模式项目一般是由称为“六西格玛模式精英小组”(Six 西格玛 Champion)的执行委员会选择的，这个小组的职责之一是选择合适的项目并分配资源。一个公司典型的六西格玛模式项目可以是矫正关键客户的票据问题，也可以是改变某种工作程序提高生产率。领导小组将任务分派给黑带管理人员们，黑带管理人员们再依照六西格玛模式组织一个小组来执行这个项目。小组成员对六西格玛模式项目进行定期的严密监测。六西格玛管理是获得和保持企业在经营上的成功并将其经营业绩最大化的综合管理体系和发展战略，是使企业获得快速增长的经营方式。

经营业绩的改善包括：

(1)市场占有率的增加；

(2)顾客回头率的提高；

(3)成本降低；

(4)周期降低；

(5)缺陷率降低；

(6)产品/服务开发加快；

(7)企业文化改变。

(二)六西格玛管理对企业文化建设的作用

六西格玛管理将对企业文化建设或改进产生很大的作用。在分析一些成功企业，特别是处于顶层位置的企业文化建设方面的经验教训时发现，成功的企业在实施质量战略时，比别的企业多走了一步，那就是，他们在致力于产品与服务质量改进的同时，肯花大力气去改造他们与六西格玛质量不相适应的企业文化，以使全体员工的信念、态度、价值观和期望与六西格玛质量保持同步，从而创造出良好的企业质量文化，保证了六西格玛质量战略的成功。

三、六西格玛质量管理方法的流程

六西格玛模式是一种自上而下的革新方法，它由企业最高管理者领导并驱动，由最高管理层提出改进或革新目标（这个目标与企业发展战略和远景密切相关）、资源和时间框架。推行六西格玛模式可以采用由定义、度量、分析、改进、控制（DMAIC）构成的改进流程。

DMAIC流程可用于以下三种基本改进计划：六西格玛产品与服务实现过程改进、六西格玛业务流程改进、六西格玛产品设计过程改进。

这种革新方法强调定量方法和工具的运用，强调对顾客需求满意的详尽定义与量化表述，每一阶段都有明确的目标并由相应的工具或方法辅助。

推行六西格玛模式要求企业从上至下都必须改变“我一直都这样做，而且做得很好”的惯性思维。也许你确实已经做得很好，但是距六西格玛模式的目标却差得很远。六西格玛模式不仅专注于不断提高，更注重目标，即企业的底线收益。假设某一大企业有1 000个基层单元，每一基层单元用六西格玛模式每天节约100美元，一年以300天计，企业一年将节约3 000万美元。通过实施模式，企业还可清晰地知道自身的水平、改进提高的额度与目标的距离等。

典型的六西格玛管理模式解决方案以DMAIC流程为核心，它涵盖了六西格玛管理的策划、组织、人力资源准备与培训、实施过程与评价、相关技术方法（包括硬工具和软工具）的应用、管理信息系统的开发与使用等方面。

六西格玛管理战略是企业获得竞争优势和经营成功的金钥匙，在已经实施六西格玛管理并获得成功的企业名单上，你可以发现摩托罗拉、联信、美国快递、杜邦、福特这样的“世界巨人”。今天，越来越多的企业加入了“六西格玛实践者”的行列，也许这其中就有你我现在的或将来的竞争对手。

六西格玛作为当今最先进的质量管理理念和方法，在帮助通用电气取得骄人的成绩之后，所受的关注达到了一个新的顶峰。但是人们发现，依靠传统的DMAIC六西格玛改进流程最多只能将质量管理水平提升到大约五西格玛的水平。如果想继续改进质量水平，企业就必须在产品设计的时候就全面考虑客户的需求，原材料的特性，生产工艺的要求，生产人员的素质等各个方面的要素和条件，从而使产品设计达到六西格玛水平，于是DFSS（六西格玛设计）便应运而生。

TRIZ是六西格玛设计的方法论之一，原意是Theory of Inventive Problem Solving，是一种系统化的发明工程方法论，经常浏览有关六西格玛发展近况文献的读者对它应该并不陌生，它是帮助研发人员通过有系统有规则的方法来解决创新过程中种种问题的方法论。TRIZ理论认为，大量发明和创新面临的基本问题和矛盾（在TRIZ中成为系统冲突和物理矛盾）是相同的，只是技术领域不同而已，它总结了40条创造性问题的解决原则，与各种系统冲突模式分别对应，直接指导创造者对新设计方案的开发。

六西格玛设计(DFSS)另外一个重要的方法论试验设计(DOE):计划安排一批试验,并严格按计划在设定的条件下进行这些试验,获得新数据,然后对之进行分析,获得所需要的信息,进而获得最佳的改进途径。试验设计如今已经形成较为完整的理论体系,试验设计方案大致可分为三个层次,第一层次的试验设计是最基本的试验设计方案,包括部分因子设计、全因子设计和响应曲面设计(RSM)等,第二层次的试验设计包括田口设计(稳健参数设计)和混料设计。随着现代工业的发展,这两个层次的试验设计方案已经不能满足要求更高的和个性化的试验设计方案,于是第三层次的试验设计方案便由此诞生,包括非线性设计、空间填充设计(均匀设计)、扩充设计、容差设计、定制试验设计等。这些试验设计方法中,尤为值得一提的是定制试验设计的方法,传统的试验设计方案都是相对固定的,当实际的问题和试验设计方案的模型发生偏差时,试验者往往不得不对自身所研究的问题进行修正,使它能与这些传统的试验设计方法相匹配,但定制试验设计刚好相反,它可以让试验者对试验设计方法的模型进行合理的修正,使它能够适合需要解决的问题。定制试验设计方法可以说是试验设计领域的一场革命。它可以让实验者对响应变量(Y)的个数及权重,试验因子的约束条件,试验模型中需要考虑的效应,甚至试验的次数都进行个性化的定制。

试验设计(DOE)是六西格玛设计中最重要的方法论之一,但它的实现离不开专业六西格玛软件的支持。JMP 软件就试验设计的功能而言,上述的三个层次的试验设计方法中,目前市面上的六西格玛软件都只能支持第一和第二层次的试验设计方案,但对第三层次的试验设计方案却都不能支持。相比之下,JMP 软件却能非常好地完成所有上述第三层次的试验设计方案。特别是对于定制试验设计的支持可以说是 JMP 软件的一大特色,它能够很好地让试验者对模型进行定制以符合实际需要解决的问题的需要,在试验设计方案的后期,JMP 软件里集成的模拟(simulation)功能还能帮助实验者对设计方案进行模拟,以最大限度地减小新方案失败的风险。笔者曾请教过六西格玛质量管理业内的专业人士,据了解,除了试验设计外,JMP 软件在图形界面以及对六西格玛质量管理实施的支持上(如统计过程控制(SPC)、常规的回归及方差分析等方面)JMP 软件也具有很大的优势。作为六西格玛高端解决方案,JMP 软件已被 Dell,Intel,汇丰银行、中石化,惠普,苹果,中芯国际,ASE,陶氏化学等世界诸多著名企业选用。

六西格玛设计(DFSS)的第三个重要的方法论是 QFD(品质屋)方法,它是一个帮助实施者将客户的要求转化为产品具体特性的工具,从 7 个维度进行展开,分别是客户的需求和重要度、工程措施、关系矩阵、工程措施的指标和重要度、相关矩阵、市场竞争能力评估和技术竞争能力评估。

六西格玛设计的成功需要上述三种方法的综合应用,任何单一的方法都不能让企业收获六西格玛设计的丰硕果实。这些理论本身也在不断发展和完善中,相信会给全世界的企业带来不断的惊喜和收获。

S 本章小结

本章主要讲授生产物流质量控制的相关知识，介绍了物流质量、物流质量管理的概念，介绍了生产物流质量控制的概念、要求、特点和主要因素；详细阐述了生产物流质量控制的方法，包括戴明环、生产物流质量管理控制旧七大方法（控制图、因果图、直方图、散布图、排列图、检查表、层别法）和生产物流质量管理控制新七大方法（关联图法、KJ 法、系统图法、矩阵图法、矩阵数据分析法、过程决策程序图法、箭形图解法）；讲授了六西格玛质量管理方法在物流质量控制中的应用。

E 【练习题】

1. 什么是物流质量？什么是物流质量控制？
2. 什么是 PDCA 循环？
3. 生产物流质量控制的旧方法、新方法有哪些？
4. 什么是六西格玛质量管理方法？

第六章 生产方式与生产物流

能力目标、知识目标与学习要求

本章主要介绍大量生产、多品种小批量生产、单件小批量生产这三种生产方式下物流管理的基本要求和内容以及物流计划和方法。通过学习要切实理解和掌握本课程各章的基本概念、基本原理和各种定量的计算方法以及各项图表的编制，熟练运用不同生产方式下物流管理中的重要方法，要求不仅会正确运用，而且能够举一反三，能够根据实际情况的变化灵活运用。

第一节 大量生产的物流管理

一、大量生产的概念与基本特征

(一)大量生产的概念

大量生产也叫大批量定制生产(Mass Customization)，简称 MC。它是一种以大批量生产的成本和时间，提供满足客户特定需求产品和服务的新的生产物流系统。其基本思想是：将定制产品的生产，通过产品重组和过程重组转化或部分转化为大批量生产问题。对客户而言，所得到的产品是定制的、个性化的；对生产厂家而言，该产品是采用大批量生产方式制造的成熟产品。这种生产方式目前在国外得到了较快的发展，并作为一种有效的竞争手段逐渐被企业所采纳。

(二)大量生产的基本特征

大量生产是在较长时间内重复进行一种或少数几种相似产品的大量连续生产。单从大量生产的角度，它的基本特征有：

(1)设计方面。由于可以采用经过多次制造和使用检验的标准图纸生产，大大减少了设计工作量(重复生产时，图纸只需做小的修改)，节省了设计阶段所需的时间，而且保证了设计质量，也节省了设计人员。

(2)工艺方面。由于设计图纸变化小，产品结构相对稳定，可以编制标准制造工艺。标准工艺经过反复生产验证,其质量可以不断提高。由于减少乃至消除了重复编制工艺的工作,不仅大大减少了工艺编制的工作量,缩短了工艺准备周期,而且节省了工艺人员。由于产量大,生产重复程度高,可设计专用、高效的工艺装备,便于且宜于精确制定材料消耗定额,减少原材料消耗。

(3)生产组织方面。可进行精细分工,工作的专业化程度高,工人操作简化,可推行标准操作方法,提高工作效率。宜于购置专用高效设备,采用流水线、自动线等高效的组织生产形式。

(4)生产管理方面。便于且宜于制定准确的工时定额。由于产品品种及产量稳定,原材料、毛坯变化小,易于与供应厂家和协作厂家建立长期稳定的协作关系,质量与交货期容易得到保证。例行管理多,例外管理少,计划、调度工作简单,生产管理人员易熟悉产品和工艺,易掌握生产进度。

由这些特征所决定,大量生产具有以下优点:(1)由于分工细、专业化程度高,适宜采用高效的专用设备和专用工艺装备,可以大大提高生产效率;(2)工人重复从事专业化分工的某一个单一作业,操作简单,容易提高熟练程度,由于熟能生巧,工人容易创造出新的工作技能,提高操作效率,降低劳动强度;(3)一旦流水线正常运行,作业计划无须制定太多的细节,作业计划相对简单;(4)大量重复生产程序标准化、稳定化,能够确保产品质量;(5)由于大量生产的生产效率高,物流流动性好,在制品少,生产成本较低。

二、大量生产的物流管理的基本要求和内容

(一)大量生产物流管理的基本要求

大量生产最基本、最主要的组织形式是流水线生产,稳定、连续、重复是其生产的基本特征。大量生产物流管理的基本要求是:物流的组织、衔接与摆放必须符合流水生产的重复性、有节奏性;提高物流配送与生产的相符性,减少在制品和物料的停滞占用;提高物流配送的连续性,以确保生产的不中断;加强物料的质检控制,确保合格物料上线生产加工。

(二)大量生产物流管理的主要内容

(1)物料的准备。主要依据生产计划、流水线生产的节奏快慢、物流采购供应的周期、物料配置到流水线现场的周期来确定物料供应的种类、数量和供应周期。

(2)物料的配送流动管理。根据流水线生产的技术和工艺设计要求,将物料准时配送到生产现场。准时的概念是既不提前,也不延迟,要在“恰好”需要的时候到位。

(3)物料的检验。在物流提供给生产之前要有保证其合格的控制管理环节,防止废品上线,因为一旦上了流水线生产,就很难停止,造成的损失比其他生产类型要大。

(4)物流的现场布置。物流为保证生产稳定进行,要求物流与生产的现场布置做到传递距离最短、提供速度最快。

三、流水生产

(一) 流水生产的特征和分类

在大量生产的情况下,流水生产线由于能将高度的对象专业化的生产组织和劳动对象的平行移动方式有机地结合起来,是一种较好的被广泛采用的生产组织形式。现代流水生产方式起源于福特制。亨利·福特(Henry Ford)是美国福特汽车公司的创始人,他于20世纪20年代创立了汽车工业的流水生产线,由此揭开了现代化流水生产的序幕,引起了制造业的一个根本变革。

1. 流水生产的基本特征

流水生产是指劳动对象按照一定的工艺路线,顺序地通过各个工作地,并按照一定的生产速度(节拍)完成工艺作业的连续重复生产的一种生产组织形式。流水生产的基本特征如下:

(1)工作地专业化程度高,在流水线上固定地生产一种或几种制品,而在每个工作地上固定完成一道或几道工序。

(2)生产具有明显的节奏性,即按照节拍进行生产。所谓节拍,是指流水线上出产相邻两件制品的时间间隔。

(3)各道工序的工作地(设备)数量与各该工序单件工时的比值相一致。

(4)工艺过程是封闭的,并且工作地(设备)按工艺顺序排列成链索形式,劳动对象在工序间作单向移动。

(5)劳动对象如同流水般地从一个工序转到下一个工序,消除或最大限度地减少了劳动对象的耽搁时间和机床设备加工的间断时间,生产过程具有高度的连续性。

将一定的设备、工具、传送装置和人员按照上述特征组织起来的生产线称为流水线。如果工作地(设备)是按工艺过程顺序排列,但未满足或未完全满足上述特征要求的,就只能称之为作业线或生产线,而不能称为流水线。利用和发挥流水线的优点仍然是改善生产线的努力方向。

在流水生产条件下,生产过程的连续性、平行性、比例性、节奏性都很高,所以它具有可以提高工作地专业化水平、提高劳动生产率、增加产量、降低产品成本、提高生产的自动化水平等一系列优越性。但是反过来也有一些不利的地方。例如:由于设备高度专用化,对产品的变化缺乏适应力;一旦在某处发生设备故障,就有可能导致全线停车,带来较大的损失;生产率的调整幅度不可能很大,等等。

2. 流水线的分类

(1)按生产对象的移动方式

按生产对象的移动方式,可分为产品固定不动的流水线和产品移动的流水线。前者,劳动对象是固定不动的,由不同工种的工人(组或队)携带工具按规定的节拍轮流到各个产品上去完成自己所担任的工序。这种生产组织形式适用于装配特别笨重、巨大的产品，以及在造船、建筑、工程施工等部门中采用。后者，劳动对象是移动的，而工人、设备和工具的位置是固定的，劳动对象顺序地经过各个工作地（设备）的加工后，便成为成品或半成品。这种生产组织形式在机械制造、服装等工业部门广泛采用。

（2）按流水线上生产对象的数目

按流水线上生产对象的数目，可分为单一品种流水线和多品种流水线。单一品种流水线只生产一种产品（或零件），品种是单一的，固定不变的，属于大量生产类型。多品种流水线要轮换地生产几种产品，这些产品虽然品种不同，但在结构上、工艺上是近似的。

（3）按对象的轮换方式

按对象的轮换方式，可分为不变流水线、可变流水线和混合流水线。不变流水线是固定地只生产一种产品（零件），工作地是完全专业化的。这种流水线适用于大量生产某种产品的条件下，所以称大量流水线。可变流水线是固定成批地轮番生产几种产品。当一种产品的一批制造任务完成后，就要相应地调整设备和工艺装备，然后开始另一种产品的生产，依次把所有的产品品种都完成一遍以后，又开始下一轮的重复生产。这种流水线适用于多品种的成批生产，又称成批流水线。混合流水线（又称混流生产）不是成批地轮番生产，而是在一定时间内同时生产几种产品，变换品种时，基本上不需要重新调整设备和工艺装备。因为，在这种流水线上，各种产品的生产是按照成组加工（装配）工艺规程，使用专门的成组加工设备和工艺装备来完成的。所以又称之为成组流水线。

（4）按生产过程的连续程度

按生产过程的连续程度，可分为连续流水线和间断流水线。在连续流水线上，加工对象从投入到出产连续地从一道工序转入下一道工序不断地进行加工，中间没有停放等待时间，生产过程是完全连续的。它一般适用于大量生产，是一种完善的流水线形式。在间断流水线上，由于各道工序的劳动量不等或不成倍比关系，生产能力不平衡，加工对象在各工序之间会出现停放等待等中断时间，生产过程是不完全连续的。

（5）按流水线节拍的方法

按流水线节拍的方法，可分为强制节拍流水线和自由节拍流水线。前者是利用专门的装置来强制实现规定的节拍，工人必须在规定的时间内完成自己的工作。如有延误或违反技术规程，即会影响下道工序的生产。后者是由操作者自行保持节拍，要求各工序必须按节拍进行生产，但每件制品的加工时间，则由工人自己掌握，一般在各工作地上都设有保险在制品以调节生产的节奏。

（6）按产品的运输方式

按产品的运输方式，可分为无专用运输设备的流水线和有专用运输设备的流水线。前者由流水线上的操作工人直接用手将自己加工完毕的制品传送给下道工序，或者由辅助工利用普通的运输器具将制品传送给下道工序。后者采用专门的运输设备，如重力滑道、专用小车、悬挂装置等，比较先进的是采用传送带。传送带又可分为分配式和工作式两种。分配式传送带是将需要加工的制品运送到设在传送带一侧或两侧的各个工作地上，工人从传送带上取下制品，在工作地上进行加工，加工完毕后又把制品放到传送带上，由传送带将制品运送到下一个工作地去继续加工。工作式传送带并不把制品从传送带上取下来，而是工人按规定的地段站在传送带的旁边，当制品运来时，工人就在传送带上进行加工。这样传送带既是运输装置，又是很多个连续的工作地。

(7)按流水线的机械化程度

按流水线的机械化程度，可分为手工流水线、机械化流水线和自动化流水线。流水线的分类如图 6-1 所示。

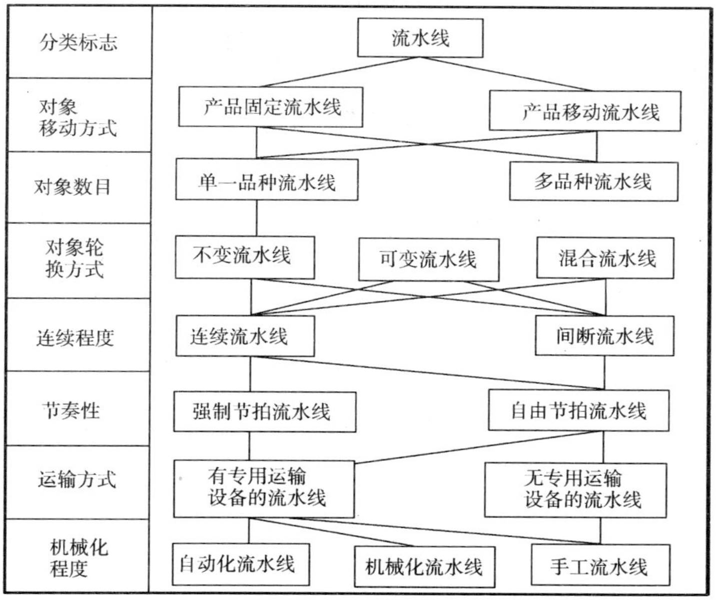

图 6-1　流水线的分类

(二)流水生产方式的优缺点

1. 流水生产方式的主要优点

流水生产方式的主要优点是能使产品的生产过程较好地符合连续性、平行性、比例性以及均衡性的要求。它的生产率高，能及时地提供市场大量需求的产品。由于是专业化生产、流水线上采用专用的设备和工艺装备，以及机械化的运输装置，所以可以提高劳动生产率，缩短生产周期，减少在制品占用量和运输工作量，加速资金周转，降低生产成本，还可以简化生产管理工作，促进企业加强生产技术准备工作和生产服务工作。

2. 流水生产方式的主要缺点

流水生产方式的主要缺点是不够灵活，不能及时地适应市场对产品产量和品种变化的要求，以及技术革新和技术进步的要求。对流水线进行调整和改组需要较多的投资和花费较多的时间。工人在流水线上工作比较单调、紧张、容易疲劳，不利于提高生产技术水平。

3. 组织流水生产必须具备的条件

(1)产品品种稳定，而且是市场上长期大量需要的产品。

(2)产品结构比较先进，设计基本定型，产品是标准化的；并具有良好的结构工艺性。所谓结构工艺性是指产品的结构便于工艺制造，有利于采用经济、有效的工艺加工方法。

(3)原材料、协作件必须是标准的、规格化的，并能按时供应。

(4)机器设备必须经常处于完好状态，严格执行计划预修制度。

(5)工作必须符合质量标准，产品检验能随生产在流水线上进行。

具备了上述条件，并通过技术经济的论证或可行性研究，做出决策，决定采用流水生产方式后，就可以进行流水线的具体组织设计。

四、大量生产的物流计划

(一)大量生产作业计划与期量标准

1. 生产作业计划与期量标准

生产作业计划是生产计划的继续，是生产计划的具体执行计划。它所要解决的任务是把生产计划进一步具体化，把生产计划中安排的生产任务，按照旬、周、轮班以至小时，具体、合理地分配到车间、工段、班组以至工作地，从而保证生产计划按品种、按质量、按数量和按期限全面完成。生产作业计划对组织企业的日常生产活动，指导企业生产的进行，具有非常重要意义。

生产作业计划，一般来说，有以下四个方面的任务：

(1)组织职工完成生产计划

通过生产作业计划把生产计划落实到各个生产环节，并规定较短时期内的生产任务，使全体职工在日常生产活动中有明确的工作内容和工作目标。这样有利于调动职工群众的积极性和创造性，主动地完成生产任务，以满足国家计划和市场需要。生产作业计划还推动企业的日常生产准备、原材料供应、劳动力调配、设备维修以及工具管理等工作，更密切、更有效地为生产服务，保证生产的顺序进行。

(2)组织企业均衡生产

生产作业计划给各个生产环节规定了较短时期内的生产任务，它不但为企业完成生产任务创造了条件，而且也为各个车间、工段和班组都完成生产任务创造了前提；它不仅保证完成企业的年、季度的生产任务，而且保证按月、按旬、按轮班以至按小时来完成生产任务。通过生产作业计划，指导生产有节奏、均衡地进行。

(3)提高企业管理水平

通过生产作业计划，可以使各级人员经常了解生产情况，及时解决问题；可以使管理人员对生产进度和生产成果，及时进行统计、核算和分析；可以使企业对各个生产环节的活动经常进行详细的平衡计算，充分挖掘生产潜力。所有这些，都有助于企业管理水平的提高。

(4)充分地利用人力、物力、财力，提高企业经济效益

编制生产作业计划时，一定要注意合理地利用人力和设备，节约物资消耗，节约资金，提高企业的经济效益。例如，在编制生产作业计划时，应当把各种产品(或零件)合理地搭配起来生产，以免由于前后两个时期产品品种变化太大，使机器设备的负荷和工人的工作量忽高忽低，造成损失。应当在满足生产需要的条件下，减少在制品的储备，以免积压资金等等。

生产作业计划是要规定各个生产单位在较短时期内的生产任务。编制生产作业时，在数量上和期限上都要依据一些标准，这些标准称为“期量标准”，它是反映企业有计划、按比例组织生产的客观尺度。

生产作业计划中规定的生产数量和生产期限，都是根据标准来计算。期量标准是否先进合理，切合实际，对于编制出来的生产作业计划的质量好坏关系极大。企业应当根据生产类型的特点和企业的实际，科学地拟订作业计划期量标准，以保证生产作业的先进性和现实性。

2. 大量生产作业计划与期量标准

大量生产是企业(车间、工段、小组、工作地)在较长时期固定制造大量同类产品的一种生产类型。在大多数的工作地上加工着一些相同的产品。大量生产物流计划所要解决的主要问题，就是保证整个生产过程及其各个环节能严格按规定的节拍生产。大量生产必须研究生产的“期”和“量”要有一定的标准，这些标准称为期量标准。大量生产的期量标准主要有：节拍、流水线作业指示图表和在制品占用量定额等。

(二) 大量生产期量标准的具体内容

1. 节拍

节拍是流水线最重要的工作参数，它表明流水线速度的快慢，计算公式为：

$$R = T/N = t\beta/N \tag{6-1}$$

式中：R——流水线节拍，min/件；

T——计划期的有效工作时间，min；

N——计划期在制品产量，件；

t——计划期的日历工作时间，min；

β——时间有效利用系数，一般取 0.9～0.96。

如果计算出的节拍数值很小，同时在制品的体积、重量也很小，不适用于按件传送时，则实行按批传送，这时顺序产出两批同样制品之间的时间间隔称为节奏，其公式为：

$$R_g = R \cdot n \tag{6-2}$$

式中：R_g——节奏，min/批；

n——运输批量。

流水线采取成批传送在制品方式时，科学确定运输批量 n，对于合理使用运输工具，减少运输时间，充分利用生产面积和减少在制品数量都有重要意义。

2. 流水线作业指示图表

流水线作业指示图表又称为标准工作指示图表，它表明流水线内各工作地在正常情况下的具体工作制度，对合理利用设备、减少在制品数量有重要意义。由于工序间同期化程度不同，流水线的连续程度也不同，因此流水线有连续流水线和间断流水线之分。

连续流水线的工序同期化程度很高，各个工序的节拍基本等于流水线的节拍，因此工作地的负荷率高。这时就不存在工人利用个别设备不工作的时间去兼顾其他设备的问题。因此连续流水线的作业指示图表比较简单，只要规定每条流水线在轮班内的工作中断次数、中断时刻和中断时间即可。图 6-2 所示是连续流水线作业指示图表的一个例子。

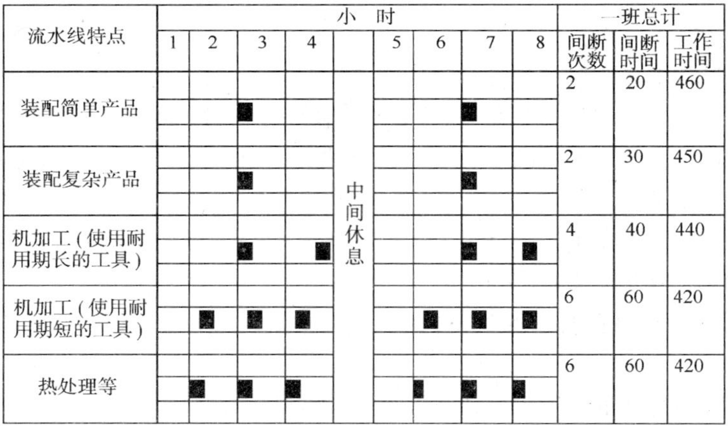

图 6-2　连续流水线作业指示图表

间断流水线由于各工序的生产率不一致，因此编制间断流水线作业指示图表比较复杂，其步骤一般包括：确定看管期；确定看管期各工作地产量及负荷；计算看管期内各工作地工作时间长度；确定工作起止时间；确定每个工作地的工人数量及劳动组织形式等。

3. 在制品占用量定额

在制品是指从原材料开始加工到成品合格入库为止，处于生产过程中尚未完工的所有毛坯、零件、部件和产品的总称。在制品占用是指在一定时间、地点和具体的生产技术条件下，为保证生产有节奏地进行和产品均衡生产所必要的在制品数量。

生产过程中应有合理的在制品定额，以保证生产环节的正常运转和生产的连续进行，保证有计划，均衡地完成产品计划。在制品要占用资金，如果占用量过大，并不能促进生产的正常进行，反而会使生产中的经济效益降低，不能更好地利用流动资金。在大量流水生产条件下，在制品占用可按存放点和作用进行分类。

(1)在制品占用量分流水线内部在制品占用量和流水线之间在制品占用量两种。一般流水线内部在制品占用量按其作用分成：工艺占用量、周转占用量、运输占用量和保险储备占用量4种。

①工艺占用量 Z_1。正在加工或检验的在制品量。

②周转占用量 Z_2。间断流水线内，工序生产率不等造成的在制品存放量。

③运输占用量 Z_3。放置在运输工具上等待运输的在制品量。

④保险储备占用量 Z_4。为了避免故障、废品等的在制品量。

不同的流水线，其在制品构成也不尽相同，如：

连续流水线工作式传送带：$Z_L=Z_1+Z_4$；

连续流水线分配式传送带：$Z_L=Z_1+Z_3+Z_4$；

间断流水线分配式传送带：$Z_L=Z_1+Z_2+Z_3+Z_4$。

(2)流水线间的在制品按作用分为：周转占用量、运输占用量和保险储备占用量3种。

①周转占用量 Z_5。流水线间，工序生产率不等造成的在制品存放量。

②运输占用量 Z_6。由运输批量决定的在制品量。

③保险储备占用量 Z_7。为了避免故障、废品等的在制品量。

因此，流水线间在制品量为：

$$Z_L = Z_5 + Z_6 + Z_7$$

五、大量生产方式的生产物流计划原理和方法

大量生产方式可以看成是成批生产的一种极端情况，即在相当长的时间内，生产设备仅完成一种生产任务。因此生产作业计划的安排和产品在各个工艺阶段的平衡与衔接，主要是数量上的平衡。从物流管理的角度看，生产作业计划的安排应能避免原材料、在制品和成品的库存过量，又要满足生产和用户的要求。常用的方法有：平衡线法和在制品定额法。

(一)平衡线法

平衡线法是借助平衡线规定各生产环节的任务,并通过计算任务(平衡性)与实际完成量的对比分析,及早发现影响作业计划完成的原因,尽量避免物流中断。平衡线法既可用来规定任务,又可用来控制进度,其主要流程为:

(1)拟订作业进度计划,标出生产过程的主要环节及每一作业的提前期,参见图6-3 制造过程构成。

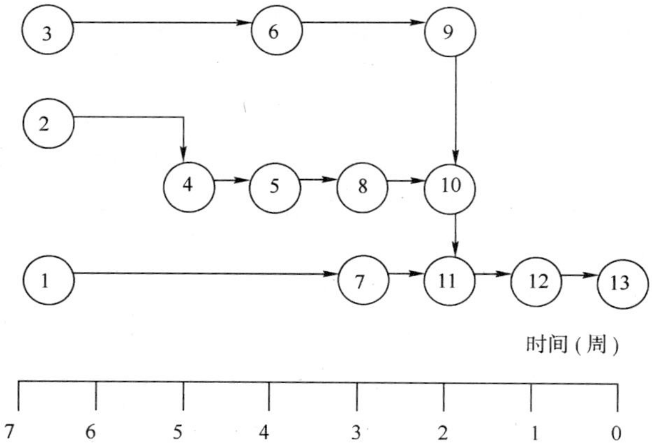

图 6-3　制造过程构成

(2)根据已知的需求量和实际量绘制累计产量图,用来比较计划生产进度与实际生产进度,参见图 6-4。

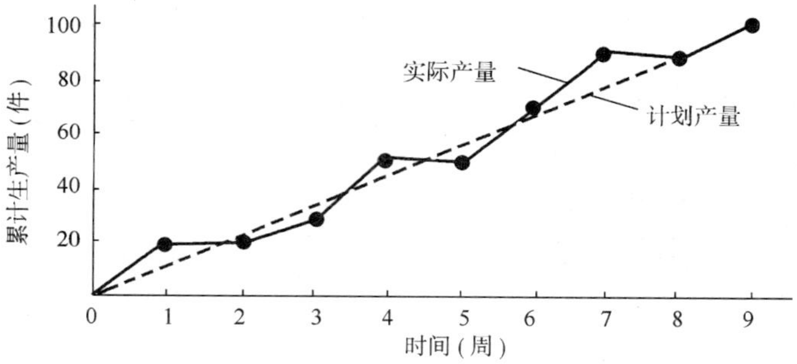

图 6-4　累计生产量图

(3)绘制进度图,标出各控制点实际完成的工作量(物料的流出量),并以平衡线标出控制点应完成的工作量,参见图 6-5。

(4)比较计划进度与实际进度,找到不能按时完成物流计划的原因,采取相应的措施。

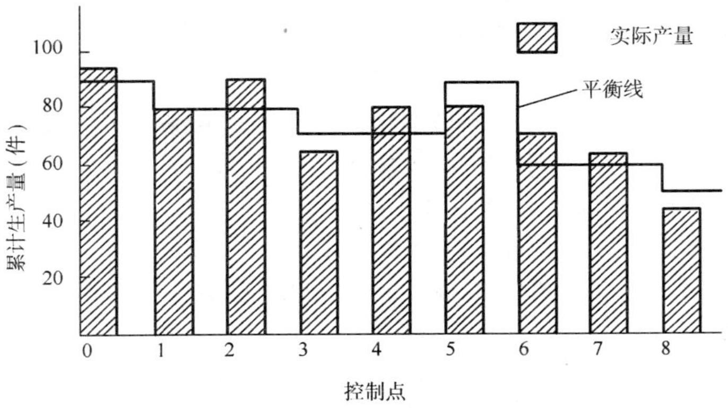

图 6-5　生产进度图

资料来源：李苏剑．连铸——连轧生产物流管理[M]．北京：冶金工业出版社．2001 年版，第 27～28 页

（二）在制品定额法

在大量生产条件下，各个车间的分工及联系稳定，同一时期内分工协作地生产同一种或少数几种产品，彼此之间的联系主要表现在提供一种或少数几种产品或半成品上。只要前一车间的半成品能够保证后一车间加工的需要和车间之间库存半成品变化的需要，就可使生产均衡协调地进行。

由此可见，作业计划的编制主要着眼于解决各车间生产数量上协调，运用预先制定的在制品定额，按照反工艺顺序的连锁计算方法来调节各车间的生产任务，调整各车间的投入量和出产量，使车间之间协调配合。这种编制作业计划的方法就叫在制品定额法。

采用在制品定额法，安排车间任务的原理如下

某车间产出量＝后车间投入量＋该车间半成品外售量＋（车间之间仓库半成品定额－期初预计半成品结存量）

某车间投入量＝本车间产出量＋本车间可能发生的废品及损耗数＋
（本车间在制品定额－本车间期初在制品预计结存量）

车间任务安排好后，就可编制月度生产进度计划，再把计划任务按日分配，具体安排每日的生产量。

第二节　多品种小批量生产的物流管理

一、多品种小批量生产的概念与基本特征

（一）多品种小批量生产的概念

多品种小批量生产是指生产企业按照顾客的个性化、多样化的需求而所需生产的产品品种多，但每一品种产品生产的数量甚少，生产重复程度低的生产物流系统。

多品种小批量生产是企业的主体制造过程属于离散事件系统，系统状态在离散时刻发生，往往又随机地并以"事件"表征这种变化，即系统的状态变量为可数，但不是时间的连续函数。

总之，多品种小批量生产模式就是企业按照客户的需求生产多品种、小批量产品，且其生产过程是离散的生产物流系统。

(二)多品种小批量生产的基本特征

(1)生产品种多样化。产品品种繁多，而批量与交货期又各不相同。

(2)生产过程复杂化。从物料加工成产品的工艺路线有很多种，因作业的变化而需要经常轮换，交错进行。

(3)生产能力的适应性。由于品种不同、需求量不等，导致生产设备能力过剩或不足，只能通过加班或多班运转来加以调节。

(4)生产环境条件的多变性。由于订货规格、数量、交货期的变化很大，往往要更改设计，在出现特别紧急的任务时，会发生外购件或原材料交货不准时、供货不及时等意外情况。

(5)生产计划的变动性。因为订货的规格不一样，为满足不同的订户需要，必然造成产品设计在生产过程中的多变以及物料保障工作的复杂性。因此，要实现工艺计划和进度计划在这种生产方式下的最优是一项复杂的工作。

(6)生产管理的动态性。由于具体车间在组织实施生产的过程中情况多变，容易引起机器故障、人员缺勤、熟练程度不足、次品多等问题，如果靠经验或凭直觉来管理，有可能导致管理的混乱，很难做到规范化管理。

二、多品种小批量生产的物流管理的基本要求和内容

(一)多品种小批量生产物流管理的基本要求

物流是为生产服务的，根据多品种小批量生产的特点，对这种生产方式管理的重点是确定合理的生产批量，确定合理的库存，缩短更换产品设备的调整时间。根据这一管理特点，物流管理在这种生产方式下，相应的管理重点是如何根据生产计划以及生产计划调整的需要，实现原材料、零部件等物流主体的更换，并且以最低的库存量满足生产的需要，以最短的物料调整时间适应生产调整的需要，以及以准时化的方式提供到生产各工作中心。

(二)多品种小批量生产物流管理的内容

1. 合理安排库存

在合理安排库存方面，不仅要合理安排原材料采购的数量、品种和规格，也包括外协零部件的采购，应当进行科学的库存定额分析，结合生产计划合理确定库存定额和订货点。需要指出，由于多品种轮番生产，有些原材料可以通用。而有些原材料和零部件则适用于某一批生产，在本批次加工完成后，多余的原材料和零部件就会长期

闲置。因此，对于这类原材料的采购供应要特别注意量的控制，这也是多品种小批量生产物流管理的特点之一。

2. 根据作业计划做到物料的准时变换

准时具有一种既不提前也不推后的双重含义。当生产作业进行变换时物料变换提前或者推后都将影响生产系统的稳定性，给生产造成混乱。要做到准时变换物料供应，必须充分研究生产作业计划，非常清晰地列明生产变化的种类、环节、变更时间、变更工序、完成变更开始新一轮生产的总时间，以及在生产变更过程中需要的物料变更的种类、环节、数量和时间顺序，做好相应的管理准备，在保证物流顺畅的同时，确保生产作业更换的顺畅和整个生产系统的连续性、节奏性、秩序性和效率性。

3. 确保经过变换以后的生产系统物料供应准时化

多品种小批量生产方式要经常变换生产批次，但通常生产批次之间的批量又不一致，变换批次的时间既可以定期，也可以不定期。这就使得即便是已经变化了的生产批次，也会由于批量不同、生产工序不同、生产周期不同、所需物料不同、所需设备不同、交货期不同以及物料提供方式不同等因素导致前后批次物流管理的内容和对象发生变化，因此根据调整了的批次，及时调整物流管理的内容，也是多品种小批量生产物流管理的关键和目标之一。

三、多品种小批量生产的物流计划

多品种小批量生产的特点决定了物流管理必须与生产作业计划高度协调。为了管好物流，必须了解生产作业计划，以便使物流管理满足生产的需要。多品种小批量生产的期量标准主要有：批量和生产间隔期、生产周期、提前期、在制品定额等。

（一）批量和生产间隔期

成批生产是指工业企业（车间、工段、班组、工作地）在一定时期重复轮换制造多种产品的一种生产类型。根据其批量的大小、每个工作地完成零件工序数目以及各种零件重复生产的程度，成批生产可分为大批、中批和小批生产；凡产品品种不多，每批数量较多，出产相当稳定，接近于大量生产的为大批生产；如产品品种很多，每批数量很少，虽有重复但非常不稳定，接近于单件生产的为小批生产，介于两者之间的为中批生产。

批量是指花费一次准备结束时间投入生产的同种产品（工件）的数量。准备结束时间是指生产开始前熟悉图纸，领取工卡量具，调整设备工装，试切，安装调整冲模、锻模，准备沙箱型板等所花的时间。

生产间隔期是相邻两批同种工件投入（或产出）的时间间隔。在周期性重复生产的条件下批量与生产间隔期有如下的关系：

$$n = R \cdot d \tag{6-3}$$

式中：n——生产批量；

R——生产间隔期；

d——工件的平均日需求量：

$$d = N/T_{年} \tag{6-4}$$

N——年产量；

$T_{年}$——年工作日数。

在生产任务一定时，平均每天产出量不变时，批量与生产间隔期成正比。

(二)生产周期

生产周期是指从原材料投入生产的时候起到制成成品最后完工的时候为止期间经历的全部日历时间。机械产品的生产周期通常包含产品中零件的毛坯制造、机械加工及部件装配、总装配等各工艺阶段经历的时间以及各工艺阶段之间经历的时间之和。产品生产过程所经历的上述时间常用毛坯制造周期、机械加工周期、部件装配周期、总装配周期和各工艺阶段之间的保险期来表示。而零件生产周期则是其毛坯制造周期、机加工周期以及各工艺阶段之间保险期之和。

生产周期是编制生产作业计划，确定产品及其零件在各工艺阶段投入和产出日期的主要依据，是成批生产作业计划的一项重要期量标准。

(三)提前期

提前期是指产品在各车间投入或出产的日期较成品产出日期所应提前的天数。提前期的计算，对生产过程各阶段的及时投入并适时出产，以保证装配的需要，是非常重要的。

产品装配出产日期是计算提前期的起点，而生产周期和生产间隔期是计算提前期的依据。正确规定提前期可以保证各个工艺阶段有秩序的进行。所以在作业计划工作中，要制订提前期的标准数据。

提前期的确定方法有两种：一种是直接根据产品的生产周期图来确定，另一种是根据公式计算，情况如下：

(1)若各工艺阶段的生产间隔期相等，则：

某车间产出提前期＝后车间投入提前期＋保险期

某车间投入提前期＝本车间产出提前期＋本车间生产周期

(2)若各工艺阶段的生产间隔期不相等，但成倍数关系，则：

某车间产出提前期＝后车间投入提前期＋保险期＋(本车间生产间隔期－后车间生产间隔期)

某车间投入提前期的计算公式同前。

(四)在制品定额

成批生产方式中作业计划期量标准的要求是非常严格的，生产提前期是体现各个车间在生产期限配合方面的关系，而在制品定额则体现各个车间在生产数量配合方面的关系。

车间在制品的占用是由于成批投入，但未完工产出而形成的，它们是整批整批地停留在车间内，因此则要计算批数和总量。

车间在制品占用量＝一批零件生产周期×平均每日需要量

其中，

$$平均每日需要量=\frac{批量}{生产间隔期}$$

由公式可知，车间在制品占用量与生产间隔期及生产周期长短有直接关系。

四、多品种小批量生产的物流计划原理和方法

（一）耗尽时间法

耗尽时间法的含义是指生产作业计划中已安排的产品生产时间，加上库存中已有产品，足以满足用户对一组产品在时间和数量方面的要求。耗尽时间法安排生产作业计划的主要目标是能力平衡。一般从具有最短耗尽时间的生产开始，直到设备可以利用台时全部满足。“耗尽时间法”可用来确定共同使用某种设备的一组产品的生产时间。其中的“耗尽时间”是指已安排的产品生产时间，加上库存中已有的产品足以满足这项产品的需求。这种安排方法的基本目标是：充分利用与平衡利用设备或生产面积的生产能力，以达到使所有产品的“耗尽时间”都是一样的，实现在这些产品上所做出的努力是均衡的，从而克服只集中加工几种产品而忽视其他品种的加工。“耗尽时间法”安排车间的生产作业计划，从总体上说实用性较强。它既考虑了库存与库存费用问题，而且也考虑了设备利用能力问题。但这里不作详细介绍。

（二）累计编号法

在多品种成批轮番生产条件下，各个月份生产的品种数量不稳定，以致在制品数量也不稳定。没有一个稳定的在制品数量，就无法采用大量生产所用的在制品定额法。这时，就要采用适合成批生产特点和要求的累计编号法。

所谓累计编号法，就是将事先制定的提前期转化为提前量，来确定各车间在计划月份应该达到的投入和出产累计数，来计划各车间当月应完成的投入数和出产数。这里的累计数是指从年初（或从开始）生产这种产品时起开始计算的连续数字。按照预先制定的提前期标准，确定各车间在计划月份出产和投入应该达到的累计数。计算公式如下：

车间出产（或投入）累计号数＝装配车间产出累计号数＋装配车间平均每日出产量×本车间出产（或投入）提前期

各车间在计划期应完成的当月产量和投入量按下式计算：

计划期车间出产（或投入）量＝计划期末计划出产（或投入）的累计号数－报告期已出产（或投入）的累计号数。

按上式计算车间出产（或投入）量以后，还应按各种零件的批量进行修正，使车间出产（或投入）的数量能凑满相当一个或几个批量。

用累计编号法确定生产任务有以下几个特点：

(1)在装配车间平均日产量不变的情况下，各车间的产量依本车间提前期而定。提前期越长，出产(或投入)的累计号数越大。由于累计号数是根据前期计算的，因此各车间可以同时进行计算，这样可以大大加速计划的编制过程。

(2)由于生产任务用累计号数表示，所以不必预计期初在制品数量，也不必到计划期初根据报告期的实际完成情况修正计划。当报告期计划执行不好时，未完成的部分就自然地转入计划期的任务中，因为计划期应出产的号数是固定的。这样就可以大大简化计划的编制工作，并可保证生产任务的完成。

(3)由于同一台产品所有零件都属于一个累计号数，所以只要每个环节都生产到规定的号数，就能可靠地保证零件的成套性。特别可以防止产品结束时零件不成套和投料过多的现象。

使用累计编号法，使车间在生产的期限和数量上衔接，不用在制品的储备定额，因此适用成批生产。有些条件较好的小批量生产以及不稳定的大量生产，也可以参考作用。

第三节 单件小批量生产类型物流管理

一、单件小批量生产的概念与基本特征

(一)单件小批量生产的概念

所谓单件小批量生产，是指企业中需要生产的产品品种多，但每一种产品生产的数量很少，生产重复度很低的生产状态。单件小批量生产的基本特点是生产的产品品种多，但每一种产品生产的数量很少。本节将在阐述单件小批量生产特征的基础上介绍单件小批量生产物流管理的基本要求和内容以及物流计划和方法等有关问题。

(二)单件小批量生产的基本特征

1. 产品生产的随机性强，计划制定、执行和调度的工作复杂，例行工作较少

单件小批量生产主要是订货式生产，订货可以是整件(套)产品，也可以是相关的零部件。因为订单的内容和订单到达的时间具有随机性，所以企业只能按随机到达的订单顺序逐项进行安排，企业无法对计划期内的任务在计划安排上进行全面规划并实现整体化，只能每接到一次订单就安排一次生产。在生产物流计划编制和控制上，以零件需求为依据，计算机编制主生产计划、物料需求计划、生产作业计划，执行中以计划为中心，工作的重点在管理部门。

2. 生产的一次性，企业需要按订单组织生产，使生产组织与技术准备呈现鲜明特色

首先，在产品设计方面对于一次性生产的产品是不进行样品试制的。设计没有

经过试制考验，有些问题会在生产时暴露出来，需要在生产过程中予以解决。在工艺准备工作方面，只制定工艺路线，不编制详细的工艺规程，许多生产工艺问题有待基层单位和生产工人去解决。每生产一种新产品都必须重新设计，绘制许多新图，或做较大修改，再加上非标零件也多，生产批量又小。因此，设计工作量大，设计周期长，需要的设计人员多。此外，因图纸得不到制造过程和使用过程的检验，设计质量也不易提高。

其次，一次性生产的产品在生产中不断变换，为提高多品种生产的应变能力，通常都采用通用设备和采取工艺专业化的组织形式。但是传统的通用设备机械化和自动化程度低，手工操作的比重大，劳动生产率普遍较低。

最后，物料消耗定额不容易或不适宜精确制定，只能粗略制定工时定额。原材料、毛坯种类变化大，不易建立长期的稳定协作关系。工人必须完成多种较复杂的操作，需要较长时间培训。生产过程中，工人多以师傅带徒弟的方式培养，个人具有高超技术。此外，多品种生产只适于使用通用设备，效率低、工作转换时间长。一般只能采用群式布置(按功能分类)，生产的组织分散，零件运输路线长。

二、单件小批量生产类型物流管理的基本要求和内容

(一)单件小批量生产类型物流管理的基本要求

单件小批生产的产品品种、数量和交货时间都不稳定，产量少，重复性生产少，属于一次性生产。编制这类企业的作业计划特点是，各种产品的数量任务完全取决于订货的数量，不需要再进行计算。单件小批生产的作业计划主要是安排生产任务在各车间的合理流动和处理顺序，求得最优解。因此，单件小批量生产类型物流管理的基本要求是产品在各车间出产和投入时间能够相互衔接起来，保证成品的交货期。

(二)单件小批量生产类型物流管理的内容

1.选择恰当的物流组织管理模式

组织管理模式的适宜性是决定物流管理是否高效的关键。物流管理方式有两类，一是企业内部各职能部门，特别是生产单位独立完成各自的物流管理任务，物流管理可以按照各部分的利益关系协调管理。二是成立专门的物流管理部门，管理企业的各项物流活动，为企业整体经济效益服务。目前我国工业企业基本上采用第一种物流组织管理模式，今后应该逐步向第二种模式转变，这样更有利于实现物流活动的一致性和连贯性，提高物流速度，减少资金占用。当然，对于典型的单件小批量生产，由于生产品种的多样性，使得原材料、毛坯种类变化大，外部物流较难控制和协调，质量与交货期不易保证；也使得制造过程中所需物料的供应商经常变化，而且供应商数量也较多，不易建立长期稳定的协作关系。在这种情况下，供应管理的难度相当大，而且很难通过计划的手段统一物流的管理。因而需要保持高度的灵活性，需要

较多的授权。基于其特殊性，可以先单独设立供应部门，负担供应职能，条件如不成熟不宜设立。基于其特殊性，营销公司也可以单独设立，暂时不列入物流机构内。此外，应当强化物流计划部门在组织结构中的地位，为物流工作提供相应的组织保证。

2. 强化时间分析管理

在单件小批量生产中，除用在加工制造上的时间外，相当一部分时间用在了制定工艺、物料采购等方面。因而，就有必要分析产品生产总时间由哪些部分构成，它们时间的长短如何，是否具有非增值时间，是否可以改进等。常见的生产总时间的构成公式如下：

产品生产总时间＝订单分解时间＋制定工艺时间＋计划平衡时间＋物料采购时间＋加工时间＋物料整理时间＋运送时间＋等待时间＋检验时间

产品生产总时间＝增值时间＋非增值时间

（增值时间等于生产过程对产品的操作时间，非增值时间为存储、等待、运送和检验等时间）

3. 采用成组技术，依托计算机技术强化物流管理

提高效率的途径有减少零件变化与提高生产系统的柔性，若生产系统已确定，可以通过减少零件变化来提高物流的效率，减少零件变化的主要手段是实行零部件的分类管理。分类管理是将所生产的所有零件按其设计和工艺上的相似性进行分类，形成零件组，每一零件组中诸零件具有相似的设计或制造特性。在单件小批量生产类型企业的实际工艺编制工作中，绝大多数零件的工艺通过成组技术（GT，Group Technology）的分类可以制定出种类零件的典型工艺，供工艺编制时借鉴参考，真正需要进行全面的工艺分析，采用全新工艺的并不多见。产品设计方面，以成组技术为指导的设计合理化和标准化工作可以加快设计速度，节约时间，还可为实现计算机辅助设计（CAD）打下良好的基础。据统计，当设计一种新产品时，往往有3/4以上的零件设计可参考借鉴或直接引用原有的产品图纸。制造工艺方面，可以把加工方法、安装方式和机床调整相近的零件归结为零件组，设计出适用于全组零件加工的成组工序；设计出应用于成组工序的公用夹具——成组夹具；还可以将零件按工艺相似性分类形成加工族，使用同一组机床设备。

4. 确定瓶颈资源，制定瓶颈资源计划

根据约束理论（TOC，Theory of Constraint），对于一个任务不断变化的单件小批量订货生产型企业，生产能力不平衡是必然的。生产能力不平衡，则必然存在能力上的薄弱环节，即存在制约整个系统的瓶颈环节。根据约束理论，对约束资源应制订详细的生产作业计划，称为瓶颈资源计划。编制该计划的核心问题是确定瓶颈资源，即比较计划期的生产任务和生产能力，能力上最薄弱的环节就是瓶颈环节，所涉及的资源就是瓶颈资源。瓶颈资源有多种表示形式，最常见的就是设备的生产能力。

三、单件小批量生产的物流计划

1. 单件小批生产方式的期量标准

单件小批生产的特点是企业生产的产品品种多，每种产品的数量单一或不多，一般根据用户的要求，按订货合同组织生产。单件小批生产的期量标准有：产品生产周期表、生产提前期等。

(1)产品生产周期表。单项工程的生产周期是指从工程开工到工程完成的全部日历时间，一般采用“网络技术”方法表示和计算；成套设备的生产周期是指从原材料投入起到设备装配完成的全部日历时间，一般以零部件在各加工车间的生产周期为基础，根据零件组装等衔接关系，绘制生产周期表(参见图 6-6)，以此来确定成套设备的生产周期，即：

$$T_c = \sum T_i + \sum T_{bi} \tag{6-5}$$

式中：T_c——成套设备的生产周期；

T_i——零件在加工车间 i 的生产周期；

T_{bi}——加工车间 i 的保险期。

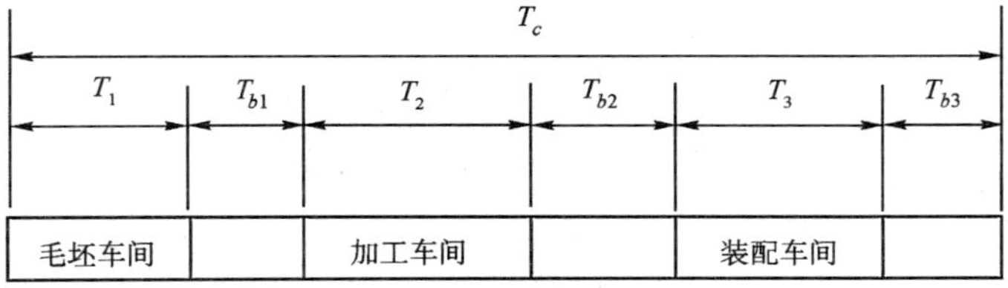

图 6-6 成套设备的生产周期

(2)生产提前期。生产提前期是指组成成品的各零件在各车间投入(或产出)的日期距产品装配产出日期或交货期应提前的时间。投入提前期 T_{QIi} 为：

$$T_{QIi} = T_{QOi} + T_{ci} \tag{6-6}$$

式中：T_{QIi}——车间 i 的生产提前期；

T_{QOi}——车间 i 的产出提前期或交货期；

T_{ci}——车间 i 的生产周期。

产出提前期 T_{QOi}：

$$T_{QOi} = T_{QI(i+1)} + T_{Bi} \tag{6-7}$$

式中：$T_{QI(i+1)}$——车间 i 的后一车间的投入提前期；

T_{Bi}——车间 i 的保险期。

2. 单件小批生产方式的生产物流计划原理和方法

单件小批生产的作业计划主要是安排生产任务在各车间的合理流动和处理顺序，这方面的最优化问题计算难度较大，一般常用启发式方法，求得最优解。

1)任务到达方式

单件小批生产的任务到达方式常有两类:一类是成批到达,称为静态到达型。对于这种到达方式,一般是把已到达的订单合并起来安排生产计划。另一类是按某种时间统计分布到达,称为动态到达型。对于这种到达方式,一般按统计分布模型近似计算一定时间内的任务量,按批组织生产,利用库存作为订货波动的缓冲。

2)任务流动模式

单件小批生产车间任务流动模式一般分成定流型和随机型。定流型特点是物流路线固定,任务从车间的某一设备开始,逐步向后面的设备流动;随机型特点是物流路线不固定,存在交叉或逆流现象。

3)作业计划的判优标准与计划方法

作业计划优化目标一般是总成本最小,有时还有生产周期最短、加工成本最小、等待损失最小、换产成本最小等。与物流系统有关的判优标准是等待损失最小和换产成本最小。

(1)等待损失最小。等待损失最小常常化为平均等待时间最少或配套时间最短。对于要经过两台设备的加工的任务来说,一般采用 S. M. Johnson 的启发式算法,即:

$$\min(a_i, b_j) \leqslant \min(b_i, a_j) \tag{6-8}$$

式中:a_i——第 i 处理的零件在第一台设备上的加工时间;

b_i——第 i 处理的零件在第二台设备上的加工时间。

按照公式(6-8)安排的作业顺序,可保证任务平均等待时间最少。

(2)换产成本最小。这里指加工成本不仅与加工任务本身有关,而且与任务间的相互顺序有关,一般主要指设备调整费用。换产成本最小的算法与任务个数有关,在个数较多的情况下,常根据实际情况构造简便的启发式算法。

四、OPT 系统与单件小批量生产物流

OPT(Optimized Production Technology,最佳生产技术)是一种改善生产管理的技术,以色列物理学家于 20 世纪 70 年代提出,用于安排企业生产人力和物料调度的计划方法。最初被称作最佳生产时间表(Optimized Production Timetable),80 年代才改称为最佳生产技术。后来又进一步发展成为约束理论(Theory of Constraints,TOC)。它是一套可提高产出、减少存货的分析性技术理论。OPT 系统将重点放在控制整体产出的瓶颈资源上,优先处理所有瓶颈作业,并以平衡物料流动为原则,使整个系统达到产出最大的目的。

由于 MRP 系统以零件生产的提前期为主要期量标准编制生产计划,而且一般不考虑生产能力的约束,使这一系统对单件小批量生产模式无法应用。单件小批量生产品种多,产品结构复杂,零部件的种类过于繁多,如何区分主次、集中精力优先解决这些主要矛盾成为单件小批量生产管理的关键,OPT 技术是其主要技术。

(一)OPT 的基本内容

OPT 其指导思想实质上是集中精力优先解决主要矛盾,这对于单件小批生产类型比较适应。这类企业由于产品种类多、产品结构复杂、控制对象过多,因此必须分清主次,抓住关键环节。其基本内容包括以下 4 方面:

1. 物流平衡是企业制造过程的关键

对企业的产品需求是外部因素,时刻都在变化。为适应市场,企业必须以可能的低成本、短周期生产出顾客需要的产品。因此,制造问题主要是物流平衡问题,即需要强调实现物流的同步化。

2. 瓶颈资源是产品制造的关键制约因素

在制造过程中,影响生产进度的是瓶颈环节。瓶颈资源实现满负荷运转,是保证企业物流平衡的基础。瓶颈资源损失或浪费 1 小时,制造系统即损失或浪费 1 小时。因此,瓶颈资源是制造系统控制的重点,为使其达到最大的产出量可采取以下措施:

(1)在瓶颈工序前,设置质量检查点,避免瓶颈资源做无效劳动。

(2)在瓶颈工序前,设置缓冲环节,使其不受前面工序生产率波动影响。

(3)采用动态的加工批量和搬运批量。对瓶颈资源,通常加工批量较大,减少瓶颈资源的装设时间和次数,提高其利用率;而较小的运输批量,使工件分批到达瓶颈资源,可减少工件在工序前的等待时间,减少在制品库存。

3. 由瓶颈资源的能力决定制造系统其他环节的利用率和生产效率

4. 对瓶颈工序的前导和后续工序采用不同的计划方法,提高计划的可执行性

根据 OPT 的原理,企业在生产计划编制过程中,首先应编制产品关键件的生产计划,在确认关键件的生产进度的前提下,再编制非关键件的生产计划。

(二)OPT 的目标

要衡量一个企业是否能赚钱,通常采用以下三个指标:

1. 净利润(Net Profit, NP)

即一个企业赚多少钱的绝对量。净利润越高的企业,其效益越好。

2. 投资收益率(Return on Investment, ROI)

表示一定时期的收益与投资的比。当两个企业投资大小不同时,单靠净利润是无法比较他们效益的好坏的。

3. 现金流量(Cash Flow, CF)

表示短期内收入和支出的现金。没有一定的现金流量,企业也就无法生存下去。但是,以上三个指标不能直接用于指导生产,因为它们太一般。例如,究竟采用多大批量为好,是无法直接从这三个指标做出判断的。因此,需要一些作业指标作桥梁。如果这些作业指标好,以上三个指标就好,则说明企业赚钱。

按照 OPT 的观点,在生产系统中,作业指标也有三个:

1. 产销率(Throughput,T)

按 OPT 的规定,它不是一般的通过率或产出率,而是单位时间内生产出来并销售出去的量,即通过销售活动获取金钱的速率。生产出来但未销售出去的产品只是库存。

2. 库存(Inventory,I)

库存是一切暂时不用的资源。它不仅包括为满足未来需要而准备的原材料,加工过程的在制品和一时不用的零部件,未销售的成品,而且还包括扣除折旧后的固定资产。库存占用了资金,产生机会成本及一系列维持库存所需的费用。

3. 运行费(Operating Expenses,OE)

运行费是生产系统将库存转化为产销量的过程中的一切花费,包括所有的直接费用和间接费用。按照 OPT 的观点,用这 3 个指标就能衡量一个生产系统。如果从货币角度考虑,T 是要进入系统的钱,I 是存放在系统中的钱,而 OE 是将 I 变成 T 而付出的钱。三个作业指标与 NP、ROI、CF 的关系如图 6-7 所示。

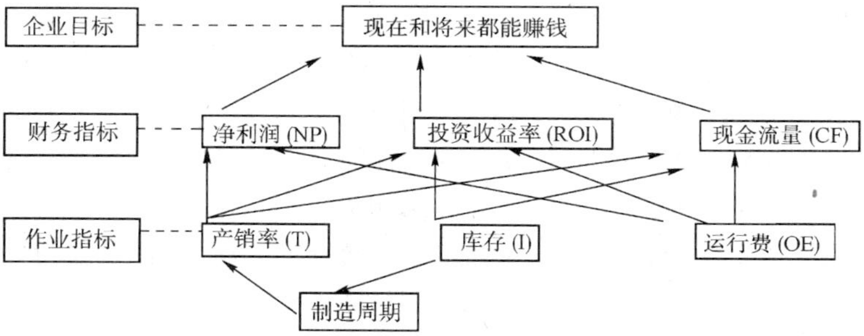

图 6-7 作业指标与财务指标的关系

(三)OPT 的生产排序原则

OPT 管理思想具体体现在生产排序原则上。有 9 条原则是实施 OPT 的基石。这些原则独立于软件之外,直接用于指导实际的生产管理活动。OPT 有关生产计划与控制的算法和是软件按照这 9 条原则提出和开发的:

(1)重要的是平衡物流,不是平衡能力。物流平衡使各个工序与瓶颈同步,能力平衡是生产能力充分开动。

(2)制造系统的资源可分为瓶颈和非瓶颈两种。非瓶颈资源的利用率是由系统的其他约束条件决定的,而不是由其本身能力决定的;只有瓶颈制约着系统的产销率。

(3)资源“利用”和“开动”不是同义的;应该反对盲目的使所有的机器或工人忙起来。

(4)瓶颈资源损失一小时相当于整个系统损失一小时,而且是无法补救的。重点应该抓提高瓶颈的利用率。

(5)想方设法在非瓶颈资源上节约时间以提高生产率只是一种幻想,非瓶颈资源不应满负荷工作。

(6)产销率和库存量是由瓶颈资源决定的。为保证瓶颈资源负荷饱满并保证企业的产出,在瓶颈工序和总装配线前应有供缓冲用的物料储备。瓶颈工序前可用拉式作业,其后可用推式作业。

(7)转移批量可以不等于甚至多数情况是不应等于加工批量。

(8)加工批量是可变的,而不是固定不变的。每个工序的批量按实际情况是动态决定。

(9)提前期应该是可变的而不是固定的。考虑到系统所有的约束条件后才能决定计划进度的优先级。提前期只是排进度的结果。

OPT 的计划与控制系统又称为 DBR 系统(Drum-Buffer-Rope approach,简称 DBR 法)

(四)实施 OPT 的要求及条件

对 OPT,目前理论界的认识还不一致,存在着各种看法,主要包括:把 OPT 当作一种新的计划思想;作为一种作业计划的仿真语言;作为生成 MPS、物料和能力需求计划及详细计划的一个软件包;作为一种处理数据精确度的一种尝试,以求在数据未达到高度精确之前获得利润。

但有一点很明显,即 OPT 强调的是车间现场,其着眼点在于企业车间现场的一些决策量上,并据此来实现对生产的计划与控制。其做法的基本点是使用一些重要的判定准则来决定每一作业的先后顺序,即使用一组“管理系数”的加权函数,来确定每个作业的优先权数及批量,制定出一个合理的生产计划。这些管理系数涉及到理想的产品组合、交货期、理想的 安全库存水平以及瓶颈资源的使用等等。

OPT 实施的关键是制订计划后的落实工作。在落实计划过程中,传统的许多做法是有害的,其中最大的威胁将来自传统的成本会计的考核体系。因为成本会计体系忽视了瓶颈与非瓶颈的区别,其考核一般是通过设备和操作工人的利用率及生产成本,而不是通过整个系统的有效性来进行的,它着重于局部的优化,这必然助长了人们盲目生产的做法,其结果是无论对瓶颈资源还是对非瓶颈资源都力求充分地使用。人们为了完成工时和设备利用率会盲目生产,最终必然导致高库存和浪费。针对这些情况,OPT 则力求从全局的观点来进行考核,从原材料的采购一直追踪到产品销售。其考核体系对瓶颈与非瓶颈是分别对待的,认为对非瓶颈的考核不应以 生产量为依据,而应以它生产的有效的产品量来考核。按 OPT 观点,成本会计注重的是“活力”而非“利用”,而正确的做法应该是注重“利用”而非“活力”。

另外,OPT 软件的具体运行和 MRP 一样需要大量的数据支持,例如产品结构文件(BOM)、加工工艺文件以及精确的加工时间、调整准备时间、最小批量、最大库存、替代设备等等数据。同时要成功地实施 OPT,还要求管理者必须对 OPT 产生的计划要有信心,要改变一些旧的作业方式,例如接受午餐和工修连续工作制的做法等。

从 OPT 的实践表明,它比较适合于一些基本、简单的产品及很大的批量且所需工序较少的情况,而在单件生产车间中发挥的效果不佳。其适用条件为:瓶颈要相对稳定;瓶颈要保证达到 100%的负荷能力;需求是相对稳定的;员工愿意而且能够服从计划的调度安排。

再者,OPT 对于动态的数据以及瓶颈和接近瓶颈资源的数据要求精确。实现 OPT 还需对员工进行培训,使他们能在不同的生产岗位上及时发现问题、跟踪问题,最终用 OPT 方法来解决问题。

S 本章小结

1. 大量生产也叫大批量定制生产,简称 MC。它是一种以大批量生产的成本和时间,提供满足客户特定需求产品和服务的新的生产物流系统。

2. 大量生产物流管理的基本要求是:物流的组织、衔接与摆放必须符合流水生产的重复性、有节奏性;提高物流配送与生产的相符性,减少在制品和物料的停滞占用;提高物流配送的连续性,以确保生产的不中断;加强物料的质检控制,确保合格物料上线生产加工。

3. 流水生产是指劳动对象按照一定的工艺路线,顺序地通过各个工作地,并按照一定的生产速度(节拍)完成工艺作业的连续重复生产的一种生产组织形式。

4. 大量生产的期量标准主要有:节拍、流水线作业指示图表和在制品占用量定额等。

5. 大量生产方式的生产物流常用的方法有:平衡线法和在制品定额法。

6. 多品种小批量生产是指生产企业按照顾客的个性化、多样化的需求而所需生产的产品品种多,但每一品种产品生产的数量甚少,生产重复程度低的生产物流系统。

7. 多品种小批量生产物流管理的基本要求是确定合理的生产批量,确定合理的库存,缩短更换产品设备的调整时间。

8. 多品种小批量生产的期量标准主要有:批量和生产间隔期、生产周期、提前期、在制品定额等。

9. 多品种小批量生产的物流计划原理和方法有耗尽时间法、累计编号法。

10. 单件小批量生产是指企业中需要生产的产品品种多,但每一种产品生产的数量很少,生产重复度很低的生产状态。单件小批量生产的基本特点是生产的产品品种多,但每一种产品生产的数量很少。

11. 单件小批量生产的期量标准有产品生产周期表、生产提前期等。

12. OPT 系统最初被称作最佳生产时间表,后称为最佳生产技术。它是一套可提高产出、减少存货的分析性技术理论。OPT 系统将重点放在控制整体产出的瓶颈资源上,优先处理所有瓶颈作业,并以平衡物料流动为原则,使整个系统达到产出最大的目的。OPT 技术是单件小批量生产的主要技术。

E 练习题

1. 什么是大量生产?大量生产的基本特征是什么?
2. 大量生产物流管理的基本要求和内容是什么?
3. 大量生产方式下的期量标准有哪些?
4. 什么是多品种小批量生产?多品种小批量生产的基本特征是什么?
5. 多品种小批量生产物流管理的基本要求和内容是什么?
6. 多品种小批量生产方式下的期量标准有哪些?
7. 什么是单件小批量生产?单件小批量生产的基本特征是什么?
8. 单件小批量生产方式下的期量标准有哪些?

C 案例分析

隐形流水线

在进入 2000 年之际,亨利·福特的奇迹对你和你的公司仍有巨大意义,为什么呢?亨利·福特并没有发明汽车,但是他把一系列科学的原则引入了工作流程,从而极大提高了工业生产率。其实不论是生产咖啡杯,还是起草辩护状、财务报告,都是一条流水线,尽管它可能是隐形的。员工、原料、成品以及时间表之间的联系未必那么明显。只要学会辨别知识工作(主要是由大脑而不是双手来做的)的各种成分和相互联系,你就可以再现福特用以大幅度提高生产率、竞争力和利润率水平的增效作用。

当今的市场环境变化迅速、竞争激烈,知识工人的生产率成了竞争优势的一个来源。因此,务必找出并了解组成自己单位隐形流水线的关键组成部分,再搞清楚如何才能把这些要素整合起来,以获得真正的增效。要想有效地提高知识工人的生产率和成效,我们首先必须懂得,所有的工作都有三个方面:决策、执行、完成工作的转交。

决策——对知识工人而言,工作始于大量的输入,如电话、传真、报告等。他们必须有效地理解这些输入,否则不可能做出有效决策。

执行——知识工人所做的是给工作转型，而不仅仅使之增值。比如，一个主意要转型成备忘录；一份日程表也许就是根据刚收到的传真拟订的。

完成工作的转交——对知识工人而言，仅仅把报告和项目做完再往上一交已经远远不够了。他们必须起执行作用，确保自己完成的工作真正转给应该转的顾客了，既可能是外部顾客，也可能是内部顾客。

很明显，决不能把知识工作看成一个孤立的环节，而要看到它的一系列组成部分。同样，找出并改造您所在单位的隐形流水线，你也能在知识工作环境中带来类似的结果。

资料来源：季建华. 运营管理. 上海交通大学出版社，2004 年 1 月。

分析：(1)流水生产方式是否可以在所有的行业任意推广？

(2)服务业在使用流水生产方式与一般的行业有什么区别？

第七章 准时生产物流

能力目标、知识目标与学习要求

丰田作为高质量、高收益的企业，其准时生产方式一直备受各方面的关注。本章的第一个重点就是理解和掌握准时生产的概念、内容、过程及其实施的条件。第二个重点是学习和掌握看板管理的内容以及其对于准时生产的重要性，理解看板管理的类型和使用。第三个重点是理解准时物流的管理方法，了解生产现场的5S活动和精益物流系统的布置设计。

准时制生产方式JIT(Just in time)是日本丰田汽车公司创立的一种独具特色的现代化生产方式。它顺应时代的发展和市场的变化，经历了20多年的探索和完善，逐渐形成和发展成为今天这样的包括经营理念、生产组织、物流控制、质量管理、成本控制、库存管理、现场管理和现场改善等在内的较为完整的生产管理技术与方法体系。

第一节 准时生产的核心思想

一、准时生产的历史

准时制生产最初从丰田汽车公司诞生，是丰田汽车大获成功的汽车生产方式。“车到山前必有路，有路必有丰田车”的丰田公司的汽车广告，曾给每一个中国人留下了深刻影响，它将中国的民间俗语和丰田公司的品牌珠联璧合融为一体，使丰田汽车在华夏大地家喻户晓，人人皆知，而它的隐台词也在向世人炫耀着丰田汽车公司驰骋天下的强劲实力。

在第二次世界大战后，日本转入了战后经济恢复期。当时，日本工业的劳动生产率仅为美国工业劳动生产率的九分之一到八分之一。这还是工业各行业的平均劳动生产率，与美国相对更发达的汽车制造业相比，日本汽车制造业劳动生产率的差距就更大了。

在如此严峻的显示面前，当时丰田人就认为：并不是美国人付出了日本人10倍的体力，一定是日本人在生产中存在着严重的浪费和不合理现象。只要消除了这些浪费和不合理现象，劳动生产率就应该成为现在的10倍。这种理念，最后形成了以超常规著称于世的最具革命性的生产管理方式——丰田生产方式的出发点。也就是说，丰田生产方式的基本思想是彻底消除浪费，而支撑这种思想的两大支柱是“准时生产”和“自动化”。

准时生产的思想是丰田喜一郎最早提出来的。如何把这种想法变成现实，在生产线上运作，绝不是一件轻而易举的事情。

1956年，丰田的大野耐一第一次有机会到美国去。他参观了通用公司、福特公司的汽车工厂，但这次更使他着迷的是美国已经普及的超级市场。美国的超级市场启发了他的想象力。他想：所谓超市对顾客来说，就是能够在需要的时候，只按需要的数量，购买所需要的物品的商店，虽然顾客有时买了超出当时需要的东西，但是原则上只购买所需要的物品。而超市一方，则必须考虑顾客的需要准备好各种物品并在顾客买走后及时补充。

大野耐一根据从超级市场得出的启示，在丰田公司本部工厂的机械厂开始着手进行“准时生产”的试验。他抱定一个信念：如果生产线上作为“顾客”的后工序只在需要的时候，仅按所需要的数量，到相当于“超级市场”的前工序去“购买”（领取）所需数量的“商品”（零部件），准时生产就可以实现，其当然的结果就会最大限度减少材料、在制品、半成品和产成品的库存，储藏所和仓库就完全没有必有了。“零仓库”的理想就会最大程度地接近实现。这样，仓储管理费减少了，资金周转率提高了，成本必然就会大幅度下降。

然而，如果还仍然使用传统的，同时向所有的工序提出生产计划的集中计划手段（押入方式），在制造汽车这样由数万个零部件组成的复杂产品的所有工序中实现“准时生产”是非常困难的。大野耐一敢于打破常规，萌发出了“从相反的方向观察生产流程”的超常规思路。按照这种思路，根据市场订货信息，生产指令只下达到最终装配线。最终装配线上的作业人员按照生产所需要的数量，在需要的时候到前工序去领取所需要的零部件。接着，前工序为了补充被领走的零部件，只生产被领走的那部分就可以了。如是从最后一个生产环节开始，一步一步溯流而上，直至原材料准备部门，全公司甚至公司和外协厂家的每个生产环节就连锁地同步运行起来。这就是超常规的“拉动方式”。

实现准时生产需要一个与之配套的信息手段——看板管理。看板通常是一张放在塑料袋里的长方形卡片，上面详细记载着零部件的名称、存放地点、领取或生产数量等等信息。通过看板把生产线与生产线之间、总装厂和零部件厂之间以及丰田公司和它数以百计的外协厂家之间联系起来，形成一个自律运转的准时生产系统。

1950年，丰田公司总部工厂着手实施最终装配线和机械加工生产线之间的“生产线同步化”，接着开发了看板方式并逐步向前工序一步步扩展。1962 年以后，丰田公司所有的工厂都应用了看板方式并与该年开始应用到外协厂家。1970 年丰田公司应用看板管理的外协厂家达到了全体的 60%。1982 年，丰田公司将外协订货看板应用到了外协厂家的 98%。从此我们业已可以看出实现准时生产的艰辛程度和丰田的经营者们锲而不舍的顽强精神。

由于实施了准时生产，丰田公司 1980 年的流动资金周转次数达到了 87 次/年，流动资金周转天数仅为 4.2 天，人均生产汽车数量和人均税后利润都大大超过当时美国的通用和福特汽车公司，创造了业内的奇迹。

二、准时生产及其相关概念

(一)准时生产

准时生产(JIT)是指在需要的时候按照需要的量生产需要的产品供给各个工序。

在生产工厂，通常都是尽力按照计划进行生产，按照交货期发货。如果生产的零件入库过早，就会发生库存的浪费。如果生产的零件入库过迟，又会赶不上交货期。

准时化是以“均衡化生产”为前提条件，由“生产的流程化”、“确定符合需求数量的节拍时间”、“后道工序在必要的时刻到前道工序去领取必要数量的必要品”这三种思想观念组成。

(二)均衡化

所谓均衡化是指使产品稳定地平均流动，避免在作业过程中产生不均衡的状态。在工厂通常都要通过负荷累积法来调查生产计划数量所需的工数和生产能力的差。

(三)生产流程化

生产的流程化是指在加工组装的时候实施一个流生产，从而使作业流程顺利运行。在运用到装配产业的场合，必须尽可能地进行小批量生产，为此还必须努力缩短更换作业程序的时间。

实施流程化是因为设备要按照作业顺序配置，要让一个工人同时控制多道工序，让一个工人同时掌握各种技能(多能工化)，要消除各工序之间的滞留，改善作业流程，所以期待通过标准作业实现生产的同时化，并且确定节拍时间(单件产品的生产时间)。按照节拍时间来生产，可以防止生产过剩。

要实现生产流程化，必须具备以下条件：

(1)流程化有必要设计一条理想的生产流程。

(2)按照生产流程顺序依次排列机器设备，减少运输的浪费。设备的配置要以便于组装生产线的小型化、专用化设备为原则。

(3)为了使未加工品的投入口和完成品的出口无限接近，减少移动的距离，采用“U 字形生产线”和“二字形生产线”。

(4)确定流向各道工序的产品品种和产品号,必须改善妨碍均衡化生产的各种问题。

(5)必须把加工、组装、收尾的工序设计成一个流,用装置型等批量生产设备进行小批量生产。因为这样会使更换作业程序的次数增加,所以要缩短更换作业程序的时间。

(6)使各道工序的作业量的速度基本保持一致,以求得生产的同期化。在标准作业中,同期化的速度就是顾客所要求的产品的节拍时间(单件产品生产时间,tact time)。

(7)为了能使作业人员同时控制多道工序,要培养多能工。

(8)为了能使作业人员同时控制多道工序,必须站着作业。

(9)为了能够迅速对应在一个流生产过程中发生的问题,要提高生产技术,实现更高程度的流程化。

(四)后道工序领取

后道工序领取是指前道工序只生产后道工序要领取的产品数量。如果按顺序依次排列后道工序,最后的工序是顾客。所以要按照顾客所需要的数量来生产。

(五)生产的前置时间

因为企业不同,生产前置时间的定义内容也存在很大差别。在丰田,生产的前置时间是指从开始着手准备将要生产的产品的原材料到将原材料加工为成品的时间,包括加工时间(增加附加价值的时间)和停滞时间(不增加附加价值的时间)。

关于生产前置时间有很多种模型。大致可以分为计划生产和订货生产。前置时间缩短可以加快面向顾客的产品供应速度,更好地满足顾客需求。在公司内部,可以回避风险,提高面对环境变化的应变能力。

前置时间与批量生产的多少有关系。批量生产越多,前置时间越长,库存也越多。

JIT 的理论体系中包含了看板管理、标准化作业。通过"后工序在必要时刻从前工序领取必要数量的必要零部件"原则来实现均衡化生产,设备的合理布置与快速装换调整,多技能作业员,以及全员参与的全面质量管理,带有缺陷自我全数检验的自动化,企业与外包组织间的专业化分工协作,尊重人性,强调改善、再改善等多种优秀的管理理论与实践的技术、方法、手段与思想。企业成功应用 JIT 的核心原则概括为以下四点;消除浪费、员工参与决策、供应商参与、全面质量管理。

准时化指在需要的时候按照需要的数量生产需要的产品供给各个工序,除非企业的均衡化生产等下列条件在短期内能得到改善,否则实施准时化反而会引起混乱。以下就是在实施准时生产前要加以考虑的问题:

(1)通常客户所订购产品的品种和数量都是不一定的,市场也在不断变化,要灵活对应这些变化并不是件简单的事。企业可以形成每天都按照一定的数量和种类进行生产的均衡化生产体制吗?

(2)形成了可以进行流程化生产的企业素质吗?即在短时间内能否建立起如下体制:进行一个流生产,实现产品的同期化,设备按照作业顺序配置,在多个工序上反复作业,作业人员同时拥有多种技能,站着作业,缩短更换作业的程序等。

(3)在多个工序上反复作业是必要的。是否可以制订以技术熟练工为基准的作业标准书,对作业人员彻底实施教育训练,使作业人员同时拥有多种技能呢?

(4)如果推行标准作业化,生产的同期化就能被确立。是否形成了可以设定作为同期化速度标准的节拍时间(tact time)的职场素质呢?

(5)在进行装置型设备的批量生产时,有必要采取小批量生产方式。当然,这样做会使更换作业程序的次数增加,那么更换作业程序的时间是否被缩短了?

(6)虽说是后道工序领取,但是在后道工序经常产生不合格产品,机器设备经常发生故障时,生产计划部和生产现场是不是一整天都为这些而烦恼呢?

三、JIT 生产方式的目标与核心思想

JIT 生产方式的最终目标(即企业的经营目的)为:获取最大利润。为了实现这个最终目的,"降低成本"就成为基本目标。在福特时代,降低成本主要是依靠单一品种的规模生产来实现的。但是在多品种小批量生产的情况下,这一方法是行不通的。因此,JIT 生产方式力图通过"彻底消除浪费"来达到这一目标。所谓浪费,在 JIT 生产方式的起源地丰田汽车公司,被定义为"只要使成本增加的生产诸因素",也就是说,不会带来任何附加价值的诸因素,这其中最主要的是生产过剩(即库存)所引起的浪费。因此,为了排除这些浪费,就相应地产生了适量生产、弹性配置作业人数以及保证质量这样三方面 JIT 的核心思想。图 7-1 说明了这三个方面所组成的 JIT 构造体系。

(一)适时适量生产

适量生产,即"Just Time"一词本来所要表达的含义,"在需要的时候,按需要的量生产所需的产品"。对于企业来说,各种产品的产量必须能够灵活地适应市场需求的变化,否则,由于生产过剩会引起人员、设备、库存费用等一系列的浪费。而避免这些浪费的手段,就是实施适时适量生产,只在市场需要的时候,生产市场需要的产品。另外,实现适时适量生产的具体手段体现为生产同步化和生产均衡化。

1. 生产同步化

为了实现适时适量生产,首先需要致力于生产的同步化。即工序间不设置仓库,前一工序的加工结束后,使其立即转到下一工序去,装配线与机械加工几乎平行进行。在铸造、锻造、冲压等必须成批生产的工序,则通过尽量缩短作业更换时间来尽量缩小生产批量。生产的同步化通过"后工序领取"这样的方法来实现。即"后工序

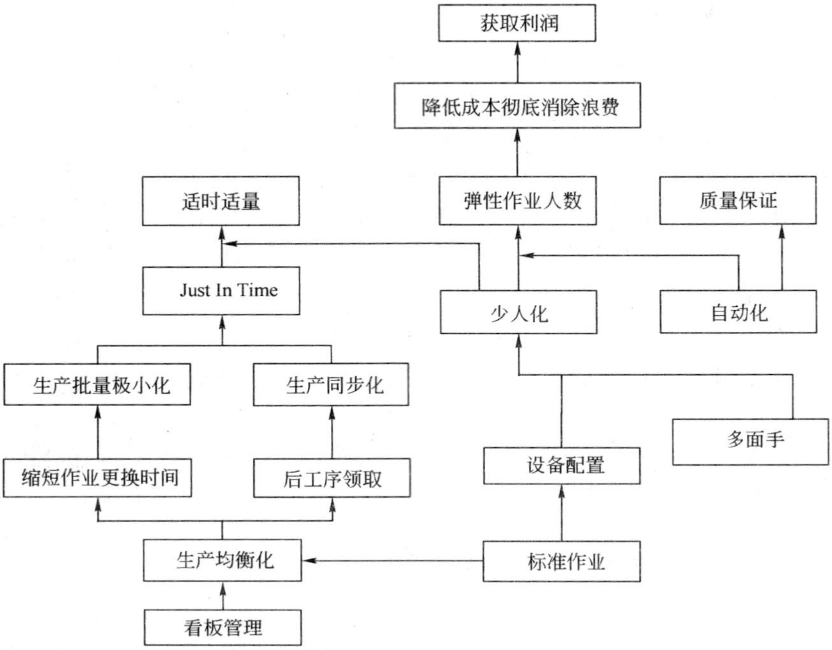

图 7-1　JIT 构造体系

只在需要的时间到前工序领取所需的加工品;前工序中按照被领取的数量和品种进行生产"。这样,制造工序的最后一道(即总装配线)成为生产的出发点,生产计划只下达给总装配线,以装配为起点,在需要的时候,向前工序领取必要的加工品,而前工序提供该加工品后,为了补充生产被领走的量,则向更前道工序领取物料,这样把各个工序都连接起来,实现同步化生产。这样的同步化生产还需通过采取相应的设备配置方法以及人员配置方法来实现。即不能采取通常的按照车、铣、刨等工业专业化的组织形式,而按照产品加工顺序来布置设备。这样也带来人员配置上的不同做法。

2. 生产均衡化

生产均衡化是实现适时适量生产的前提条件。所谓生产的均衡化,是指总装配线在向前工序领取零部件时应均衡地使用各种零部件,生产各种产品。为此在制订生产计划时就必须加以考虑,然后将其体现于产品生产顺序计划之中。在制造阶段,均衡化通过专用设备通用化和制定标准作业来实现。所谓专用设备通用化,是指通过在专用设备上增加一些工夹具的方法使之能够加工多种不同的产品。标准作业是指将作业节拍内一个作业人员所应担当的一系列作业内容标准化。

(二)弹性配置作业人数

在劳动费用越来越高的今天,降低劳动费用是降低成本的一个重要方面。达到这一目的的方法是"少人化"。所谓少人化,是指根据生产量的变动,弹性地增减各生产线的作业人数，尽量用较少的人力完成较多的生产。这里的关键在于能否在生产量减少的同时使生产线上的作业人员数减下来。这种“少人化”技术一反历来的生产系统中的“定员制”，是一种全新人员配置方法。实现这种少人化的具体方法是实施独特的设备布置，以便能够在需求减少时，将作业所减少的工时集中起来，以整顿削减人员。而从作业人员的角度来看，意味着标准作业中的作业内容、范围、作业组合以及作业顺序等的一系列变更。因此为了适应这种变更，作业人员必须是具有多种技能的“多面手”。

（三）质量保证

历来认为，质量与成本之间是一种负相关关系，即要提高质量，就得花人力、物力来加以保证。但在 JIT 生产方式中，却一反这一常识，通过将质量管理贯穿于每一工序之中来实现提高质量与降低成本的一致性。具体方法是“自动化”，这里所讲的自动化是指融入生产组织中的这样两种机制：第一，使设备或生产线能够自动检测不良产品，一旦发现异常或不良产品可以自动停止设备运行的机制，为此在设备上开发、安装了各种自动停止装置和加工状态检测装置；第二，生产第一线的设备操作工人发现产品或设备的问题时，有权自行停止生产的管理机制。依靠这样的机制，不良产品一旦出现马上就会被发现，防止了不良的重复出现或累积出现，从而避免了由此可能造成的大量浪费。而且，由于一旦发生异常，生产线或设备就立即停止运行，比较容易找到发生异常的原因，从而能够有针对性地采取措施，防止类似异常情况的再发生，杜绝类似不良产品的再产生。

这里值得一提的是，通常的质量管理方法是在最后一道工序对产品进行检验，尽量不让生产线或加工中途停止。但在 JIT 生产方式中却认为这恰恰是使不良产品大量或重复出现的“元凶”。因为发现问题后不立即停止生产的话，问题得不到暴露，以后难免还会出现类似的问题，同时还会出现“缺陷”的叠加现象，增加最后检验的难度。而一旦发现问题就会使其停止，并立即对其进行分析、改善，久而久之，生产中存在的问题就会越来越少，企业的生产素质就会逐渐增强。

第二节　准时生产的管理工具——看板

为了进行准时化生产，就要实施后道工序领取方式（又叫拉动式生产方式），此时就要使用“看板”这种管理工具。图 7-2 所示为拉式管理模式示意图。

看板方式是一种信息传达方式，利用看板可以传达生产信息，它能够把产品的生产和流动有效地结合为一体，是丰田生产方式中具有代表性的生产管理方法。

传统的推动式生产方式都是信息流动在先，前道工序所生产出来的产品逐次被推往后道工序。采用后道工序领取方式，看板和产品几乎是同时变动。

组装零件工序只是组装销售给顾客的产品，零件加工工序、加工组装工序所需要

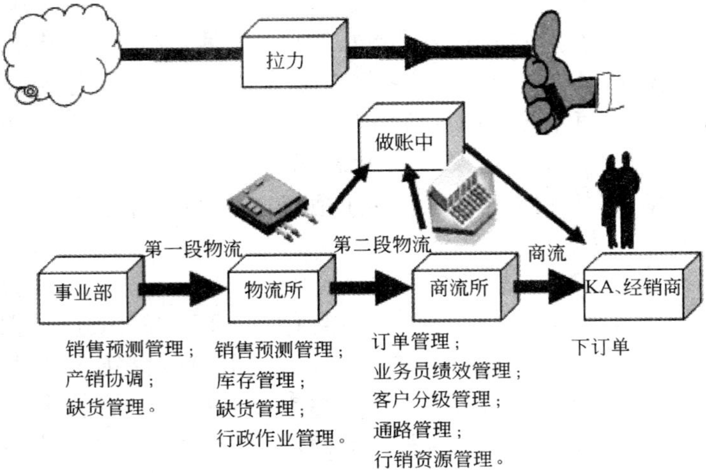

图 7-2 拉式管理模式示意图

的零件数量，像这样依次向前道工序倒推，形成一种拉动式的格局。

在这样一种方式下，产品需求一产生，其信息就会及时地传达到各道工序，因此可以灵活地对应生产计划的变更，避免浪费的产生。

看板方式作为一种进行生产管理的方式，在生产管理史上是非常独特的，看板方式也可以说是 JIT 生产方式最显著的特点。但绝不能把 JIT 生产方式与看板方式等同起来。JIT 生产方式说到底是一种生产管理技术，而看板只不过是一种管理手段。看板只有在工序一体化、生产均衡化、生产同步化的前提下，才有可能运用。如果错误地认为 JIT 生产方式就是看板方式，不对现有的生产管理方法作任何变动就单纯地引进看板方式的话，是不会起到任何作用的。所以，在引进 JIT 生产方式以及看板方式时，最重要的是对现存的生产系统进行全面改组。

一、看板的机能

看板的主要机能是传递生产和运送的指令。在 JIT 生产方式中，生产的月度计划是集中制定的，同时传达到各个工厂以及协作企业。而相应的日生产指令只下达到最后一道工序或总装配线，对其他工序的生产指令通过看板来实现。即后工序“在需要的时候”用看板向前工序去领取“所需的量”时，同时就等于向前工序发出了生产指令。由于生产是不可能 100％地完全照计划进行的，月生产量的不均衡以及日生产计划的修改都通过看板来进行微调。看板就相当于工序之间、部门之间以及物流之间的联络神经而发挥着作用。具体的操作分为以下几个方面。

(1)生产以及运送的工作指令。看板中记载着生产量、时间、方法、顺序以及运送量、运送时间、运送目的地、放置场所、搬运工具等信息，从装配工序逐次向前工序追溯，在装配线将所使用的零部件上所带的看板取下，以此再去前工序领取。“后工序领取”以及“适时适量生产”就是这样通过看板来实现的。

(2)防止过量生产和过量运送。看板必须按照既定的运用规则来使用。其中一条规则是:“没有看板不能生产,也不能运送。”根据这一规则,若看板数量减少,则生产量也相应减少。由于看板所表示的只是必要的量,因此运用看板能够做到自动防止过量生产以及适量运送。

(3)进行“目视管理”的工具。看板的另一条运用规则是:“看板必须在实物上存放”,“前工序按照看板取下的顺序进行生产”。根据这一规则,作业现场的管理人员对生产的优先顺序能够一目了然,易于管理。并且只要一看看板,就可知道后工序的作业进展情况、库存情况等等。

(4)改善的工具。在JIT生产方式中,通过不断减少看板数量来减少在制品的中间储存。在一般情况下,如果在制品库存较高,即使设备出现故障、不良品数目增加也不会影响到后道工序的生产,所以容易把这些问题掩盖起来。而且即使有人员过剩,也不易察觉。根据看板的应用规则之一“不能把不良品送往后工序”,后工序所需得不到满足,就会造成全线停工,由此可立即使问题暴露,从而必须立即采取改善措施来解决问题。这样通过改善活动不仅使问题得到了解决,也使生产线的“体质”不断增强,带来了生产率的提高。JIT生产方式的目标是要最终实现元储存生产系统,而看板提供了一个朝着这个方向迈进的工具。

二、看板的种类

看板的本质是在需要的时间,按需要的量对所需零部件发出生产指令的一种信息媒介体,而实现这一功能的形式可以是多种多样的。看板总体上分为三大类:传送看板、生产看板和临时看板。而传送看板又分为工序间看板和外协看板,生产看板又分为工序内看板和信号看板,如图7-3所示。

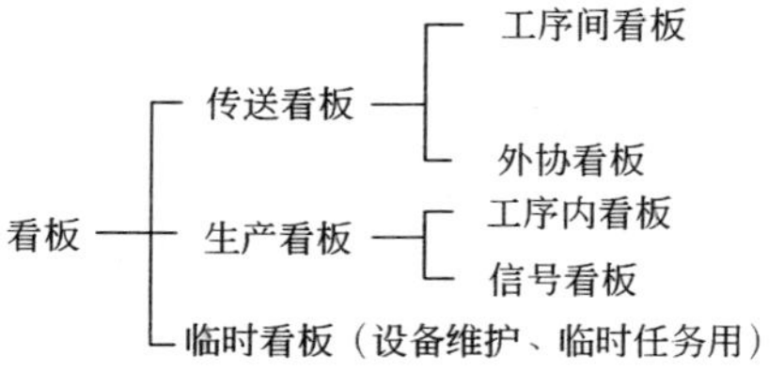

图7-3 看板的种类

(1)工序间看板。工序间看板是指工厂内部后工序到前工序领取所需的零部件时所使用的看板。表7-1为典型的工序间看板,前工序为部件$1^{\#}$线,本工序总装$2^{\#}$线所需要的是号码为A232-6085C的零部件,根据看板就可到前一道工序领取。

典型的工序间看板　　表7-1

前工序部件$1^{\#}$线	零部件号:A232-6085C(上盖板) 箱型:3型(绿色) 标准箱内数:12个/箱 看板编号:$2^{\#}$/5张	使用工序总装
出口位置号 (POST NO. 12-2)		入口位置号(POST No. 4)

(2)外协看板。外协看板是针对外部的协作厂家所使用的看板。对外订货看板上必须记载进货单位的名称和进货时间、每次进货的数量等信息。外协看板与工序间看板类似,只是“前工序”不是内部的工序而是供应商,通过外协看板的方式,从最后一道工序慢慢往前拉动,直至供应商。因此,有时候企业会要求供应商也推行 JIT 生产方式。

(3)工序内看板。工序内看板是指某工序进行加工时所用的看板。这种看板用于装配线,或用于即使生产多种产品也不需要实质性的作业更换时间(作业更换时间接近于零)的工序,例如机加工工序等。典型的工序内看板如表 7-2 所示。

典型的工序内看板 表 7-2

<table>
<tr><td colspan="2" rowspan="3">(零部件示意图)</td><td rowspan="2">工　　序</td><td colspan="3">前工序本工序</td></tr>
<tr><td>热处理</td><td colspan="2">机加</td></tr>
<tr><td>名称</td><td colspan="3">A233-3670B(连接机芯辅助芯)</td></tr>
<tr><td>管理号</td><td>M-3</td><td>箱内数</td><td>20</td><td>发行张数</td><td>2/5</td></tr>
</table>

(4)信号看板。信号看板是在不得不进行成批生产的工序之间所使用的看板。例如树脂成形工序、模锻工序等。信号看板挂在被成批制作出的产品上,当该批产品的数量减少到基准数时摘下看板,送回到生产工序,然后生产工序按该看板的指示开始生产。另外,从零部件出库到生产工序,也可利用信号看板来进行指示配送。典型的信号看板如表 7-3 所示。

典型的信号看板 表 7-3

<table>
<tr><td>存货点号 BV-013</td><td colspan="2">背面号码 M2-06</td><td rowspan="4">前工序
粗车
FA-09</td></tr>
<tr><td colspan="3">工件号:74797-GD06</td></tr>
<tr><td colspan="3">工件名:轮载</td></tr>
<tr><td colspan="3">产品类型:AGJL-4</td></tr>
<tr><td>单元化容量</td><td>容器形状</td><td>发行张数</td><td rowspan="2">后工序
打孔
M-12</td></tr>
<tr><td>16</td><td>A-7</td><td>5/9</td></tr>
</table>

(5)临时看板。临时看板是在进行设备保全、设备修理、临时任务或需要加班生产的时候所使用的看板。与其他种类的看板不同的是,临时看板主要是为了完成非计划内的生产或设备维护等任务,因而灵活性比较大。

三、看板的使用方法

看板有若干种类,因而看板的使用方法也不尽相同。如果不周密地制定看板的使用方法,生产就无法正常进行,我们从看板的使用方法上可以进一步领会 JIT 生产方式的独特性。在使用看板时,每一个传送看板只对应一种零部件,每种零部件总是存放在规定的、相应的容器内。因此,每个传送看板对应的容器也是一定的。

(1)工序内看板的使用方法。工序内看板的使用方法中最重要的一点是看板必须随实物,即与产品一起移动。后工序来领取中间品时摘下挂在产品上的工序内看板,然后挂上领取用的工序间看板。该工序是按照看板被摘下的顺序以及这些看板所表示的数量进行生产的,如果摘下的看板数量变为零,则停止生产,这样既不会延误也不会产生过量的存储。

(2)信号看板的使用方法。信号看板挂在被成批制作出的产品上面。如果该批产品的数量减少到基准数时就摘下看板,送回到生产工序,然后生产工序按照该看板的指示开始生产。没有摘牌则说明数量足够,不需要再生产。

(3)工序间看板的使用方法。工序间看板挂在从前工序领来的零部件的箱子上,当该零部件被使用后,取下看板,放到设置在作业场地的看板回收箱内。看板回收箱中的工序间看板所表示的意思是"该零件已被使用,请补充"。现场管理人员定时来回收看板,集中起来后再分送到各个相应的前工序,以便领取需要补充的零部件。

(4)外协看板的使用方法。外协看板的摘下和回收与工序间看板基本相同。回收以后按各协作厂家分开,等各协作厂家来送货时由他们带回去,成为该厂下次生产的生产指示。在这种情况下,该批产品的进货至少将会延迟一回以上。因此,需要按照延迟的回数发现相应的看板数量,这样就能够做到按照 JIT 进行循环。

四、使用"看板"的目的

(1)提高产品质量。在需要的时候按照需要的数量传达所需要的产品信息,不允许发生错误。一旦发生错误,必须马上更正。把握在生产过程中注重产品质量这一传统的日本品质管理观念。

(2)改善作业的工具。"看板"是目视管理的工具,把"看板"和产品结合在一起,一眼就能看到产品名称、产品号、产品数量等。在有"看板"的工序上停止了记录或没有任何记录,这就是作业在某处停滞的证据。

通过观察这种滞留状况,就能明白作业的进展状况,从而明确生产现场需要改善的地方。

(3)降低库存根据。通过"看板"的数量,可以把握库存数量,"看板"多库存就会多。努力减少"看板"可以降低库存,抑制生产过剩引起的浪费。

五、运用看板的前提条件

(一)生产的均衡化

在生产量每天都参差不齐的企业,就不能很好地运用看板方式。如果不根据生产计划彻底实现产品种类和生产量的平均化,就会在包括原材料采购部在内的某道工序处产生许多库存。

(二)缩短更换作业程序的时间

根据准时化生产原则进行一个流生产或者小批量生产是有一定意义的。当然，这样做会增加更换作业程序的次数。在更换作业程序的时间没有被缩短的企业，会产生很大的浪费和损失。

(三)后道工序领取方式

看板和产品几乎同时变化。前道工序在需要的时刻按照后道工序需要的数量生产其所需要的零件和产品。

(四)不合格产品无限接近零

在生产过程中，以“产品质量是在工序中创造”的思想为原则。当频繁产生不合格产品时，生产计划不能顺利实施，就会造成大量的半成品和生产线停止，从而引发多种浪费。

(五)机械设备故障无限接近为零

如果异常停止和机器设备故障过多，就不能实现准时化生产。

(六)全面实施整理、整顿

看板方式的起点就是整理、整顿。通过扔掉(整理)不必要的东西，可以做到有效利用浪费掉的空间。并且，通过整顿可以做到在必要的时候使用必要的东西。

(七)全面推行人的意识教育

虽说要消除浪费，但是要理解什么是浪费，就必须进行教育训练。此时，有必要全面推行教育，培养消除浪费的意识，直到员工真正领会到浪费的含义。

(八)坚决贯彻现场主义

问题要在有真正原因的现场来解决。在工作场所必须建立起现场主义的体质。

(九)作为改善的工具活用看板

在看板显示进展过度或停止的状态下，都会在某处产生问题。看一下“看板”内容的进展状况，许多问题就会一目了然。并且通过追踪问题，可以实现目视管理。

第三节　准时物流的管理方法与应用

准时物流又称精益物流。

一、基于 JIT 的精益物流

(一)生产现场的五项活动

生产现场的五项活动，就是对现场进行不断的整理、整顿、清扫、清洁，以及提高人员的素养。它是现场一切管理工作的开始，是提高现场管理水平的最基础的条件。

整理，就是对现场上的物品进行分类清理，重点是区分对生产有用还是无用。无用的东西要清理出现场；不常用的东西，要放远一些，可存在仓库中；偶尔使用的东西，在车间集中存放；经常使用的东西，放在作业区。通过整理，要做到减少库存量，现场无杂物，作业场地变大，人员行动方便。

整顿，就是对经过整理后留在现场上的有用的东西进行合理定置存放，实行目视管理，方便使用，提高效率。整顿要使现场整齐、紧凑、协调，工作场地宽敞，便于操作。

清扫，就是将现场打扫干净，将设备清除干净，清除跑、冒、滴、漏现象，创造一个舒畅、文明、安全、优质、高效的工作场地。

清洁，就是对整理、整顿、清扫后的现场的坚持和巩固，还包括对人身有害的烟雾、粉尘、噪声、有毒气体的根除。

素养，就是现场的每个人都能养成良好的风气和习惯，自觉执行制度、作业标准，改善人际关系，加强集体意识，形成良好、和谐的团体氛围。

（二）精益物流系统的布置设计

1. 工厂的总体布置

精益物流系统采用联合大厂房，厂房之间平行布置、紧密排列且距离很近，门与门相对，节省生产占地，缩短物流且使物流顺畅。

一般精益物流系统企业的工厂布置不设在制品中间库，因而无法存放超量生产的在制品，有效地控制了库存。少量的在制品置于生产现场的固定位置并用货架摆放，严格限定其占地范围，既便于目视管理，又有效地防止了超量生产和生产不足等问题的产生。

2. 车间设备布置

1)“河流水系”状的总装配线布置

就整个工厂布局而言，总装配生产线与其他零部件、生产单位在布局上呈“河流水系”状分布，即由于全企业实行同步化均衡生产，各制程按照统一的节拍或节拍的倍数组织生产，所以各制造车间以及内部不存在大量过剩的在制品，加上拉动方式使物流很畅通，如同一条河流，最终流入总装配。这种布局，物流路线短、物流顺畅，没有停滞，物流和生产流相一致，所以减少了物流成本和周转时间，易于达到准时生产和低廉物流的目的。

2)单条生产线，实现“混流”生产

精益物流系统按市场订单组织多品种小批量的均衡生产，为此大胆地采用了“混流”生产，将多条生产线合为一条，在一条生产线上混合生产各种不同规格型号的产品，并实现准时化。由于单一生产线代替了多种生产线，减少了生产线条数和工作站个数，设备量和所需厂房、库存都减少了。

3. U 形布置的加工生产线

1)设备布置的发展历程

(1)简单布置，如一人一机、M 字形、L 字形；

(2)按机器种类布置；

(3)按工序顺序布置；

(4)按流水线 U 形布置；

(5)U 形联合布置，如图 7-4 所示。

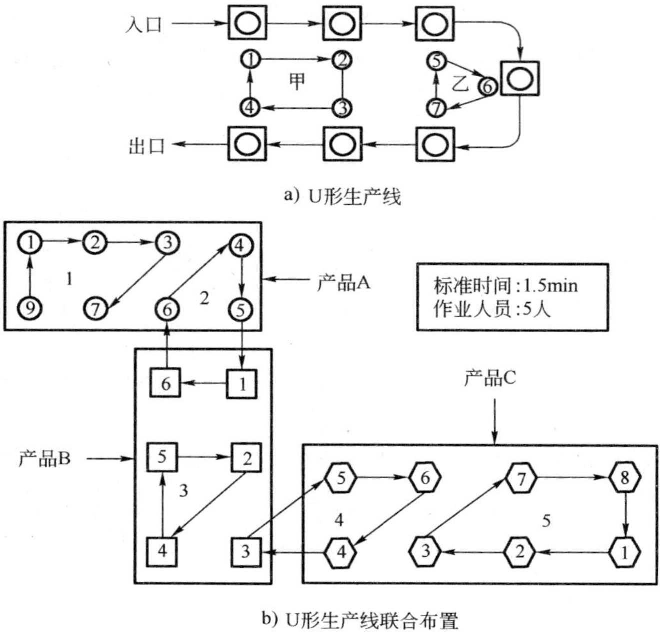

图 7-4　工厂设备布置发展历程

精益物流系统改变了传统的设备布置方式，采用了 U 型布置方式。这种布置是按照零部件工艺的要求，将所需要的机器设备串联在一起，布置成 U 型生产单元，并在此基础上，将几个 U 形生产单元结合在一起，连接成一个整合的生产线。

2)U 形布置的特点

(1)设备布置紧凑，方便了工件制品之间的传递，减少了工件制品的运输和运输成本，有助于实现单件生产、单件传递；

(2)由于 U 形生产单元的出口和入口都在同一位置上，这使得“拉动式”准时化生产能够在生产单元的各个工序实现；

(3)生产单元内的在制品数量稳定，生产周期便于控制，不会生产多余的产品。这就增强了生产单元的柔性，能够迅速适应生产计划的变化和调整；

(4)这种局部的准时化生产(加工)，是与全工厂整体性的准时化生产相关的，也是全工厂整体性的准时化生产所必需的；

(5)使生产单元内的作业人员工作在 U 形的两边之间，同时操作两边相邻机床。这不但提高了作业人员的工作效率，而且便于随时调整生产线上或生产线内的作业人员数，以适应产品产量需求的变化。

二、精益物流的管理

任何一种产品从开始加工、装配到成品都要消耗一定的时间。通过比较下面两个关于生产物流的公式，就产生出以 JIT 为宗旨的物流运作方式。

公式一：产品生产总时间＝加工时间＋物料整理时间＋运送时间＋等待时间＋检验时间

公式二：产品生产总时间＝增值时间＋非增值时间（增值时间等于生产过程对产品的操作时间，非增值时间为储存、等待、运送和检验等时间）

按公式一对企业进行调查，发现大多数企业的产品生产加工时间不足总时间的10％，其余时间均为运送、检验和等待时间等非生产时间，由此而产生的储存、保管、运送、损毁等浪费十分严重。按公式二，就可发现非增值时间不增加价值，纯属浪费。如果每个生产工序只考虑自己，不考虑下一道工序需要什么，什么时候需要和需要多少，那么一定会多生产或少生产，不是提前生产就是滞后生产，甚至生产出次品或废品，这种浪费必然降低生产的效率和效益，所以，必须对生产物流系统进行改进，不断消除非增值时间所产生的一切浪费，使生产周期等于对产品必要加工的增值时间。这就是以 JIT 为宗旨对生产物流进行控制的出发点。

第二次世界大战结束后，为了提高日本在国际上的竞争地位，他们从美国引进了先进技术。为了避免大量的研究开发（R&D）经费和相应的开发风险，他们不进行新技术的创新，而是频繁地从美国公司通过购买许可协议的形式引进先进技术。为了生产这些新产品，他们将主要精力集中在工厂的车间层，以实现高效率和低单位成本。他们将最优秀的工程师安排在生产第一线，而不是放在产品开发活动中。他们也努力提高产品质量和可靠性，以超过其竞争对手所能提供的水平。这些努力的中心原则只有两条：消除浪费和尊重员工。

（一）消除浪费

日本是消除浪费的真正信仰者。在日本，浪费是“除对生产不可缺少的最小数量的设备、原材料、零件部和工人（工作时间）外的任何东西”。丰田公司定义了可被消除的7种主要类型的浪费，由此扩展了 JIT 的定义。这7种浪费是：过量生产的浪费；等待时间的浪费；运输的浪费；库存的浪费；过程（工序）浪费；动作的浪费；产品缺陷的浪费。

JIT 的这一定义没有为过量库存（或安全库存）留下一点存在的余地。如果现在不需要用的产品，现在就不必生产。因此在 JIT 系统中不允许存在安全库存。否则，那将是一种浪费。减少存在于仓库区域、运输系统、传送带及输送机中的隐藏库存是减少库存的主要目标。

可用于消除浪费的7种基本方法是：集中工厂网络；成组技术；源头质量的控制；JIT 生产；均衡生产负荷；看板生产控制系统；最小化换模时间。

1. 集中的工厂网络

日本人更喜欢建立小规模专业化工厂而不是大型纵向一体化的制造厂。他们认为大厂的经营运作方式和官僚作风很难管理，而且这种方式与他们的管理风格不相适应。按照同一目标设计的多家工厂可以更好地组织起来，并使经营更加经济。在日本企业中，约有 60 000 个企业的规模在 30～1 000 个员工之间。

2. 成组技术

成组技术虽然产生于美国，但其最成功的应用却是在日本。与将工作从一个部门转移到另一个部门交给专业化员工操作不同，日本人考虑了制作一个零件的所有操作，并将完成这些操作的机器放在一起，可以发现组成工作中心的不同机器形成的机器组与按部门进行布局方式的不同。成组技术单元减少了不同操作间的移动、等待时间和在制品库存，也减少了所需员工的人数。然而，员工必须具有充分的柔性以便能够操作工作中的几种设备，完成工件的加工过程。由于工人具有先进的技术水平，因此工作的安全性也得到了保证和提高。

3. 源头质量的控制

控制源头质量意味着在工作之初就要做得十分正确。当出现错误时立即停止该工序或装配线。工人成为自己工作的检查者，独自对其产品质量负责。由于工人一次只注意工作的一部分，因此就容易发现工作中存在的质量问题。例如，伊利诺斯州马歇尔 TRW 工厂的气袋事故探测装置的检查工作，如果节拍太快，或工人发现了质量问题，或者工人发现了安全性问题，他都可以随时按下按钮停止生产线的运行，同时打开可视信号灯。其他部门的人员对该警报和问题将立即作出反应。此时，会授权工人维护自己的机器和清理工作，直到问题的解决。

源头质量包括自动化或称为自动检测。日本人喜欢用自动设备或机器人进行质量检查，因为它快捷、容易、可重复性强，且适合那些规模太大、太复杂，不能由人工完成的工作。

4. JIT 生产

JIT 意味着在必要的时候生产必要的产品，不要过量生产。超过所需最小数量的任何东西都将被看成是浪费，因为现在在不需要的事物上投入的精力和原材料都不能在现在被使用。这种思想就与那种依靠额外物料投入以防出现工作失误的做法形成鲜明的对比。

JIT 已被用于重复性生产企业。这种形式的生产过程不要求进行大批量生产，也不要求重复生产同种零件。JIT 可用于业务中任何具有重复性的部分，而不论它们出现在何处。JIT 情况下理想的批量规模是 1。一个工人完成该项任务，然后将它交给下道工序去加工。尽管工作站间可能区别巨大，但日本人还是可以实现将过渡时间最小化，同时保持运送数量最小——通常是把每天生产总量的 1/10 作为单位运送批量规模。供应商有时甚至要每天供应多次物料，以保持小批量规模和低库存。当所有等待数量变为零时，库存投资实现最小化，提前期大大缩短，企业对需求变化快速反应，质量问题也得以迅速曝光。

如果用池子中的水代表库存，用石头代表企业中的问题，则高水位就隐藏了问题

(石头),同时管理中也会认为每件事都做得很完美。但当水位在经济衰退中下降时,问题就出现了。如果特意让水位下降,尤其是在经济繁荣时这样做,就能在引起更严重的问题之前,发现和解决这些问题。JIT 生产可以发现其他生产方式中由于过多的库存和过多人员而隐藏的问题。

5. 均衡车间生产负荷

平衡生产流可以减少通常情况下由于计划不均衡所带来的反应,称为均衡车间生产负荷。当总装线上发生变化时,这种变化就在整条生产线上和供应链上被放大了。消除该问题的唯一办法是建立固定的月生产计划,使生产率固定,从而尽可能减少变化和调整(这就是企业如何在稳定的需求环境中定义需求的问题)。

日本人发现,可以通过每天建立相同的产品组合进行小规模生产的方式解决车间生产负荷不均衡的问题。因此,日本企业总是建立一个综合产品组合来适应不同的需求变化。各型号汽车总量被分解为日产量(假设每月 20 天),以便计算生产周期时间(一条生产线上两个可识别单元之间的时间)。该周期时间数用于调整资源,以生产出所需的精确数量的产品。设备的速度与生产线的速度并不重要,只有每天生产所需的产品数量才是重要的。JIT 强调按计划成本和质量进行生产。

6. 看板生产控制系统

看板控制系统使用符号设备管理 JIT 的物流。在日本,看板意味着"口令",或"指令卡"。在无纸控制系统中,可以使用容器代替卡片。卡片或容器组成了看板拉动系统。生产或供应部件的权力来自下游的操作的需求拉动。装配线由一个加工中心供应零件。该加工中心生产 A 和 B 两种零件,这两种零件储存在装配线与加工中心之间的容器中,每个靠近装配线的容器中有一个搬运看板,每个靠近加工中心的容器中有一个生产看板,这就是通常所说的两看板系统。

当装配线从一个装满第一种零件 A 的容器中取走零件时,就有一个工人从容器中取走搬运看板,同时放入生产看板,并将该看板送到加工中心的存储区。加工中心的工人发现了零件 A 的容器,取出生产看板,装满零件,并放入搬运看板。这样就准许将该容器移送到装配线。而取出的生产看板则放在加工中心的工具架上,准许另一批原料投入生产。工具架上的看板就成为加工中心的分配表。看板卡并不是发出生产请求的唯一途径;发出生产请示还可采用其他可视方法。

下面列举的就是其他一些可能的选择方法。

容器系统:有时容器本身也可用作发出信号的工具。地板上放着的空容器显然在发出补充磁盘驱动器单元的需求信号。库存数量可以简单地用增加或移走容器的方法来确定。

看板方格:某些公司使用画在地面上或桌面上的有标记的空格来标识应该存放原料的地方。当方格为空时,供应部门就被准许生产;当方格不空时,则不需要零件,因此就不能进行生产。

彩色高尔夫球在川崎的一家引擎生产厂中，当一条子装配线上的零件数降到队列的最低点时，装配者就放出一个彩色高尔夫球，通过管道传到补充生产车间。这就可以告诉生产者下面应生产哪种零件。不过这种方法会产生很多偏差。

看板拉动方法不仅可以用于制造工厂之内，也可用于制造厂家之间（例如，拉动引擎和传动装置进入汽车装配车间），还可用于制造商和外部供应商之间。

确定看板卡的数量：建立看板控制系统需要确定所需的看板卡（或容器）的数量。对于两看板系统，我们要确定搬运看板和生产看板的套数。看板卡代表了装载用户与供应商间来回流动的物料的容器数，每个容器代表供应商最小生产批量。因此容器数量直接控制着系统中在制品的库存数。

精确地估计生产一个容器的零件所需的生产提前期是确定容器数量的关键因素。提前期是零件加工时间、生产过程中的准备时间及将原料运送到用户手中所需的运输时间的函数。所需看板的数量应该能覆盖提前期内的期望需求数加上作为安全库存的额外数量。看板卡套数的计算公式如下：

$$K=DL(1+S)/C$$

式中：K——看板卡套数；

D——一段时期所需产品的平均数量（单位时间）；

L——补充订货的提前期（用与需求匹配的单位表示）；

S——安全库存量，用提前期内需求量的一个百分比表示（其确定方法可基于服务水平和偏差的确定方法）；

C——容器容量。

由此可见，看板系统并不能实现零库存；只是它能控制一次投入工序中的物料数即通过控制每种零件的容器数的方法来实现。看板系统可以方便地进行调整以适应系统当前的运行方式，因为卡片的套数可以十分容易地增加或从系统中移走。如果工人发现他们不能准时完成零件的加工，则可以增加一个新的物料容器，也就是加入一个新的看板卡。如果发现存在多余的收集物料的容器，则可以很容易地拿走卡片，因此就减少了占用的库存数。

7. 最小化换模时间

因为 JIT 生产以小批量生产为准则，故机器的换模工作必须迅速完成，以实现在生产线上进行混合生产。下面是一个 20 世纪 70 年代末期的被广泛引用的例子。丰田公司的夹具小组为实现小汽车车篷和挡板的混合生产，能够在 10min 内完成800t 压力机的换模；而同期美国平均要 6h，德国平均要 4h（不过现在这种速度在美国的汽车公司也已相当普遍）。在约翰·迪拉（John Deera）工厂中，钻孔的模具换装时间已从 1985 年的 1h 减少为现在的 1min。为实现换模时间的减少，在 JIT 系统中将换模工作划分为内部换模和外部换模。内部换模只能在停机后才能进行，而外部换模则可在机器的运行期间实现。其他可用于节约换模时间的装置如复制的工具夹也可达到这一目的。日本的换模小组，经常在整个周六对各种设想进行实际模拟练习。

(二)尊重员工

尊重人性是日本企业能实现“改善”的关键原因。在主要的大公司中，日本人有强调对永久职位实行终身雇佣的传统。各公司试图维持一个稳定的工资总额，甚至在经济状况下降时也是如此。终身雇佣员工(大约占总劳动力的 1/3)的工作有很强的保障，因此他们会努力学习多种技能，使自己的技术变得更为全面，可以适应多种工作的要求，以便能留在公司之中，尽其所能地做他们能够帮助公司实现目标的一切工作(不过日本最近的这次经济衰退已经使许多日本公司改变了这种想法)。

日本的企业协会是培育员工与管理者协作关系的组织。在经济繁荣时期，所有的雇员每年可分得两次红利，雇员知道，公司运营越好，他们将会获得越多的红利。这就可以激励员工努力提高生产效率。管理者把员工看成是一项资产，而不是机器。公司尽量使用自动设备和机器人完成枯燥的例行性工作，这样可以使雇员能解放出来去完成更重要的工作。

在日本，分包商网络的存在是十分重要的。日本公司所独有的特点是很少有纵向一体化的集团。在日本公司中，有超过 90%的企业都是由小公司组成的分包商网络的成员：一些供应商的产品种类限定于一个很窄的范围，但可向多个用户供货；另外一些，也是突出的一类是专用资源供应商。他们为单一用户供应多种部件。公司与其供应商及客户建立起长期的合作关系，供应商也把自己看成是用户大家庭中的一员。

日本人采用的现场管理(bottom-round management)是由委员会和小组成员共同管理的一种方法。尽管这种决策方式通常速度较慢，但日本人还是愿意在不影响生产进度的前提下用相对较慢的速度，努力通过各团体的合作，寻找恰当的信息来制定决策。这种方式可以达成意见的一致(而不仅仅是承诺)。与美国不同的是，日本企业的高层管理者很少制定操作层的决策，而是将主要注意力放在战略计划的制定上。这种系统在规模相对较小且生产集中的工厂中较为适用。

由员工自愿参加形成的质量小组每周碰一次面，讨论工作和解决问题。这些小组改善活动(small group improvement activities，SGIA)努力设计出解决问题的方案，并同管理者共商解决问题的方法。小组一般由一位一线生产指导或工人领导，通常包括某一特定领域的员工。其他还有一些由一个经过培训的领导者或协调者领导的多职能小组。例如，西屋电子公司内，就有 275 个质量小组和 25 个协调小组。这些质量小组是现场管理方法的一个组成部分。

S 本章小结

本章通过介绍了准时生产的概念，从日本准时生产产生的过程中可以看出：丰田公司正是看到大批量生产方式的不足之处以及日本的国情，才通过在生产实践过程中不断探索、研究中获得适合自己发展的全新准时制生产方式。准时生产的实施是一个非常复杂过程，看板管理是其实施的保证。准时物流的管理体现在5S活动、消除浪费和尊重员工等方面上，准时生产和准时物流管理是目前制造业生产满足客户需求、提高企业竞争力的最有效的手段。理解和掌握准时生产和准时物流管理的内容、步骤有非常重要的意义。

E 思考题

1. 理解并分析准时生产的概念，为什么准时生产会在日本出现？
2. 理解准时生产实施的条件。
3. 分析看板管理的作用和类型。
4. 精益物流管理的内容是什么？

C 案例分析

案例1 一汽的精益生产与准时生产

一、概述

第一汽车集团公司是我国第一个生产汽车的企业。20世纪80年代中期一汽曾一度因设备老化，产品、资金断档而跌入困境。80年代中后期以来，一汽有计划、有组织地进行了三项工程：一是以产品更新换代为内容的换型改造工程；二是以上轿车、轻型车为内容调整产品结构的发展工程；三是以变革生产方式为内容的精益管理工程。

长期以来的计划经济体制，使企业追求大而全、小而全，企业包袱越背越重，变成一头“笨象”，造成生产成本高、劳动生产率低下。如何改变这一现状，一汽借鉴国外精益生产方式，向管理要效益。精益生产方式又称“瘦型”管理，其精髓就是彻底消除企业各个环节的无效劳动浪费，充分调动工人的积极性。

一汽推行精益生产方式已有20年历史，经历了一个不断认识、逐步深化的过程。早在1978年，一汽就派出以厂长为首的专家小组去日本考察汽车工业的管理经验。1981年丰田生产方式的创始人大野耐一先生，应邀到一汽传授经验。80年代初期，一汽先后在不同部门开展了看板管理、标准化混流生产、数理统计、QC活动、设备点检、滚动计划、网络技术、目标成本、价值工程等现代化管理方法的应用，使一汽开始跳出了50年代建厂以来形成的管理工作的老框框。但是，由于当时正处于改革初期，企业环境；分配政策基本上还是计划经济那一套，因而所开展的现代管理项目未能推开，甚至已开展的应用有些也未能坚持下去。

1983年7月，一汽开始了以换型改造为内容的规模宏大的第二次创业。通过这次换型改造，不仅改进了车型，而且各项管理基础工作也得到了整顿和创新，为进一步推行现代化管理积累了经验，打下了一定基础。

1987年，第二次创业刚刚结束，一汽就不失时机地开展了以调整产品、产品结构，上轻轿为主要内容的第三次创业。为了使一汽的管理工作适应轿车生产的需要，在引进德国奥迪中高级轿车产品技术和制造技术的同时，引进先进的奥迪的质量评审方法，并在轿车生产试行成功的基础上，移植到了卡车生产过程。为了使引进先进技术的潜能得到充分的释放，在引进日本日野公司带有同步器变速箱产品和制造技术的同时，引入了先进的"准时化"生产方式，建立了一汽第一个全面推行精益生产方式的样板厂。在变速箱厂经验的启示下，涌现出一批不同类型的积极推行精益生产方式的专业厂和车间。

从1993年开始，公司连续举办了十三期厂处级领导干部精益生产方式学习研讨班。公司领导认为，推行精益生产方式关系到今后公司的发展、前途和命运，要求每个领导干部都成为"精益迷"。公司并且积极培养推行精益生产方式的典型，用典型引路，进一步提高认识、统一思想，使精益生产方式稳定发展。目前，一汽走精益化之路已经成为全公司上下的共识，从领导到群众、从行政到党群部门，都在积极地探索和实践，在全公司形成了一股群众性变革生产方式的洪流。

二、精益生产的主要内容

(一)确定精益生产的目标，重在思想观念上的转变

精益生产方式是彻底消除无效劳动和浪费的思想和技术，是对尽善尽美无止境的追求。根据这个基本原则，结合各厂(部门)的实际，确定推行精益生产方式的总目标。如铸造厂提出了"四无两优一提高"的总体目标和要求。其基本内容是：生产管理追求无库存，质量管理追求无缺陷，设备管理追求无停台，成本管理追求无浪费；优化生产，优质服务；提高劳动生产率。

生产管理追求无库存，就是要彻底改变以超量库存保装车的传统做法，变以造型为中心的推动式生产为以清理为起点的拉动式生产。实行期量流或一个流生产方式，逐步扩大看板生产品种，造型生产线实行柔性生产，生产作业计划和生产统计应用计算机管理，大幅度地压缩工序、在制品和成品库存，最大限度地降低资金占用，提高生产组织管理水平。

质量管理追求无缺陷，就是要不断提高质量管理和铸件质量水平。质量管理要从"全面质量管理"转向"零缺点管理"，进一步减少不良损失，用精益思想研究和实施质量改进和攻关，提高产品的工艺水平。落实质量责任制，严格厂内奥迪质量评审，严肃工艺纪律，使每个环节、每道工序、每名职工都切实做到精心操作，严格把关，确保铸件内在质量和表面质量达到优质品标准。

设备管理追求无停台，就是要提高设备的可动率和开动率，提高工装的工艺水平和使用寿命。要坚持以生产现场为中心，抓好现场巡检，现场维修，实行设备封闭管理。工装采取快速换模方法，满足小批量多品种生产的需求。要通过采用一系列有效措施，不断提高设备工装的技术状态，为保证生产顺利进行和生产优质铸件提供可靠的必要条件。

成本管理追求无浪费，就是要狠抓投入产出管理，做到少投入，多产出，优质低耗，降低成本。深入开展三级经济核算，抓好铸件收到率、砂芯使用率、炉料投入、铁水产出、芯砂出芯率、造型成型率、清理合格率等环节的考核。要整顿库房，对原材料、产成品、备品、备件等重新制定最高最低储备限额，做到用最低的储备满足生产的需要，大幅度地降低消耗，减少浪费，活化资金，降低铸件成本。

优化生产，就是全厂每个生产环节都要达到整体优化标准，建立起以车间主任为首，以生产工人为主体，以生产现场为中心的现场"三为"管理机制。实施生产要素一体化管理，强化现场"5S"管理和定置管理，现场工位器具标准化、改善生产现场环境，提高现场文明生产水平，使生产要素达到最佳状态。

优质服务，就是要强化科室为一线，后方为前方服务。职能科室要切实转变工作作风，提高工作质量、服务质量和工作效率，充分发挥指导服务的职能。要变"找上门"为"走出门"，建立起各职能部门人员和后方辅助服务人员服务到第一线的机制，保证生产正常运转。

提高劳动生产率，就是通过采取一系列有效措施最大限度地为企业增加效益。除加强内部管理，提高产量，提高质量，抓好技术改造外，重点是坚持以人为中心，提高人员素质素养，充分发挥人的主观能动性。要改变分工过细的传统办法，加强职工多技能培训，培养一批一专多能型人才，实行多机操作，多工序管理，维修工人应具备机电一体化知识，提高人工作业负荷率和作业班多能化率。

在制定推行精益生产方式总体目标的同时，还制定了主要技术经济指标分三步走的战略：第一步，主要技术经济指标要达到本厂历史最高水平；第二步，主要技术经济指标要达到全国同行业先进水平；第三步，主要技术经济指标要接近或达到国际同行业先进水平。

由于精益生产方式的思维方式很多方面是逆向思维，是风险思维，在很多问题上都是倒过来看、倒过来干的，所以整个思维方法跟企业原来的想法根本不一样。比如，过去鼓励工人提前超额完成生产任务，现在却提出要以市场需求为依据，杜绝一切超前超量生产。过去常把在制品说成是组织均衡生产的根本保证，现在却把在制品说成是万恶之源，提出要向零进军。这种思维就是风险思维，就是要把自己逼到背水一战的程度，逼到没有退路的程度。为什么会出现这样的思维，这样的做法呢？就是要立足于竞争，立足于生产，要在竞争中求生存，非这样做不可。所以,要推行精益生产方式,就必须同几十年形成的传统思想和习惯做法彻底决裂,来一个思想观念上的大转变。这个转变是很艰难、很痛苦的。

一汽在推行精益生产方式中,十分重视不断提高认识和统一思想。提出要把精益生产方式作为一汽继“六五”换型改造和“七五”调整产品结构的第三件大事,像攀登高山那样去攀登。在1994年和1995年的工作纲要中都把精益化管理作为公司方针目标的重要内容。

(二)由生产管理入手,实现生产过程精益化

过去,一汽学习日本的丰田生产方式,偏重于生产制造过程。美国人总结日本经验后提出的精益生产方式,其内涵已经从制造领域扩展到产品开发、协作配套、销售服务、财务管理、企业组织等方面。一汽推行精益生产方式,首先着重于生产制造过程,实现生产过程的精益化。

1. 全面实行拉动式生产

坚持以销定产的原则,把后道工序作为前道工序的用户,以各条汽车装配线为龙头,以总装拉总成,以总成拉零件,以零件拉毛坯,以毛坏拉材料物资供应,实行拉动式生产。除了转变思想外,主要抓了以下几个环节:

(1)努力实现均衡生产。均衡生产是拉动式生产的前提。均衡不仅是数量,而且包括品种、工时、设备负荷的全部均衡。备、工装始终处于良好状态,材料、毛坯供应准时,工人技术平和出勤率良好、稳定等都是实现均衡生产的前提和保证。各个环节都提供保障才能实现生产的均衡,尤其是在压缩在制品的情况下组织均衡生产难度更大、更艰巨。为此,全厂全方位地加了管理,组织了材料(毛坯)、工具、机床备件的准时化供应工作。各方面管理都开始了全神贯注的投入,后勤方面努力提供时化的优质服务,建立准时化生产体系。

为实现均衡生产,公司每月按销售要货计划编制装车计划,并根据市场需求,适时调整,做到不畅销的产品迅速停止生产,市场畅销的产品尽快作出安排,初步实现了多品种汽车混流装配,不断提高均衡生产水平。

(2)搞好生产作业现场的整体优化。包括调整设备平面布置,合理工艺流程,把一字形生产线改造成U型生产线,大批量轮番生产线改造成多批次、小批量生产线等。生产现场优化是实行看板生产的基础。

例如铸造厂,全厂有10条造型生产线,其中8条线是多品种生产,过去采取集中生产一种铸件,储备足了再生产另一种铸件的办法。每种铸件生产周期最短三五天,有的长达十几天。现在采用多批次小批量生产方式,缩小了每种铸件的期量标准。为适应快速更换品种的需要,改进更换工装模具工艺,采取提前预热等措施,更换型板时间由过去的4个多小时压缩到现在的20min。目前,成品储备已由7天降到3天,为实施拉动式生产打下了基础。

目前，一汽本部已有54条生产线达到整体优化标准，全部生产线合理调整即将完成。

(3)组织看板生产。目前，厂际之间的看板取送货，在中型车生产上已经比较成熟，但在轻型车和奥迪国产件生产上还没有完全走上正轨，看板生产还只是在部分专业厂和部分生产线上推行。看板生产使在制品储备大量压缩，1994年全公司在制品比1993年下降40%，一些推行精益生产好的单位比推行精益生产前，在制品储备下降60%～80%。

(4)计算机辅助生产管理。一汽正在进行两项工作：一是在生产处应用计算机进行全部技术文件管理、整车计划管理，零部件计划管理和生产统计、分析管理。这项工作已基本完成，并准备与销售、供应、协作、财务等部门联网，实现资源信息共享。二是总装配厂和个别专业厂试行计算机对生产过程的作业控制，逐步实现多品种标准化生产，整车与总成、总成与零件的同步化生产，把拉动式生产真正提高到现代化管理水平上来。

2. 实行以质量改进为内容的质量体系

坚持实行深化工艺、绿化工序、三自一控、五不流、质量改进为内容的质量体系和奥迪质量评审方法。这个体系经过多年运行已经比较成熟。在任何情况下都坚持把质量放在一切工作的首位。

3. 实行“三为”机制

建立以现场为中心，以生产工人为主体，以车间主任为首的“三为”机制，有效地组织后方为前方、机关为基层服务。“三为”机制涉及部门管理方式的改革和思想观念的转变，各单位的做法不完全相同。有些单位把有关后方人员下放到车间，甚至班组实行封闭管理，但多数单位是集中在厂部，面向基层，搞好服务。

4. 开展“5S”活动，改善现场环境

在生产领域推行精益化管理，一般都是从现场整顿入手的。因为，它往往是评价精益化管理的一个标志。但这项工作涉及改变现场人员的老习惯、老作风，搞起来容易，坚持下去很难，需要常抓不懈、持之以恒地进行。

(三)按照精益思想的要求，深化企业内部改革，转换经营机制

一汽的生产方式是50年代从苏联搬过来的，加之长期在计划体制下生存，企业内部机构臃肿，人浮于事，效率很低，严重束缚了生产力的发展。按照精益思想要求，一汽在深化企业内部改革上办了两件事。

1. 全面推行三项制度改革

从1992年开始，历时两年多，到1994年基本完成了精简机构、压缩定员编制、实行全员合同化管理和实行岗位工资制度等各项工作。压缩了科级机构288个，

压缩比例为13.4%；压缩定员编制10 970人，其中干部压缩比例为11.7%，工人压缩比例为9.04%。1994年集团公司实现了人员负增长，全员劳动生产率比1993年提高了25%以上。

2. 坚持“精干主体，剥离辅助”的原则

按照“精干主体，剥离辅助”的原则，1994年集团公司承担社会及生活服务功能的部门已从主体上分离出来，成立了实业开发总公司。准备在扶植一段以后，使他们走上自主经营、自负盈亏的轨道，把企业办社会的包袱逐步转化为不断增进经济效益的一种财富。除此以外，还将把初具规模的总成和零部件专业厂直接推到市场中，成为独立或相对独立的经济实体。前些年，已组建的散热器公司试点取得了成功。1995年，再扩大组建一批，从而使一汽这个母体更加精干。

（四）以精益思想为指导，大干产品创新、技术创新

国外精益生产企业实行“主查制”，运用并行工程开发新产品取得了很大的成功。一汽的产品开发工作，也曾经有过一些好的做法。20世纪60年代曾组织以厂级干部为首的产品设计工作小分队；“六五”换型改造实行提前介入、合理交叉；“七五”轻轿阵地建设充分利用原有基础，实行优化改组、合理改造等等。这些与精益开发思想和原理都是一致的，特别是在产品开发过程中把新试制的汽车定向地送到直接用户中去进行实际使用试验，这是西方任何汽车生产厂家都不能做到的。但总的来看，一汽开发产品的做法，在许多方面还没有完全跳出大量生产方式以及计划经济的框框。所以，1994年一汽提出要用精益思想大干“三车一机”，即平头车、面包车、小红旗轿车和488发动机，以便在实际中探索出一条适合自己特点的精益发展的路子。

1. 实行主查制领导方式，强化产品开发工作的集中统一指挥

公司成立了三个以副总经理为首的指挥部，分别对“三车一机”中的各个产品从设计试制、生产准备、质量保证、成本控制直至产品投产的整个过程，实行全权指挥，全面负责。汽车研究所结合三项制度改革，把过去按专业分工设置的组织机构改为按产品分工设置，成立了中型车部、轻型车部和轿车部，并设立了主查职务，按产品对设计、试制、试验工作实行统一管理。

2. 实行并行工程，改变接力棒式工作程序

实行并行工程，改变接力棒式工作程序为各项工作大幅度的平行交叉，加快了产品设计试制、试验和生产准备的进度。比如生产系统提前介入，严格按现生产安排，组织新产品试制，不仅保证了新车的试制进度和质量，而且有利于促进产品设计和工艺方案的最佳配合。在工艺设计的同时进行工艺装备和非标设备的设计和制造。对制造周期长的大梁模在模具设计没有完成时先出毛坯图，并派

专人订购模具毛坯进行粗加工，使模具生产周期提前了一年。此外，在新产品开发设计中，采用小型计算机辅助设计和辅助制造，实现了从三坐标测量仪、车身设计到模具制造的一体化。采用微型计算机进行工艺装备的辅助设计和辅助制造等。

3. 把质量管理从生产制造领域延伸到产品开发领域，抓好投产前质量控制

在确定新产品投产进度的同时，就规定新产品投产前的质量目标；认真分析老产品用户反馈回来的质量问题，对发生频次较多的问题预先组织质量攻关，并把成果列入设计和工艺方案；把新产品试制工作全部列入质量管理和奥迪评审体系，严格把好投产前的质量关；按照公开招标、择优选点的办法选好协作厂家，对质量不好的协作厂家进行整顿，强化协作产品的质量控制。

4. 坚持内部挖潜，做到少投入、多产出，快投入、快产出，边投入、边产出

一些基层单位对此创造了许多行之有效的办法，比如把单一品种的生产线改造成为多品种混流生产线，可以在一条生产线上加工不同系列、不同规格的产品。通过生产线的合理调整和实行小批量多批次生产等措施，腾出大片生产面积和仓库面积为“三车一机”主阵地建设争得了时间，节省了投资。把简单、容易制造的零部件扩散给附属厂或协作厂，腾出高大厂房生产复杂的、高技术含量的零部件，既充分利用现成的剩余能力，又发挥自身的技术优势，加快实施进度。在技术引进上，只购买生产中必不可少的主要设备，自已动手制造辅助设备，节省了大量外汇。不少单位还坚持以老养新的办法，用生产老产品、出口产品分成得来的钱，用于新产品阵地建设，为公司节约了大批资金。

由于将精益思维注入产品开发，1994 年一汽产品开发中，打破常规，让产品的设计、试制、工艺、模具制造、质量、成本部门同步介入、合理交叉，使产品开发速度一举提高了 24 倍。

除此之外，一汽下属具有产品开发权的专业厂，也把精益产品开发工作与主动销售、积极开拓市场相结合，做到快速了解市场需要，进行产品创新决策，迅速开发和生产出市场需求的产品，获得很大成功。例如，长春齿轮厂生产的各种两吨车变速箱市场覆盖率达到 70%，长春轻型车厂生产的“小解放”底盘的覆盖率在全国已占三分之一。

5. 坚持开展“协互会”活动，提高协作配套管理水平

一汽 1980 年学习丰田公司经验，组建了“汽车生产协作互助会”后称“协互会”。15 年来，每年都开展活动，在加强协作厂对一汽的向心力和凝聚力，保证汽车生产、强化质量管理、加快新产品开发等各个方面都起到了积极作用。

协互会的首要任务，是组织和督促成员单位从抓管理基础入手，切实提高协作产品质量。主要工作有：贯彻 ISO9000 系列标准，开展奥迪质量评审，把一汽

行之有效的质量管理经验推广、移植到协作厂家，完善协作产品的质量管理体系等等。对经过帮助督促后仍无效的协作厂家，提出警告，直到取消配套资格。由于我国的一些基础产业、材料工业与发达国家相比比较落后，许多协作生产厂家装备条件、人员素质、管理水平都比较低，提高协作产品质量的工作还将是一个长期的任务。

一汽自80年代初期就着手组织协作产品直送工位的工作，经长期实践证明，它在减少资金占用、节约包装、储运费用上都是非常有效的。到目前为止，一汽本部已有415种协作产品实现了直送工位，估计可以节约储备资金2000多万元。目前，正在积极创造条件对轮胎、钢板弹簧、蓄电池等占用资金大的协作产品实现直送工位，预计可再节约储备资金2000万元。对距一汽较远的协作厂，拟与协作厂共建“一汽协作中转服务中心”，先由中心直送工位，待条件成熟后，逐步过渡到从协作厂直送工位。

6. 搞好班组建设，开展群众性的改进改善活动

坚持以人为本，广泛吸收职工参与企业管理、开展技术革新是一汽的传统。早在1958年就提出了“两参一改三结合”的管理原则，在长期实践中积累了一些有益的经验。其主要做法有如下几个方面：

(1)确定了班组建设以行政为主、党政工团齐抓共管的领导体制，真正把班组当成企业内部的一个基层组织，切切实实抓紧抓好。

(2)开展班组升级达标活动。1983年以健全管理基础工作为内容，全厂首次颁发了(班组工作条例)。凡是达到条例所规定的各项标准的，命名为上条例班组。1987年，围绕着质量总体战，在上条例班组加上了自控班组和信得过班组。以开展质量“三自一控”为重点，以信得过班组为最高档次，开展了“创三组”的升级达标活动。1994年，在推行精益生产方式活动中，又在“创三组”的基础上再加了一个精益班组，作为班组升级达标的最高层次。精益班组的标准，除了生产和质量目标外，更加突出了培养一专多能的多面手和开展群众性改进改善的要求。

(3)开展群众性的改进改善活动。这项活动是在铸造厂灰清车间带头搞起来的。这里有一个变800t为80t的故事。过去有个老观念：工人生产备用半成品越多对企业贡献越大。铸造厂最艰苦的灰清车间是老先进，一度这里的备用铸件高达800t，用5t载重汽车装能装满160辆。车间主任通过学习精益生产方式，懂得了过多的备用件实际上是一种浪费。这些堆放在车间里的铁山，长年占用国家资金达150万元，它们正是造成工厂效益低下之源。车间立即发动工人向生产中的无效劳动宣战，通过重新规划车间布局，改进设备、工艺、管理和操作方法，做到全车间工件不落地，生产与下道环节同步进行。这一变革，不仅改变了

灰清车间铸件堆积如山、遍地铁砂的旧面貌，并使在制品从 800t 降到 80t，资金占用降至 15 万元，生产能力增加了一倍。他们的经验在全公司推广后，围绕消除无效劳动，减少和杜绝浪费，一汽内部形成了一个群众性改进改善活动的热潮。

7. 开展业务知识和操作技能的学习和训练

有计划、有组织地开展业务知识和操作技能的学习和训练，培养一专多能的多面手。逐步做到本小组的设备都能操作，并且会保养、会维修、会改进，以解决劳动分工过细所造成的功能障碍，提高生产效率，并使工人的智慧和才能得以充分发挥。培训工作一般由车间组织，以技能操作训练为主，辅以必要的理论知识学习。公司技工学校和共青团委联合举办一汽青年电视学校，对两万多名没有经过职业培训的青年工人进行一汽的发展及技术和管理业务知识的培养，收到了比较好的效果。

推行精益生产方式以来，工具厂在挖掘人的潜能上狠下工夫。首先在夹具二车间试行了一人多机操作，打破工种界限，允许跨工种作业，鼓励一人掌握多种技能。过去培养一名操作工人需要 2～3 年时间，现在要求在几个月内就要熟练一门技术。因此，开始试行时在部分工人中产生了“三怕”：工人怕自己现在的好工种换成坏工种，怕多学个工种多挨累，怕个人收入受影响。在一些管理干部中产生了三担心：担心工人花了时间学不成技术，担心学成后顶岗完成工时少，影响整体完成任务，担心苦、脏、累岗位没人愿意干。针对这些反映，相应制定了制约机制和激励机制，以鼓励职工一岗多能。在激励政策上提出：凡是参加多岗学习的职工，岗位工资、岗位奖金就高不就低，对因参加多岗学习而影响个人收入的，车间在二次分配时，给予适当的奖励，进行补偿；多机操作人员在评选先进和晋级中具有优先权；无工时考核人员在完成本职工作之外，到机床上操作按所干工时计奖；在可能的情况下，尽量满足职工选工种的愿望，使其心情舒畅，在生产中发挥作用。

在制约机制上该车间提出：限定岗位学习期限，到期不能顶岗者，学习期内所发奖金全部扣回；在上岗合同上，签订一机多能内容和要求，凡是 50 岁以下的职工，包括管理干部、车间办事员，都有一岗多能合同要求等。

激励机制与制约机制的配套运行，促进了一人多岗活动的开展，职工们学得快，用得活。由于一人多机操作，消除了多年来专业分工过细的弊端，解决了单件小批生产的主要矛盾，消除了工种之间任务不平衡现象，充分发挥了人工智能和设备潜能，实现了小批量生产的准时化。

三、经验与体会

通过推行精益生产方式，一汽有以下几点经验和体会。

（一）推行精益生产方式是振兴汽车工业的必由之路

在汽车工业发展史上，从单件生产方式变革为大量生产方式，再从大量生产方式变革为精益生产方式，这是不以人们意志为转移的客观规律。美国人之所以把丰田生产方式命名为“瘦型”生产方式，是因为他们犯了“肥胖病”，需要来一个“消肿减肥”运动。一汽的生产方式是20世纪50年代从苏联搬过来的，是大量生产方式加上计划经济体制的产物，也需要来一个“消肿减肥”运动。从这个含义上来看，精益生产方式不仅对一汽，而且对其他工业企业部门都有着普遍的意义。

精益生产方式是竞争的产物，是一个弱者战胜强者，在逆境中拼搏、开创出来的路子。日本人在处于战败国的劣势条件下，依靠丰田生产方式加快了本国汽车工业的发展，终于在20世纪80年代初夺得汽车工业领先于美国的宝座。美国人在逆境中学习，总结了日本的经验，提出了精益生产的新概念，经过10多年的卧薪尝胆，又于90年代初超过了日本。中国是一个汽车工业后起的国家，如何在激烈的市场竞争中同比我们强大的竞争对手进行较量，推行精益生产方式，就成了我们最好的抉择。

过去，我们一提出要发展汽车生产，想到的往往都是物质资源的投入。其实精益生产方式也是一种投入，而且是一种不花钱、或者少花钱的投入。据西方专家调查，精益生产方式与大量生产方式相比，可以取得人力、设备、面积减半，新产品开发时间大大缩短，库存储备大量减少的经济效益。一汽不少专业厂推行精益生产方式的实践经验也证明了这一点。

（二）推行精益生产方式，主要领导干部必须亲自带头

精益生产方式作为生产方式的一次重大变革，在思想观念上遇到的阻力是不能低估的。

在推行精益生产方式这场变革中，企业的领导干部，尤其是党政一把手必须带好头。一汽这几年的实践证明，如果一把手不到位，精益生产方式是搞不起来的，最多是小打小闹，成不了什么大气候。一汽对公司专业厂两级领导干部搞精益化管理提出了四条标准：一是对精益生产方式要有浓厚的兴趣，成为精益迷；二是要选择一条最困难的路子去走，自讨苦吃，自己给自己施加压力，把自己推到背水一战，不让自己过得去的地步；三是眼睛内向，要练内功，着眼于提高企业素质，提高企业在市场竞争中的适应能力和竞争实力；四是善于学习，厂长、书记自己要带头学习，而且组织职工学习，形成一支搞精益化管理的骨干队伍。

经过几年的实践，一汽已涌现出一批推行精益生产方式的好带头人和骨干队伍。1995年初，经党委组织部、工会与企管办联合推荐，公司领导批准，表彰了16名在推行精益生产方式中作出优异成绩的专业厂厂长和党委书记。

（三）推行精益生产方式与企业的改造、改制、改组密切结合

精益生产方式与企业的发展和改造工作密切相关，用精益思想指导产品开发工作，可以缩短产品开发周期，使新产品物美价廉。用精益思想指导老设备改造和平面布置的合理调整，可以使改造后的生产线一投产就达到精益生产的标准。在引进先进技术的同时，引入先进的管理方法可以使先进技术的潜能得到充分发挥。所以，在设计和工艺技术人员当中进行精益生产方式教育和培训具有重要的意义。

10 多年前，一汽开始学习、推行丰田方式时，由于外部环境和分配政策的制约，许多成果项目没有得到普及推广，有些甚至没有坚持下来。这几年经过深化改革，跟过去相比企业有了较大活力，有些人又不大注意内部管理了。所以，一汽提出转换经营机制须同推行精益生产方式相结合。转换经营机制是解决企业与政府的关系，而精益生产方式是解决企业的市场适应能力和竞争实力的问题。如果只注重经营机制转换，而不在生产方式上来场变革，即使搞活了企业也是进不了市场的。所以，要用经营机制的转换保证生产方式的变革，用生产方式的变革促进经营机制的转换，巩固经营机制转换的成果，两者是相辅相成的。

这几年一汽集团不断壮大，每年都联合兼并进来一批新的伙伴。如何结合调整改组推行精益生产方式成了一汽面临的新课题。由于这些企业管理基础工作一般都比较薄弱，从 1993 年下半年开始，一汽在 20 多个轻型车及其零部件厂家中开展了管理基础工作的整顿，即先把一汽本部行之有效的管理基础工作移植过去，建立起良好的轻型车生产和质量管理体系，在此基础上再向高标准的精益化管理迈进。这种整顿与精益相结合、从整顿走向精益的做法，在一些轻型车主机厂和零部件生产厂家中已取得了明显的效果。

（四）推行精益生产方式必须调动全体职工的积极性

充分发动职工群众围绕精益目标开展群众性改善活动，这既是精益生产方式的本质内容，又是推行精益生产方式的重要保证。《工人日报》在介绍一汽推行精益生产方式中用了这样一句话作为标题：工人是我们国家的主人，这是不容置疑的，工人是国有企业的主人，这也是没有疑义的。然而，只有当工人从生产中解放出来，成为机器的主人，这才是真正的主人。这句话对我们来说并不陌生，但在过去落实得不够好。大量生产方式分工过细，工人每天干单一的重复劳动，使工人不能全面发展自己。精益生产方式把人从简单的重复劳动中解放出来，要求工人不仅会操作设备、保养设备，而且还能参与改善活动，这就给他们提供了一个能够充分发挥工人阶级聪明才智的舞台，使他们进一步学到了本领，提高了素质，增加了乐趣，增强了职工主人翁责任感。他们是一汽推行精益生产方式的主力军。

职能部门要站在推行精益生产方式的前列。职能部门的精益化管理至关重要，尤其是那些主管人财物、产供销大权的职能部门，如生产、销售、产品开发、协作供应、计划财务、人事劳资教育等部门，一汽习惯地把他们称之为六路大军。这些职能部门不仅对基层单位的精益化管理起着重要的指导作用，而且关系到企业总体的改革成果和经济效益。但是，职能部门的精益化管理由于涉及到外部环境的变革、系统管理职能转变等问题，远比基层单位搞生产方式变革难得多。因此，搞好职能部门专业人员的思想发动，促使他们积极参与生产方式的变革是至关重要的。

把精益生产方式作为。思想政治工作和经济工作的最佳结合点，要充分发挥党委的领导和参与作用，做好思想政治工作。精益生产方式是以人为本的管理，推行精益生产方式必须在思想观念上实现转变，还必须发动群众去实现，而这些做人的工作，正是思想政治工作部门的本职，是他们的长处。现在，一汽的党政干部都在不同侧面抓精益化管理，既抓经济工作，又抓思想政治工作，把思想政治工作和经济工作结合起来，让精益化深入人心。许多党政干部感到，过去说抓思想政治工作，总感到有点空，现在有了精益这个抓头，觉得思想解放了，有事可干了，许多党政于部都成了精益化的专家。

问题：

1. 精益生产管理与传统生产管理在管理思想、组织、方法、手段上有何区别？为什么说实现精益生产是管理方面的重大变革？

2. 试述推行精益生产方式，领导带头参与的作用和必要性。

3. 一汽集团在推行精益生产方式中，结合企业实际，有哪些发展？

（文章来源：哈佛经典案例 300 例）

案例 2　确定看板卡的套数

阿尔文(Arvin)汽车公司是一家为大三(BIGThree)公司生产消音器装配线的企业。该公司应用看板拉动的方式拉制物料在其生产单元中的移动。阿尔文设计的是消音器产品系列，因为每个单元要装配一种特定的消音器。消音器的生产装配线要涉及切断和弯曲多根管子，再焊到消音器和触媒转换器上等多项工作，消音器和触媒转换器是基于当前需求而被拉入生产单元的。触媒转换器是在特定的生产单元中生产，该生产单元是为了上述目的而专门设计的。

触媒转换器以 10 个单位为一组的方式进行生产，并用一种特殊的手推车运送到装配单元，触媒转换单元的设计是为了实现在没有实际换模损失的前提下生产多种触媒转换器。该单元可以大约每隔 4h 对一批触媒转换器的需求作出反应。

因为触媒转换单元就位于消音器装配单元的右边，因而实际运输时间为零。消音器装配线组装单元平均每小时装配 8 个产品，每个产品都使用同样的触媒转换器，由于工序中存在某些差异，管理上确定所需库存量的 10%作为安全库存。

试问需要多少套看板卡来管理触媒转换器的供应任务？

本题供应触媒转换器的提前期(L)是 4 小时，对触媒转换器的需求(D)是 8 个/h，安全库存(S)是期望需求的 10%，容器容量(C)是 10。

$$K=DL(1+S)/C=3.52$$

需要 4 套看板卡，即需要在系统中设置 4 个装载转换器的容器。无论在何种情况下，计算时都将应将计算出的看板数量进位取整，因为总是需要用装满了零件的容器来进行工作。

第八章　柔性制造系统

能力目标、知识目标与学习要求

柔性制造系统是现代制造技术发展的产物。本章的第一个重点就是了解柔性制造系统的基本概念和组成，掌握柔性制造系统工作原理和制造过程。第二个重点是详细掌握柔性制造系统中物流系统、储存系统组成及其特点，熟悉它们的运行要求。第三个重点就是柔性制造系统控制方法和管理内容。

第一节　柔性制造系统概述

一、柔性制造系统（FMS）的产生和特点

柔性制造技术是集数控技术、计算机技术、机器人技术以及现代管理技术为一体的现代制造技术。随着经济的发展和消费水平的提高，人们对商品的需求不断增长，更注重产品的不断更新和多样化。中小批量、多品种生产已成为当今机械制造业的一个重要的特征。同时，科学技术的迅猛发展推动了自动化程度和制造水平的提高。20 世纪 50 年代在美国的麻省理工学院（MIT）诞生了第一台三坐标数控机床以后，机电一体化及数控（NC）的概念出现了。随着机电一体化技术的进一步发展，出现了计算机数控（CNC）、计算机在直接控制，又称群控（DNC）、计算机辅助制造（CAM）、计算机辅助设计（CAD）、成组技术（GT）、计算机辅助工艺规程（CAPP）、工业机器人技术（ROBOT）等新技术。

在这些新技术的基础上，为多品种、小批量生产的需要而兴起的柔性自动化制造技术得到了迅速的发展，作为这种技术具体应用的柔性制造系统（FMS）、柔性制造单元（FMC）和柔性制造自动线（FML）等一系列现代制造设备和系统纷纷问世，它们对制造业的进步和发展发挥了重大的推进和促进作用以柔性制造系统最具代表性。

FMS 的雏形源于美国马尔西（MAIAROSE）公司，该公司在 1963 年制造了世界上第一条多种柴油机零件的数控生产线。FMS 的概念由英国莫林(MOLIN)公司最早正式提出，并在 1965 年取得了发明专利，1967 年 FMS 正式形成。

FMS 是先进制造技术的一部分，在欧洲、美国、日本、俄罗斯有了较大的发展。据统计，1985 年世界各国已投入运行的 FMS 有 500 多套，1988 年近 800 套，1990 年超过 1 000 套，目前共约 3 000 多套 FMS 在运行。我国是 1984 年开始研制 FMS，1986 年从日本引进第一套 FMS。

目前，随着全球化市场的形成和发展，无论是发达国家还是发展中国家都越来越重视柔性制造技术的发，FMS 已成为当今乃至今后若干年机械制造自动化发展的重要方向。

FMS 有两个主要特点，即柔性和自动化。

FMS 与传统的单一品种自动生产线(即刚性自动生产线，其物流设备和加工工艺是相对固定的，只能加工一个零件，或加工几个相互类似的零件。如果需改变加工产品的品种，刚性自动线必须做较大的改动，在投资和时间方面的耗资很大，难以满足市场化的需求，但刚性自动线的设备利用率高、生产率高，如由机械式、液压式自动机床或组合机床等构成的自动生产线)的不同之处主要在于它具有柔性。所谓柔性，是指制造系统(企业)对系统内部及外部环境的一种适应能力，也是指制造系统能够适应产品变化的能力，可分为瞬时、短期和长期柔性三种：瞬时柔性是指设备出现故障后，自动排除故障或将零件转移到另一台设备上继续进行加工的能力；短期柔性是指系统在短时期（ 如间隔几小时的或几天)内，适应加工对象变化的能力，包括在任意时刻混合地进行加工两种以上零件的能力；长期柔性则是指系统在长期使用(几周或一个月）中，能进行加工各种不同零件的能力。迄今为止，柔性还只能定性地加以分析，还没有科学的量化指标。因此，凡具备上述三种柔性特征之一的具有物料或信息流的自动化制造系统都可以称为柔性自动化。此外，FMS 还具有以下特点：

(1)设备利用率高，占地面积小。FMS 中设备的利用率一般可达 70%以上，同时由于系统布局紧凑，占地面积可减少 20%～50%。

(2)减少直接劳动工人数。在 FMS 中，加工、换刀、装夹、测量和物料搬运全部由计算机自动控制，工人只需负责观察运行情况。

(3)产品质量高而稳定。FMS 采用全自动加工，减少了人为因素，产品质量高而稳定。

(4)减少在制品库存量。FMS 采用的是流水线加工原理，因此在制品的中间存储缓冲站可减到最少。

(5)投资高、风险大，开发周期长、管理水平要求高。

二、FMS的定义、组成和类型

(一)FMS的定义

FMS目前还没有统一的定义。根据中华人民共和国国家军用标准有关“武器装备柔性制造系统术语”的定义,FMS被定义为:“柔性制造系统(Flexible Manufacturing System,简称FMS)是数控加工设备、物料运储装置和计算机控制系统等组成的自动化制造系统。它包括多个柔性制造单元,能根据制造任务或生产环境的变化迅速进行调整,适用于多品种、中小批量生产。”

美国制造工程师协会的计算机辅助系统和应用协会把柔性制造系统定义为:“使用计算机控制柔性工作站和集成物料运储装置来控制并完成零件族某一或一系列工序的,或一系列工序的一种集成制造系统。”

为了方便对FMS的理解,国外有关专家对FMS进行了更为直观的定义:“柔性制造系统至少是由两台机床、一套物料运储系统(从装载到卸载具有高度自动化)和一套计算机控制系统所组成的制造系统,它通过简单地改变软件的方法便能制造出多种零件中的任何一种零件。”

(二)FMS的组成

从定义可以看出,典型的FMS主要由三个子系统组成:

(1)加工系统。加工系统的功能是以任意顺序自动加工各种工件,并能自动地更换工件和刀具。通常由两台以上的数控机床加工中心或柔性制造单元(FMC)以及其他的加工设备所组成,如测量机、清洗机、动平衡机和各种特种加工设备等。

(2)物流系统。包含传送带、有轨小车、无轨小车、搬运机器人、上下料托盘、交换工作台等机构,能对刀具、工件和原材料等物料进行自动装卸和运储。

(3)计算机控制和管理系统。能够实现对FMS的运行控制、刀具管理、质量控制以及FMS的数据管理和网络通信。

各子系统的构成框图及功能特征如图8-1所示。三个子系统的有机结合,构成了一个制造系统的能量流(通过制造工艺改变工件的形状和尺寸)、物料流(主要指工件流和刀具流)和信息流(制造过程的信息和数据处理)。

图8-2是一个典型的柔性制造系统示意图。该系统由4台卧式加工中心、3台立式加工中心、2台平面磨床、2台自动导向小车2台检验机器人组成,此外还包括自动仓库、托盘站和装卸站等。在装卸站,由人工将工件毛坯安装在托盘夹具上,然后由物料传送系统把毛坯连同托盘夹具输送到第一道工序的加工机床旁边,排队等候加工;一旦该加工机床空闲,就由自动上下料装置立即将工件送上机床进行加工;当每道工序加工完成后,物料传送系统便将该机床加工完成的半成品取出,并送至执行下一道工序的机床等候。如此不停地运行,直至完成最后一道加工工序为止。在这整

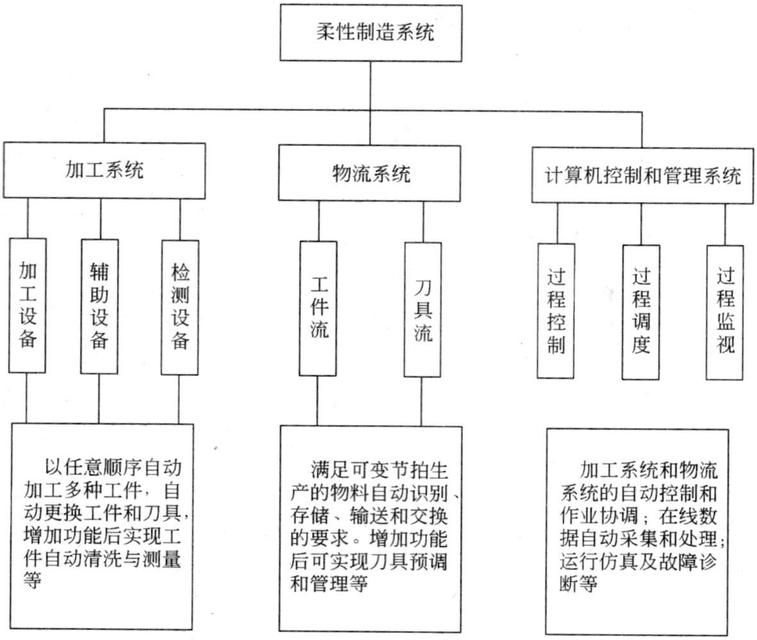

图 8-1　FMS 的组成框图及功能特征

个运作过程中，除了进行切削加工之外，若有必要还需进行清洗、检验等工序，最后将加工结束的零件入库储存。

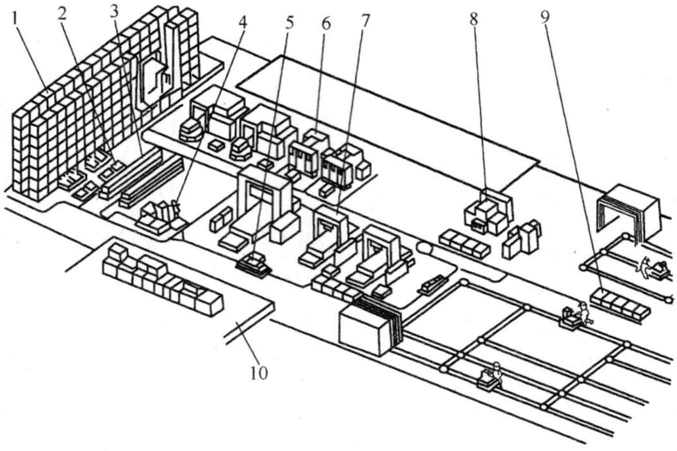

图 8-2　典型的柔性制造系统示意图

1-自动仓库；2-装卸站；3-托盘站；4-检验机器入口；5-自动小车；6-卧式加工中心；7-立式加工中心；8-磨床；9-组装交付站；10-计算机控制室

(三)FMS 的类型

FMS 作为一种先进制造技术的代表，适用于中小批量的生产，既要兼顾对生产率和柔性的要求，也要考虑系统的可靠性和机床的负荷率。因此，就产生了三种类型的 FMS，分别是：配备互补机床的 FMS、配备可互相替换机床的 FMS 和混合式的 FMS。

(1)配备互补机床的 FMS。在这类 FMS 中，通过物料运储系统将数台 NC 机床连接起来，不同机床的工艺能力可以互补，工件通过安装站进入系统，然后在计算机控制下从一台机床到另一台机床，按顺序加工，如图 8-3 所示。工件通过系统的路径是固定的。这种类型的 FMS 是非常经济的，生产率较高，能充分发挥机床的性能。从系统的输入和输出的角度看，互补机床是串联环节，它减少了系统的可靠性，即当一台机床发生故障时，全系统将瘫痪。

图 8-3　配备互补机床的 FMS

(2)配备可互相替换机床的 FMS。这种类型的 FMS 系统中的机床是可以互相代替的，工件可以被送到适合加工它的任一台加工中心上。计算机的存储器存有每台机床的工作情况，可以对机床分配加工零件，一台加工中心可以完成部分或全部加工工序，如图 8-4 所示。从系统的输出和输入看，它们是并联环节，因而增加了系统的可靠性，即当某一台机床发生故障时，系统仍能正常工作，同时这种配置形式具有较大的柔性和较宽的工艺范围，可以达到较高的机床利用率。

(3)混合式的 FMS。这类 FMS 是互补式 FMS 和替换式 FMS 的综合，即 FMS 中有一些机床按替换式布置，而另一些机床按互补式安排，以发挥各自的优点。大多数 FMS 采用这种形式，如图 8-5 所示。

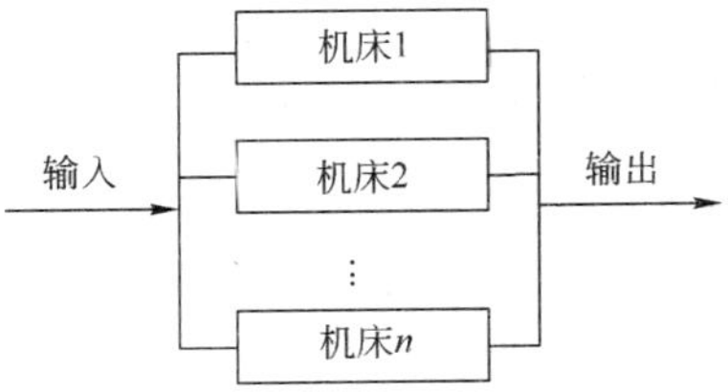

图 8-4　配备可互相替换机床的 FMS

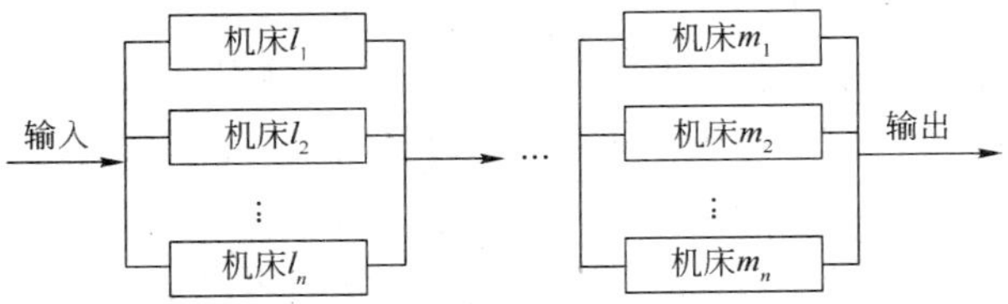

图 8-5　混合式的 FMS

(四)FMS 的特点

有了数控机床就能解决中小批量零件加工，为什么还要 FMS 呢？实际上，一个普通零件逗留在工厂的全部时间中，近 95%是在等待，2%用于装卸，只有 3%用于实际加工。等待时间包括设备故障、劳动力管理不善、定位、换刀测量和安装、停机及其他等待时间。所以如何发挥数控机床的效率是 FMS 的设计目标。

FMS 有以下的特点：

(1)机床连续 24h 运行在两个日班时，工人给设备提供毛坯并进行必要的维护，操作人员通过计算机进行调度和监控。在夜班时，由计算机独立监控加工情况。

(2)减少直接劳动工人数在 FMS 中，加工、换刀、装夹、测量和物料搬运，全部由计算机自动控制，工人只需负责观察运行情况。

(3)缩短生产周期这是由于计算机能进行生产计划、调度和机床监控，提高了生产率。

(4)减少在制品库存量。FMS 采用的是流水线加工原理，因此在制品的中间存储缓冲站可减到最少。

(5)减少刀具和夹具在 FMS 生产的零件品种较多，所用的是通用刀具和夹具。

(6)柔性高 FMS 通过编程能运用于多品种、中小批量生产，柔性好，性能价格比高。

第二节　柔性制造系统的加工系统

一、加工系统的功能及要求

(一)加工系统的作用

柔性制造系统是一个计算机化的自动化制造系统，能以最少的人工干预加工任一范围的零件族工件。FMS 的加工系统包括镜削加工中心、车削加工中心、主轴箱更换式机床等设备。加工系统中所需设备的类型、数量、尺寸等均由被加工零件的类型、尺寸范围和批量大小来决定。目前主要有两类零件在 FMS 中加工，即棱柱体零件(包括箱体形、平板形等等)和回转体类零件。因此，加工系统的结构既取决于被加工零件的类型、形状、尺寸、精度要求，也取决于批量大小及 FMS 的自动化程度。FMS 既可由镜削加工中心(MC)或车削加工中心(TC)等同一类型的设备组成，也可由数控机床、其他专用设备、加工中心等多类型的设备组成。加工系统担任把原材料转化为最终产品的任务，是 FMS 的基石。

(二)加工设备选择的原则

FMS 中的加工设备应该是可靠的、自动化的、高效率的和高柔性的。在选择时，需考虑到该 FMS 加工零件的尺寸范围、经济效益、零件的工艺性、加工精度和材料等。

对于长度直径比小于 2 的回转体零件，如需要进行大量镜、钻和攻螺纹加工的圆盘，通常在加工棱柱体的 FMS 中进行加工。

对于棱柱类零件，加工设备的选择通常都在立式和卧式加工中心以及专用机床(如可更换主轴箱式机床、转位主轴箱式机床)之中进行。

FMS 上待加工的零件族决定着各加工设备(如加工中心)所需要的功率、加工尺寸范围和精度。除此之外，加工中心等设备还会受到与物料运储系统连接问题的限制。

FMS 中的加工中心都具有刀具存储能力，采用斗笠式、鼓形和链形等各种形式的刀库。为满足柔性制造，通常加工中心具有一定的刀库容量。例如，有些加工中心的刀库容量在100把以上。刀库中的某些刀具，如大的镗杆或平面镜刀的重量对刀具传递和更换机构的可靠性提出了更高的要求。

(三)FMS对机床的要求

由于FMS是一种高自动化的制造系统，所以纳入FMS运行的机床必须具备三个特点，即工序集中、高柔性与高生产率和容易控制。

工序集中是FMS中机床最主要的特点。由于FMS是高度自动化的制造系统，价格昂贵，因此要求加工工位的数目尽量少，并能接近满负荷工作。此外，加工工位少可以减轻工件流的输送负担，还可以保证零件的加工质量。

机床的另一个特点是高柔性和高生产率。为满足高柔性和高生产率要求，近年来在机床结构设计上形成两个发展趋势：柔性化组合机床和模块化加工中心。所谓柔性化组合机床又称为可调式机床，如自动更换主轴箱机床和转塔主轴箱机床。

模块化加工中心把加工中心设计成若干通用部件、标准模块，根据加工对象的不同要求组合成不同的加工中心。

机床的第三个特点是容易控制。FMS是采用计算机控制的集成化制造系统，所采用的机床必须适合纳入整个控制系统。因此，机床的控制系统要能够实现自动循环，能够适应加工对象改变时易于重新调整的要求。

另外，FMS中的所有设备受到自身控制系统和FMS中央控制系统的调度、指挥，实现动态调度、资源共享、提高效率。因此，FMS中所有设备的控制器必须建立标准接口和通信协议，使各个生产设备、运储系统、控制系统等协调工作。

FMS的加工系统原则上应是可靠的、自动化的、高效的、易控制的，其实用性、匹配性和工艺性好，能满足加工对象的尺寸范围、精度、材质等要求。因此在选用时应考虑、以下因素：

(1)工序集中。如选用多功能机床、加工中心等，以减少工位数和减轻物流负担，保证加工质量。

(2)控制功能强、扩展性好。如选用模块化结构，外部通信功能和内部管理功能强，有内装可编程序控制器，有用户宏程序的数控系统，以易于与上下料、检测等辅助装置连接和增加各种辅助功能，方便系统调整与扩展，以及减轻通信网络和上级控制器的负载。

(3)高刚度、高精度、高速度。选用切削功能强，加工质量稳定，生产效率高的机床。

(4)使用经济性好。如导轨油可回收，断、排屑处理快速、彻底等，以延长刀具使用寿命，节省系统运行费用，保证系统能安全、稳定、长时间无人值守而自动运行。

(5)操作性、可靠性、维修性好。机床的操作、保养与维修方便，使用寿命长。

(6)自保护性、自维护性好。如设有切削力过载保护、功率过载保护、行程与工作区域限制等。导轨和各相对运动件等无需润滑或能自动加注润滑，有故障诊断和预警功能。

(7)对环境的适应性与保护性好。对工作环境的温度、湿度、噪声、粉尘等要求不高,各种密封件性能可靠、无渗漏,冷却液不外溅,及时排除烟雾、异味,噪声小,振动小,以保护良好的生产环境。

(8)其他。如技术资料齐全,机床上各种显示、标记等清楚,机床外形、颜色美观且与系统协调。

二、加工系统中常用加工设备

(一)数控加工中心(MC)

数控加工中心(MC)一般指镜削加工中心,是自身带有刀库和自动换刀装置(ATC)的一种多工序数控机床。工件经一次装夹后,能完成铣、镗、钻、绞、攻螺纹等多种工序的加工,并且有多种选刀或换刀功能,从而使生产效率和自动化程度大大提高。

加工中心至少有三个坐标运动轴 X、Y、Z 和三个转动坐标 A、B、C 的适当组合而成。

按控制轴数分,MC 可分为:①坐标加工中心,即具有 X、Y、Z 三轴联动控制功能;②坐标加工中心,即具有 X、Y、Z 三轴联动和 B 轴功能;③五坐标加工中心,即具有 X、Y、Z 三轴和 B 轴,另加 A 轴或 C 轴功能。

若按主轴的位置分,则有卧式加工中心、立式加工中心和立卧两用加工中心(又称五面加工中心)。图 8-6 为典型的适应柔性制造系统需要的加工中心机床。该机床按模块化原理设计,由主轴头、换刀机构和刀库、立轴(Y 轴坐标)、立轴底座(Z 轴坐标)、工作台、工作台底座(X 轴坐标)等六大部分组成。

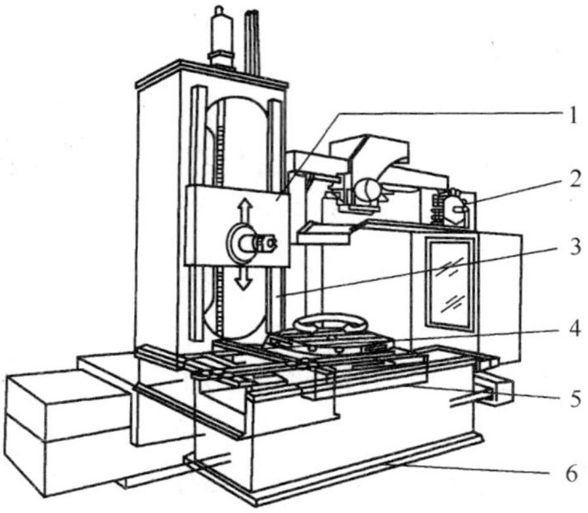

图 8-6　卧式加工中心

1-主轴头;2-换刀机构和刀库;3-立轴(Y 轴坐标);4-立轴底座;(Z 轴坐标);5-工作台;6-工作台底座(X 轴坐标)

(二)车削加工中心(TC)

车削加工中心是一种高精度、高效率的数控机床。它的主体是数控机床，配上刀库和自动换刀装置后，就构成了车削加工中心(TC)。车削加工中心如图 8-7 所示。

车削加工中心按主轴的方向是水平或垂直分为卧式和立式两大类，与 MC 相比较，目前运动中的 TC 种类并不多。

车削加工中心主要使用于回转形零件的复合加工。在 TC 上除外圆车削和镗孔外，还可完成端面与圆柱面上的径向钻削和镜削加工。如加工外圆上的平面、径向孔、槽、凸缘上的槽、孔、端面的槽等。

TC 的主要优点是：①缩短每道主序的准备时间或操作时间；②合并工序减少工夹具数量；③减少中间库存；④合理有效地分配工序负荷。

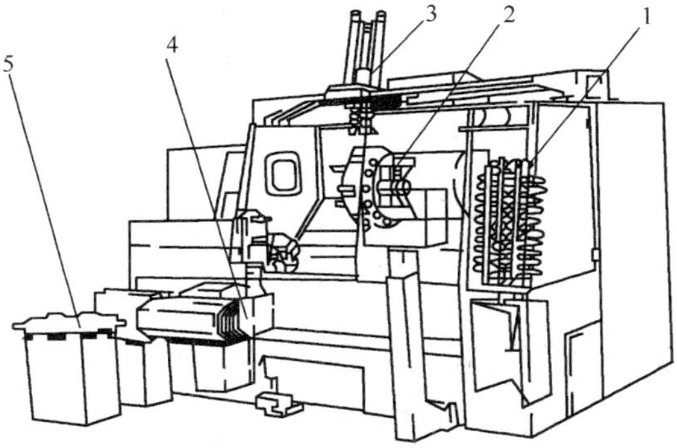

图 8-7 车削加工中心

1-刀库；2-回转刀架；3-换刀机械手；4-上下工件机器人；5-工件存储站

(三)主轴箱更换式机床

根据加工零件的需要，通过更换装在主轴驱动单元上的单轴、多轴或多轴头，从而实现机床加工的柔性与生产率，这就是主轴箱更换式机床(Head Changing Machines)的设计思路。

主轴箱更换式机床以 1～2 台主轴驱动单元为中心，在其周围设有可供更换主轴箱的箱库。根据加工需要将要更换的主轴箱从其箱库中自动地输送到驱动单元的位置上与驱动单元连接后进行加工。主轴箱更换式机床按照主轴箱更换方式分为三种类型：①循环式输送主轴箱更换式机床；②直线式输送主轴箱更换式机床；③鼓轮式输送主轴箱更换式机床。

1. 循环式输送主轴箱更换式机床

图 8-8 是由美国 John Deere 公司设计的主轴箱更换式机床，由它构成柔性制造单元，用于加工拖拉机差动齿轮箱的箱体零件。它由对置的两组主轴箱更换装置、循环式输送机、驱动装置、圆形工作台、托盘更换站等组成。总共有 46 个单轴、多轴镜头与钻削动力头的主轴箱，主轴数量总计为 654 个，它们在更换位置与驱动单元连

接。驱动单元可在 X、Y、Z 方向上运动，圆形工作台具有每隔 90°的分度功能，工作一次装夹后可完成五面加工。

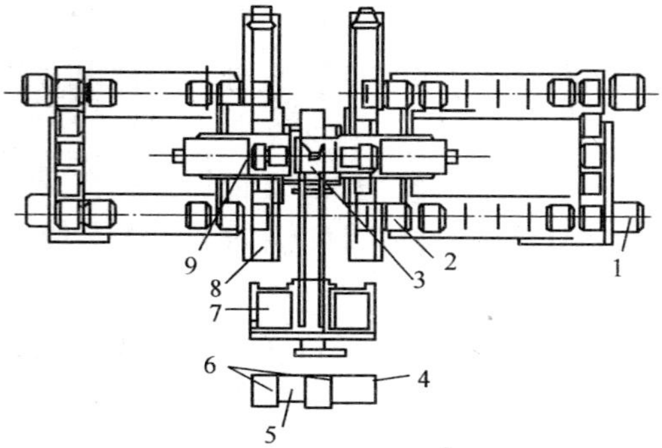

图 8-8　循环式输送主轴箱更换式机床

1-主轴箱移出站；2-主轴箱；3-圆形工作站；4-诊断和信息系统；5-主操纵台；6-CNC 控制装置；7-托盘更换站；8-主轴箱更换装置；9-驱动装置

2. 直线式输送主轴箱更换式机床

所谓直线式输送更换式主轴箱也就是以水平或垂直方向运动，输送存放在齿条型主轴箱库内的可供更换的主轴箱。

图 8-9 是以垂直方向直线运动输送更换主轴箱的例子。它是由德国 Diedesheim 公司作为柔性制造系统而开发的。在此装置中，将称为刀具盒的小型多轴主轴箱和组合刀具等装在八角转台上，更换八角转台，即是一次更换刀具盒群的方式。在这种被称为柔性加工中心的装置中，可以迅速更换用于镜削加工、平面切削、钻孔、铰孔、攻螺、纹加工等预先调整好的八角形转台。设在 X 轴向移动的工作台上的驱动单元与八角回转头下部可以连接。

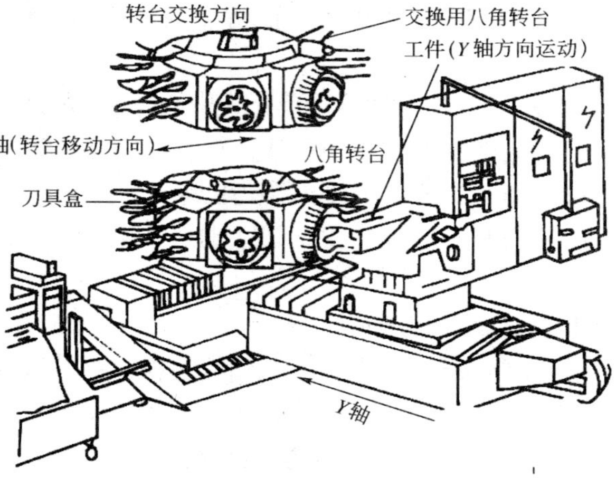

图 8-9　直线式输送主轴箱更换式机床

加工时，工件作 Y 坐标进给，八角转台（又称转塔）可作 X 方向进给。当某一工序加工完毕后，工件退回，八角转台转过一个角度，然后工件再作 Y 方向进给或移至预定位置夹紧后，八角转台作 X 方向进给，进行第二工序的加工。当需要对工序相差较大的零件进行加工时，更换八角转台即可。

3. 鼓轮式更换主轴箱机床

图 8-10 为一种鼓轮式更换主轴箱机床。它是以加工中心为基础，在机床主轴两侧，各配置一个八面鼓轮，安装有不同用途的主轴箱。当某一主轴箱使用完毕后，借助更换主轴箱推杆机构将主轴箱推至鼓轮上的空闲位置，然后根据程序的设定，左或右的鼓轮将所需的主轴箱传至正前方，再由更换主轴箱机构将主轴箱移至立柱的托盘上定位夹紧，并使它与双立柱内主轴箱驱动单元相连接，重复定位精度为 13μm。机床的 X、Y、Z 轴运动由装载工件的工作台实现，而 Y 轴由主轴箱完成。该机床用于加工汽车备件的 FMS 中。

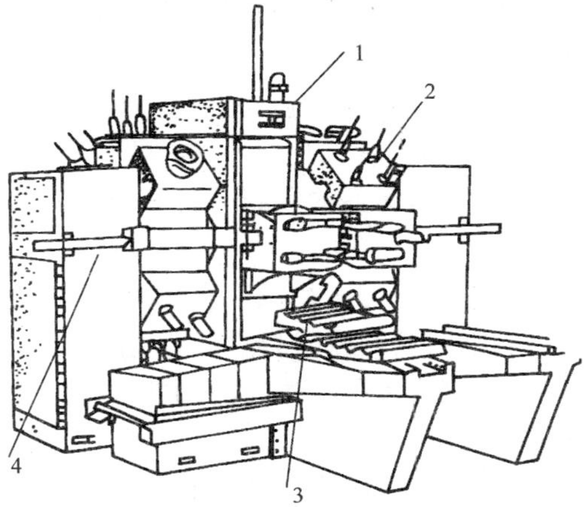

图 8-10　鼓轮式更换主轴箱机床

1-立柱；2-多轴交换主轴箱；3-工作台（拖板）；4-往复转动挡杆

主轴箱更换式机床控制简单，机械结构复杂，工作效率高，主轴箱价格高，柔性差。这种机床适合于大批量生产且品种变化不频繁的场合。

三、自动上下料装置

在 FMS 中，自动上下料装置是完成加工设备（加工中心、清洗机等）之间、加工设备与自动化仓库之间等的输送和搬运。通常，工件用夹具安装在托盘上，托盘成为机床的工作台，更换工件则连同托盘一起更换。托盘的式样多种多样，它充当工件和机床之间的接口。在 FMS 中，所有机床必须接受同一形式的托盘。若在同一系统中，使用不同厂家的机床，必须设计统一标准的接口，以便托盘交换。自动上下料装置通常有托盘交换器（Automated Pallet Changing）、多托盘库运载交换器（Automatic Pallet Magazine)、机器人(Robot)等。

(一)托盘交换器(APC)

托盘交换器(或称自动托盘交换装置)是FMS的加工设备和输送装置之间的桥梁和接口。它不仅起连接作用,还可以暂存工件,起到防止系统阻塞的缓冲作用。

1. 回转式托盘交换器

回转式托盘交换器通常与分度工作台相似,有两位、四位和多位等形式。多位的托盘交换器可以储存若干个工件,所以也称托盘缓冲站或托盘库。其上有两条平行的导轨供托盘移动导向用,托盘的移动和交换器回转通常由液压驱动。托盘交换器有两个工作装置,机床加工完毕后,交换器从机床的工作台上移出装有工件的托盘,然后旋转180°,将装有零件的托盘再送到机床的加工位置。

2. 往复式托盘交换器

往复式托盘交换器由一个托盘库和一个托盘交换器组成。当机床加工完毕后,工作台横向移动到卸料位置,将装有加工好的工件托盘移至托盘库的空位上;然后工作台横移至装料位置,托盘交换器再将待加工的工件移至工作台上。带有托盘库的交换装置允许在机床前形成不长的排队,起到小型中间储存库的作用,以补偿随机、非同步生产的节拍差异。

由于设置了托盘自动交换器,工件的装卸时间得到了大幅度缩减。

(二)工业机器人

工业机器人由美国的杰国格·C·德沃尔在1954年提出的。美国机器人工业协会将工业机器人定义为:用来进行搬运材料、零件、工具等可再编程的多功能机械手,或通过不同程序的调用来完成各种工作任务的特殊装置。在FMS中,工业机器人是常用的自动上下料装置之一。

工业机器人一般由执行机构、控制系统、驱动系统以及检测装置等几部分组成。执行机构是一种具有和人手相似的动作功能,可在空间抓放物体或执行其他操作的机械装置。控制系统是机器人的大脑,指挥机器人按规定的程序运动,并记忆给予的指令信息(如作业顺序、运动路径、运动速度等),同时按控制系统的信息对执行机构发出执行指令。驱动系统的作用是把控制系统发来的控制指令进行放大处理,驱动执行机构的传动装置。驱动系统有电气驱动、液压驱动、气压驱动三种类型。检测装置的作用是通过传感器检测机器人的运动位置和工作状态,并及时反馈给控制系统,以便执行机构按给定要求和指定的精度搬运工件。

工业机器人按是否移动分为固定式机器人和移动式机器人。

1. 固定式机器人

固定式机器人的机械本体是固定的,它只能进行臂部可活动范围内的输送工作。图8-11是美国辛辛那提—米拉克隆公司生产的T3型工业机器人。该机器人机械本体具有坚固的底座,底座上有绕中心旋转的扫描臂。扫描臂上有在垂直面摆动的肩,这样就构成了一个球面坐标系统。与摆动肩相连的是延伸肘，它改变了机器人的整个臂长，使活动范围扩展成球体空间。手腕分别有偏向、俯仰、回转。它扩大了机器人的柔性和灵活性。

图 8-12 为采用固定式机器人为多台机床自动上下料的柔性制造系统（FMS）实例。该 FMS 以机器人为中心，机床围绕机器人布局。

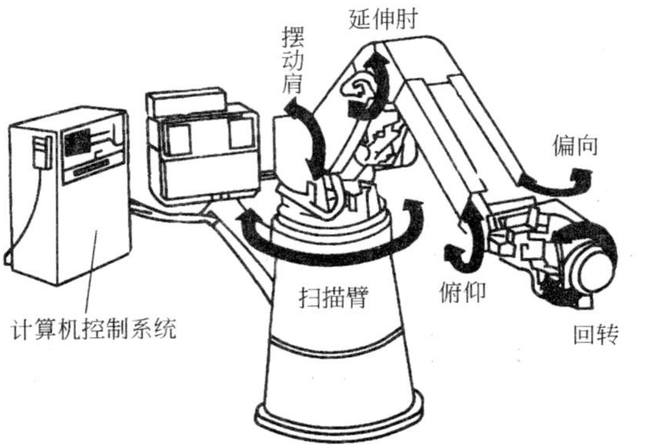

图 8-11　固定式机器人

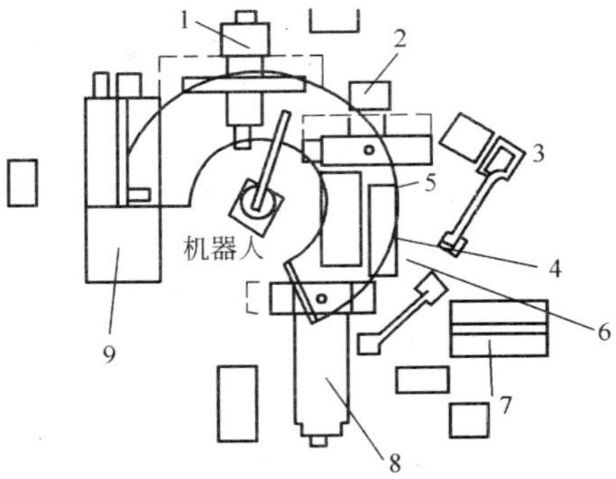

图 8-12　柔性制造系统实例

1-铣床；2-钻床；3-吊车；4-存储器；5-输入；6-输出；7-操作台；8-加工中心；9-车床

2. 移动式机器人

图 8-13 为移动式机器人的实例，它采用机器人与传送机组合的输送方式实现长距离物料的搬运。这种机器人克服了固定式机器人活动范围小，物料运送距离短的弱点，常用于加工设备多的场合。

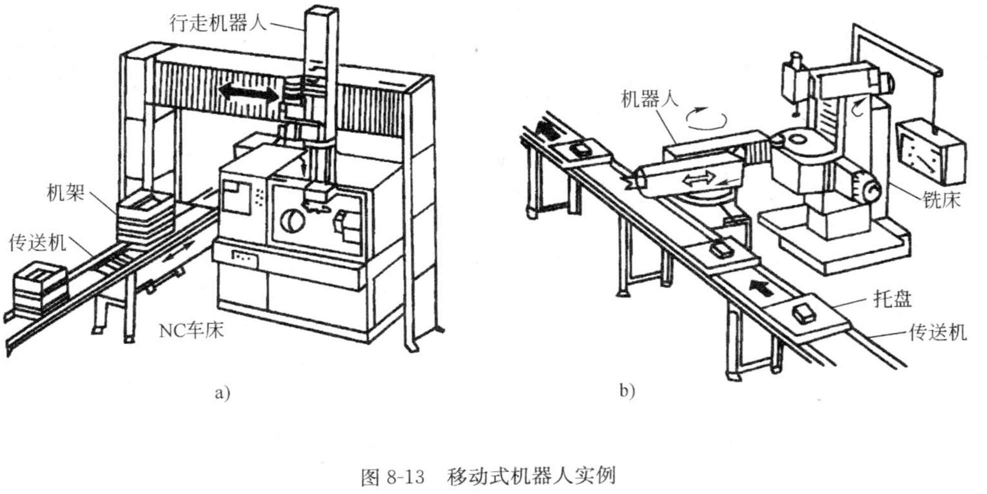

图 8-13　移动式机器人实例

第三节 柔性制造系统的物流系统

一个零件从原材料到产品的整个生产周期中，只有相当少的一部分时间用于机床的切削加工，而大部分的时间用于零件的运输和储存。所以，合理地选择柔性制造系统的物流系统，是 FMS 达到高柔性和高生产率的关键。

一、物流系统的组成

(一)物流系统的组成

物流系统一般由三个部分组成：

(1)输送系统，建立各加工设备之间的自动化联系。

(2)储存系统，具有自动存取机能，用以调节加工节拍的差异。

(3)操作系统，建立加工系统同物流系统和储存系统之间的自动化联系。

FMS 中的物料输送系统与传统的自动生产线或流水线不同，其工件输送系统可以不按固定节拍强迫运送工件，工件的传输也没有固定的顺序，甚至可以是几种工件混杂在一起输送，而且工件输送系统都处于可以进行随机调度的工作状态。

FMS 的物料储运系统一般包含工件装卸站、托盘缓冲站、物料运送装置和自动化仓库等几个组成部分，主要用来执行工件、刀具、托盘以及其他辅助设备与材料的装卸、运输和储存工作。

(二)物流系统的输送系统

1. 物流输送系统的要求

FMS 物流系统对输送系统的要求是：

(1)通用性，能适合一定范围内不同输送对象的要求，物料存储装置、缓冲站和加工设备等的关联性好，物料交接的可控制性和匹配性(如形状、尺寸、重量和姿势等)好。

(2)变更性，能快速、经济地变更运行轨迹，尽量增大系统的柔性。

(3)扩展性，能方便地根据系统规模扩大输送范围和输送量。

(4)灵活性，接受系统的指令，根据实际加工情况完成不同路径、不同节拍、不同数量的输送工作。

(5)可靠性，平均无故障时间长。

(6)安全性，定位精度高，定位速度快。

2. 物流运输系统的组成和形式

1)物流运输系统的组成

物流运输系统主要完成两类不同的任务：一类是零件毛坯、原材料由外界搬运进系统，以及将加工好的成品从系统中搬运走；另一类是毛坯、原材料、半成品在 FMS 内部的搬运。通常，前者是需要人工干预的，而后者由运输系统自行完成。

对于回转体零件加工，其毛坯运到装卸站后，通常在人工干预下直接送到进料装置。若是棱柱体毛坯，则必须将毛坯用夹具安装在托盘上，由人工将毛坯连同托盘送入运输系统中。对于重型零件，采用起重机或机器人搬运，在装卸站由人工调整。

零件在 FMS 内部的搬运主要采用以下三种运输工具：传送带、自动运输小车和搬运机器人。传送带主要是从传统的机械式自动线发展而来的，在新设计的系统中用得越来越少。

自动运输小车的结构发展较快，形式也是多种多样的，大体上可分成有轨小车和无轨小车两大类。有轨小车有的采用地轨，像火车的铁轨一样；也有的采用天轨，或称为高架轨道，运输小车吊在两条高架轨道上进行移动。无轨小车因导向方法的不同，又可分为有线导向、光电导向、激光导向和无线电遥控等多种形式。在 FMS 发展的初期，多采用有轨小车，随着 FMS 控制技术的成熟，越来越多地采用自动导向的无轨小车。搬运机器人由于工作灵活性强且具有其他运输工具不具有的视觉和触觉能力，以及工作精度高等一系列优点，近年来在 FMS 中的应用越来越广。

2)物流运输系统的形式

物流运输系统是为 FMS 服务的，它决定着 FMS 的布局及运行方式。其形式分为以下 5 种。

(1)直线运输形式直线运输形式(图 8-14a)，运输工具只能沿线路单向移动，顺序地在各个工作站装卸物料。运输工具不能反向移动。

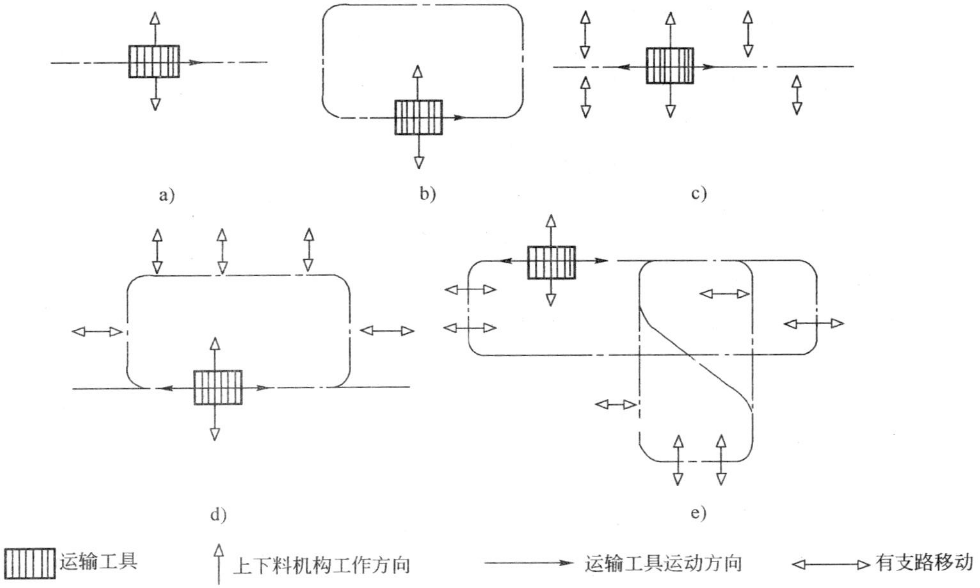

图 8-14　零件运输系统的组成

a)直线运输形式；b)环形运输形式；c)带支路的直线运输形式；d)带支路的环形运输形式；e)网络型运输形式

(2)环形运输形式环形运输形式(图 8-14b),运输工具只能沿环形线路单向移动,顺序到达各个工作站。

(3)带支路的直线运输形式带支路的直线运输形式(图 8-14c),运输工具具有随机改变运动方向的能力,且包含有支路,运输工具可随机地进入其他的支路。这种运输方式便于实现随机存取,具有较大的柔性。

(4)带支路的环形运输形式带支路的环形运输形式(图 8-14d),它是以一个环形回路作为基础,含有若干支路。运输工具随机存取。

(5)网络型运输形式网络型运输形式(图 8-14e),这种运输形式是随着各类自动导向小车的研制和应用而发展的,由于它在地面布线,输送线路的安排具有很大的柔性,而且机床敞开性好,零件运输灵活高等优点,在中、小批量多品种生产的 FMS 中应用越来越多。

3. 物流运输工具

自动导向小车(Automatic Guided Vehicle,简称 AGV)是 FMS 实际工作中广泛使用的运输工具。它是一种由微机控制,按照一定的程序或轨道自动完成输送任务的运输工具。自动导向小车具有运行速度快、运载能力强、定位精度高、安全可靠、维修方便等优点。AGV 如图 8-15 所示。AGV 的主体是无人驾驶小车,小车的上部为一平台,平台上装备有托盘交换装置。小车的起停、行走和导向均由计算机控制,小车的两端装有自动刹车缓冲器,以防意外。AGV 由微机控制及测试。

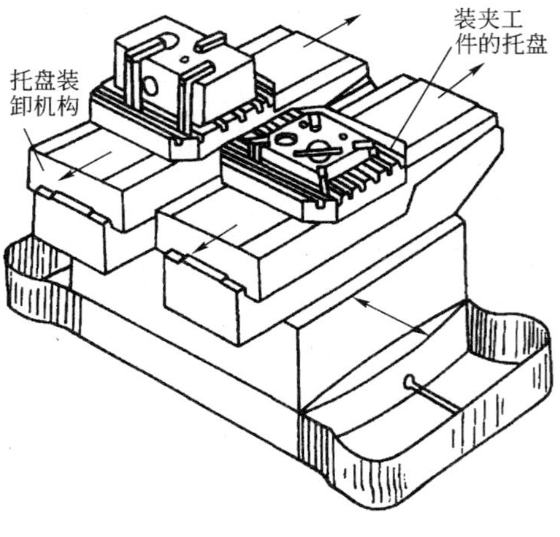

图 8-15　自动导向小车

1)自动导向小车的特点

自动导向小车之所以能在 FMS 中得到广泛的应用,主要因为它有以下几个特点:

(1)较高的柔性:只要改变导向程序,就可以很容易地改变、修改和扩充 AGV 的运输线路。与改变传送带的运输线或有轨小车的轨道相比,其运输轨道的改变工作量要小得多。

(2)实时监视和扩展:由于计算机能够及时地对 AGV 进行监视和控制,不管小车在何处或处于何种状态,是运动还是静止,计算机都可以用调频法通过它的发送器向任一特定的小车发出命令,只有频率相同的那一台小车才能响应这个命令,并根据命令完成由某一点到另一点的移动、停止、装卸、再充电等一系列的动作。另外,小车也能向计算机反馈信息，报告小车的运行状态、蓄电池状态等。

(3)安全可靠：AGV 能以低速运行，运行速度一般为 10～70m/min 之间。一般 AGV 备有自身的微处理器控制系统，能与本区的其他控制系统进行通信，以防止相互之间的碰撞。有的 AGV 上面还安装了定位传感器或定中心装置，以保证准确定位。从而避免了在装卸站或在运输过程中小车与小车之间发生碰撞，以及工件卡死的现象。AGV 也可装报警信号灯、扬声器、紧停按钮、防火安全联锁装置，以保证运输的安全。

(4)维护方便：小车维护包括对小车蓄电池的再充电，以及对电动机、车上控制器、通信装置、安全报警装置的常规检测等。

2)自动导向小车的类型

按导向方法，AGV 分为四种类型。

(1)有轨小车：有轨小车是通过铺设的铁轨进行运动的，它可以很方便地在同一轨道上来回移动。有轨小车的加速过程和移动速度都比较快且适合搬运重型零件。在短距离移动时，它的机动性能比较好，停靠准确。有轨小车在铁轨上行走，由车辆上的电动机牵引。

其不足之处是，一旦将铁轨铺设好后不易改动且转弯半径不能小。

(2)线导小车：线导小车是利用电磁感应制导原理进行导向的(图 8-16)。小车除有驱动系统以外，在前部装有一对扫描线圈。当埋入地沟内的导线通以低频率变电流时，在导线周围便形成一个环形磁场。当导线从小车前部两个扫描线圈中间通过时，两个扫描线圈中的感应电势相等。当小车偏离轨道时，扫描线圈就会产生感应电动势差，其中势差经过放大后给转向制导电动机，使 AGV 朝向减少误差的方向偏转，直至电动势差消除为止，从而保证小车始终沿着导线方向进行。

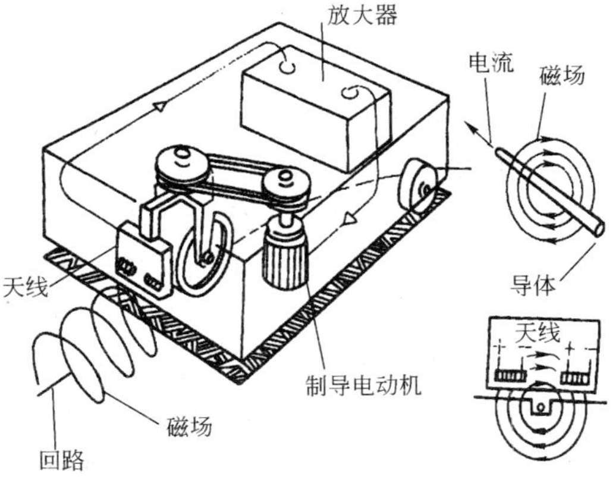

图 8-16　线导小车导向原理示意图

(3)遥控小车：这种小车没有传递信息的电缆，而是以无线电发送接收设备，传送命令和信息。其活动范围和路线基本上不受限制，故柔性较大。当然，其控制系统和操纵机构较复杂。目前正处于实验研究阶段。

(4)光导小车：这种小车采用光学导向，其原理是直接在地面上涂上一层荧光材料，或敷设一层涂有荧光材料的油漆或色带，光线照射后，利用荧光材料的反映，激发光敏传感器辨认出小车应走的路线，引导小车移动。

(三)物流系统的储存系统

1. 自动化仓库

在激烈的市场竞争中,为实现现代化管理、加速资金周转、保证均衡及柔性生产,提出了自动化仓库的概念。在 FMS 中,以自动化仓库为中心组成一个毛坯、半成品、配套件或成品的自动存储、自动检索系统。在管理信息系统的支持下,实现自动存取。

1)自动化仓库的组成

自动化仓库主要有库房、堆垛起重机、控制计算机、状态检测器等组成。

库房由一些货架组成,货架之间留有巷道,根据需要可以有一条或多条巷道,一般情况下入库和出库都布置在巷道的某一端,有时也可以设计成由巷道的两端入库和出库,每个巷道都有自己专有的堆垛起重机,负责物料的存取。

货架的材料一般采用金属结构,货架上的托板有时也可以用木格(仅适用于轻型零件)。堆垛机一般由托架、升降台、电动机及位置传感器等组成。

堆垛机上的电动机带动堆垛机移动和托盘的升降,一旦堆垛机找到需要的货位,就可以将零件或货箱自动堆入货架,或将零件或货箱从货架中拉出。

堆垛机上有检测横向移动和起升高度的传感器,辨认货位的位置和高度,有时还可以阅读货箱内零件的名称以及其他有关零件的信息。

2)自动化仓库的计算机控制

自动化仓库的自动化包含仓库管理自动化和入库出库的作业自动化。所谓管理自动化,指对货箱、账目、货格及其他信息管理的自动化。入库出库的作业自动化指货箱零件的自动识别、自动认址、货格状态的自动检测以及堆垛机各种动作的自动控制。

自动化仓库的计算机控制包括以下几项工作:

(1)信息的输入及预处理:这项工作包括对货箱零件条形码的识别、认址检测器、货格状态检测器输入的信息,以及对这些信息的预处理。

在货箱或零件的适当部位,贴有条形码。当货箱通过入库运输机轨道时,用条形码扫描器自动扫描条形码,将货箱零件的有关信息自动录入计算机中。在有干扰的工业环境下,条形码有一定的容错能力,工作可靠。认址检测器通常采用脉冲调制式光源的光电传感器。为了提高可靠性,可采用三路组合,向控制机发出的认址信号以三取二的方式准确判断后,再判断堆垛机停车、正反方向和点动等动作;货格状态检测器,可采用光电检测方法;利用货箱零件表面对光的反射作用,探测货格内有无货箱。这种探测方法反应速度快、非接触方式、抗干扰能力强、准确可靠。

(2)自动化仓库各机电设备的计算机控制:它包括堆垛机的计算机控制、入库运输机的计算机控制等。堆垛机的主要工作方式是入库、搬库、出库。物料入库时,由于管理员已将物料存放的地址通过将条形码输入到计算机,因而计算机便可方便地控制堆垛机进行移动，自动检索待存放物料的存储地址，一旦到达指定地址后，堆垛机便停止移动，并将工件推人货架。当要从仓库内取出某一物料时，由管理员输入待取的物料代码，由计算机查找出物料的存放地址，再驱动堆垛机进行移动的检索，到指定地址的货架内取出所需的物料并送出仓库。入库运输机的计算机控制，其方法与堆垛机类似，当接受到一批作业命令以后，取出作业命令中的巷道号，完成对这些巷道数据的处理，以便控制分岔点的停止器，最终实现货箱在入库运输机上的自动分岔。

(3)信息的计算机管理：它对全仓库进行物资、账目、货位及其他物料信息的管理。入库时将货箱"合理分配"分配各个巷道作业区，以提高入库速度；出库时能按"先进后出"的原则，或其他排队原则出库。同时还要定期地或不定期地打印报表。当系统出现故障时，还可以通过总控制台的操作按钮进行运动中的"动态改账及信息修正"，并判断出发生故障的巷道，及时封锁发生故障的巷道，暂停该巷道的出入库作业。

2. 工件装卸站

工件装卸站设在 FMS 的入口处，用于完成工件的装卸工作。由于装卸操作比较复杂，通常由人工完成对毛坯和待加工零件的装卸。为了方便工件的传送以及在各台机床上进行准确的定位和夹紧，通常先将工件装夹在专用的夹具中；再将夹具夹持在托盘上。这样，完成装夹的工件将与夹具和托盘组合成为一个整体在系统中进行传送。

3. 托盘缓冲站

托盘缓冲站也称为托盘库，是一种待加工零件的中间存储站。由于 FMS 不可能像单一的流水线/自动线那样达到各机床工作站的节拍完全相等，因而避免不了会产生加工工作站前的排队现象，托盘缓冲站正是为此目的而设置的，起着缓冲物料的作用。托盘缓冲站一般设置在加工机床的附近，有环形和往复直线形等多种形式，可存储若干个工件/托盘组合体。若机床发出已准备好接受工件信号时，通过托盘交换器便可将工件从托盘缓冲站送到机床上进行加工。

第四节　柔性制造系统的控制与管理系统

一、柔性制造系统的控制系统

FMS 的控制与管理系统，实际上是实现 FMS 加工过程中的物料流动过程的控制、协调、调度、监测和管理的信息流系统。它由计算机、工业控制机、可编程控制器、通信网络、数据库和相应的控制与管理软件组成，是 FMS 的神经中枢和核心部分。

(一)FMS 控制与管理系统的体系结构

由于 FMS 是一个复杂的自动化集成体，其控制系统的体系结构和性能直接影响整个 FMS 的柔性、可靠性和自动化程度。

FMS 除了少数操作由人工控制外(如装卸、调整和维修)，绝大多数工作完全由系统自动控制，控制范围广，承担任务重。为了避免用一台计算机过于集中的控制，目前几乎所有的 FMS 都采用了多级计算机递阶控制结构，由此来分担主控计算机的负荷，提高控制系统的可靠性，同时也便于控制系统的设计和维护。

FMS 控制系统一般采用三层递阶控制结构，包括：系统管理与控制层、过程协调与监控层、设备控制层，其参考模型如图 8-17 所示。

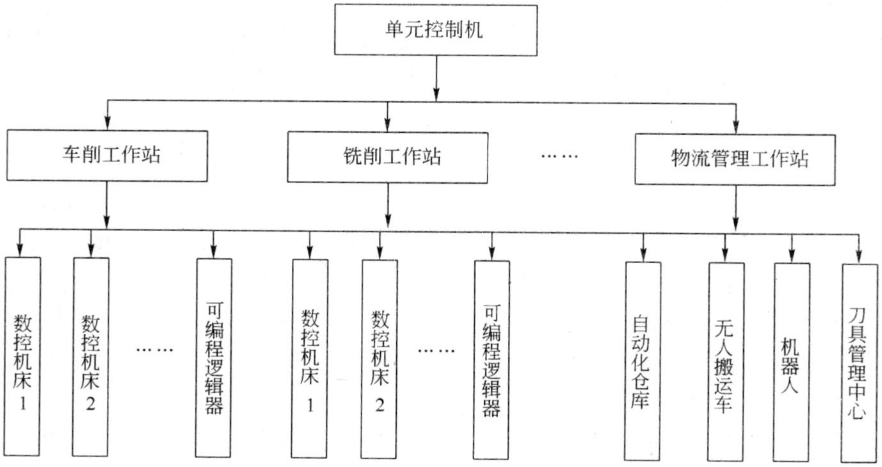

图 8-17　FMS 递阶控制结构

1. 系统管理与控制层

又称单元控制层，它执行上级下达的生产任务，制定系统生产作业计划，实时分配作业任务给各个工作站、点，监控系统的执行、协调各部门与 FMS 的工作及相互支援等。

2. 过程协调与监控层

又称工作站控制层，主要协调工件在系统中的流动，完成各设备间的交接、系统运行状态的监视与控制、加工程序的分配、工况和设备运行数据的采集以及向上级控制器报告等。现场操作人员主要通过该层界面实现对整个系统的实时运控与现场调度。

3. 设备控制层

它由加工机床、机器人、AGV、自动化仓库等设备的 CNC 装置和 PLC 逻辑控制装置组成，直接控制各类加工设备和物料系统的自动工作循环，接受和执行上级系统的控制指令，并向上级系统反馈现场数据和控制信息。

在上述三级递阶控制结构中，每层的信息流都是双向流动的：向下可下达控制指令，分配控制任务，监控下层的作业过程；向上可反馈运行状态，报告现场生产数据。然而，各层控制计算机在控制的实时性和处理信息量方面则有所不同：越往底层，其控制的实时性越强，而处理的信息量则越少；越到上层，其处理的信息量越大，而对实时性要求则越小。例如，设备层控制规划时间通常在几毫秒到几分钟范围内；在工作站层，其作用时间可以从几分钟到几小时；而最上层其规划期可达几小时到几周范围。

这种 FMS 递阶结构，各层的控制处理相对独立，易于实现模块化，使局部增、删、修改简单易行，从而增加了系统的柔性和开放性，充分利用了计算机的资源。然而，FMS 究竟分几层为好，这要视具体对象和条件而定，不可千篇一律。

(二)柔性制造系统开放式单元控制器的功能模型

1. 开放式单元控制器的功能模型特征

开放式单元控制器的功能模型应具有下列四个特征：

(1)时间和空间上具有开放性即单元控制器能集成不断更新的加工设备和高性能、功能各异的不同厂商制造的数控设备。

(2)功能结构上具有柔性即能根据制造任务和生产品种的变化迅速进行调整，方便地增、减单元控制器的功能。其柔性的内涵表现为：可重组、可重用、可扩充。

(3)敏捷制造的反应能力为使企业在无法预测、快速变化的市场竞争中赢得胜机，必须缩短产品的制造周期、单元控制器必须要满足用户个性化的需求，具有快速响应性。

(4)遵守 ISO/OSI 开放式系统参考模型在接口、服务和支持方式上充分采用规范和标准。

2. 开放式单元控制器的功能模型组成

开放式单元控制器的功能模型由 5 个模块组成，即：

(1)系统仿真模块：通过仿真对制造过程、零件加工、零件装配的性能做出评判，支持新设备的加入，并且制定出高效作业计划方案和优化调度策略方案。该模块包括制造过程仿真、零件加工仿真、零件装配仿真等。

(2)生产计划制定模块：在制造过程中，客户通过 Internet 网发订单给制造企业，企业管理部门下达任务给单元控制器，由生产计划制定模块，根据本制造系统的生产能力做出判断，给出向客户接受订单的反馈信息。若接受订单，则制定出详细的周/日生产计划，生成资源需求计划。

(3)作业调度模块：该模块调度是动态的、实时的。其任务是合理安排系统的具体加工事件，将资源需求计划给制造系统中的各个加工设备，使工件按照合理作业序列，在系统中流动。

(4)信息管理模块：其包括刀具信息管理、设备信息管理、生产数据和质量控制管理。在数据库管理系统(DBMS)的支持下为调度和实时在线监控提供静态和动态数据。

(5)实时在线监控模块:该模块是单元控制器的核心。根据作业系列指令和系统静态和动态数据产生监控指令控制子系统内各加工设备的活动,并且接受底层设备和现场操作员反馈的信息,形成加工状态及资源状态文件,供其他模块使用。

二、柔性制造系统的计划与调度

FMS的生产计划与调度技术是决定FMS能否取得预期经济效益的关键技术之一。因此生产计划调度系统是FMS单元控制器的核心功能软件。计划与调度的目的是保证按期交货,保证均衡生产,提高设备利用率,缩短生产周期。

单元控制器的计划与调度是指根据车间控制器下达给单元的周生产计划,制订日/班作业计划,并对系统内资源实施调度,使系统能够以最优的方式运行,完成当天的生产任务。单元生产作业计划并不是每天都需要进行的,一般是在接收到上级下达的新的生产计划的时候才需执行。它将这些任务进行分组并分配到每天,确定零件的加工先后顺序,确定每个零件的加工路径,对加工资源进行最优负荷分配。其目标是尽量提高设备资源的利用率,减少系统调整时间。实时动态调度是在系统加工过程中进行的,每当系统开始加工的时候它就开始工作,直到生产结束才停止。它的调度对象是系统内在线的和在装卸站前排队等待加工的一组零件以及系统的加工资源。它的任务是根据系统当前状态动态地安排零件的加工顺序,调度、管理系统资源,保证零件加工过程的实现,提高系统资源的利用率,降低制造成本。

柔性制造系统控制的任务是根据调度指令,为执行作业而控制设备的起停和运转。因此,在制造单元的底三层中,单元控制器的功能是以计划调度为主,而工作站控制器则以控制为主。当然这也不是绝对的分工。

(一)柔性制造系统的生产作业计划

车间下达给单元的周生产作业计划是零件级的作业计划,即一周内要完成加工的零件种类和数量。编制车间的作业计划时,首先要考虑的问题是保证零件的交货期。而FMS的日或班作业计划是工序级作业计划,即不仅要决定每日/班要完成的零件和数量,而且要决定零件进入系统的先后顺序,每个零件的加工路径以及所需的设备及其他资源。制订单元的作业计划时,着重要考虑的问题是在保证交货期的前提下,如何优化使用系统内资源。

制订单元每日或双日作业计划时首先要把周作业计划的生产任务分批,应使每批的零件搭配均衡,就是要均匀地、有效地使用FMS内的各项资源。零件必须分批的主要原因是单元加工资源的限制,如有限数量的托盘和夹具、加工中心的刀具库容量等。例如生产某些零件所需的刀具比在机床上能装的还多,零件程序必须分成几批，在各批之间进行刀具更换。此外，或者由于零件的交货日期参差不齐，只好将零件分批。由此将产生分几批，每批应包含哪些零件的问题。满足分批要求的主要标准是：加工全部零件所用的总时间最少。这个标准可以转换为下述两个条件：①加工全部零件所需的批量最少（变换批次耗用的时间最少）；②全部机床的平均利用率最高（加工一个批量所需的时间最短）。

在零件分批以后，还要考虑的问题是在完成每批的生产任务中，应当优化利用系统内的各项资源，即平衡工作负荷。所谓负荷，就是加工设备所承担的加工工作量。从经济上考虑，不能让昂贵的机床空闲，必须将工作负荷均衡，使各机床都能大体上同时完成这批零件的加工任务，并能立即开始加工新的一批零件。影响给机床分配刀具和零件的典型制约因素有：刀库容量、刀具成本、夹具的限制、工序中在制品数量、系统的工作负荷、机床的故障数。

均衡过程中应处理的两个主要问题是：①使分配给不同机床的工作量所需的加工时间差别最小；②使每批所有的加工任务确已分配到系统的各台机床，也就是解决如何将零件的工序分配到不同的设备。

上述分批与均衡是很复杂的问题，人工处理将是既困难又费时，如果采用决策辅助软件就可以高效地完成这一任务。

总结应用工厂的实践经验，单元的每日作业计划可以按以下步骤制定：

(1)根据车间下达的周生产作业计划 CAPP 工艺文件，将零件分批并生成工序计划。

(2)根据工序计划和单元内设备状态信息，按照负荷均衡原则把各项作业任务分配各加工工作站（设备），因此也确定了零件的加工路径。

(3)对各加工工作站（设备）的作业进行排序，得到零件引入系统的顺序并计算每台设备上各工序的开工和完工时间。

(4)根据车间日历及各工序开工和完工时间生成每日作业计划。

(5)生成资源需求计划。

FMS 生产作业计划因为涉及到零件和设备资源的具体分配，所以也有人将它称之为静态调度，而把下面要介绍的 FMS 调度称为动态调度或再调度。

(二)柔性制造系统的调度

FMS 调度主要包括两方面的内容：即被加工工件的动态排序和对系统资源生产活动的实时动态调度。

在 FMS 中，众多的作业形成两种序列：从纵向看，一个零件的制造过程是由一系列作业来完成的，每个零件对应一个作业系列。从横向看，一个设备有多个在等待，按照作业的优先级形成系列，每个设备对应一个作业系列。由于制造系统随时都会产生一些不可预见的扰动，例如机床发生故障、紧急加工件的插入等等，这些扰动都可能会打乱原先单元作业计划（静态调度）所做出的零件排序和负荷平衡（即加工路径选择)的安排。这时就要根据系统的实际状态作出适当的调整,改变零件的加工顺序和工艺路径。同时在一台加工设备有多个零件排队等待加工的情况下,调度系统也要根据系统的状态和预定的优化目标确定这些零件加工的先后顺序。加工工件的动态排序就是指根据系统的当前状态,实时动态地调度安排零件在系统内的流动过程。

前面所述的单元作业计划中所做的零件分批(组)、负荷分配和零件引入系统的排序以及上面所述的零件动态排序都是针对工件在系统中的流动而做的,其目的在于合理调度安排被加工工件在系统中的流动。但是零件在系统内的流动和加工必须依靠系统资源的活动来实现。这些系统资源包括机床、物料输送装置、缓冲存储站、刀具、夹具、机器人以及操作人员等。它们的活动都要服从控制系统的调度安排才能和谐地、高效率地完成加工任务。虽然在单元作业计划中对系统内的资源做了分配,但是这种分配并不意味着就一定可以得到这些设备资源。在加工过程中系统状态千变万化,有许多情况是无法预先估计的,因此需要在加工过程中对系统资源进行实时动态调度。

S 本章小结

本章通过介绍了柔性制造系统的概念,阐述了柔性制造系统的起源,重点掌握柔性制造系统组成、类型和特点。第二个重点理解柔性制造系统的加工系统、储存系统和物流系统的组成、内容,运行要求。了解柔性制造系统主要典型设备。了解柔性制造系统刀具输送、管理系统的工作原理,了解柔性制造系统生产作业计划的制订以及柔性制造系统的生产调度、决策策略。

E 思考题

1. 描述 FMS 的定义。
2. 分析加工系统的作用。
3. 加工中心刀库有哪几形式?各有何特点?
4. FMS 生产作业计划是如何制定的?
5. FMS 动态调度决策有哪些原则?

第九章 生产物流管理信息系统

能力目标、知识目标与学习要求

通过本章教学，主要理解物流信息、物流信息系统的定义，了解物流信息的特征和物流信息系统的基本结构；了解和掌握生产物流信息系统开发的方法；重点学习和生产掌握物流信息系统的系统分析的方法，掌握生产物流信息系统的系统分析的内容，了解生产物流信息系统的系统开发的实施过程，掌握生产物流信息系统的日常管理与维护的内容和方法。

第一节 概 述

一、信息与数据

（一）信息和数据

信息和数据是我们经常使用的词汇和术语，也是信息系统中最基本的概念。信息系统处理的主要对象是大量的各式各样的信息和数据。所以有必要了解信息与数据之间的不同之处。首先让我们了解一下数据的概念。

1. 数据

所谓数据，就是用来反映客观事物的性质、属性以及相互关系的任何字符、数字和图形。在信息系统领域中，我们可以将数据这样定义：数据是记录客观事物的可以鉴别的符号，数据不仅包括数字，还可以是文字、图形及声音等。

数据是一种原始记录，没有经过加工的数据是粗糙的杂乱的，但是，它是真实的可靠的，有积累的价值。

2. 信息

1)信息的定义

现代经济生活每天都产生大量的各式各样的信息。信息论的创始人申农对信息的定义是：信息是一种对不确定性的消除。事物的不确定性被消除得越大，信息量就越大。对信息的定义，有的从使用者的视角出发进行定义，有的从纯技术的角度来进行概括。一般说来，信息总是通过数据形式来表示，加载在数据之上并对数据的具体含义进行解释。信息是客观世界的反映，它提供了有关现实世界某些事物的知识，这种知识对信息的接受者来说是有价值的。所以，信息就是经过加工处理的有价值的数据。

2)信息的分类

从不同的角度，可以将信息分成不同的类别：

(1)自然信息与社会信息

自然信息是指由自然界产生的反映自然事物的信息，例如气象信息，海洋信息等。社会信息是指反映人类社会的有关信息，例如物流信息、企业管理信息等。

(2)原始信息与综合信息

从信息源收集的信息是原始信息。在原始信息的基础上经过信息系统的综合加工产生的新数据信息称为综合信息。相对而言，综合信息对于使用者的管理和决策来说更有价值。例如，物流决策支持系统(DSS)所产生的信息属于综合信息，这种信息可以用于物流管理决策。

(3)内部信息和外部信息

凡是在系统内部产生的信息称为内部信息。例如，在企业的内部网上产生和共享的信息就属于内部信息的范畴。外部信息在系统外部产生，例如，对于物流企业来说，国家的一系列有关物流的政策信息就是一种外部信息。

(4)输入信息、中间信息和输出信息

从系统外部或从贮存体中输入的信息称之为输入信息，在加工处理过程中产生的信息称为中间信息，加工后得到的信息称为输出信息。

3)信息的特征

(1)信息的准确性

信息的准确性是信息系统正确决策的基础。人们只有输入正确的信息，才能进行正确的决策。错误的或失真的信息将导致信息系统输出错误的分析结果。

(2)信息的共享性

信息的共享性是信息的重要性质之一。信息的共享性表现在许多人都可以使用同样的信息。作为一种共享资源，在信息的生命周期以内，信息不会因为个别人的使用而消失。信息的共享是现代企业管理的重要基础之一。企业的各个部门通过内部网络可以进行信息的共享，保证了信息的统一性和决策的一致性。在供应链管理信息系统中，供货商可以通过系统了解到分销商的商品分销情况，零售商可以实时掌握在途货物面运输情况等，可以大大提高决策和操作的准确性，有效降低成本。

(3)信息的时效性

信息是有生命周期的信息。在一个特定的时间跨度以内，信息是有效的；如果超过这一时间跨度，信息有可能会失效。信息的时效性是相对而言的。但是信息的时效性客观上要求我们要尽快地得到所需要的信息，信息的传递通道要时刻保持畅通有效，尽量减少中间停顿。

(4)信息的存储性

信息的表现形式多种多样，有文字、数字、图形和声音等多种形式。信息的可存储性表现在信息可以被存储在不同的载体之上。由于现代计算机科学的飞速发展，计算机在存储大量不同类型信息的功能方面发展得很快，并且能够安全利用数据，随时转换存储格式，最大限度地发挥了信息的重复使用效率。

(5)信息的可加工性

信息具有可加工性主要表现在信息可以进行代码信号的转换，例如将信息存储在计算机里转换成二进制代码，更加便于处理。信息可以加工提炼，例如，供货商可以把市场需求信息加工成数量信息，零售商可以将商品的条码信息加工成与商品销售量有关的信息，以便更加合理地安排订货。

3.信息与数据的联系和区别

通过上面的分析，我们可以理解信息与数据之间的关系。信息和数据两个概念既相互联系，又相互区别。数据是人们用来反映客观事物的可鉴别的符号，具有抽象性；信息是经过加工分析之后的数据，是有价值的数据。在实际工作中，信息和数据经常不加区分地被混用，但是我们在研究信息系统时应当明确两者之间的联系与区别：数据是原材料，信息是加工后的有价值的数据。

二、物流信息

(一)物流信息定义

物流信息是指与物流活动(如运输、仓储、装卸、搬运、包装、流通加工和配送)有关的信息。物流信息的产生与物流活动的开展密不可分。由于物流系统是涉及社会经济生活各个方面的错综复杂的大系统，关系到原材料供应商、生产制造商、批发商、零售商及最终消费者及市场流通的全过程，因此，物流信息数量巨大，类型繁多。但生产物流信息主要涉及采购、制造、装配、试车等过程涉及物料搬运、装卸、仓储等信息。例如，在库存管理子系统中，管理人员需要了解仓库的分布状况、库存的数量、入库出库情况、库存时间的确定等库存信息，以加强库存管理，最大限度地降低库存成本。

(二)物流信息的特点

1.种类繁多，来源广泛

物流活动的各个环节都会产生类型繁多的各种物流信息，不仅包括企业内部的物流信息，而且包括企业间的物流信息和与物流活动有关的基础设施信息。各种物流信息的来源、发生处理地点、扩散范围都相对不同，这使得物流信息的搜集分类、统计分析等工作量明显较大。在物流企业内部，来源广泛的物流信息要求物流企业建立有效的信息收集和处理系统，实现企业内部的信息统一化和信息共享。在供应链管理中，某个企业竞争优势的获得需要供应链各参与企业相互协调合作，通过EDI(Electronic Data Interchange)在各个企业间进行物流信息传输，实现资源共享，降低物流信息处理成本，推动物流活动的顺利开展。

2. 信息量大

物流信息随着物流活动以及商品交易活动的展开而大量产生。随着现代物流的飞速发展，多品种少批量生产和多额度小数量配送库存、运输等物流活动的信息大量激增。与此同时，人们对于大信息量的处理方法也在增多。例如，零售商们广泛地采用POS(销售时点信息系统)来读取某一销售时点的商品品种、价格、数量等即时销售信息，并对这些销售信息进行加工整理，通过EDI系统向相关企业传送。随着供应链技术的发展，人们对于大规模信息流的驾驭能力将会越来越强。

3. 更新速度快

在现代物流活动中，信息价值的衰减速度正在逐渐加快，大量的信息转瞬即逝。例如，现代物流的一个特点是物流服务供应商千方百计地满足客户个性化服务需求，多品种小批量生产、多额度小数量配送。由此产生大量的新信息，不断地更新原有的数据库，而且更新的速度越来越快。现代物流信息系统必须具有能够即时更新数据、分析数据的强大录入更新系统，以适应现代物流信息的特点。

(三)物流信息的分类

(1)根据信息加工的程度的不同，物流信息可以分为原始的物流信息和加工的物流信息。

原始物流信息是指没有经过加工的初级的物流信息。一般来说，原始信息是信息工作的基础，具有权威的凭证作用。没有原始信息的收集，就没有加工信息的分析结果。在物流的某些业务环节中，原始的物流信息也是非常重要的。

加工的物流信息是指对原始物流信息加工分析后得到的信息。相对于原始信息，加工后的物流信息更具有辅助决策价值，而且加工后的物流信息更加简明扼要，便于使用和分析。

(2)按照物流功能的不同，物流信息可以分为计划信息、控制及作业信息、统计信息等。

计划信息指的是被当作目标加以确认的信息，例如，运输量计划、仓储计划、与物流活动有关的基础设施建设计划等。只要现在还没有进入具体业务操作的都可以归入计划信息。这类信息的特点是具有相对稳定性，变动频率较小。

控制及作业信息指的是在物流业务操作过程中发生的信息，具有很强的变动性，是物流活动必须发生的信息。例如，运输工具信息、仓库信息、配送信息、包装加工信息等等。这种信息的特点是动态性强，更新速度快，是掌握物流活动实时运动情况的重要信息。这种信息的作用是控制和调整正在发生的物流活动，指导下一次即将发生的物流活动，以实现对物流活动和阶段的有效控制和管理。

统计信息是物流活动整个流程结束以后，对整个物流活动所做出的一种总结性的归纳性的信息。这种信息具有一定的规律性，虽然新的统计结果从总体上来看具有动态性，但是已产生的统计信息都是确定性的历史结果。例如，上一年度发生的物流量、物流种类、运输方式、运输里程等都属于这类信息。

(3)按照信息产生的领域划分，物流信息可以分为物流内部信息和物流外部信息。

物流内部信息是在物流内部活动中产生的信息，用于管理和指导当前的和下一个物流循环；物流外部信息是在物流活动以外发生的但与物流活动有一定相关性的信息，例如基本经济信息、交通通信信息等。

(四)物流信息的作用

物流信息产生于物流活动和与物流活动相关的其他活动中，反映了商流和物流的运动过程，对商流和物流活动进行记录和控制，并为物流活动的正常开展提供决策基础。所以，物流信息是物流的核心，现代物流中的信息系统是物流企业的神经中枢。

1. 物流信息是物流活动的基础

物流是连接供给和消费、克服空间和时间差异从而实现物的使用价值的综合活动。现代物流中一般包括运输、仓储、装卸、搬运、包装、加工等环节，而这些环节对于货物的流动来说，是在不同时间和场所进行的。尤其是物流活动的主要作用在于缩短货物的在途时间和仓储加工时间，及时供货和保证供应链的连续性和稳定性，从而实现货物的使用价值。这一系列的活动随时需要大量信息支持作为保证，堵塞的信息渠道和滞后的信息服务对于现代物流企业来说是不可想象的。物流信息是物流进步的基础，也是物流企业发展业务的基本平台。

2. 物流信息是物流作业的关键因素

物流的订货管理、配送作业、运输仓储等活动产生大量的物流信息，这些信息的传送速度直接关系到工作程序的衔接和平衡，关系到作业过程中的时间控制，直接影响到物流活动的运作效率。因此，物流信息要真实、全面、及时传递和反馈，物流信息渠道要时刻保持畅通无阻。

3. 物流信息是制定物流计划的保障

物流是一项系统性很强的活动，物流计划在物流系统中具有重要的作用。由于物流活动本身的特点，物流的需求计划，例如存储计划，补货量的预测等都需要提前制定。这就决定了在计划的制订过程中，必须要由大量的及时的物流信息进行支持。充分的、准确的物流信息是制定物流计划的有效保障。

总之，随着现代通信技术和网络技术的发展和应用，跨地域的实时信息传输和交换成为物流企业信息系统的重要功能。物流信息的及时传输扩大了物流企业的活动范围，促进了物流管理手段的不断改进和发展。

三、物流信息系统的构成

(一)物流信息系统的定义

物流信息系统是利用计算机硬件、软件、网络通信设备以及其他设备,进行物流信息的收集、传输、加工、储存、更新和维护,以支持物流管理人员和基层操作人员进行物流管理和运作的人机系统。

物流信息系统是整个物流系统的心脏,是现代物流企业的灵魂。对于物流企业来说,拥有物流信息系统在某种意义上比拥有车队、仓库更为重要。物流信息系统在物流运作过程中非常关键,并且自始至终地发挥着不可替代的中枢作用。随着信息经济的发展,物流信息系统在现代物流中占有极其重要的地位。

(二)物流信息系统的特点

1. 管理性和服务性

物流信息系统的目的是辅助物流企业的管理者进行物流运作的管理和决策,提供与此相关的信息支持。因此,物流信息系统必须同物流企业的管理体制、管理方法、管理风格相结合,遵循管理与决策行为理论的一般规律。为了适应管理物流活动的需要,物流信息系统必须具备处理大量物流数据和信息的能力,具备各种分析物流数据的分析方法,拥有各种数学和管理工程模型。

2. 适应性和易用性

根据系统的一般理论,一个系统必须适应环境的变化,尽可能地做到当环境发生变化时,系统能够不需要经过太大的变化就能适应新的环境。这主要体现了系统的适应性,便于人们根据外界环境的变化对系统进行相应的修改。一般认为,模块式系统结构相对易于修改。因此,物流信息系统也要具有对环境的适应性。当然,适应性强就意味着系统变动小,对系统用户来说自然方便可靠。

3. 集成化和模块化

集成化是指物流信息系统将相互连接的各个物流环节联结在一起,为物流企业进行集成化的信息处理工作提供平台。物流信息系统各个子系统的设计将遵循统一的标准和规范,便于系统内部实行信息共享。模块化系统设计的一个基本方法就是将一个大系统根据功能的不同,分成相互独立的若干子系统。各个子系统分别遵循统一的标准进行功能模块的开发,最后再按照一定的规范进行集成。

4. 网络化和智能化

随着互联网技术的迅速发展,在物流信息系统的设计过程中也广泛地应用了网络化技术。通过 Internet 将分散在不同地理位置的物流分支机构、供应商、客户等联结起来,形成了一个信息传递与共享的信息网络,便于各方实时了解各地业务的运作情况,提高了物流活动的运作效率。智能化是物流信息系统的发展方向,目前信息系统的发展正在向这个方向努力。例如,在物流决策支持系统中的知识子系统通过智能化处理在决策过程中所需要的物流知识、专家决策知识和经验知识等，为管理者提供决策支持服务。

(三)物流信息系统的结构

物流信息系统是以系统思想为主导建立起来的为了进行物流计划、操作、控制和决策的人机系统。用系统的观点来看，物流信息系统具有一定的系统结构。我们可以将物流信息系统分为几个层次，即业务操作层、管理控制层、决策分析层和战略计划层。

1. 业务操作层

业务操作层是用于启动和记录个别物流活动的最基本层次。操作层的任务就是及时地处理每天的物流业务活动，例如物品订货管理、订货处理、运输管理、仓储管理、配送管理等具体的物流活动。交易系统的主要特征是：操作信息格式比较规范，通信实行网络化传输，交易成批量化特点。该层次是物流信息系统的基础层次。

2. 管理控制层

该层的主要任务在于进行功能衡量和报告。管理控制功能在整个系统运行过程中占有重要的地位。管理控制以可估价的中期焦点问题为特征，设计评价过去的功能和鉴别各种可选方案。普通的衡量包括物流生产率、顾客服务及质量指标等。管理控制层通过对操作层产生的数据和信息的加工分析，产生相应的评估报告，为管理人员提供所需的基础信息。

3. 决策分析层

这一层次的主要功能在于协助管理人员经过比较物流可选方案，进行战术上的决策分析。决策分析涉及很多方面，例如物流合同管理、客户关系管理、质量管理、计划管理等都需要及时进行决策。与管理控制层相区别的是该层次主要将注意力集中在评估未来策略的可选方案上面。因此，物流信息系统的决策分析更多的是强调有效性而不是效率性。

4. 战略计划层

物流信息系统的最终重要目标是辅助物流管理人员进行战略决策，提供有价值的战略管理信息。物流战略计划层是物流信息系统的重要组成部分，一个完善的战略计划层可以有效地帮助企业的高层深刻理解物流战略的制定、实施和评价以及它们之间的内在关系，为物流企业的未来发展指明方向。

第二节　生产物流管理信息系统的开发方法

目前，物流信息系统常用的系统开发方法包括生命周期法、原型法、面向对象方法、CASE 方法等。本节将详细地向大家介绍一下各种方法的基本知识和应用特点。

一、结构化生命周期法

任何系统都会经历一个发生、发展、消亡的过程，一个系统用了若干年后，由于新的问题出现，从而要求更新现有的系统，这种周而复始、循环不息的过程被称做系统的生命周期。

生命周期法也称结构化系统开发方法，是目前国内外较流行的信息系统开发方法，在系统开发中得到了广泛的应用和推广，尤其在开发复杂的大系统时，显示了无比的优越性。它也是迄今为止开发方法中应用最普遍最成熟的一种。

其基本思想是将软件工程学和系统工程的理论和方法引入计算机系统的研制开发中，按照用户至上的原则，采用结构化、模块化自顶向下对系统进行分析和设计。具体来说，它将整个信息系统开发过程划分为独立的 6 个阶段，包括系统分析、程序设计、系统测试、运行和维护以及系统评估。这 6 个阶段构成信息系统的生命周期。

生命周期法的突出优点是强调系统开发过程的整体性和全局性，强调在整体优化的前提下考虑具体的分析设计问题，即自顶向下的观点。它从时间角度把软件开发和维护分解为若干阶段，每个阶段有各自相对独立的任务和目标。降低了系统开发的复杂性，提高了可操作性。另外，每个阶段都对该阶段的成果进行严格的审批，发现问题及时反馈和纠正，保证了软件质量，特别是提高了软件的可维护性。实践证明，生命周期法大大提高了软件开发的成功率。

但是，生命周期法开发周期较长，因为开发顺序是线性的，各个阶段的工作不能同时进行，前阶段所犯的错误必然带入后一阶段，而且是越是前面犯的错误对后面的工作的影响越大，更正错误所花的工作量就越大。而且，在功能经常要变化的情况下，难以适应变化要求，不支持反复开发。下面介绍一下结构化系统开发方法的各个步骤。

1. 系统开发准备阶段

当现行系统不能适应新环境的要求时，用户将提出开发新系统的要求。有关人员进行初步调查，然后组成新系统开发领导小组，制定新系统开发的进度和计划，负责新系统开发中的一切工作。

2. 调查研究和可行性研究阶段

系统分析员采用各种方式进行调查研究，搞清现行系统的组成、组织分工、业务流程、资源及薄弱环节等，绘制现行系统的有关图表，在此基础上与用户协商讨论，提出初步的信息系统目标并进行系统开发的可行性研究，提交可行性报告。

3. 系统分析阶段

系统分析阶段是新系统的逻辑设计阶段。系统分析员在对现行系统进行调查研究的基础上，使用一系列的图表工具进行系统的目标分析，划分子系统以及功能模块，构造出新系统的逻辑模型，确定其逻辑功能要求，交付新系统的逻辑设计说明书。

4. 系统设计阶段

系统设计阶段的基本任务有总体设计(模块设计、硬件配置设计)和详细设计(代码设计、数据库设计、输入设计、输出设计、处理过程描述),并建立新系统的物理模型。

5. 系统实施阶段

系统实施是新系统付诸实现的实践阶段,主要是实现系统设计阶段所完成的新系统物理模型。为了保证程序和系统的顺利运行,硬、软件人员首先要进行计算机系统设备的安装和调试工作,程序员根据程序模块进行程序的设计和调试工作。

6. 维护和评价阶段

系统维护的内容包括系统处理过程、程序、文件、数据库,甚至某些设备和组织的变动。系统的评价主要是指系统开发后期的评价,旨在将新系统与预期的目标进行比较,不同的指标综合体现在用户的满意程度上。

二、原型方法

1. 原型方法的基本思想

原型方法(Prototyping Approach)是在关系型数据库、第四代程序生成语言和各种系统开发生成环境产生的基础上提出的一种全新的系统开发方法。该方法的基本思想是试图克服生命周期法的缺点,在短时间内先初步了解用户需求的基础上,构造系统开发的初步模型——原型。这个原型可能是粗糙的、不完善的,但经用户和开发人员共同探讨,提出修改方案,对其进行改进和完善,最终可以得到令用户满意的系统。

2. 原型方法的开发过程

(1)确定用户的基本需求阶段。在这一阶段中,用户根据系统的输出清楚地表达自己的基本需求,即应该具备的一些基本功能、人机界面的基本形式等;系统开发人员据此来确定哪些是要求实现的,所需要的数据能否得到,同时应估算出开发原型的成本。这里不要求开发人员费很大力气争取对系统进行全面了解,了解可以是不完全的,这在后面几个阶段的工作中是可以逐步发现和改进的。

(2)开发初始原型。开发初始原型的目的是建立一个符合用户基本信息需求的交互式系统。由于要求速度快、易修改,所以开发人员应尽量使用一些开发工具和高层次的开发语言来建立系统。初始原型仅仅反映用户的基本要求,并不要求完善。

(3)利用原型来明确用户需求。这一阶段是整个开发过程的关键。用户通过亲自使用原型,从而了解其信息需求得到满足的程度及存在的问题:开发人员一方面记录下用户提出的该系统的缺点和不足之处,同时也要启发用户表达对系统的最终要求,在用户和开发人员反复讨论过程中进一步明确用户需求,以及需要修改和变动之处。

(4)修正和改进原型。在上一阶段,用户就提出了系统的修改意见或者存在的问题,开发人员根据用户意见对初始原型进行修改、扩充和完善,直到用户满意为止。其中,三、四阶段重复进行。如果用户满意,则修改过的原型成为一个运行原型,运行原型可能成为一个新系统；如果用户不满意，则进一步修改、增强原型，直至用户满意为止。

3. 原型方法的优缺点

原型方法的优点是开发周期短，开发成本低，需求或设计不正确时可及时修改，用户始终参与开发，能及时修正错误。不足之处在于对大系统、复杂系统，直接使用原型方法就比较困难；开发过程管理难度大，开发人员很容易用原型取代系统分析。

三、面向对象方法

1. 面向对象方法(Object Oriented)产生的原因

以前的开发方法，只是单纯地反映管理功能的结构状况，或者只是侧重反映事物的信息特征和信息流程，只能被动适应实际问题需要的做法。面向对象的方法把数据和过程包装成为对象，以对象为基础对系统进行分析与设计，为认识事物提供了一种全新的思路和办法，是一种综合性的开发方法。

2. 基本思想

客观世界是由各种各样的对象组成的，每种对象都有各自的内部状态和运动规律，不同对象之间的相互作用和联系就构成了各种不同的系统。

对象(Object)是客观世界中的任何事物或人们头脑中的各种概念在计算机程序世界里的抽象表示，是面向对象程序设计的基本元素。

3. 基本概念

客观世界由各种“对象”(Object)组成，任何客观事物都是对象，对象是在原事物基础上抽象的结果。任何复杂的事物都可以通过对象的某种组合结构构成。对象可由相对比较简单的对象以某种方式组成；对象由属性和方法组成。属性(Attribute)反映了对象的信息特征，如特点、值、状态等等。而方法(Method)则是用来定义改变属性状态的各种操作；对象之间的联系主要是通过传递消息(Message)来实现的，而传递的方式是通过消息模式(Message pattern)和方法所定义的操作过程来完成的；对象可按其属性进行归类(Class)。类有一定的结构，类上可以由超类(Superclass)，类下可以有子类(Subclass)。对象或类之间的层次结构是靠继承关系(Inheritance)维系的；对象是一个被严格模块化了的实体，称之为封装(Encapsulation)。这种封装了的对象满足软件工程的一切要求，而且可以直接被面向对象的程序设计语言所接受。

4. 开发过程

系统调查和需求分析：对系统将要面临的具体管理问题以及用户对系统开发的需求进行调查研究，即先弄清要干什么的问题。

分析问题的性质和求解问题：在繁杂的问题域中抽象地识别出对象以及其行为、结构、属性、方法等。一般称之为面向对象的分析，即 OOA。

整理问题：对分析的结果作进一步的抽象、归类、整理，并最终以范式的形式将他们确定下来。一般称之为面向对象的设计，即 OOD。

程序实现：用面向对象的程序设计语言将上一步整理的范式直接映射（即直接用程序设计语言来取代）为应用软件。一般称之为面向对象的程序，即 OOP。

5. 评价

OO 方法直接反映了人们对客观世界的认知模式。人类认识客观世界有两个基本过程：一个是从特殊到一般的归纳过程，另一个是从一般到特殊的演绎过程。

其优势为：从应用设计到解决问题的方案更加抽象化而且具有极强的对应性；在设计中容易与用户沟通；把数据和操作封装到对象之中；设计中产生各式各样的部件，然后由部件组成框架，以至于整个程序；应用程序具有较好的重用性、易改进、易维护和易扩充。

6. 适用范围

流行的开发方法，适用面很广。

四、CASE 介绍

计算机辅助软件工程方法是一种自动化或自动化的系统开发环境，它能够全面支持出系统调查外的给一个开发步骤，使得原来由手工完成的开发过程转变为自动化工具和支撑环境支持的自动化开发过程。

采用 CASE 工具进行系统开发，还必须结合某种具体的开发方法，如结构化系统开发方法等。

计算机辅助软件工程方法的特点：解决了从客观对象到软件系统的映射问题，支持系统开发的全过程；提高了软件质量和软件重用性；加快了软件开发速度；简化了系统开发过程的管理和维护；自动生成开发过程中的各种文档资料。

第三节　生产物流管理信息系统的分析

一、系统分析概述

信息系统分析阶段的任务是定义或制定将来新的系统应该“做什么”，暂且不涉及“怎么做”。物流信息系统分析阶段首先需要对待建设的物流信息系统进行初步调查，从系统分析员和管理人员的角度看这个新的物流信息系统是否有开发的必要性和可能性。其次，建设物流信息系统和建立任何一个系统一样，有必要从技术、经济和营运方面进行可行性研究，并形成可行性研究报告。在通过可行性研究之后，再次对现行系统的组织结构、业务处理情况、目标、主要功能和用户需求等方面进行详细而全面的调查，结合对新系统的逻辑表示，以便于后续的系统设计工作。

生产物流管理信息系统的开发是一项耗资大、复杂程度高、周期长的复杂的系统工程。为了保证开发的顺利进行，不仅需要有正确的开发策略和方法论来指导其整个过程，更需要合理地组织和有效地协调开发工作。在对系统详细调查的基础上进行现行系统结构化分析，其主要内容包括：系统组织结构和功能分析、业务流程分析、数据和数据流程分析。

1. 组织结构和功能分析

(1)组织结构：组织结构是组织(部门、企业、事业单位等)及各部门之间的隶属关系或管理与被管理的关系。组织结构分析是将调查中所了解的组织结构具体描绘在图上，作为后续分析和设计的参考。用连线将组织内部的部门划分以及各部门之间的关系表示出来叫组织结构图。整个组织结构图一定要反映全面、准确。另外调查的最终目的是弄清信息处理的详细情况。

以某汽车销售企业为例，分析其组织结构，它的组织结构图见图 9-1。

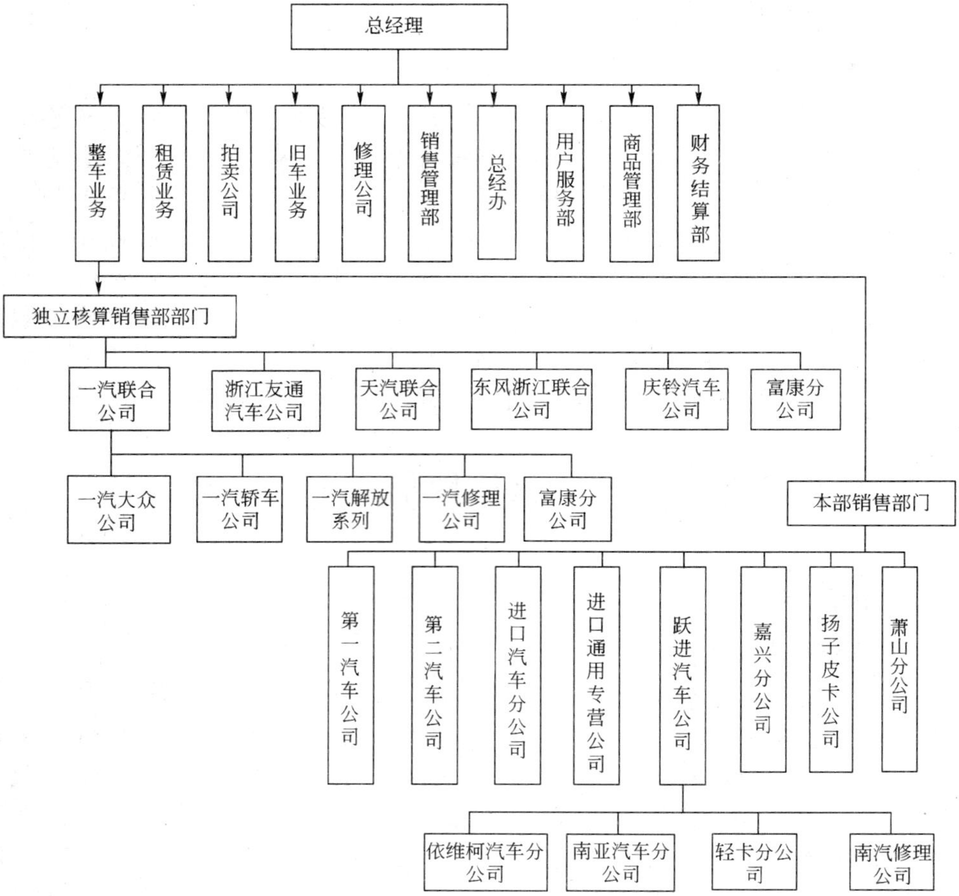

图 9-1　某汽车销售企业组织结构图

(2)管理功能:为了实现系统的目标,系统必须具有各种功能。在分析中应将包括处理环节繁多等不合理的流程取消,把功能相似或工作顺序相近的处理功能合并,复杂流程简化。系统管理功能可以用功能结构图来描述从系统目标到各项功能的层次关系。图 9-2 反映的是某生产企业销售管理系统功能结构图。

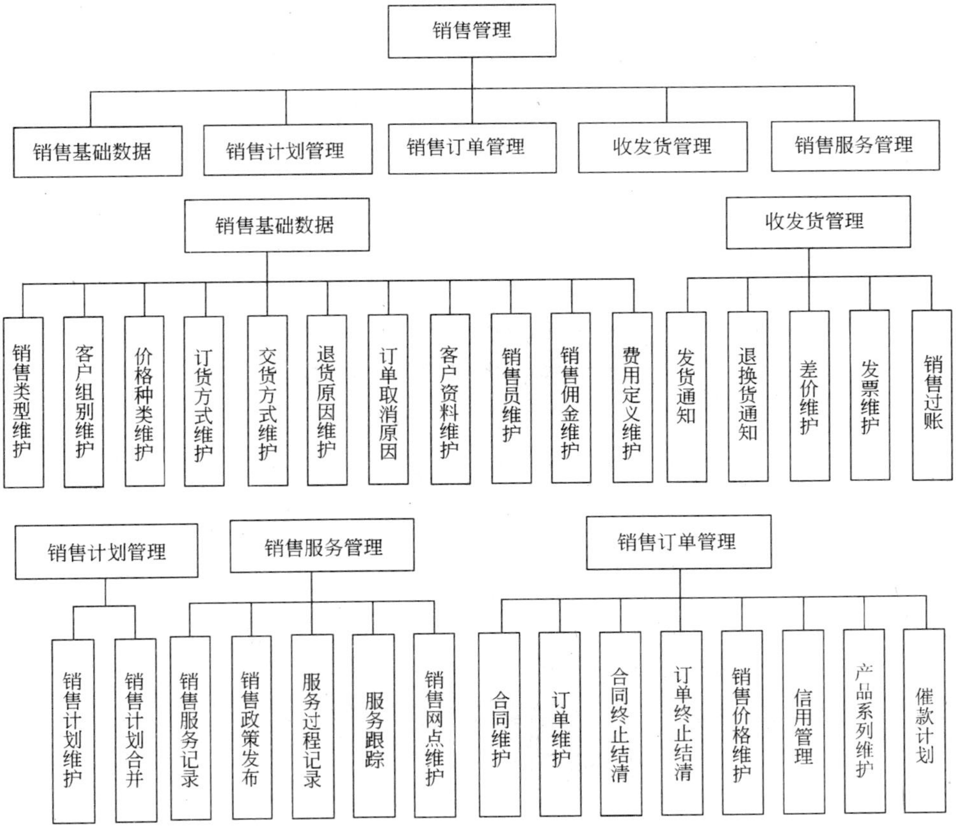

图 9-2　某企业销售管理系统的功能结构图

2. 业务流程分析

组织结构图反映了组织内部和上下级关系、各部分的主要业务职能。但是对于组织内部各部分在业务过程中所承担的工作等等却不能反映出来。为完整、清楚表达系统的业务处理流程,同时便于有效地研究和使用系统详细调查的结果,常采用业务流程图来反映实际业务处理过程。业务流程图是用规定的符号来描述企业具体的业务处理过程,是一种描述系统内各单位、人员之间业务关系、作业顺序和管理信息流向的图表。图中不同的符号表示不同的信息类型和处理环节。

绘制业务流程图的过程可以让系统分析人员更深入地了解具体的处理过程,发现业务流程的问题和不足，优化业务处理过程。同时也可以发现和处理系统调查中的错误和疏漏。

业务流程图的符号并无一套规范化的标准，画法不完全统一。各种文献有不同的表示方式。本书采用下面所介绍的业务流程图的画法。

(1)基本符号

业务流程图的基本符号如图 9-3 所示，其中，业务处理单位符号表达了某项业务参与的人或事物；数据流动及方向符号表达了业务数据的流动方向，这个方向用单箭头表示；各类报表、单证符号表明了数据的载体；数据文件符号也表明了一种数据，但这个数据是作为档案来保存的；业务功能描述符号表明了业务处理功能。

图 9-3　业务流程图基本符号

(2)绘制举例

图 9-4 描述的是某汽车销售公司进货管理业务。业务部门提出申购需求、经仓库库存查询、财务部门资金查询，总经办审批，审批结果存档，产生采购管理、进仓管理等内容。

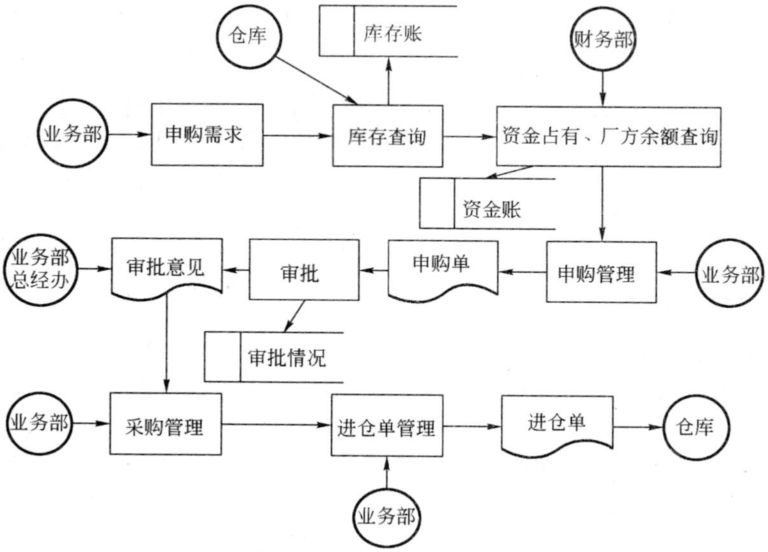

图 9-4　进货管理业务流程图

3. 数据流程分析

数据流程分析(Data Flow Analysis,DFA)是把数据在组织(或原系统)内部的流动情况抽象地独立出来,舍去了具体组织机构、信息载体、处理工具、物资、材料等,单从数据流动过程来考察实际业务的数据处理模式。数据流分析方法源于结构化分析,是一种以数据流技术为基础的、自顶向下、逐步求精的系统分析方法。通常所说的结构化分析就是数据流分析。

数据流程分析主要包括对信息的流动传递、处理、存储等的分析。数据流程分析的目的就是要发现和解决数据流程中的问题。一个畅通的数据流程是今后新系统用以实现这个业务处理过程的基础。数据流程分析多是通过分层的数据流程图来实现的。

二、数据流程图

(一)数据流程图的概念

数据流程图(Data Flow Diagram,DFD)是结构化系统分析的主要工具。数据流程图描述数据流动、存储、处理的逻辑关系,也称为逻辑数据流程图(Logical Data Flow Diagram)。数据流程图是系统逻辑模型的主要组成部分,其用图形方式形象化地反映出数据在一个系统中的作用,表达数据在系统内部的逻辑流向以及系统的逻辑功能和数据的逻辑变换。下面介绍数据流图的基本符号、使用以及如何表示信息和它的迁移过程。

(二)数据流程图的符号

数据流程图涉及四个基本符号,即外部实体、数据流、数据存储和处理过程,数据流程图的表示方法见数据流程图实例。

1. 外部实体

外部实体(External Entity)是指所研究系统之外的人或单位,它们和本系统有信息传递的关系,它表示系统信息的外部来源和去处,因此不受系统的控制。例如,顾客、商家、供货商等等。外部实体也可以是另外一个信息系统。

2. 数据流

数据流(Data Flow)表示数据的流动,是指一束按特定的方向从源点流到终点的数据,它指出了数据及其流动的方向。通常用一条线表示数据流,用箭头指示流动方向。对每个数据流要加以简单的描述,使用户和系统设计人员能够理解数据流的含义。对数据流的描述标识在数据流箭头的上方,一些含义十分明确的数据流可以不加标示。

3. 处理过程

处理过程(Process),又称处理功能、加工,表示对数据的逻辑处理,也就是变换处理,即对流入数据进行加工处理后再输出。通常它用一个长方形来表示处理过程,图形内部填写处理过程的名字,图形上部填写唯一标识该处理成果的标志。处理过程的名字能够适当地反映该处理的含义，让读者容易理解。每个处理过程的编号，表示该处理过程在层次分解中的位置。

4. 数据存储

数据存储(Data Store)表示数据保存的地方。这里的“地方”并不指保存数据的物理地点或物理存储介质，而是数据存储的逻辑描述。采用右边开口的长方形来表示数据存储，长方形右部填写存储的数据和数据集的名字，左边填入该数据存储的标志。实际上通常数据存储是指通过数据文件、文件夹或账本等存储数据。

(三)数据流程图实例

下面以某企业 ERP 系统中销售管理业务来说明数据流程图的建立过程。

图 9-5 描述企业销售管理业务模块的内容。它已经被“销售订单管理”、“销售基础数据”、“发收货管理”、“销售计划管理”和“销售服务管理”等处理过程所替代。图中表示的第一层数据流图，其中的每一处理过程都标上了序号，但这并不表示过程的

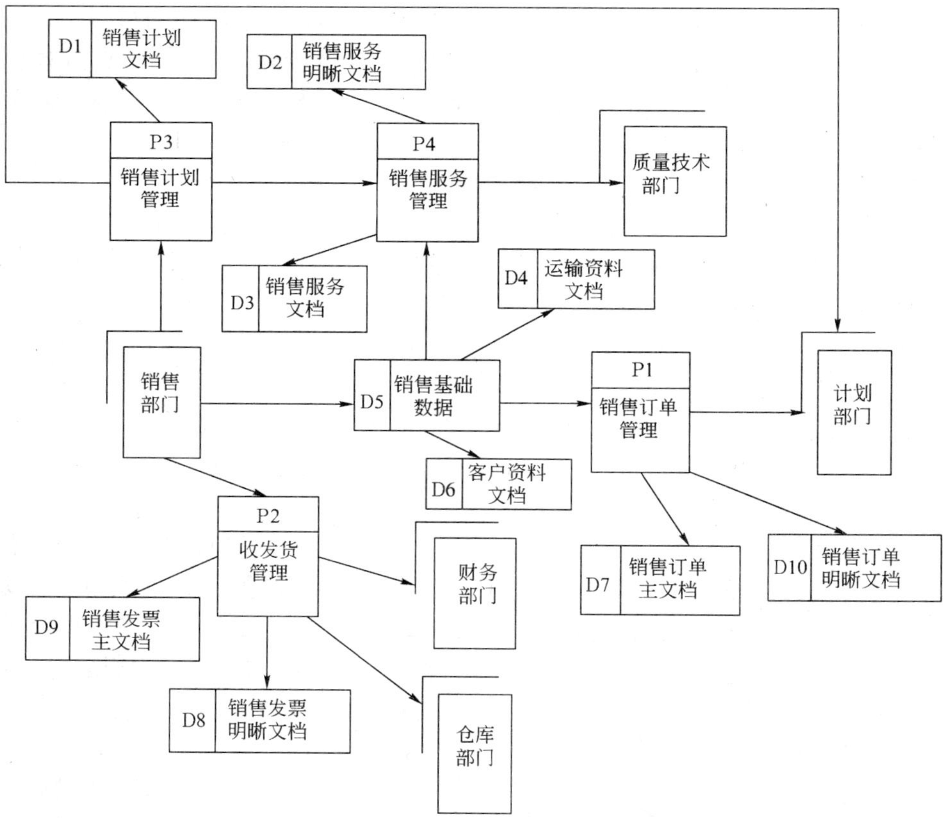

图 9-5　企业销售管理业务的第一层数据流程图

处理顺序，而是为这些处理过程的展开，即绘制更详细的数据流程图（第二层数据流程图）提供相关的组成关系。

图 9-6 和图 9-7 分别是“销售订单管理”、“发收货管理”两个处理过程进一步细化后得到的数据流程图，它们对企业销售管理业务来说，是第二层数据流程图。

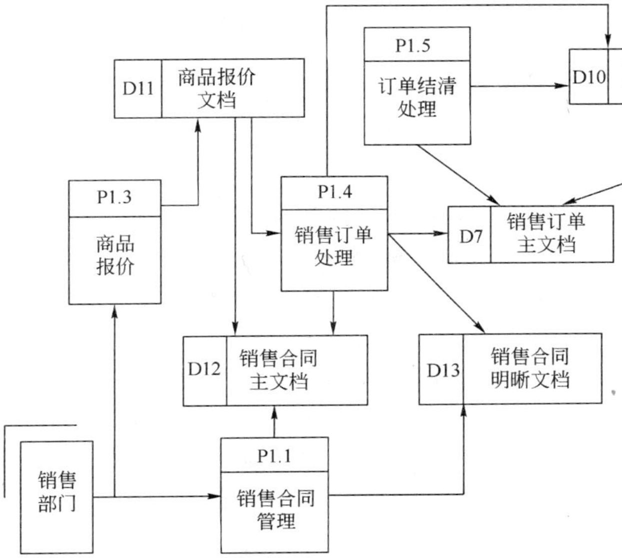

图 9-6 企业销售订单管理业务数据流程图（第二层数据流）

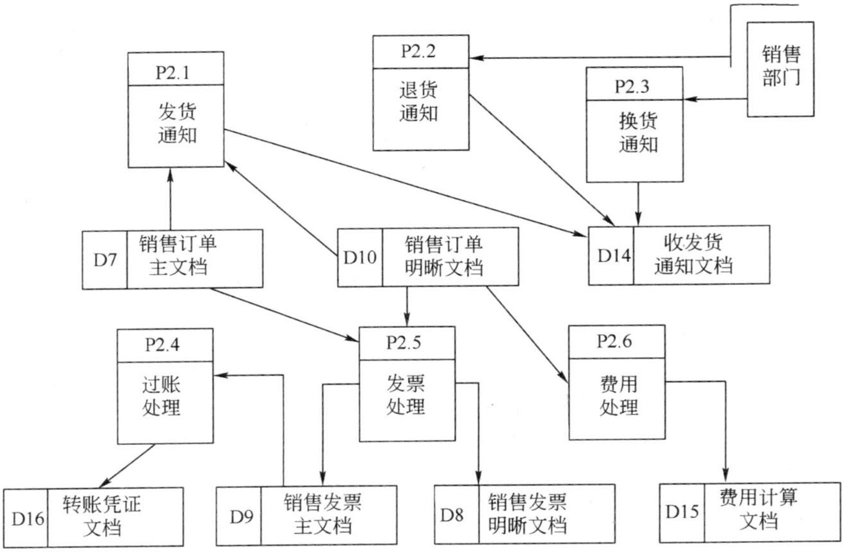

图 9-7 企业销售收发货管理业务数据流程图（第二层数据流）

三、数据字典

数据流程图是结构化系统分析中不可缺少的有力工具，它描述系统的逻辑模型，图中没有任何具体的物理元素，只是描绘信息在系统中流动和处理的情况，但又没有具体说明各个组成部分和数据流的内容，因此，它不能完整地表达一个系统的全部逻辑特征，特别是有关数据的详细内容。还需要使用其他工具对数据流程图加以具体地补充说明。

数据字典(Data Dictionary，DD)是“关于系统数据的数据库”，它最初用于数据库管理系统。数据流程图的主要元素是数据流、数据存储、外部实体和处理过程，可以将撰写元素名字和描述构建成一本字典。数据流程图加上数据字典就可以从图形和文字两方面对系统的逻辑模型进行完整、准确和全面的描述。

数据字典是关于数据的信息的集合，也就是对数据流程图中包含的所有元素的定义的集合。数据字典具有重要的作用。它能进一步阐明和确定系统的要求的严格的定义和详细的说明，并可按各种要求列表；相互参照，便于系统修改；有利于一致性检验和完整性检验。所有参加信息系统设计的人员，都能迅速查出数据流、数据存储或处理过程的描述。下面就对数据字典进行详尽的描述。

(一)数据字典的组成

数据字典中有 6 个成员组成：数据项、数据结构、数据流、数据存储、处理过程、外部实体。现分别对它们的属性加以描述。

1. 数据项

数据项是数据的最小组成单位。数据项由数据名称、别名、类型、取值范围和含义、长度五部分组成。对每一个数据项，需要描述以下五个属性：

(1)数据项的名称：每个数据项均有一个名称加以标识。其名称要尽量反映该数据项的具体含义，便于理解和记忆，且为系统中唯一的标识。

(2)别名：一个数据项，可能其名称不止一个。若有多个名称，则需加以说明。

(3)数据项的数据类型：指取值的数据类型。基本类型有数值型(包括整数与实数)、字符型(包括汉字的使用)、逻辑型等。

(4)取值范围和取值的含义：指数据项可能取什么值或每一个值代表的意思。

(5)数据项的长度：它规定该数据项由几个字符或数字组成。此时注意一个汉字占用二个字节。

除了上述 5 项主要内容外，必要时还须对数据项的简单描述、与之相关的数据项或数据结构、处理过程等加以说明。

表 9-1 给出数据项定义的一个例子。

数 据 项 定 义　　表 9-1

例:数据项定义
1. 数据项编号:QZKH01-01
2. 数据项名称:潜在客户姓名
3. 说明:用于记录公司的潜在客户
4. 别名:客户姓名
5. 数据项的长度:10
6. 数据项的数据类型:字符型
7. 数据项的值域:没有限制

2. 数据结构

数据结构是用来描述系统中某一事件的一系列相关数据元素的集合,它完全是一种逻辑描述。一个数据结构可以是若干个数据项的组合,也可以由若干个数据结构组成,还可以由若干个数据项和数据结构混合组成。所有的数据数据流和数据存储都是数据结构。

在数据字典中,对数据结构的定义如下:

(1)数据结构的名称:它用于唯一标识这个数据结构,以区别于系统中其他的数据结构。一般情况下,一个数据结构只有一个名称,不要有别名。

(2)数据结构的组成:包括数据项或数据结构。如果是一个简单的数据结构,直接列出它所包含的数据项;若还引用了其他数据结构,那么被引用数据结构要求已被定义,这里只需列出被引用的数据结构的名称就可以了。除此以外,对数据结构的定义还应包括对该数据结构的简单描述。

表 9-2 给出数据结构定义的一个例子。

数 据 结 构 定 义　　表 9-2

例:数据结构定义
数据流编号:FX05-02
数据结构名称:潜在客户信息表
数据结构的描述:定义潜在客户的相关信息
数据结构组成:潜在客户信息表=客户姓名+客户性别+客户年龄+客户联系电话+客户是否拥有私家车+客户购车计划+客户的理想车型+最适合的访问时间+最适合的访问地+潜在客户婚姻状况+潜在客户职业类别+潜在客户身份证号码+潜在客户个人嗜好+潜在客户家庭状况

3. 数据流

数据流由一个或一组固定的数据项组成,数据流直观地反映了系统各部分之间的信息传递关系。

数据流在数据字典中描述以下属性：

(1)数据流的来源。

(2)数据流的去处，某些数据流的去处可能有多个去处。

(3)数据流的组成。它是指数据流所包含的数据结构。一个数据流可包含一个或多个数据结构，若只含一个数据结构，注意名称的统一，以免产生二义性。

(4)数据流的流通量。它是指单位时间(每日、每小时等)里的传输次数。由此可以估计平均数，或最高、平均、最低数据流各是多少。

(5)高峰时的流通量。

数据流程图中的流动是实实在在的数据，而不是程序框图中通常画的那种控制流。两者的区别是，数据流上只有数据流过，而控制流上没有数据流流动。

表 9-3 给出数据流定义的一个例子。

数 据 流 定 义 表 9-3

数据流编号：FX03-12
数据流名称：调拨单
简　　述：拨入业务部开出调拨单
数据流来源：拨出业务部
数据流去向：拨入业务部
数据流组成：调拨单号＋拨入业务部门名称＋拨出业务部门名称＋调拨车辆型号＋调拨车辆名称＋调拨车辆数量＋拨入业务部经手人＋拨入日期＋调拨是否最终完成的标志＋调拨没有完成的提示＋调拨理由＋拨出时间＋拨出业务部经办人＋拒绝调拨的理由＋是否还允许修改调拨单＋需要修改调拨单的建议＋调拨车辆的提示＋修改车辆归属的要求＋仓库经办人＋车辆属性修改的时间＋仓库是否已经完成调拨的标志
数据流量：10 辆/天
高峰流量：20 辆/天(上午 10:00-16:00)

4. 数据存储

数据存储是数据结构保存场所，主要用于描述数据存储结构、有关数据流和查询要求。在数据字典中，只对数据存储从逻辑上加以简单的描述，不涉及具体的设计和组织。数据字典定义了如下数据存储的属性：

(1)数据存储的名称以及编号。在数据流程图中对数据存储要给以命名，并编上一个唯一的编号。

(2)流入、流出的数据流。流入的数据指出其来源；流出的数据要指出其去向。

(3)数据存储的组成。即它所包含的数据项或数据结构。

(4)存取分析以及关键字说明等。

表 9-4 给出数据存储定义的一个例子。

数 据 存 储 定 义　　表 9-4

数据存储的编号：FD02-06
数据存储的名称：入库单
数据存储描述：入库汽车的清单
流入的数据：销售管理部门
流出的数据：采购部门
数据存储的组成：入库日期＋入库单号＋入库类别＋进仓单或调拨单号或移仓单号＋供货单位＋合格证号＋发动机号＋底盘号＋颜色＋实收数量＋承运单位＋承运联系人＋电话号码＋备注
相关联的处理：入库审核

5. 处理过程

处理过程又称为处理逻辑，是数据字典中的主要成分。处理过程由处理过程名称、输入数据、输出数据、加工逻辑四部分组成。

数据字典中，对处理过程的描述有以下几项内容：

(1)处理过程的名称、编号。

(2)对处理过程的简单描述，其目的就是让人了解处理过程是做什么用的。

(3)该处理过程的输入数据流、输出数据流及其来源与去向。

(4)处理过程主要功能的简单描述。一般采用结构式的引言，简单地描述它的逻辑处理功能。使系统设计人员能够获悉，对处理功能有一个明确的了解。

表 9-5 给出一个处理过程定义示例。

处 理 过 程 定 义　　表 9-5

处理过程编号：P4
处理过程名称：销售服务管理
处理过程简述：对销售服务的各项内容进行管理
输入的数据流：销售计划管理、销售基础数据
处理：建立服务明细
输出的数据流：销售服务文档、销售服务明细文档，去向，处理过程，质量技术部门

6. 外部实体

外部实体是数据的来源和去向。因此，外部实体在数据字典中，定义如下属性：外部实体的名称、编号、外部实体的简述及有关的输入、输出数据流。一个信息系统的外部实体不应过多，否则影响系统的独立性，应设法减少外部实体。

表 9-6 给出一个外部实体定义的示例。

外 部 实 体 定 义　　表 9-6

外部实体编号：销售部门
外部实体名称：E03.1
外部实体简述：负责企业销售的部门
输出的数据流：换货通知，退货通知

四、系统分析说明书

系统分析阶段的成果就是系统分析说明书或称之为系统分析报告，它反映了这一阶段调查分析的全部情况，是系统分析阶段的最重要文档，是下一步设计与实现系统的纲领性文件。作为系统设计依据的系统分析报告完成后，要组织相关人员进行论证，找出问题，及时解决，使系统分析做得越完善、越详细越切合实际。

系统分析说明书主要由以下部分组成。

1. 引言

这一部分内容应包括：

(1)摘要：摘要包含说明系统的名称、目标和主要功能。

(2)背景材料：建立信息系统的背景材料，其中包括系统建设的承担者、用户及本系统与其他系统或机构的联系和背景。

(3)参考和引用的资料及专门术语定义：说明本系统的经核准的文件、合同及本系统有关的文件、资料；本报告所用到的专门术语的定义等。

2. 项目概述

(1)主要工作内容：简要说明本项目在开发中须进行的各项主要工作。

(2)企业概况和组织结构：企业情况概述、企业管理和组织结构等。

(3)可行性分析报告：对企业将要进行项目进行全面分析，可行性分析的任务是明确应用项目开发的必要性和可行性。必要性来自实现开发任务的迫切性，而可行性则取决于实现应用系统的资源和条件。这项工作需建立在初步调查的基础上，可行性包括：管理上的可行性、技术上的可行性以及经济上的可行性，最后以书面形式形成可行性分析报告。

3. 现行系统详细调查

这一部分内容应包括：

(1)现行系统目标、规模、界限；

(2)现系统具体模型分析；

(3)现系统逻辑模型分析；

(4)用户需求分析：这是系统分析中的一个重点，要充分了解用户的实际需求，并提炼出系统设计中要着重考虑的问题。

(5)存在问题分析：着重分析现行系统存在的问题，在新系统设计中必须加以解决。

4. 新系统逻辑模型

这一部分内容应包括：

1)新系统目标

2)新系统逻辑模型

采用本章介绍的方法和工具，对新系统进行描述、设计。

(1)分层数据流程图；

(2)数据字典；

(3)子系统初步划分；

(4)系统配置逻辑需求。

3)新系统功能分析

明确新系统的功能要求，并用数据流程图概括说明系统的功能要求，对主要的处理过程用决策分析工具进行描述。

4)新系统数据分析

从数据流程图和数据字典分析逻辑数据结构，对数据进行规范化分析，对某些数据存取要求给出数据存取图。对主要的数据项、数据结构给出定义，并估算系统在运行中动态数据的内容和数量。

5. 系统设计实施计划

这一部分内容应包括：

(1)工作任务的分解：说明开发中应完成的各项工作，并按系统功能(或子系统)划分，进行任务分工，指明每项任务的负责人。

(2)时间进度计划：说明每项工作任务的预定开始时间和完成时间，规定各项任务完成的先后次序以及任务完成的界面。

(3)资源需求：说明系统设计过程所需的人员安排、场地和设备等资源安排。

(4)经费预算：逐项列出本开发项目所需的经费预算。

第四节　生产物流管理信息系统的设计

一、系统设计概述

系统分析只是解决了“做什么”的问题。为了使系统说明书所描述的设计构想变为现实，必须将其中规定的内容逐步具体化，也就是解决“怎么做”的问题，即进行系统设计。系统设计阶段的主要任务是针对新系统的目标，依据系统分析阶段所建立的逻辑结构，确定新系统的软件总体结构和功能模块之间的关系，设计系统实现的物理方案。这一阶段的工作一般分为两步：第一步是进行系统总体设计；第二步是进行系统详细设计。

(一)系统总体设计

总体设计阶段的主要工作是：决定系统的整体结构、硬件设备和软件系统、划分子系统，决定应用系统的模式及其控制结构图。

系统配置方案设计包括物理配置设计、总体布局设计，网络结构设计及数据库访问设计。物流管理信息系统是网络环境下的系统，如何将系统总体设计中划分的各个子系统从内部用局域网连接起来，系统如何与外界相连，如何根据系统的要求和企业实际环境去考虑如何配置和选用软、硬件产品、网络产品及联网方式。在购买硬件设备时，还要充分考虑设备的配套，如数据采集设备、打印输出设备等。

系统设计应坚持使整个系统具有先进性、实用性、安全可靠性、开放性、可扩充性和灵活性的原则。随着信息技术的发展，各种计算机软、硬件产品竞相投向市场，多样性产品虽然为信息系统的建设提供了极大的灵活性，增加了我们选用性能各异的软、硬件产品的余地，但同时也给系统设计工作、设备选型等带来了新的难度，选择的标准应该是在满足客户多种需求的基础上获取性价比高的产品，并考虑设备的兼容性。

系统总体设计和硬件设计涉及较多的技术性因素，要求设计者有足够的信息技术方面的背景知识。硬件性能主要是由设备决定的，同时又受到软件系统的较大影响。所以，需要综合地考虑许多因素。

(二)系统详细设计

详细设计是对各个子系统更详细的设计，主要包括三方面的内容:代码设计、数据存储设计和处理设计等。

(1)数据存储设计是对数据库物理结构、存储内容、存储数据的数量和流量等进行设计。

(2)用户界面设计包括代码设计、输入校验设计、输出格式设计等。

(3)处理设计是系统设计阶段耗时最多的工作。其中包括了对各个模块内部处理过程的详细描述，通常用文字、图表等方法来描述对数据的核对、变换、分类、合并、检索、抽出、计算等详细步骤。

系统设计的结果是产生系统设计说明书或程序编写说明书。然后，就可以进入系统实施阶段。程序员开始根据系统设计说明书进行编程和调试。最后，新系统通过严格的调试、排错后，就可以开始投入使用，也就是进入了现行系统到新系统的转换阶段。最后，系统完全投入运行，进入了运行维护阶段。

二、代码设计

代码是代表事物名称、属性和状态等的符号。在信息管理系统中，它是人与计算机的共同语言，有规律的代码组合便于信息的分类、校对、统计和检索及文件管理，可有效地提高系统的运行效率。为便于计算机处理，一般用数字、字母或两者的组合来表示代码。代码设计的目的就是要设计出一套为系统各部分所公用的优化的代码系统。

(一)代码设计的原则

(1)唯一确定性。在一个分类编码标准中,每一个代码仅代表唯一的实体或属性;反过来,每一个实体或属性只用唯一的代码来表示。

(2)标准化。考虑企业信息系统与主管部门通信和联网的需要,尽可能利用国际、国内或行业部门的标准代码。

(3)易识别性。代码既要便于管理人员使用时的识别和记忆,又要便于计算机识别、分类。

(4)可扩充性。考虑到系统的发展和变化,应留有一定的空间,以便增加新的代码。

(5)简单性。在不影响上述原则的前提下,代码应尽可能简单,以节省计算机存储空间,提高处理效率。

(二)代码的种类

1. 顺序码

顺序码是以某种顺序形式编码。在实际工作中,纯粹的顺序码是很少被使用的。这种编码的优点是简单,易追加;缺点是缺乏逻辑基础,可识别性差。

2. 区间码

区间码把数据项分成若干组,每一区间代表一个组,码中数字的值和位置都代表一定意义。典型的例子是邮政编码、身份证号码等。区间码的优点是信息处理比较可靠,排序、分类、检索等操作易于进行;缺点是这种码的长度与它分类属性的数量有关,有时可能造成很长的码。在许多情况下,码有多余的数。同时这种码的维修也比较困难。

3. 助记码

助记码是以文字、数字或两者:混合起来描述,其特点是可以通过联想帮助记忆。例如,TV-B21 代表 21 寸黑白电视机,TV-C34 代表 34 寸彩色电视机。这种编码的优点是易于人工识别和表现对象系列性,缺点是不宜统计与检索。

(三)代码中的校验位

为了保证输入的正确,有意识地在编码设计结构中原有代码的基础上,外加上一个校验位,使它事实上变成代码的一个组成部分。校验位通过事先规定的数学方法计算出来。代码一旦输入,计算机会用同样的数学运算方法按输入的代码数字计算出校验位,并将它与输入的校验位进行比较,以证实输入是否有错。

三、系统功能结构设计

系统功能结构设计是以系统的逻辑功能和数据流关系为基础,根据系统分析说明书中经系统调查获得的管理功能图和新系统的数据流程图,借助于一套标准的设计准则和图表工具(主要通过层次树形图),通过“自上而下”和“自下而上”的反复,把系统逐层划分为多个大小适当、功能明确、具有一定独立性且容易实现的模块，从而把复杂系统的设计转变成多个简单模块的设计。

图 9-8 表示一个生产物流管理信息系统的质量子系统功能结构图。

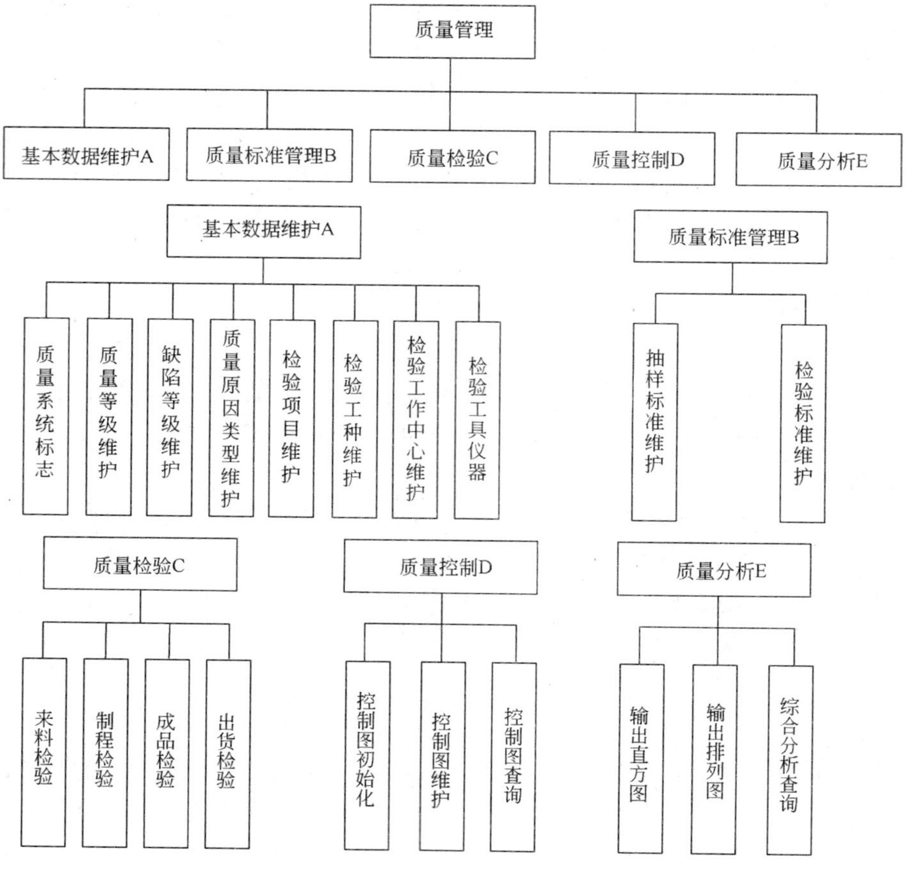

图 9-8　物流质量管理子系统的结构图

四、数据库设计

数据库设计通常是在选定的数据库管理系统基础上建立数据库的过程。在用户需求分析的基础上，数据库的设计包括数据库概念设计、数据库逻辑设计和数据库物理设计三个阶段。其中数据库概念设计是确定实体及实体之间的关系；数据库逻辑设计是要解决建立反映现实世界问题的概念模型；数据库物理设计就是要解决利用现有的存储设备如何有效的存储数据。由于数据库系统本身已形成一门独立的学科，所以，当我们把数据库设计原理应用到管理信息系统开发中时，数据库设计的几个步骤就与系统开发的各个阶段相对应，且融为一体。

(一)数据库的概念结构设计

概念结构设计就是将需求分析得到的用户需求抽象为信息结构，即概念模型的过程。概念结构是对现实世界的一种抽象，即对实际的人、物、事和概念进行人为处理，抽取人们关心的共同特性，忽略非本质的细节，并把这些特性用各种概念精确地加以描述。概念结构独立于数据库逻辑结构，也独立于支持数据库的DBMS。它是现实世界与机器世界的中介，它一方面能够充分反映现实世界，包括实体和实体之间的联系，同时又易于向关系、网状、层次等各种数据模型转换。

由于概念模型是对现实世界的抽象和概括，真实、充分地反映现实世界中事物和事物之间的联系，有丰富的语义表达能力，能表达用户的各种需求。同时，概念模型应简洁、明晰，独立于机器、容易理解、方便数据库设计人员与应用人员交换意见，使用户能积极参与数据库的设计工作。因此概念结构设计是整个数据库设计的关键所在。

设计概念结构通常有四类方法：自顶向下、自底向上、逐步扩张和混合策略；但无论采用何种设计方法，一般都以E-R模型为工具来描述概念结构。E-R图是用来描述某一组织(单位)的概念模型，提供了表示实体、属性和联系的方法。构成E-R图的基本要素是实体、属性和关系。实体是指客观存在并可相互区分的事特；属性是指实体所具有的每一个特性。

根据需求分析的结果(数据流图、数据字典等)对现实世界的数据进行抽象，设计各个局部视图，即分E-R图。最后通过合并、修改与重构集成局部E-R图，获取统一完整的实体关系图。图9-9所示是某企业质量管理子系统的实体关系图。

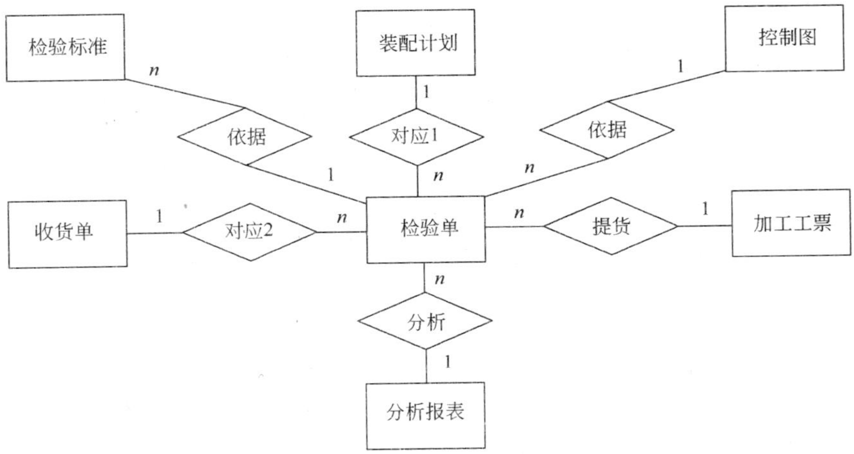

图9-9　某企业质量管理子系统的实体关系图

(二)数据库逻辑设计

数据库逻辑设计分为以下几个步骤：首先形成初始模式，即 E-R 图的实体和联系类型，转换成选定的 DBMS 支持的数据类型(层次，网络等)。其次进行子模式设计，即应用程序与数据库的接口，通过子模式可以被允许有效访问数据库而不破坏数据库的安全性。再次对模式进行评价，可根据定量分析和性能测算，对逻辑数据库结构(模型)做出评价。最后，修正模式，即优化模型。如不修改数据库信息的基础上，利用 DBMS 功能，建立索引等。

在数据库逻辑设计中，E-R 图模型要向数据库模型的转换。由于现有存在各种数据库模型，E-R 模型可以向不同的数据库模型转换，但对于不同的数据库模型有不同的转换规则。因此，必须遵循不同的转换原则，由于关系数据库模型是最常见和普遍使用的，所以 E-R 图模型向关系模型转换的规则是：

(1)一个实体类型转化成一个关系模式，实体的属性就是关系的属性，实体的键就是关系的键。

(2)一个联系类型转换成一个关系模式，参与该联系类型的各种实体的键的属性转换成关系的属性，该关系的键有三种可能情况。

①若联系为 1：1 联系，则每个实体的键均是该关系的辅助键(或选键)。

②若联系为 1：n 联系，则关系的键是为 n 端实体的键。

③若联系为 m：n 联系，则关系的键为各相关实体的键的组合。

(三)数据库物理设计

数据库结构的物理设计是指对一个给定的逻辑数据模型选取一个最适合应用环境的物理结构的过程，所谓数据库的物理结构主要指数据库在物理设备上的存储结构和存取方法。

数据库物理设计的步骤分为以下 5 步：

(1)设计存储记录结构，包括记录的组成、数据项的类型和长度，以及逻辑记录到存储记录的映射；

(2)确定数据存储安排；

(3)设计访问方法，为存储在物理设备上的数据提供存储和检索的能力；

(4)进行完整性和安全性的分析、设计；

(5)程序设计等。

五、输入输出设计

管理信息系统的输入/输出(I/O)设计是一个重要的环节，但往往容易被忽视。它对于用户和系统使用的便利性和安全可靠性来说是十分重要的。下面分别来说明输入设计和输出设计的相关内容。

(一)输入设计

将原始的信息通过某种格式和介质,输入到计算机内,这个过程称之为信息的输入。输入设计就是根据系统对数据输入功能的要求,在保证输入数据正确的前提下,确定输入数据的内容、输入方式以及相关的输入格式。通常输入的数据完全是根据输出的要求来选择的。由于一切输出均依赖于输入,而输入的个别错误可能引起输出的大量错误。因此,保证输入的绝对正确是系统成败的关键。输入设计是信息系统与用户之间交互的纽带,要求有较高的人机交互的效率。

1. 输入设备和介质的选择

随着计算机技术的发展,输入设备的种类越来越多。能够输入到计算机中的信息的类型也越来越多。目前常见的输入设备有键盘、鼠标、磁带机、扫描仪、触摸屏、多媒体输入设备(话筒、数字相机、数字摄像机等)和光电阅读器等。选择输入设备时,系统设计人员主要要考虑以下几点:

(1)输入的数据量与频度;

(2)输入数据的来源、形式、收集环境;

(3)输入速度、准确性要求;

(4)输入类型、格式的灵活程度;

(5)输入的校验方法、纠正错误的难易程度:

①数据记录的要求、特点、保密性;

②可用的设备便利性与费用。

2. 输入内容和输入格式设计

输入内容设计主要是根据数据库设计和输出设计的结果确定哪些数据在哪一个输入模块进行输入,这些数据项的名称、类型、长度(精度)、小数位数、输入格式等等。在确定输入格式时主要考虑输入设备和介质的类型。对于手工键盘输入则主要考虑屏幕输入格式与手工方式下的对应性,为避免输入的错误,应尽量使屏幕格式和数据的输入次序与输入原始数据表一致,以消除操作员在两种不同格式之间转换发生的错误。对于信息系统来说,大量的数据还可能从相应的子系统或远程终端来,在这种情况下应当提出对这些子系统的具体要求,以保证数据的正确传递。

3. 输入数据的校验及纠错的设计

输入设计的最重要问题是如何保证输入数据的正确性,而对输入信息进行检验,是保证入正确的主要措施。这也是保证信息系统可靠性的一个方面。

1)输入数据出错的类型

(1)数据内容出错:如多输位、少输位、移位错误等。

(2)数据量的错误:数据重复、数据丢失。

(3)数据的延迟:输入数据迟缓是数据处理推迟而产生差错。

(4)数据的错误:如字迹不清产生差错、代码错或输入不存在的代码等。

2)校验的方法

数据的检验方法基本上分为人工检验和及其检验两类。通常可采用重复检验、视觉检验、汇总检验、数据类型检验、逻辑检验、格式检验以及平衡检验等多种检验方法进行校验,以尽可能地减少错误。

3)纠错

当错误出现时,必须加以纠正,可以用以下几种方法来进行纠错。

(1)手工输入错:可用多种方法检验出错误,应在屏幕上即时改正。

(2)原始数据错:输入者应将其退回数据来源者手中,由其纠正,不得自行修改。

(3)数据库的数据检验出错误:只能用反向数据来纠正,不能再由输入人员来修改。

(二)输出设计

输出信息是管理信息系统的运行结果,系统设计的最终目标是满足用户的要求。用户关心的重点是输出结果是否符合其要求,而设计人员要考虑的问题就是原始数据经过输入、传递、加工处理以后,需要以何种输出方式向用户提供信息,以满足准确、及时、适用的输出要求。

输出设计包含以下几个方面的内容。

1.输出内容的设计

输出内容的设计分两步进行。首先要确定用户在使用信息方面的要求,包括使用者、使用目的和周期、输出速度、频率、数量、安全性要求等等。然后,根据用户要求,对具体的输出内容进行确定,设计输出信息的内容,包括信息形式(表格、图形、文字),输出项目及数据结构、数据类型、位数及取值范围,数据的生成途径,完整性及一致性的考虑等等。

2.输出类型和格式的设计

1)输出类型设计

(1)外部输出:向系统的外部环境输出。例如,向其他系统输出的相关信息等。

(2)内部输出:系统内部多个子系统之间的输出。例如,汇总统计的结果输出到总账。

(3)交互输出:用户之间的联系、对话输出。

(4)操作输出:计算机运行过程中与操作有关的输出。如出错信息等。

2)输出格式

(1)表格输出:即一般所指的打印输出。这是用户通常要求的最主要的输出形式。

(2)显示输出:常见的是将系统运行结果送到终端显示。

(3)磁介质输出:将系统输出的数据存储在磁盘或磁带上。

3.输出介质及设备的选择

根据系统的结果和系统提供的硬件条件可以从磁带、磁盘、行式或激光打印机、卡片机、终端、绘图机、缩微胶卷输出器、光盘等输出设备选定一种或多种作为系统的输出设备。这时应当考虑的是用户对输出文件的质量、速度、方便、可靠等要求与投资之间的矛盾。应当采用适当的方案兼顾二者的统一。对于不成熟的新开发技术不应盲目采用，以免给系统的维护及应用带来困难。

完成输出设计后，撰写输出设计说明书。一份完整的输出设计说明书应包含输出类型、内容、表格、介质及设备等方面的设计内容。

六、系统设计说明书

程序设计说明书就是用以定义处理过程的书面文件。编写系统设计说明书是系统设计阶段要完成的最后一项工作。

系统设计说明书应包括以下几方面的内容：

1. 引言

(1)摘要：系统名称、目标及功能。

(2)项目背景：项目开发者、用户、涉及的其他系统或机构及其关系约束。

(3)系统工作环境及限制：系统软件、硬件及运行环境的限制；保密安全限制；软件文本，网络协议标准文本等。

(4)引用资料及专门术语。

2. 系统设计内容

(1)系统总体结构设计方案。

(2)代码设计方案。即代码的方式、种类、功能及代码表。

(3)数据库设计方案。它说明数据设计的目标、主要功能要求、需求性能规定、运行环境要求(设备、支撑软件等)、逻辑设计方案、物理设计方案。

(4)输入输出设计方案。它包括输入、输出的项目、主要功能、输入输出要求、输入的承担者和输出接受者，输入校验方法，以及输出的数据类型与设备、介质、数值范围、精度要求等。

(5)HIPO图(层次化模块控制图等等)。

(6)网络设计方案。系统的网络结构、功能设计。

(7)安全保密设计。

(8)系统详细设计方案说明书。它主要包括实施的计划安排，给出各项工作的起止日期；规定各项工作完成的先后次序及工作完成的标志；项目的经费预算，逐项列出本开发项目实施的各项经费，最后应邀请有关专家、管理人员审批实施方案，方案通过后，报批上级领导部门，获批准后，整个系统开发工作便进入系统实施阶段。

从系统调查、系统分析到系统设计是信息系统开发的最主要和核心的工作，这三个阶段的工作量几乎占到了整个系统开发工作量的70%，而且这三个阶段所用的工作图表较多，涉及面广，较为复杂。

第五节　生产物流管理信息系统的实施

系统实施是将系统设计的结果转换成能够实际运行的系统的整个过程。系统实施的主要内容包括物理系统的实施、程序设计与实现、系统调试、项目管理、系统转换、文档编录、数据准备与录入、人员培训和系统评价等。系统实施阶段是一个关键阶段。既要成功地实现新系统，又要维持正常的工作秩序。由于系统实施期间，将投入大量的人力、物力，占用较长的时间，因此，在实施前，就要制定出周密的计划和安排，由项目负责人进行全面的组织协调工作，确定出系统实施的方法、步骤、所需的时间和费用。最后由项目委托方与开发方共同商定组织实施，并且要监督实施计划的执行。实施阶段的复杂性往往与所开发的管理信息系统的规模有关。

一、物理系统的实施

信息系统的物理系统的实施是指计算机系统和通信网络系统设备的订购、机房的准备和设备的安装调试等一系列活动的总和。要重点考虑计算机的选型和厂家的选择。必须从计算机产品中选择最适合信息系统组建要求的、性价比高、有一定品牌知名度和维修有保障的产品。此外，还应当考虑：环境问题、设备购置、设备验收等环节。总之，硬件的购置工作是系统实现的一个重要环节。项目的负责人并不一定通晓这方面的所有技术细节，因此需要委托硬件专家来具体负责，项目负责人则负责协调与监督。

信息系统通常是一个由通信线路把各种设备连接起来组成的网络系统。网络按其连接的区域大小分为有局域网和广域网两种。一般管理信息系统通常采用局域网(LAN)的方式，在一定范围内将需要管理的楼宇及其内部，通过通信设备的安装、电缆线铺设等手段，建立它们之间的内部联系。网络系统的实施还包括联网以后网络性能的调试等工作。

二、程序实现

程序实现的任务就是将系统设计阶段得到的系统物理模型，转换成能够实现的系统。即采用某种程序设计语言进行编码，完成每个模块乃至整个系统的代码开发，实现人和计算机的通信，指挥计算机按人的意志正确工作，发挥管理信息系统的巨大作用。程序实现的主要依据是系统设计阶段的 HIPO 图以及数据结构和编码设计。

(一)程序实现的要求

编程工作是复杂和烦琐的工作。衡量编程工作质量的指标是多方面的，这些指标随着系统开发技术和计算机技术的发展也要不断地变化。目前对编程实现工作质量的指标大致考虑这几个方面：

1. 可靠性

系统运行的可靠性是十分重要的，在任何时候都是衡量系统质量的首要指标。可靠性指标可分解为两个方面的内容：一方面是程序或系统的安全可靠性。另一方面是程序运行的可靠性。

2. 实用性

实用性是指从用户的角度来审查系统各部分都非常方便实用。实用性是系统今后能否投入实际运行的重要保证。

3. 规范性

即系统的划分、书写的格式、变量的命名等等都按统一规范，这对于今后程序的阅读、修改和维护都是十分必要的。

4. 可读性

可读性是指程序清晰，没有太多繁杂的技巧，能够使他人容易读懂。可读性对于大规模工程化地开发软件非常重要。因为可读程序是今后维护和修改程序的基础。较好的做法是在程序中插入大量解释性语句，以对程序中的变量、功能特殊处理细节等等进行解释，为今后他人阅读该段程序提供方便。

5. 效率

程序效率是指计算机资源（如时间和空间）能否被有效地使用。由于硬件价格近年来大幅度下降，而其性能却不断完善和提高，所以效率已经不像以前那样举足轻重了。相反，程序设计者的工作效率比程序效率重要，程序设计者工作效率提高，不仅能减少经费开支，而且也会降低程序的出错率，进而减轻程序维护工作的负担。此外，效率与可维护性和可理解性通常是矛盾的，片面追求程序的运行效率不利于程序设计质量的全面提高。在实际编写程序的过程中，人们往往宁可牺牲一定的时间和空间，也要尽量换取程序的可维护性和可理解性的提高。

6. 可维护性

即程序各部分相互独立，没有调子程序以外的其他数据关联。也就是说不会发生那种在维护时牵一发而动全身的连锁反应。一个规范性、可读性、结构划分都很好的程序模块，它的可维护性也是比较好的。

7. 重用性

重用性是指大量的程序代码能够反复使用。这样可以减少程序的代码，节约编程的时间，也有利于今后的维护。

(二)程序实现方法

编程的目的是为了实现开发者在系统分析和系统设计中所提出的管理方法和处理构想，编程不是系统开发的目的。在编程和实现中，建议尽量借用已有的程序和各种开发工具，尽快地实现系统，而不要在具体的编程和调试工作中花费过多的精力和时间。

1. 结构化程序设计方法

结构化程序设计方法是当今程序设计的主流方法，它与前面章节所介绍方法完全一致，即按照 HIPO 图的要求，用结构化的方法来分解内容和设计程序。在结构化程序设计方法的内部，它强调的是自顶向下地分析和设计，逐步求精的过程。而在其外部它又是强调自底向上地实现整个系统。

2. 面向对象程序设计方法

面向对象程序设计是软件系统设计与实现的新方法，目前较为流行。这种方法通过增加软件的可扩充性和可重用性来改善并提高软件生产率，同时控制软件维护的复杂性和开销。面向对象程序设计（简称 OOP）的本质是建立模型体现出的抽象过程和面向对象的方法。面向对象程序设计方法一般应与 OOD 所设计的内容相对应。它是一个简单、直接的映射过程，即将 OOD 中所定义的范式直接用面向对象程序来取代。

三、系统测试与转换

（一）系统测试

测试主要是针对程序设计及编程调试后的结果进行的工作。其定义是为了发现错误而执行程序的过程。查出新错误的测试可以说是一个成功的测试。

1. 测试的基本手段

系统测试常用的手段有两种，一种是不依赖于计算机的测试，即人工测试。经验表明，人工测试相当有效地查找错误，因此对每个应用系统都要用一种或多种人工测试技术。常用的人工测试技术有程序审查会、人工运行和复查等。另一种是计算机测试，即准备一些测试程序在计算机上运行，以此来查找程序错误。采用这种手段进行测试要遵循以下步骤：

1）设计测试

采用黑盒与白盒相结合的方法，根据程序的具体内容设计测试情况，并编著一些测试程序，以备上机运行开展测试工作。黑盒测试是测试者把程序看成一个黑盒，即完全不考虑程序内部结构和内部特性，仅仅关心寻找使程序未按规范运行的情况，并且仅仅按程序的规范导出测试数据。而白盒测试则重点检查程序的内部结构，测试者从检查程序的逻辑着手，得出测试数据，进行测试的过程。

2）模块测试

可以采用“自顶向下”和“自底向上”的方法，测试每一个程序模块，直至整个应用系统。

3）高级测试

完成功能测试、系统测试、验收测试、安装测试等高级测试内容。进而完成整个测试任务。

2.具体内容

1)代码测试

调试过程中通常要编写测试数据。测试数据除采用正常数据外,还应包括一些异常数据和错误数据,用来测试程序逻辑上的正确性。测试数据是经过精心挑选的,使程序和模块中的每一条语句都能得到执行,即能够测试程序中的任一逻辑路径。常用的测试数据有以下几种:

(1)用正常数据调试:输入正常数据进行测试。

(2)用异常数据调试:例如用空数据文件参加测试,检查程序能否正常运行。

(3)用错误数据调试:试验程序对错误的处理能力,包括显示出错信息以及容许修改错误的可能性。具体检查内容有:

①输入键号错误(包括错的键号和不应有的键号)时,能否及时检出和发出出错信息,并允许修改;

②输入数据错误(包括错误数据、不合理数据)时,能否及时查出或发出出错信息,并容许修改;

③操作错误(包括磁盘错误,操作步骤或方法错误)时,能否及时检出并发出警告信息,并允许改正。

2)组装测试

也称为集成测试。有两种测试方法:一种是分别测试各个模块,再把这些模块组合起来进行整体测试。其优点在于能够并行测试,节约时间,但容易造成混乱。另一种是把下一个要测试的模块组合到已测试好的模块中,测试完成后再将下一个需测试的模块组合进来测试,逐步将所有模块组合在一起,并完成测试。因为其测试的范围是一步步扩大的,所以错误容易定位,而且已测试的模块在新的条件下又进行测试,程序测试得更彻底。

3)软件功能测试

又称确认测试。经代码测试正确的程序只是基本上验证了程序逻辑上的正确性,但并不能验证程序是否满足程序说明中定义的功能,也不能验证测试数据本身是否完备。确认测试的任务是进一步验证软件的有效性,也就是说,检查软件的功能是否与用户的要求一致。其包括有效性测试、软件配置审查和验收测试等。

4)系统测试

系统测试是将已经确认的软件、计算机硬件、外设、网络等其他元素结合在一起,进行信息系统的各种组装测试和确认测试,其目的就是通过与系统的需求相比较,发现所开发的系统与用户需求不符或矛盾的地方。系统测试是根据系统分析说明书来设计测试的。其包括回复测试、安全性测试、强度测试、性能测试、可靠性测试和安装测试等。

系统测试完成后，在交付用户使用之前，应编写操作说明书。

（二）系统转换

在系统调试完毕的基础上，进行系统转换工作。此处的系统转换包括原来全部用人工处理的系统转换到新的以计算机为基础的信息系统，也包括从旧的信息系统向新的信息系统的转换过程。转换工作包括旧系统的数据文件向新系统数据文件转换，人员、设备、组织机构的改造和调整，有关资料的建档和移交等。系统转换的终结形式是将全部控制权移交用户单位。系统转换一般有以下几种方式：

1. 直接转换

这种方式是用新系统直接替换旧系统，中间没有过渡阶段。直接转换的优点是转换最简单，费用最省，但风险性大。由于新系统尚未承担过正常的工作，可能会出现很多意想不到的问题，因此这种方式对重要系统不太适用。在实际应用时，应有一定措施，以便新系统一旦失灵，旧系统尚能顶替工作。

2. 平行运行

这种方式安排了新、旧系统有一段时间平行运行，在此阶段，旧系统和新系统并行处理。这种方式不仅保持转换期间工作不致间断，而且新旧系统可以进行对比。但这种方式的费用太高。在银行和一些企业的核心系统中，这是一种经常使用的切换方式。它的主要特点是安全、可靠，但费用和工作量都很大，因为在相当长时间内要两套系统并行工作。

3. 阶段运行

顾名思义，这种切换方式的特点是分阶段分部分地进行切换。它既避免了直接方式的风险性，又避免了并行方式发生的双倍费用。但在混合运行过程中，必须事先很好考虑它们之间的接口。当新旧系统差别太大时，不宜采用此种方式。

阶段式系统切换方式中的最大问题表现在接口的增加上。系统各部分之间往往是相互联系的，当老系统的某些部分切换给新系统去执行，其余部分仍然由老系统去完成，于是在已切换部分和未切换部分之间就出现了如何衔接的问题，这类接口是十分复杂的。

4. 试运行方式

这种方式类似平行运行方式，它在一些关键处理上进行试运行，在试运行感到满意时，再转入新系统全面运行。

上述四种系统转换方式的切换过程如图 9-10 所示。

在实际的系统切换工作中，通常都采用并行切换方式。这样做既安全，技术上也简单。当然，也有为数不少的系统是将四种切换方式配合起来使用，例如，在阶段方式中的某些部分采用直接方式，其他部分采用并行方式。

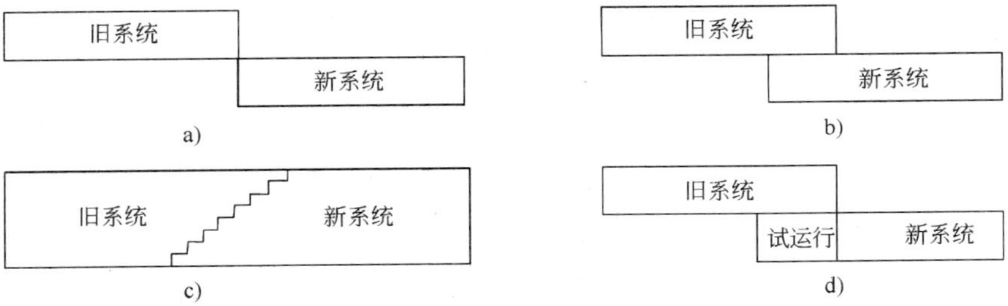

图 9-10　四种系统转换方式

a)直接方式；b)平行方式；c)阶段方式；d)试运行方式

四、系统实施阶段的文档

在系统实施阶段，主要的文档有两个：程序设计报告和系统测试报告，另外，还包括系统使用和维护手册中的系统使用说明部分，硬件采购和网络设计中形成的文档。现分述如下。

(一)程序设计报告

程序设计报告是对系统程序设计过程的总结。其组成内容为：概述、程序结构图、程序控制图、相关的算法、程序流程图、源程序以及必要的程序注释说明。依据系统设计报告，进行程序设计工作。程序设计经调试通过后，应完成程序设计报告，以便为系统调试和系统维护工作提供依据。有了程序设计报告，就可以避免因程序员的流动造成系统维护工作的困难。

(二)系统测试报告

系统测试是系统实施阶段的重要工作。系统测试报告是对系统测试过程的总结，主要内容包括如下：

(1)概述：说明系统测试的目的。

(2)测试环境：有关软硬件、通信、数据库、人员等情况。

(3)测试内容：系统、子系统、模块的名称、性能技术指标等。

(4)测试方案：测试的方法、测试数据、测试步骤、测试中故障的解决方案等。

(5)测试结果：测试的实际情况、结果等。

(6)结论：系统功能评价、性能技术指标评价、结论。

为做好组装测试和确认测试，需为如何组织测试制定实施计划。测试计划应包括测试的内容、进度、条件、人员、测试用例的选取原则、测试结果允许的偏差范围等。测试工作完成以后，应提交测试计划执行情况的说明。对测试结果加以分析，并提出测试的结论意见。

（三）系统使用说明部分

系统使用说明部分是提供给用户的系统操作指南，有的系统比较大，将使用手册与维护手册分开。系统使用手册（或叫操作手册）一般是面向业务人员的，他们是系统的最终使用者。而系统维护手册（或叫技术手册）是供具有一定信息技术专业知识的系统维护人员使用的。系统使用手册主要内容包括：

（1）概述：主要包括系统功能、系统运行环境（软、硬件）、系统安装等内容。

（2）使用说明：系统操作使用说明较为详细地说明了操作的目的、过程、方式、输入输出的数据等。最好将系统操作的界面图放入说明书，便于使用者学习与操作。

（3）问题解释：解释了系统使用中可能出现的问题及解决办法，如非常规操作命令、系统恢复程及意外情况与开发单位的联系方式等。

五、系统交接和人员培训

（一）系统交接

在完成系统的测试等一系列实施工作后，便进入系统交接阶段。系统交接是指新系统替换原有系统的过程。系统交接工作包括系统数据文件的建立或转换，人员、设备、组织机构及职能的调整，将新系统开发的一切相关资料，包括整个物理系统、系统设计原始资料以及最新的系统操作使用说明书，全部移交、办理结束合同的所有手续等等。系统交接的最终结果是新系统能够顺利运行，并将系统全部控制权移交给用户。管理人员在系统交接中的任务是：尽可能地平稳过渡，使新系统投入工作，逐步安全地取代原有系统的功能。其次，还必须完成对相关人员的培训工作。

（二）人员培训

为用户培训系统操作、维护、运行管理人员是信息系统开发过程中不可缺少的功能。一般来说人员培训工作应尽早地进行，前面章节我们已经谈到系统开发自始至终都必须有用户参加，这样做可以尽快缩短系统分析人员与最终用户之间的距离，也是一个人员培训的过程。这里所要讲的人员培训主要是指系统操作员和运行管理人员的培训。

（1）人员培训计划

操作人员培训在系统实施阶段一般是与编程和调试工作同时进行的。这样做是基于如下几个方面的原因：

①编程开始后，系统分析人员有时间开展用户培训（假定系统分析人员与程序员的职责是有严格区分的情况下）。

②编程完毕后，系统即将投入试运行和实际运行，如再不培训系统操作和运行管理人员，就要影响整个实施计划的执行。

③用户受训后能够更有效地参与系统的测试。

④通过培训，系统分析人员能对用户需求有更清楚的了解。

(2)培训的内容

人员培训的内容包括：

①系统整体结构，系统概貌。

②系统分析设计思想。

③计算机系统的操作与使用。

④系统所用主要软件工具(编程语言、工具、软件包、数据库等等)的使用。

⑤数据的收集、统计渠道、统计口径等。

⑥系统输入方式、操作方式和汉字输入方式的培训。

⑦可能出现的故障以及故障的排除。

⑧系统文档资料的分类以及检索方式。

⑨运行操作注意事项等等。

第六节　生产物流管理信息系统的运行管理

在完成新系统的实施以后，新系统交付给用户使用，整个系统的研制工作全部结束。下一步进入到信息系统的日常管理、维护等阶段。

一、系统维护

系统完成切换过程的各项任务之后，进入正式运行阶段，支持日常的各项事务处理、管理控制和管理决策。在这个阶段需要不断地对系统进行维护，为改正潜藏错误，扩充功能，完善功能，结构更新，延长系统寿命而进行的各项修改和维修活动称作系统维护。

(一)系统维护内容

系统维护的过程包括如下内容：

1. 建立维护组织

建立和健全系统维护组织机构，这个机构的成员应在维护主管的领导下，由技术主管、系统硬件和软件维护人员、数据库管理员和应用软件维护人员等组成。各类维护申请首先提交给维护主管，再由技术主管负责对维护申请进行评估，提出评估报告，该报告要对所提出的问题的原因、严重程度、维护方法、维护计划、维护时间等进行论证，然后由维护主管出面协商并下达维护任务。

2. 安排计划

系统维护工作不应采用零打碎敲的方法，提出一个维护申请就进行一项维护工作，而是应当有计划有步骤地统筹安排。应当按照维护任务的工作范围、严重程度等诸多因素确定优先顺序，制定出合理的维护计划。计划的内容应包括：维护工作的氛围，所需资源，确认的需求，维护费用、维修进度安排以及验收标准等。

3. 维护的实施

维护组织中的各类维护人员按照维护计划开展维护工作，当维护任务完成后，维护人员要将整个维护过程写成书面维修报告，维护主管要负责按照验收标准对维护结果进行验收，最后要将整个文档资料保存起来。

(二)系统维护的重点

要保证系统维护工作的顺利进行，提高系统的可修改性必须重视以下几个方面的问题。

1. 建立和健全各类系统开发文档资料

如果没有一套完整的开发文档资料，则系统维护特别是数据维护和应用软件维护则很难进行。

2. 文档资料要标准化、规范化

由于文档资料常常是给别人看的，并且其作用在系统运行维护阶段得到了充分地体现，因此为了提高各类文档的可理解性，在系统开发初期要根据所使用的开发方法制定出文档标准规范，所有开发人员都必须遵循这个规范建立相应的文档资料，并且要形成制度约束开发人员的行为，评价开发人员的工作质量。

3. 开发过程中要严格按照各阶段所规定的开发原则和规范来进行

如在系统设计阶段要按照一定的设计原则和设计策略来从事系统设计工作，只有这样才能保证系统全局最优。并且也使得系统维护工作相对比较容易进行。

4. 维护文档的可追踪性

无论是在系统开发阶段，还是在系统运行阶段，都不可避免地对文档资料进行修改，要保留修改前和修改后的变化情况，这样才能保证系统有据可查，保证系统维护工作的顺利进行。

5. 建立和健全从系统开发到系统运行各阶段的管理制度

由于信息系统的开发过程不同于物质生产过程，其各阶段的成果都是人脑思维的结果，如何监督、管理和控制各阶段人员的各项工作则必须依靠一套完整的管理制度，这也是前几个方面的重要保证。

二、系统运行管理

系统开发工作告一段落后，管理信息系统即转入日常运行。系统运行过程中的维护管理工作是非常繁重的，首先要建立系统运行各类的规章制度，其次加强系统的日常运行管理。

(一)系统运行管理制度

系统运行管理制度主要是指一个信息系统研制基本完成后，确保系统按预定目标运行并充分发挥其效益的一切必要条件、运行机制及保障措施。运行管理制度的研究主要包括如下几个方面：

1. 系统运行管理的组织机构

系统运行管理的组织机构包括各类人员的构成、各自的职责、主要任务以及其内部组织结构。

2. 基础数据的管理

基础数据管理包括对数据收集和统计渠道的管理、计量手段和计量方法的管理、原始数据的管理、系统内部各种运行文件、历史文件(包括数据库文件等)的归档管理等等。

3. 运行管理制度

运行管理制度包括系统操作规程、系统安全保密制度、系统修改规程、系统定期维护制度以及系统运行状况记录和日志归档等等。

4. 系统运行结果分析

系统运行结果分析就是要得出某种能反映组织经营生产方面发展趋势的信息，提高管理部门指导企业的经营生产的能力。

(二)日常的运行管理和规章制度的制定

管理信息系统日常的运行管理并不等于机房的日常管理工作。其管理人员要负责记录每天系统运行的情况、数据输入输出的情况，还要负责系统的安全性与完备性，以保证系统正常运行。

完整而准确的系统运行记录，是进行系统评价、系统改进和系统审核的基础，也是保证系统安全性的重要措施。一般应记录每天系统运行的时间，完成了哪些输入输出，输出报告被送往哪些部门，系统资源占用情况如何，数据文件或数据库内容是否被更新，运行中出现了哪些问题与故障，发生故障时现场条件如何，采取了哪些排除故障的措施，效果怎样等。为了确保系统的安全性，运行管理人员应对硬盘中的数据定期做备份。系统的运行管理工作是一个琐碎而细致的原始资料积累过程，不能忽视。为了保证系统正常运行，使其产生最大的管理效益，必须制定严格的系统管理和操作制度。这些管理和制度主要有以下内容：机房管理制度、技术档案管理制度、数据录入和维护制度、操作规程等。

S 本章小结

本章从介绍物流信息、物流信息管理及其系统的有关知识，理解生产物流信息系统的概念和概念，学习、理解和熟悉物流信息系统开发的整个过程，掌握生产物流信息系统开发的多种方法，掌握物流信息系统分析、系统设计、系统实施以及物流信息系统管理维护的要求和内容，具备分析系统和设计系统的初步能力。

E 练习题

1. 理解和熟悉物流信息系统开发的整个过程以及常用的开发方法。
2. 数据流程图的基本成分是什么？数据流程图的作用又是什么？
3. 代码设计有哪些基本原则？
4. 系统设计说明书的基本内容是什么？
5. 为什么要进行系统转化？转换的方式有哪些？
6. 物流信息系统维护有哪些内容？

C 案例分析

CHRYSLER 公司应用 EDI 优化供应

克莱斯勒(CHRYSLER)公司是美国三大汽车制造企业之一，它的装配厂与其供应商之间由于采用了电子数据交换(EDI)、电子邮件等先进的信息系统，极大地提高了信息获取的准确性和时效性，改变了企业与其供应商之间的运营模式。

早在 1969 年，克莱斯勒公司就与几个供应商进行了电子通讯，但由于当时通讯水平低，必须由相关人员干预，因此没有取得良好效果。1976 年，采用在线接收系统后发现供应与需求数据很不一致。1984 年该公司提出了每辆车降低成本 30%的企业目标。为了实现这一目标而进行的分析，发现当时与供应商合作不好，是由于供应商不能及时得到公司的需求信息，公司也得不到有关供货数量和内容的确切情况，供求双方存在许多不确定因素。装配中心必须储存很大数量的库存以保证装配线的正常运转。当出现缺货时，为避免装配线的停止而造成更大损失，往往采用加急运货供应的措施，这就增加了单车成本。

1985 年起，克莱斯勒公司采用了供应商供应规划处理系统，它能够通过 EDI 向供应商以电子文件方式传递有关需求产品的类别、品名、规格及数量等信息，另一方面供应商在运输货物以前，先通过 EDI 系统向装配厂传送拟运输的产品清单，装配厂接收、修改、确认后向供应商返回确认单，从而使供需不一致性事前即得到减少，供应系统在各个环节上成为时间紧密相连的闭环。与此同时，库存管理职能也发生了很大的变化。1984 年以前，库存管理员的职能除了出入库操作以外，每天还要计算各种零件的库存量，以便及时订货，在极端情况下，甚至不得不把有缺件的汽车卸下流水线。为了避免缺货情况的发生，旧供应管理模式需要保持大量库存，而应用 EDI 以后由于库存资金周转加快，使单车库存资金费用平均降低 20.85 美元；由于进货报废现象得到控制，单车节约成本4.26

美元；由于供需不一致，运输与接收时间不同而产生的中间库存等费用每车节约26.52美元；由于供应商等准确掌握了装配厂的需求信息（数量、时间等），所以有充裕时间制订优化的运输策略，使单车节约运输费用10.63美元；由于EDI的应用而减少信息处理费用（其中包括人员减少和通讯费用降低等），使单车成本节约38.63美元。因此，以上5项合计，1995年单车成本比1984年下降了100.89美元。

克莱斯勒公司实施了EDI的战略规划，还促使供应商也必须对其信息处理流程进行改造，否则供应商将失去其合作伙伴的资格。

问题与讨论：

你认为克莱斯勒公司实施EDI战略规划后，可能对其供应商产生压力吗？

第十章　生产物流组织与管理

能力目标、知识目标与学习要求

本章主要讲述了生产物流组织与管理的内容。通过本章的学习从时间、空间和人员上掌握合理组织生产物流的基本要求；论述了生产物流系统的设计原则，并通过实例来说明生产物流系统设计的基本内容，这是本章的第一个重点；介绍了生产物流内、外部控制的内容，这是第二个重点；本章要掌握的第三个重点是详细地对生产物流系统的业绩评价内容和体系进行了说明，按时间、成本和质量构建的企业物流绩效指标体系有利于企业物流系统目标体系的建立。

第一节　合理组织生产物流的基本要求

从物料投入到成品产出的生产物流过程，通常包括工艺过程、检验过程、运输过程、等待停歇过程等自然过程。为了提高生产效率，一般从空间、时间、人员三个角度组织生产物流。

一、生产物流的空间组织

生产物流的空间组织是相对于企业生产区域而言，目标是如何缩短物料在工艺流程中的移动距离。一般有三种专业化组织形式，即工艺专业化、对象专业化、成组工艺等。

(一)按工艺专业化形式组织生产物流

工艺专业化形式也叫工艺原则或功能性生产物流体系。其特点是把同类的生产设备集中在一起，对企业欲生产的各种产品进行相同工艺的加工。即加工对象多样化，但加工工艺、方法却雷同。

优点是对产品品种的变化和加工顺序的变化适应能力强；生产系统的可靠性较高；工艺及设备管理较方便。缺点是物料在加工过程中物流次数及路线复杂、难于协调。

在企业生产规模不大，生产专业化程度低，产品品种不稳定的单件小批量生产条件下，则适宜于按工艺专业化组织生产物流。

(二)按对象专业化形式组织生产物流

对象专业化形式也叫产品专业化原则或流水线。其特点是把生产设备、辅助设备按生产对象的加工路线组织起来，即加工对象单一，但加工工艺、方法却多样化。

优点是可减少运输次数，缩短运输路线；协作关系简单从而简化了生产管理；在制品少，生产周期短。缺点是对品种的变化适应性差；生产系统的可靠性较低；工艺及设备管理较复杂。

在企业专业方向已经确定，产品品种比较稳定，生产类型属于大量、大批生产，设备比较齐全并能有充分负荷的条件下，适宜于按产品专业化组织生产物流。

(三)按成组工艺形式组织生产物流

成组工艺形式是结合了上述两种形式的特点，按成组技术原理，把具有相似性的零件分成一个成组生产单元，并根据加工工艺路线组织设备。其主要优点是可以大大地简化零件的加工流程，减少物流迂回路线，在满足品种变化的基础上有一定的批量生产，具有柔性和适应性。

上面三种组织生产物流形式各有特色，而如何选择则主要取决于生产系统中产品品种多少和产量大小。

二、生产物流的时间组织

生产物流的时间组织是指一批物料在生产过程中各生产单位、各道工序之间在时间上的衔接和结合方式。要合理组织生产物流，不但要缩短物料流程的距离，还要加快物料流程的速度，减少物料的成批等待，实现物流的节奏性、连续性。

通常，一批物料有三种典型的移动组织方式，即顺序移动、平行移动、平行顺序移动。

(一)顺序移动方式

顺序移动方式是指一批物料在上道工序全部加工完毕后才整批地转移到下道工序继续加工。采用顺序移动方式，一批物料的加工周期为：

$$T_{顺}=n\sum_{i=1}^{m}T_i \tag{10-1}$$

式中：$T_{顺}$——顺序移动方式一批物料的生产周期；

n——物料批量；

m——物料的工序数；

T_i——每道工序的单件时间。

优点是一批物料连续加工，设备不停顿，物料整批转工序，便于组织生产。缺点是不同的物料之间存在等待加工、运输的时间，因而生产周期较长。

(二)平行移动方式

平行移动方式是指一批物料在前道工序加工一个物料以后，立即送到后道工序去继续加工，形成前后交叉作业。

$$T_{平行}=\sum_{i=1}^{m}T_i+(n-1)T_{\max} \tag{10-2}$$

式中：$T_{平行}$——平行移动方式一批物流的生产周期；

n——物料批量；

m——物料的工序数；

T_i——每道工序的单价时间；

$T_{\max}$——产品加工序中单件作业最长时间。

该种方式的优点是不会出现物料成批等待现象，因而整批物料的生产周期最短。缺点是当物料在各道工序加工时间不相等时，会出现人力和设备的停工现象。只有当各道工序加工时间相等时，各工作地才可连续充分负荷地进行生产。另外，运输频繁会加大运输量。

(三)平行顺序移动方式

平行顺序移动方式是指每批物料在每一道工序上连续加工没有停顿，并且物料在各道工序的加工尽可能做到平行。既考虑了相邻工序上加工时间尽量重合，又保持了该批物料在工序上的顺序加工。

采用平行顺序移动方式，一批物料的加工周期为：

$$T_{平顺}=\sum_{i=1}^{m}T_i-(n-1)\sum_{i=1}^{m}\min(T_i,T_{i+1}) \tag{10-3}$$

式中：$T_{平顺}$——平行顺序移动方式下一批物料的生产周期；

n——物料批量；

m——物料的工序数；

T_i——每道工序的单件时间，i 和 $i+1$ 代表相邻两工序。

虽然其生产周期要比平行移动方式长，但可以保证设备充分负荷。其特点是：

当 $T_i \leqslant T_i+1$ 时，物料按平行移动方式转移；即：当上一道工序的加工时间小于或等于下一道工序的加工时间时，上一道工序加工完每一件物料后，应立即转到下一道工序去加工。

当 $T_i \geqslant T_{i+1}$时，以 i 工序最后一件物料的完工时间为基准，往前推移$(n-1)T_{i+1}$作为物料在 $i+1$ 工序的开始加工时间。即当上一道工序的加工时间大于下一道工序的加工时间时，要使上一道工序加工完最后一件物料，恰好供应下一道工序开始加工该批物料的最后一件物料。

该种方式吸取了前两种移动方式的优点，消除了间歇停顿现象，能使工作充分负荷。工序周期较短，但安排进度时比较复杂。

上述三种移动方式各有利弊。在安排物料进度计划时，需要考虑物料的大小、物料加工时间的长短、批量的大小以及生产物流的空间组织形式。一般来讲，批量小、物料小或重量轻而加工时间短的物料，适宜采用顺序移动方式；对生产中的缺件、急件可以采用平行或平行顺序移动方式。

对于不同类型的企业，生产物流的时间组织形式是灵活多变的：针对固定式生产企业（项目型生产物流），由于加工对象（物料）固定，因而生产物流的加工工序在时间上的组织方式主要表现在工人的顺序移动上。

针对流程式生产企业（连续型生产物流），通常都是把整批的物料投入加工后，整批地按加工顺序进行工序间的移动，同一批物料不可能同时在多道工序上加工。因而生产物流是按顺序移动方式组织进行。

针对加工装配型企业（离散型生产物流），一批要加工的物料（零件或部件）在各工序之间加工的过程难免会有成批等待现象。所以，生产物流的时间组织目标在于：在保证设备充分负荷前提下，加速物料在各工序之间的流通速度。通常采用平行顺序移动方式。

三、生产物流的人员组织

生产物流的人员组织主要体现在人员的岗位设计方面。要实现生产物流在空间、时间两方面的组织形式，必须重新对工作岗位进行再设计，以保证生产物流优化而通畅。

人力资源管理理论提倡岗位设计应该把技术因素与人的行为、心理因素结合起来考虑。

根据生产物流的特征，岗位设计的基本原则应是："因物料流向设岗"而不是"因人、因设备、因组织设岗"，因此要考虑以下几个问题：

岗位设置数目是否符合最短物流路径原则？（目标是尽可能少的岗位设置尽可能多的工作任务）

所有岗位是否实现了各工艺之间的有效配合？（目标是保证生产总目标、总任务的实现）

每一个岗位是否在物流过程中发挥了积极的作用？（目标是岗位之间的关系应协调统一）

物流过程中的所有岗位是否体现了经济、科学、合理的系统原则？（目标是物流优化）

（一）内容

根据人的行为、心理特征，岗位设计还要符合工作者个人的工作动机需求。由此要从三方面入手：

（1）扩大工作范围，丰富工作内容，合理安排工作任务。目的在于使岗位工作范围及责任增加，改变人员对工作的单调感和乏味感，获得身心成熟发展，从而有利于提高生产效率，促进岗位工作任务的完成。可以从横向和纵向两个途径扩大工作范围。

横向途径有，将分工很细的作业单位合并，由一个人负责一道工序改为几个人共同负责几道工序；尽量使员工进行不同工序、设备的操作，即多项操作代替单项操作；采用包干负责制，由一个人或一个小组负责一项完整的工作，使其看到工作的意义。

纵向途径有，生产人员承担一部分管理人员的职能，如参与生产计划制定、自行决定生产目标、作业程序、操作方法、检验衡量工作质量和数量，并进行工作核算。不但承担一部分生产任务，而且还可参与产品试验、设计、工艺管理等技术工作。

(2)工作满负荷。目的在于制定合理的生产定额从而确定岗位数目和人员需求。

(3)优化生产环境。目的在于改善生产环境中的各种不利于生产效率的因素，建立人—机—环境的最优系统。

(二)要求

岗位设计体现在生产物流的三种空间组织形式上，对人员又有不同的要求。

(1)针对按工艺专业化形式组织的生产物流，要求员工不仅专业化水平很高，而且具有较多的技能和技艺，即一专多能，一人多岗。

(2)针对按对象专业化形式组织的生产物流，要求员工在工作中具有较强的“工作流协调”能力，能自主平衡各工序之间的“瓶颈”，保证物流的均衡性、比例性、适时性要求。

(3)针对按成组工艺形式组织的生产物流，要求向员工授权，即从管理和技术两个途径，保证给每个人都配备技术资料、工具、工作职责和权利，改变不利于物流合理性的工作习惯，加强新技术的学习和使用。

第二节　生产物流系统的设计原则

一、生产物流系统设计

现代生产物流系统是由管理层、执行层、控制层三大部分组成，各部分功能如图10-1所示。

(一)管理层

管理层是一个计算机物流管理软件系统，是物流系统的中枢。它主要完成以下工作：

(1)接收上级系统的指令(如月、日生产并将此计划下发)。

(2)调度运输作业：根据运输任务的紧急程度和调度原则，决定运输任务的优先顺序。根据当前运输任务的执行情况形成运输指令和最佳运输路线。

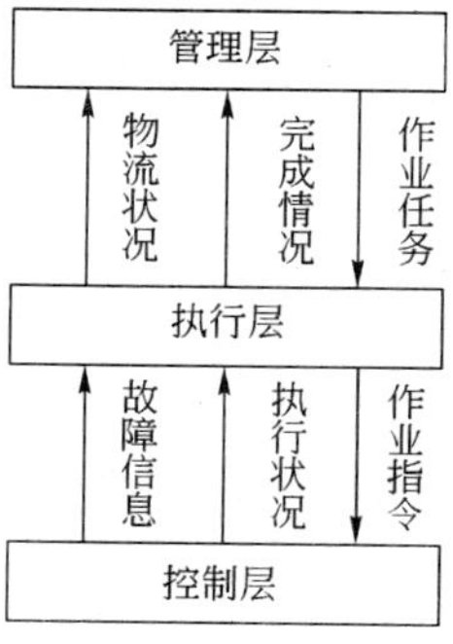

图10-1　现代生产物流的基本组成

(3)管理立体仓库库存：库存管理、入库管理、出库管理和出/入库协调管理。

(4)统计分析系统运行情况:统计分析物流设备利用率、物料库存状态和设备运行状态等。

(二)控制层

管理层是具有数据处理能力,智能性要求较高的系统。控制层是物流系统的重要组成部分,它接受来自管理层的指令,控制物流机械完成指令所规定的任务。

(三)执行层

执行层由自动化的物流机械组成。物流设备的控制器接受控制层的指令,控制设备执行各种操作。执行层一般包括:

(1)自动存储/提取系统,即 AS/RS(Automated Storage & Retrieval System):AS/RS 包括如下四部分:高层货架(High Level Rock)、堆垛机(Stacker Crane)、出/入库台(Outport/Inport Station)、缓冲站(Buffer)和仓库周边输送设备,如各种有轨输送车(Minitrain)、传输辊道和皮带输送机(Converor)等。它连接 AS/RS 的各个通道和缓冲站。

(2)输送车辆:如自动导引车(AGV,Automated Guided Vehicle)和空中单轨自动车(Sky-RAV)。

(3)各种缓冲站:缓冲站是临时储存物料,以便交接或移载的装置。在装配线上的缓冲站一般称为工位缓冲站(AGV Station);在加工系统中的附属于各种加工中心的缓冲站称为加工缓冲站。此外,还有装配缓冲站和测量缓冲站等。

根据管理层、控制层和执行层的不同分工,物流系统对各个层次的要求是不同的。对管理层要求具有较高的智能;对控制层要求具有较高的实时性;对执行层则要求较高的可靠性。

二、生产物流系统设计的基本原则

(一)最小移动距离

要尽量缩短物料及各种零部件的移动距离,使各类活动能够紧密衔接,降低物流量,减少费用。在满足生产需要和工艺要求的前提下,合理地进行工厂的布局,工厂建筑物的相对位置决定了物流的路线系统,因此工厂布置应经多种方案的对比,使物料移动路线最短,尽量避免物流路线的迂回和交叉。

(二)综合性

站在全局的立场,考虑工厂的长远发展,全面分析和处理各种影响因素,不仅考虑物流系统各功能之间的协调发展,同时要服务于生产关系、规模、能力、质量、管理等的需要,使物流系统成为整个生产链条中的桥梁和纽带,生产关系更加和谐,全面提高生产效率,降低成本,增加效益。

(三)集装单元化

为了提高工作效率,减轻工人劳动强度,保证质量,在物流系统运作中应采用集装单元的方式,即将两个以上物料集合起来成为一个集装单元,然后以集装单元的方式实施物流的各种功能,开展装卸、搬运、保管、运输等活动。

(四)适应性

在实施供应链管理和市场经济前提下,物流系统一定要具有柔性,适应性强。既能适应单个企业又能应用于多个战略伙伴企业,在优化资源配置提高经济效益上发挥作用。

(五)经济性

经济性是物流系统构建的重要原则之一,具体表现为物流总成本,需要对各种方案进行经济分析,包括投资、回收期、折旧、效益比较等。既要满足生产的要求为生产服务,又要尽量节省投入。

三、生产物流系统设计与优化方法

(一)生产物流系统设计方法

物流系统设计的核心内容是物料(Materials),移动(Move)和方法(Method)。

(1)要研究系统中所涉及的所有物料,包括产品、原材料、辅助材料、燃料。外购零部件等,重点分析它们的形状、大小、重量、数量,是固体、液体还是气体,是单独(散)件还是包装件,包装形式以及特殊要求,包括物料必须按批次存放,不允许混放、不许堆垛、不许磕碰等。在研究和分析物料的基础上,按一定的标准将数千种甚至更多的物料归纳成几十种或更少的种类,通过分类既可简化分析工作又有助于将整个问题划分成若干部分逐个解决。从而找出不同物料搬运的方法。

(2)要全面了解物料的移动情况,包括距离、路线状况。也就是说在不同的环境和条件下,需要采取相适应的措施和办法。距离是决定搬运方法的重要因素之一,长距离需采用复杂的运输设备,短距离要使用简单的搬运设备。分析路线状况指道路的直接程度和直线程度(水平、倾斜、垂直、直线、曲线、曲折);拥挤程度和路面情况(交通拥挤程度、有无临时或长期的障碍、良好的铺砌路面。需要维修的路面、泥泞的路面);起讫点的具体情况(取货和卸货地点的数量和分布,起点和终点的具体布置,起点和终点的工作情况)。目的是便于选择路线系统和设备,提高效率。

(3)在上述具体分析的基础上,确定出优化合理的运作方案。具体地说,物料如何运入、卸货、搬运、储存、送往工位,各单位如何衔接,采用什么方法、设备,需要多少人力以及投资等并以平面布置和工艺文件等方式加以固化,用以全面指导和协调物流系统的运作。

总之,研究分析的结果应体现在各种方案上,接下来的工作就是将众多具有各自特点的方案,在工厂一定范围内进行讨论并最终确定下来。

(二)物流系统优化

物流系统方案优化的重要工作之一,就是要制订出恰如其分的评价标准,不能过高也不能过低,过高会脱离实际,过低又会不思进取过于保守,因此要符合企业的实际情况。

一般地说,评价标准应包括的内容如下:

(1)投资及回收期,效率及效益的比较;

(2)与生产流程的关系及为其服务的能力;

(3)产品、产量和交货时间每天都不一样,搬运方法的通用性和适应性;

(4)布置和建筑物扩充的灵活性是否受搬运方法的限制;

(5)是否便于工厂的发展;

(6)是否便于维护并能很快修复;

(7)能否实现不停产改造;

(8)便于实施供应链管理,促进生产和多赢目标的实现;

(9)安全;

(10)实施周期。

此外,还要考虑到企业经营策略、企业文化、企业形象、市场竞争力、企业的核心能力以及企业的品牌战略等。

优化的方法有评分优化法、优缺点比较法、系统分析法等,采用何种方法视企业的具体情况而定。

第三节　生产物流控制的内容和程序

与生产活动一样,生产企业物流系统须有严密的计划、组织与安排,进行系统综合、分析和管理,并且与生产活动分开管理、统一操作。生产企业物流的系统化以硬件为基础,以软件为主体。生产物流控制的内容主要是通过生产计划来控制生产过程所需物料、所用设备以及人力资源的安排,从而达到控制的目的。

一、生产企业物流装备系统的控制

现代物流输送系统是指高度智能化的集成物料搬运系统。如果从生产物流系统设备适用范围和功能来划分,可分为自动化物流输送系统(以汽车生产装配系统为代表)、分类挑选系统(以机场运输带为代表)、搬运系统(如 AGV 小车,也包括输送设备等)和信息控制系统。以汽车生产输送系统为例,整个生产线物料输送系统由空中和地面输送线设备、升降机、移载移行机、存储线及控制系统等专用设备组成。输送系统的集成单元设备主要有:皮带式输送机、板式输送机、滚筒输送机、升降机、移载机、封闭轨道输送机、模锻链积放输送机、无链式摩擦积放输送机等。集成化的物流系统可以提高物流作业的效率，优化工艺流程，减少人工操作，以达到降低成本和提高经济效益的目的。

从整个企业生产线物料搬运系统的角度来说，起重搬运设备发挥着极其重要的作用。随着生产规模的扩大、生产自动化程度的提高和市场竞争的日益激烈，生产制造的柔性化是使生产设备与工艺路线能适用于生产各种产品的必然需要，从而实现当前单品种、大批量生产方式向多品种、小批量生产方式的转变。这就要求生产线物料搬运系统能随时适应各种变化，而在生产空间上运行的起重搬运设备更具有灵活性和可变性，同时使车间地面面积得到充分利用。从这个概念上来说，起重搬运设备在生产物流当中发挥着重大的作用。

从应用情况看，用于车间生产线的起重搬运设备主要有梁式起重机、桥式起重机、柔性组合式悬挂起重机、堆垛起重机、悬臂起重机、门式起重机、壁行起重机、叉车、悬挂输送机等。梁式起重机和桥式起重机是运行在车间上空的，通过计算机控制可以实现精确的调速、准确的定位和搬运过程的全自动控制，根据需要还可增加吊具防摆、自动取卸物、自动定位、自动保护、自动称量、故障自诊断监控等功能。堆垛起重机主要用于仓库物料的自动存取和堆垛。叉车搬运机动性强，但难以实现全自动操作。悬挂输送机用于固定流程的物料搬运，但机动性差。

从概念上来说，生产物流装备主要包括以下几个部分。

（一）物流容器——生产物流的基本单元

为了便于物料的储放和机械化作业，现代化生产线无一不采用物流容器。物流容器同时发挥着保护物料品质和方便搬运的重要作用。从规格上可将物流容器分为标准容器和专用容器两种。

标准容器是指按照国标尺寸与技术要求制造的物流容器。这类物流容器不仅适用于一个企业内部，而且适用于整个供应链，乃至跨行业的范围。物流容器的标准化是社会大物流整合的前提，世界上各地区标准不一。例如欧洲托盘的标准尺寸为1 200mm×800mm，它是以通用卡车运输尺寸优化为前提，工业应用中还常采用1 200mm×1 000mm的所谓工业托盘（化工托盘），它与美国的标准尺寸一致。

专用容器一般仅限于企业或同一供应链上使用，是用于储存特殊物料的容器。例如汽车行业引入了大量专用的物流容器，用以储放各种形状各异、表面品质敏感的物料（如外饰件、玻璃制品等）。为了便于运输和储存，这类容器的外形尺寸一般也与标准尺寸链相匹配。

（二）集成仓库技术——生产环节间的调节阀

生产各环节间很难实现100%的同步生产，从经济学角度来看，必要的中间产品库存是合理的。这些中间产品应就地储放，而不应放在远离生产线的物流中心。而生产厂房的面积有限，造价高。如何有效利用空间，存取便利又美观实用便成为选择生产线中集成仓库技术的关键点。现代生产线上常采用的集成仓库技术包括全自动料箱立体库、垂直回转货柜、水平回转货架系统和重力滑移式货架系统。

(三)叉车和拖车——生产环节间运输的机械化

叉车和拖车是生产车间最常见的搬运设备，叉车多适用于短距离托盘和仓储笼运输，拖车则可用于其他非标准尺寸物料远距离的运输。按环保要求，厂房内应采用电力和燃气驱动，而且燃气驱动应安排相应废气过滤系统。

(四)无人小车技术——生产环节间的运输自动化

自动导引无人小车技术的应用，使厂房内的物料搬运实现了全自动化。无人小车的分类方式很多，常见的分类方式为货物取放形式和导引系统。按货物取放形式可分为：正面叉取式、平台上下举放式、侧移式取放（利用辊柱运输机、链式运输机或伸缩叉）。

正面叉取式无人小车与叉车原理类似，小车在托盘前转向定位，使叉子正对托盘，以便取放托盘。这类无人小车需要较大工作区域来实现取放货物作业。平台上下举放式小车装有垂直升降平台，小车在驶入货物下方后平台提升，实现取货功能。这种无人小车只能取放备有辅助台架的货物，但非常节省空间。侧移式取放货物无人小车利用自身携带的侧面移动式运输机，将货物从小车侧面拉到小车上，这种方式的小车造价较高，但使用灵活，占空间少。

(五)垂直运输机——连接跨越楼层的生产环节

现代物流学不主张跨越楼层的物流搬运，因为垂直运输设备经常成为物流体系中的瓶颈。然而由于受地皮价格飞速上涨的影响，有些厂房不得不向高空发展。这就要求设计人员在布置各楼层业务时，从物流原则出发，合理设计垂直物流走向，避免大量物料往返搬运。以体积和重量为评价指标，按金字塔设计业务分层——体积大、重量大的货物在下，体积小重量轻的产品在高层生产。设计垂直运输机时一定要考虑到未来的发展和应急情况下的备用物流方案。

(六)吊车——三维物流作业

吊车的使用具有行业性，如钢铁企业常采用吊车来实现车间内的物流运作。吊车作业灵活，不受地面物流线路的约束，适用于重型物料的车间内搬运。

(七)连续运输设备——生产线 JIT 的关键

连续运输设备的使用为生产各环节的同步生产提供了良好的技术前提，尤其是在汽车、电子、食品、医药、烟草生产等行业，连续运输设备已得到广泛应用。连续运输设备可分为两类：支持在地面的连续运输设备和悬挂在半空中的连续运输设备。

电子行业大都采用第一种方式，而汽车行业两种设备都有成功应用的实例。

与一般连续运输设备相比，生产线连续运输设备对噪声、人身安全保护、人机学以及可靠性要求更高。因为一个连续生产线一旦因技术故障停止生产，其经济损失是十分巨大的。在实际应用中，不仅技术问题会干扰连续生产线，而且物料筹措一旦出现问题，也会影响生产的正常进行。所以要真正意义上实现 JIT 生产，不仅要协调好企业内部的资源，同时还要将供应链上的各个环节整合好，以保证整个链条上物畅其流。

（八）包装线——生产物流与配送物流的核心

包装线的机械化和自动化是生产物流现代化的最后一个环节，它是与配送物流无缝对接的接口点。先进的包装设备不仅有利于提高工作效率，降低包装成本，同时对保证生产质量和缩短生产流程时间也大有益处。自动打包机、自动印刷机和打标签设备以及机器人码托盘系统都将会为我国生产物流的现代化提供有利的技术支持。

二、生产企业物流过程控制

（一）生产车间连续输送系统控制

1. 生产车间连续输送系统的构造

一般来说，生产车间连续输送系统由以下各部分组成：

（1）仓库结构——储存物品的货架

（2）把装载容器从输入/输出站送到各货架的堆垛机；

（3）存放储存物品的托盘、料斗和其他转载容器；

（4）输入/输出储存物品的输入/输出站；

（5）装载的搬运和输送设备；

（6）中央自动控制系境，包括自动化立体仓库的计算机控制系统；

（7）其他器件和装备。

（二）生产车间连续输送系统的工艺流程

以烟草企业辅料输送为例，系统应按以下工艺流程运行：

当卷烟辅料到库后，叉车将材料卸入高架库备料分拣区，人工去除包皮后，按照库存管理系统打印的分拣清单进行人工分拣、组盘。分拣后的托盘在注册点注册，经工作人员检查无误后将条码贴于托盘侧面。

注册后的托盘经辊道输送入库。托盘在识别点进行自检无误后，输送机系统将辅料送至指定的巷道口，经自动编码器编码后，由巷道堆垛机将辅料送到库存管理系统指定的位置。

卷烟生产车间的每一个生产单元都配有一台触屏终端与库存管理系统相连，操作者可直接方便地对生产辅料提出需求，库存管理系统接到需求指令后，即启动自动化系统的出库和运输指令。巷道堆垛机按指令运行至相应的货位取出辅料，经条码识别、重量检验后由出库轨道送至辅料搭配区。AGV 自行小车将搭配好的辅料送至各卷接包机组预定的位置，供卷烟生产使用。

回空的托盘经码垛后，送入空托盘储存货架，待后续材料进库时使用。不再使用的剩余辅料可放在一个托盘上由 AGV 小车送回，由剩余料终端根据分拣清单在对话框内注册和计数，并储存在库存管理系统中，以便统计实际材料消耗。

(三)生产车间连续输送系统的主要组成部分

1. 立体库系统

主要由巷道堆垛机(自动存、取设备),高层立体货架,出、入库站台等设备组成。其功能是用于自动储存和取出原材料。

2. 自动输送机系统

主要由链式输送机、辊式输送机、转换台、外形尺寸检测站、装载识别站、重量检测站、穿梭车、地面有轨自动车、空中有轨自动车等设备组成。它按工艺设计的要求分布于立体辅料库内各相关位置,负责原材料的入库、出库的传输,具有检查和识别货物的功能,同时可对空托盘进行自动收集、堆垛、输入指定货架存放。

3. 自动导引车系统

自动导引小车,简称 AGV,是一种以电池为动力、装有非接触导向装置的无人驾驶自动输送车。其主要功能是在计算机控制下通过复杂的路径把装载物按机台生产的需要输送到指定位置上。自动导引小车按导引方式的不同分为电磁导引、光学导引、无线通信导引、激光导引几种形式。

4. 计算机管理系统

包括物流管理和物流控制两方面,由仓库物流管理计算机、物流跟踪计算机及可编程控制器等部分组成。原材料在计算机系统的管理和控制下,可形成一个自动、合理的物料流,实现高速、高效、及时、准确的原材料供应和管理系统。因此计算机管理及控制系统是物流系统的核心。

(四)生产企业物流与外部物流的联结控制

供应商是企业物流的源头,卸货区则是生产企业物流与外部物流的联结纽带,而送货的满意度又直接对卸货区乃至整个后续物流运作产生很大影响,于是对供应商送货的规定与管理,便成了企业物流是否顺畅的关键之一。

在货物进出过程中,一般要求做到装卸搬运集装化,以减少物料搬运次数,提高物料搬运活性指数,实行储、运、包一体化,集装单元化,真正实行供应链一体化管理。例如:一律用标准塑料托盘、仓库笼取缔原来的各式各类的纸箱。木托盘、铁托盘、铁料箱、编织袋等不符合标准的物流容器。在保证质量的前提下,所有的非金属包装货物均用塑料托盘进行单元化、标准化包装;所有的金属零部件(如钣金件、钢配料件等)均用仓库笼进行标准化、单元化装运。各种协外零部件的包装和摆放全部规范化,并用拉伸回收膜做外包装。中间不必再经过拆装检验,直到终端工位或客户方,以保证做到过目知数、标准盛运、提升配送效率和交货的准确率。同时,一方面为EDI 技术的导入打好基础;另一方面也缩短了货物到达的前置时间,减少了程序的失误率,做到"门对门"运输,为"第三方物流"的实行准备了条件。

比如以进货为例的实际操作中,某公司一个具有 5 条生产线的车间的产品产量(30 000 台/日)可以确定其生产节拍为 4.16 台/分钟、条线,又根据单件零部件数量

(比如某钣金零件件数为2件/台)可以确定供应商的送货节拍和送货量,并依此确定单个托盘(仓库笼)盛装货物的数量、单位时间(如每2h)所需送托盘(仓库笼)的数量、送货时间、整车数量、送货地点、卸货工具与人员准备,实行准时化、准确化配送。计算如下:

设:$Q=30\,000$台/日,$t=4.16$台/分钟条线,$s=2$件/台

则:送货节拍$T=4.16\times2\times5\times2\times60=4\,992$件

又:每个仓库笼对该零件的标准化容量为$v=50$件,每卡车可运40个标准仓库笼

那么:每2h需用99.84个仓库笼,即100个。需送2.5卡车。

不同的零部件,所具有的参数不一定相同,所以送货的节拍自然不一样,但参数(节拍)相同的便可以整车集装。

又如卸货区域,要根据精确配送的节拍、卸货搬运能力(以所配叉车为例,根据其承载能力、搬运速度、运输速度、到暂存区或生产线的距离等参数,可以确定所需叉车数量即搬运能力和卸货空间)来确定卸货区的实际应用面积。

关于订单的处理,可以全部用高效、准确的电脑化处理代替低效、易错的人工处理,建立企业局域网,加强计划变更的应变能力和订单处理的适时性、有效性,提升交货的准确率,还可以引入订单处理系统(EOS)。

本着建立供应商的新型的伙伴关系的目标,分档建立各类供应商考核与档案管理资料,以规范供应商管理,从原来的以罚款管理供应商变为以长远合作框架协议管理供应商,从而促使企业资源社会化的逐步实现。

人们普遍认为:客户(市场),即销售物流是企业物流与外部联结的最终归宿,物流质量的好坏,都将在对客户的物流服务水平上反映出来(如交货期的准时性、数据的严格对应性、品质的合格性等);而在销售物流中,根据客户订单,用类似方法可以知道集装出货所需的包装、搬运、装卸和运输工具。

(五)企业内部生产物料流转分析

对于生产企业内部物料的流转,物流管理部门应该在按照工艺流程和企业运作方式的基础上理顺物流,建立合理的物流系统,尽量减少搬运、停滞等的延迟。

1. 生产物料流转分析

随着生产活动的逐步展开,企业生产计划也按部就班地得到了执行,物料(或外协件)从卸货区通过进货子系统进入了生产系统,物料的移动伴随着生产活动贯穿整个生产过程的始终,直到成品从生产系统中产出。著名的丰田生产方式提出“彻底排除生产过程中的浪费”的口号,并把浪费归纳为7种:过量生产的浪费;等待的浪费;搬运的浪费;库存的浪费;加工本身的浪费;动作的浪费;制造不良的浪费。其中前四项正是在搬运与停滞中产生的累积浪费。具体操作过程如下:

1)在前期操作中,进行现场调查报告

(1)基本材料:厂区建筑图、设备分配图、功用动力分布图。生产工艺流程图、产

品基本结构图(含物料清单)和物流现场分布图;

(2)进行实地调查、核实、研究,确认主通道和辅助通道;

(3)调查涉及到当前生产周期、最大生产产量、各类物料库存周期、极端库存量、各类物流设备、搬运路线、各线的配送方式、容器、工具等全部量化材料。

(4)找寻改造的切入点。

2)从典型入手,以点带面

在生产工艺优化过程中,根据减少库存和浪费、理顺物流的原则,可以选定某一具有代表性的机型(产品)作为定性和定量的研究和实施对象。同时结合生产的具体情况设计,以使物流系统达到高柔性、高效率的效果。

3)掌握方向

生产企业物流的系统化改造应该根据企业发展的远景规划,提出的改造方案应具有战略性(如该产品的优化产品上马、工艺更改、调产或现代化的数据技术全面引入等),符合企业的可持续发展。

4)用订单拉动生产

用订单拉动生产的思路是根据客户订单所定的生产能力计划,按前面卸货区中的定量计算方法,遵循定置管理的原则,做到规范化、标准化、整齐化,简便地操作和摆放,对暂存区、加工区、准备区、总装区、包装区、成品区、出货区(装运区)进行重新规划(如暂存区由原来的多个地址分散、大小不一的小区,依其必要性规划出少数几个规则的暂存区,仓库由原来的多个规划为一到两个,比如只保留原材料仓库和成品仓库)。

5)合理进行平面规划和布置

合理进行平面规划和布置,综合协调各项资源,各区的分布、面积、每日进货种类、基本分配状况、每日物流量、单元化容器、容器数量、容器尺寸、叠放层次、容器内所装物料的数量、来自、去往、所经过的运输通道、所属的管理部门(责任人);准备线上的基本流程、各工序工位名称,各类物料与区域对号;实现定位管理。细化各项物料的流转,使之连续、有节奏、按比例、全量化运转。

6)合理配置各项设备

合理确定运输设备(叉车、电梯、吊车、行车等)所需的最大提升(运输)重量、速度、空间尺寸(电梯)、最小转弯半径(叉车)等参数,根据运输的直接化、就近化、省力化、单向化的原则,从而确定其型号、位置、数量和通行路径,消除各区之间、各楼之间、区线之间准点配送的瓶颈。

7)物流管理和操作应该遵循的基本原则

在车间之间、车间内部搬运工艺设计中,尽量做到装卸搬运集装化、单元化,容器标准化、通用化,以减少物料搬运次数,提高物料搬运活性指数,实行配送一体化管理。不同车间的物流设备配套,厂内运输与厂外运输做到柔性化。协调化,原材料仓库和主要加工设备尽量靠近,以便和厂外运输有机衔接,力求直达化,做到门对门运输。

8)物料搬运路线简捷化、直线化

在物流过程中,上下工序之间,前后生产车间之间设立固定位置的清晰的流程图,为收发、运送、搬运的有关人员指明产品、零件流向,起到现场调度作用。在主要收发运送流程环节尽量做到目视化,便于管理。

9)采取有效的物料管理手段

工序间采用生产操作中的看板(灯板)运输管理,保证生产物流活动准时化。生产物流管理中心引入计算机信息管理系统(MIS系统)和仓库物料管理软件(WMS),以保证信息传送准时化,信息处理现代化。

2. 生产物流搬运装卸分析

物料装卸搬运一般不增加产品的附加价值,因此应尽可能减少装卸搬运以降低成本。物料装卸搬运的总目标是以最少的装卸搬运将物料适时适量地从一处移至另一处。在设计物料装卸搬运系统时应注意下列目标:

(1)降低单位物料的装卸搬运成本

单位物料装卸搬运成本的降低,有赖于良好的装卸搬运设计。例如采用单元集装的形式增加每次装卸搬运件数,就能减少装卸搬运次数而节省不必要的装卸搬运时间和搬运费用。同时,还可以使用可以重复利用的装卸搬运容器和包装材料来降低装卸搬运成本。

(2)缩短生产时间

有效的物料装卸搬运能减少原材料到成品之间的总制造时间,避免因物料停止而造成的延误操作,使物料在生产过程中连续不断地流动,保持更高的生产节奏。因此,在成本允许的范围内,应尽量采用机械化或自动化装卸搬运来减少搬运时间,提高装卸搬运系统的效率。

(3)提高仓库设施的可用能力

仓库有固定的储存空间,尽可能多地利用仓库空间以提高仓库的空间利用率;并使仓库的运营费用最小化。提高仓库空间利用有两个方面的内容:即仓库的垂直空间和水平空间,在实际作业中,我们往往只注意到利用仓库的水平空间而忽视了垂直空间的利用。但是垂直空间也是一个很重要的成本因素,因为企业同样也要为这一部分空间支付费用。此外,有效利用利用仓库空间还要致力于过道空间的最小化,在不影响仓库设备移动的前提下,尽量减少过道空间。企业使用的物料搬运设备类型往往会影响过道的宽度。例如,叉车设备经常需要掉头的空间,因而就比使用诸如巷道堆垛机等搬运设备需要更宽的过道。

(4)为工厂保留空间,创造高效的工作条件

工厂布置时已考虑到物料装卸搬运及储存之必要空间。因此,必须按生产时序进行装卸搬运作业,防止在生产区域堆积过多物料和在制零件,以保留、节省应有的空间。及时装卸搬运消除了生产区域的杂乱无序现象,有利于提高工人的工作环境,从而提高劳动生产率。

(5)改善物流服务

很多企业已经认识到装卸搬运作业的效率对改善物流服务和降低成本来说至关重要。装卸搬运通过让物流系统对工厂和客户的需求做出快速高效的反应来提高效率。装卸搬运再把货物以合适的数量及时送到顾客手中起着关键作用。通过将货物有效地装卸、移进仓库、置放存货、精确地履行订单和迅速将货物备齐为顾客运出来提供更好的客户服务。如一些企业可能通过选择更快的运输方式来减少其运输时间，如从24小时降低到12小时，从而缩短订单周期。然而，由于其装卸搬运系统却可能需要几天时间来为客户备齐货物，而造成了大量订单履行时间的流逝，在这种情况下，虽然花费了大量的成本用于更快的运输，但对于最终提高客户的服务水平的意义不大。因此，装卸搬运系统应该能够对顾客的订单和生产的进度安排做出快速高效的反应。

3. 装卸搬运分析方法

1)5W1H 的装卸搬运分析

对于任何一个物料装卸搬运问题，首先的问题是为什么(Why)要进行物料的装卸搬运，是否有必要进行这一活动，当得到了肯定的回答后，我们就要回答下面几个问题即搬运的对象(What)是什么、由什么设备或工人(What)来进行装卸搬运、在什么地方(Where)进行装卸搬运、在什么时间(When)进行装卸搬运作业以及使用什么样(How)的装卸搬运方法来进行装卸搬运作业。即以所谓的 5W1H(Why/What/Who/Where/When/How)的提问形式引出物料装卸搬运作业的分析、设计和组织。

(1)装卸搬运目的(Why)。在进行装卸搬运作业前，首先要明确为什么要进行这次装卸搬运，是为了腾出空间给后续的物料还是为生产设备提供原材料和零部件。不同的搬运目的需要使用不同的搬运速度和搬运方法，如进行倒库作业时，可能由于时间上不紧迫，可以使用效率比较低的装卸搬运设备，而在向生产设备提供原材料和零部件时，为了防止生产设备停工，则需选用高效率装卸搬运设备。

(2)装卸搬运对象(What)。装卸搬运的对象是指所要进行装卸搬运作业的物料，这里就引出了物料的一些特性，不同的物料需要进行不同的装卸搬运设计。物料的特性有：

形状——气体、液体、半固体、固体；

特性——散装、包装、组件、成品、脆性、体积、不规则性等；

性质——化学反应的可能性、导电、导热、机械强度等；

数量——所需搬运物料的数量。

在进行装卸搬运分析时，物料的这些性质决定了在进行装卸搬运时是否可以进行集装，是否要进行特殊包装处理来对物料进行防护，以及进行装卸搬运的强度计算，从而选用合适的装卸搬运设备。

(3)装卸搬运设备选择(Who)。装卸搬运设备的选择前面已经详细介绍过，这里就不再赘述。需要注意的是要进行搬运设备之间任务的合理分配以及设备与人之间的合理协调，以提高整个装卸搬运系统的效率。装卸搬运设备的主要指标有：

种类——输送机、起重机、运输车辆及其他辅助设备与容器等；

特性——安全性、噪声、废气、可靠性、操作性、维修性等；

成本——购置价格、经济寿命与更新速度、操作运行成本。

(4)装卸搬运的地点(Where)。装卸搬运地点要考虑的因素有：

装卸搬运区域——工序间、机群间或部门间、工场间、进出料仓库间等；

起点与终点——从何地点开始装卸搬运到哪一地点停止卸下；

路线与距离——曲直、长短、路面、方向、倾斜等。

(5)装卸搬运的时间(When)。装卸搬运时间的分析包括装卸搬运的时机把握和装卸搬运速度的控制。装卸搬运的时机把握是按照客户的要求和生产设备的进度计划组织装卸搬运，通过对企业整个生产和运营计划的把握，合理控制装卸搬运时间，即决定何时开始进行装卸搬运作业，何时完成装卸搬运作业，以确保能满足生产设备或客户的要求，通俗地讲，装卸搬运的时机把握就是装卸搬运作业计划的制定。装卸搬运的速度是指装卸搬运单位物料所需要的时间，在进行装卸搬运分析时，要注意其是否存在装卸搬运速度过慢占用时间过长的问题，是否有在不损坏物料的前提下减少装卸搬运时间的可能，从而改善整个物流系统的运营效率。

(6)装卸搬运的实现(How)。装卸搬运的实现主要是指采用何种装卸搬运方法，如何进行装卸搬运流程和动作的设计。

2)装卸搬运活性分析

所谓活性指的是已经放置好的物料进入装卸搬运状态时的难易程度。从活性的观点来分析、研究物料的放置和所处状态就称为装卸搬运的活性分析。

(1)活性指数(Index of Liveliness)

将物料从散放状态到进入装卸搬运状态这一过程，按装卸搬运要求分为四项内容，把物料所处状态已经完成而无须进行的活动数称为活性指数。区别物料所处状态的活性指数如表10-1所示。这里要注意的是，活性指数不仅由物料所处状态来决定，更主要由该状态下无序进行的活动数来决定。例如，物料散放在地上，按其状态，活性指数应为0，但如装卸搬运时能成为一个单元而无需聚集的话，其活性指数应当作为1。

活性指数表

表10-1

活性指数	状态	是否需要下列活动				已完成的活动	未完成的活动
		聚集	拿起	抬高	运出		
0	放在容器内	要	要	要	要	0	4
1	散放在地上	否	要	要	要	1	3
2	放在托板上	否	否	要	要	2	2
3	放在车上	否	否	否	要	3	1
4	移动中	否	否	否	否	4	0

(2)活性指数分析

活性指数分析指装卸搬运系列中各阶段货物的活性指数及其状态。货物处在不同阶段,其活性指数会发生变化。对其中,某两个阶段的活性指数低且与前后不相平衡的,应把这两点作为改善对象,提高其活性以消除停滞。

(3)平均活性指数分析

所谓平均活性指数就是一个装卸搬运系列中各阶段停滞部分(即活性指数0～4)的指数平均值。根据这一指数利用表 10-2 就可对该装卸搬运系列的改善步骤有一个基本估计。

平均活性指数与改善的基本步骤 表 10-2

平均活性指数	改善的基本步骤
＜0.5	·使用容器·使用手推车·分析使用托板、撬垫及叉车的可能性
＞0.5～1.3	·全面使用于推车·使用手动提升车·推广使用托板及叉车·采用简便输送机
＞1.3～2.3	·全面使用叉车·使用输送机(皮带、滚轮及滚筒式输送机) ·分析采用工业拖车的可能性·节省装卸搬运工的分析
＞2.3	·全面使用工业拖车·输送机与叉车为中心,重点在于节省装卸搬运工的分析时间

在物料装卸搬运原则与分析的基础上,就装卸搬运要素、思路、改善原则与方法逐层展开,如表 10-3 所示,作为改善物料装卸搬运的简要提示。

物料装卸搬运的要素、思路、改善原则与方法 表 10-3

要素		思路	改善原则	改善方法
物料		减少数量	排除装卸搬运	排除工厂布置中的中间装卸搬运
			减少装卸搬运量	应用分散装卸搬运、减轻容器自重
		减少次数	单元装载	托盘化
			大量化	采用工业拖车(牵引式拖车)
				利用大型装卸搬运设备
搬运	空间	减少路线	排除装卸搬运	应用中继装卸搬运
				改善工厂布置
		缩短距离	直线化	改善工厂布置
			平面化	改善工厂布置
		减少次数	强力化	利用大型装卸搬运设备
			大量化	采用工业拖车(牵引式拖车)
	时间	缩短时间	高速化	利用高速装卸搬运设备
			同期化	应用均衡装卸搬运
		减少次数	增加装卸搬运量	采用工业拖车(牵引式拖车)
				利用大型装卸搬运设备

续上表

要　素	思　路	改 善 原 则	改 善 方 法
方法	增大装卸搬运量	机械化	利用大型装卸搬运设备
			装卸搬运设备的组合应用
	从管理角度协调	高速化	利用高速装卸搬运设备
		连续化	采用输送机
		同期化	应用均衡装卸搬运、循环装卸搬运、往复装卸搬运
	非动力装卸搬运	重力化	采用滑槽输送机、滚子(筒、轮)输送机

第四节　生产物流系统的业绩评价

绩效测评是管理的最基本工作。如果不能测评，就不能管理，而管理的目的是持续改进，这是管理原则。因此，企业生产物流管理也必须要进行绩效测评。但相比之下，企业生产物流系统工作涉及的内容多、范围广，这给生产物流管理的绩效测评带来较大的难度。全面科学地考核企业物流管理的绩效，是值得探讨的一个重要课题。

企业生产物流系统绩效测评工作的主要内容是确定企业生产物流绩效测评指标，并建立绩效测评运作体系。

一、生产物流系统绩效测评指标

企业生产物流系统运行的绩效如何，企业物流控制是否达到了目标，这些都需要用一定的指标来衡量。即通过建立绩效指标来衡量生产物流系统的有效性。

(一)确定绩效测评指标的基本原则

物流运营绩效测评指标的建立，应能从静态和动态方面综合反映生产物流运营的状况，从投入和产出的角度反映物流的效益性。因此，建立现代企业生产物流系统运营测评指标体系应遵循以下原则。

1. 科学性原则

这是指指标体系的设计要符合生产物流系统运营的客观规律，测评方法、测评内容和测评指标相适应，能够获得客观、真实的评价结果。绩效测评的结果必须与物流实际经营绩效水平相符合。

2. 整体性原则

这是指指标体系能够综合、全面地评价生产物流系统运营的绩效，把影响物流运营的经营效益和经营效果的各种因素都作为评价范围。并且把生产物流系统运营的各个环节紧密联系在一起作为一个系统工程来考虑指标设计，而不是孤立地对待其中的各个环节。

3. 目的性原则

这是指指标设计的总体框架应围绕着提高物流运营的效率以及企业整体经济效益的目的而建立。对采购、储存、加工制造、检验、装配、包装、装卸等物流的静止状态以及搬运、运输等物流的流动状态设计相应的指标，对静态管理要遵循少停留、少耗费的原则，而对动态管理要遵循距离短、环节少、时间快、费用省的原则。

4. 可行性原则

这是指统计指标的设计要充分考虑资料取得的可能性，确保绩效测评的操作简便，有利于提高绩效评价工作效率，便于推广使用。并且要考虑指标设计的相对稳定性和可比性，保证统计资料的连续性。

5. 责权利相结合的原则

绩效评价的目的是为了改善绩效，而不是为评价而评价。物流绩效评价的结果可以用于物流运营系统的改善以及责任人、责任单位的奖惩和晋升。因此，在绩效考核系统设计时，应分析绩效考核结果的责任归属，这是非常重要的。

(二)生产物流系统绩效测评指标体系结构

根据企业业务性质和行业领域的不同，不同的企业会用不同的指标体系。企业生产物流系统考核绩效指标应该总是围绕企业整体战略目标和近期目标来设定。企业生产物流系统管理绩效指标目前还没有固定的指标体系结构，本书推荐一种物流绩效指标体系结构，如表 10-4 所示。

企业生产物流系统绩效指标体系 表 10-4

指标属性	时　间	成　本	质　量	其　他
具体指标	准时交付/接收 订单周期时间 订单周期时间变动 响应时间 预测/计划周期时间 退货更换时间	成品存货周转次数 销售待补天数 物流各类成本 现金周期 能力过剩成本 能力不足成本	顾客满意度 处理准确性 预测准确性 计划准确性 计划遵守程度 配送延迟次数 满足合同需求次数	信息可得性 改变订货时限 最小订单数量

时间、成本和质量是反映企业物流系统目的/目标的最基本要素。

按表 10-4 的结构建立企业生产物流系统绩效指标，能比较容易地与企业物流系统方针和目标挂起钩来，而且也有助于企业生产物流系统方针和目标值的展开，以便形成一个完整的企业物流系统目标体系。

但必须要关注各项指标之间的相互关联性，特别是效益的“悖反”性。

二、生产物流系统绩效测评体系

物流绩效测评体系主要包括 3 个层次，即基础工作层、核算考核层和奖惩分析层次，如图 10-2 所示。

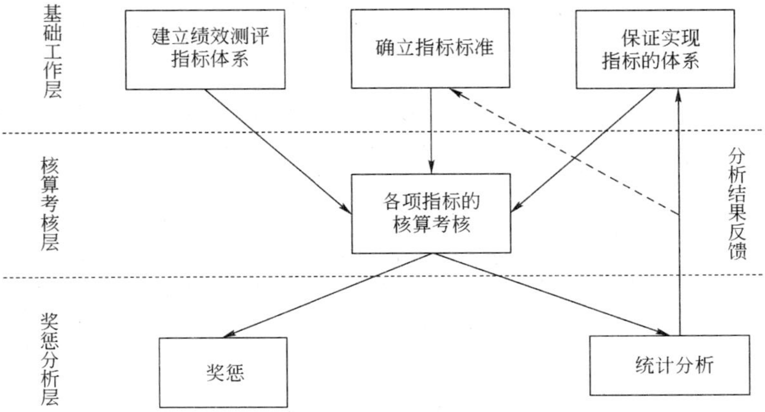

图 10-2　企业物流绩效测评体系构成

(一)建立物流服务质量和物流效率的衡量指标体系

根据物流运营的特点，针对不同的部门、单位以及责任人分别建立及时性、正确性、货物完好性、库存周转率、总体成本控制等一系列物流运营绩效衡量指标。

(二)确定各项指标的考核标准

针对不同类型的货物和物流运营特点，参照国际国内的先进水平，制定相应的考核标准。并对相应的责任单位与个人明确这些考核标准，以分清相应的考核责任。

(三)物流运营绩效指标的实现保证

确定指标和考核标准之后，应制定出全面的质量和效率保证方案，包括对物流运营方案行总体规划的计划控制程序；对人员职责提出总体要求的管理程序；对文件化管理进行规定的文件资料控制程序；对人员提出要求的人员培训程序和人员资质审核程序；对自我评审和合作伙伴评审作出规定的内审和外审程序；对物流方案进行控制的总体物流方案控制程序；以及应急方案控制程序等。通过这些详细的时间控制程序，来保证规定的物流运营的质量和效率。

(四)明确指标考核结果的奖惩

绩效评价指标体系建立之后，应就指标考核的结果制定相应的奖励办法，并在分解到相应的责任单位与个人，从而使物流绩效考核标准得到更好的实施。

(五)质量和效率指标的统计分析

在日常的物流运营过程中,应定期(每天、每周或每月)提供物流运营质量和效率指标的统计分析报告,及时反馈,以对物流基础工作作出及时调整,并根据客户的需求不断改善服务质量和效率水平。

三、生产物流系统运营总体效益评价原理

(一)物流运营总体效益分析的基本思路

物流运营有两项基本功能,即物质实体的时间转移和空间(或称地点)转移,它们分别主要由储存和运输活动来完成。除此之外,物流系统中还需要包装、装卸搬运、流通加工以及物流信息处理等几项功能活动,配合储存和运输以完成物质实体的时间转移和空间转移。物质实体的时间转移和空间转移消除了供给者和需求者在同一物质实体上存在的时间和空间差异,从而创造了该物质实体的时间效用和空间效用。而从生产物流系统的形成看,需要建设一个完善的生产物流系统网络,同时需要投入一定的劳动量,这些都构成了物流运营的成本。

对物流运营系统进行总体效益评价要解决的问题是:一定的劳动投入量能形成多大的物流能力;一定量的物流能力又能完成多大的物流工作量;而一定的工作量又能取得多大的物流效用或效益。物流运营的效益分析,就是要分析物流运营的投入与产出之比。图 10-3 就是企业生产物流系统投入与产出关系图。

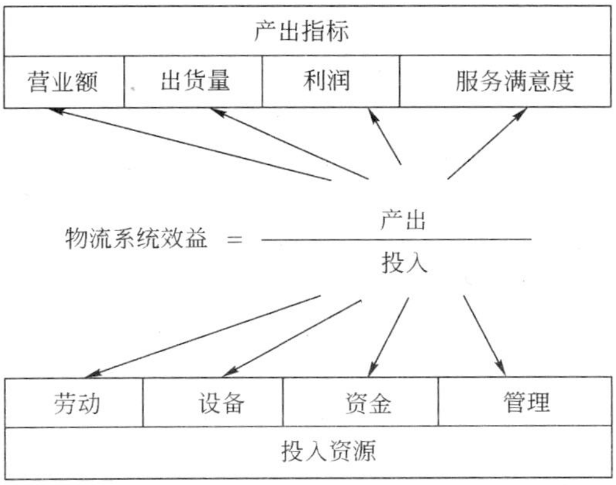

图 10-3 企业物流系统投入与产出关系图

(二)生产物流运营系统的描述

生产物流运营是在一定的物流设施基础上进行的,包括运输线路、运输设备、仓储设施等。物流转移过程是物质实体通过这些物流设施从供应者经过若干节点和连线到达需求者的过程。对于企业物流系统来说,生产物流的网络系统就是这些转移

路线的集合，企业的储存点、加工点、车间、仓库等储存停放设施构成节点，这些节点之间的运输通道则是网络连线。它们构成企业生产物流运营网络。对于一个物流运营系统可以通过对下列物流网络的参数进行描述。

(1)物流运营网络节点的数目、节点之间的连线关系及连线的长度。

(2)物流网络节点的储存能力、连线的通过能力(如运输线路的货物运输能力)。

(3)物流网络上所进行的物流活动的参数:包括物质实体的品种、数量、所处的状态等。如某一时刻各节点的库存量和储存时间以及某一时期内物质实体的流入流出量(物流量)、储存周转量和运输周转量等。

(三)反映生产物流运营过程的主要指标

1.物流运营规模指标

物流运营的劳动投入既包括物质资料投入、资金的投入、物流设备设施占用的代价，也包括人力的投入和占用。这些劳动投入实际上构成了物流活动的成本，并在一定的劳动生产率条件下，形成一定的物流能力。而物流能力是指一定时期内物流运营系统所能完成的物质实体的转移量的最大值。我们可以用物流运营规模指标来反映物流运营系统的劳动投入及其产生的物流能力。

2.物流周转量指标

物流能力的运用会产生一定的工作成果，这个工作成果就是物流运营系统的物质实体的实际转移量，主要是指所转移物质实体的数量及其储存时间和运输距离，可以用储存周转量和运输周转量表示。储存周转量是仓库的平均库存量和储存时间的乘积，运输周转量是物流量(即货物运输量、搬运量等)和平均运输距离的乘积，我们把它们合称为物流周转量。物流周转量既反映物流了物流活动所处理的物质实体的数量，也反映了物流活动的工作量的大小。它不仅和物流活动投入的劳动消耗直接有关，也和物流效用直接有关。因为在正常情况下，物流周转量越大，所需耗费的劳动量越多，而所创造的时间和空间效用也就越大。因此，可以用物流周转量作为物流系统的直接工作成果。

3.物流效用指标

物流运营所创造的价值决定于其所完成的物流周转量的效用值，而物流周转量的效用就是它所创造的物质实体时间和空间效用，是它所转移的物质实体的效用增量。

(四)物流运营的效益分析

通过分析物流运营系统的投入与产出，以及物流运营的效用，可以来分析整个物流系统运营的效益。我们可以直接用效用的增量代替价值的增值，并称其为效用价值，则物流的效益就是这一增值与物流成本的比较。将物流周转量和物流成本与物流效用价值联系起来就能进行物流效益的分析。

(1)提高效益的首要因素是提高效用的增量 $\Delta\mu$。这主要取决于实体效用函数 F 及其时间空间向量(T,P)的变化。这些因素虽然比较复杂，但是有一点是确定的，就是关于实体效用函数的知识和时间空间向量变化的信息是提高物流效益的主要因素。物流管理对物流系统进行综合管理，寻求能使物流效用 $\mu=F(T_0,Q_0,V_0)$最大化的实体向量，从而提高物流效益。F 表示物流实体效用函数，T 表示实体物质存储时间，P 表示地点，Q 表示实体物质质量，V 表示数量。

(2)在保持效用增量 $\Delta\mu$ 不变的情况下，降低物流周转量和单位物流周转成本同样可以显著地增加物流效益。

(3)增加物流的劳动投入即增加物流规模只能在物流能力不足的时候才能起一定的作用，但是它在提升效用价值 $\Delta\mu$ 的同时，也提升了物流成本。

当然，在运用物流周转量和物流效用价值指标考察物流的成本、效益的时候，存在一些实践的问题。首先，物流周转量不是一个单独的指标，它是储存周转量和运输周转量的组合。由于这两个量的量纲不同，很难进行综合的计量。同时，在满足一种需求的时候，如果我们减少储存周转量，相应地就需要更多的运输周转量，或者减少周转量的时候，必然要增加储存周转量。这种物流功能的效益悖反性，使得总的物流周转量并未得到大的增减。另外，物流效用的函数也很难准确的计量。

S 本章小结

本章介绍了生产物流系统的内容和设计的方法，通过时间、空间和人员组织合理安排生产物流，从生产物流系统的设计原则出发，掌握初步的设计，通过企业车间生产物流输送设备优化、企业物流与外部物流的联结控制以及企业内部生产物料流转分析有助于强化生产物流系统设计的系统性。企业物流绩效测评工作的主要内容是确定企业物流绩效测评指标，并建立绩效指标运作体系。物流绩效测评体系主要包括 3 个层次，即基础工作层、核算考核层和奖惩分析层次。对生产物流运营系统进行总体效益评价要解决的问题是：一定的劳动投入量能形成多大的物流能力；一定量的物流能力又能完成多大的物流工作量；而一定的工作量又能取得多大的物流效用或效益。物流运营的效益分析，就是要分析物流运营的投入与产出之比。

E 练习题

1. 理解并分析生产车间连续输送系统的主要组成部分。

2. 论述企业内物流流转的分析方法。

3. 物流绩效测评体系主要包括哪几个层次？说明物流绩效测评指标体系的重要性。

C 案例分析

戴尔的库存管理模式

在企业生产中，库存是由于无法预测未来需求变化，而又要保持不间断的生产经营活动必须配置的资源。但是，过量的库存会诱发全世管理中诸多问题，例如资金周转慢、产品积压等。因此，很多企业往往认为，如果在采购、生产、物流、销售等经营活动中能够实现零库存，企业管理中的大部分问题就会随之解决。零库存便成了生产企业管理中一个不懈追求的目标。

一、库存谁来承担

如此看来库存显然成了一个包袱。目前条件下，任何一个单独的企业要向市场供货都不可能实现零库存。通常所谓的“零库存”只是节点企业的零库存，而从整个供应链的角度来说，产品从供货商到制造商最终达到销售商，库存并没有消失，只是由一方转移到另一方。成本和风险也没有消失，而是随库存在企业间的转移而转移。

戴尔电脑的“零库存”也是基于供应商的“零距离”之上的。假设戴尔的零部件来源于全球4个市场，美国市场20%，中国市场30%，日本市场30%和欧盟市场20%，然后在香港基地进行组装后销售全球。那么，从美国市场的供应商A到达香港基地，空运至少10小时，海运至少25天；从中国市场供应商B到达香港基地公路运输至少2天；从日本市场供应商C到达香港基地，空运至少4h，海运至少2天；从欧盟市场供应商D到达香港，空运至少7h，海运至少10天。若要支持戴尔在香港组装基地电子器件的零库存，则供应商在香港基地必须建立仓库，或自建或租赁，来保持一定的元器件库存量。供应商则承担了戴尔制造公司库存的风险，而且还要求戴尔制造公司与供应商之间要有及时、频繁的信息沟通与业务协调行为。

由此，戴尔制造公司与供应商之间可能存在着两种库存管理模式：

模式1　即戴尔制造公司在香港的基地由自己的存储库存。

该模式要求香港基地的库存管理由戴尔制造公司自行负责。一旦缺货，即通知供货商4小时内送货入库。供应商要能及时供货必须也要建立仓库，从而导致供应商和企业双重设库降低了整个供应链的资源利用率，也增加了制造商的成本。

模式2　即戴尔制造公司在香港的制造基地不设仓库，由供货商直接根据生产制造过程中物品消耗的进度来管理库存。比如采用准时制物流，精细物流组织模式，按销售订单排产。

该模式中的配送中心可以是四方供应商合建的，也可以和香港基地的第三方物流商合作。此时，供应商完全了解电脑组装厂的生产进度、日产量，不知不觉地参与到戴尔制造厂的生产经营活动之中，但也承担着零部件库存的风险。尤其在PC行业，原材料价格每星期下降1%。而且，供应商至少保持二级库存，即原材料采购库存和面向制造商所在地香港进行配送业务而必须保持的库存。面对“降低库存”这一令人头痛的问题，供应商实际上处在被动“挨宰”的地位。

在这种情况下，对供应商而言，所谓的战略合作伙伴关系以及与戴尔的双赢都是很难实现的。在供货商—制造商—销售商这根链条中，如果只有制造商实现了最大利益，而其他两方都受损，这样的链条必定解体。因为各供应商为了自身的生存，必然扩展自己新的供货合作伙伴，如对宏基电脑、联想电脑制造商供货，扩大在香港配送基地的市场业务覆盖范围。供货商这种业务扩展策略就会降低戴尔电脑产品的市场竞争力。很显然，当几家电脑制造商都用相同的电脑元件组装时，各企业很难形成自身的产品优势，而且还有泄漏制造业商业秘密的危险。这种缺乏共兴共荣机制的供应链关系，也必然给制造商埋下隐患。

二、双赢如何实现

实行供应链管理，提升企业的核心竞争力，关键不在于企业所采用的信息技术的先进性，而在于采用合理的管理体制和运行机制以及构建整个供应链健康的利润分配机制。按法国物流专家沙卫教授的观点，戴尔电脑制造商要想与其供应商建立良好的战略合作伙伴关系，就应该在多方面照顾供应商的利益，支持供应商的发展。

首先，在利润上，戴尔除了补偿供应商的全部物流成本（包括运输、仓储、包装等费用）外，还要让其享受供货总额3%～5%的利润，这样供应商才能有发展机会。

其次，在业务运作上，还要避免因零库存导致的采购成本上升。制造商一般都要向供应商承诺长期合作，即一年内保证预定的采购额。然而一旦采购预测失误，制造商就应该把消化不了定额采购额转移到全球别的工厂，以尽可能减轻供应商的压力，保证其利益。

再次，戴尔制造商应调动供应链上各个企业的积极性，变供应商的被动“挨宰”地位为主动参与，从而充分发挥整个供应链的能量。比如，让各地区的供应商同时作为给地区销售代理商之一，这样供应商又可以从中得到另外一部分利润。这种由单纯的供应商身份向供货及销售代理商双重身份的转变，使物品采购供应—生产制造—产品销售各环节更加紧密结合，也真正实现了企业由商务合作向战略合作伙伴关系的转变，真正实现了风险共担、利润共享的双赢目标。

事实上，戴尔公司就是采用了这种战略，使得戴尔每年用于产品创新的支出不到5亿美元，平均占公司销售额的15%，而其主要的竞争对手惠普公司每年用于产品创新的支出高达40亿美元，平均占到公司销售额的63%。但是，惠普的PC和服务器部门2004年一年的亏损为14.4亿美元，而戴尔公司2004年却获利19.8亿美元，这说明戴尔公司的战略是正确的。

沙卫教授认为，这种战略联盟关系能达到以下目的：

有利于制造商新产品的研发。因为供货商最能掌握自己熟悉的采购供货领域中电脑用电子元器件新产品的面市情况，在了解其性能价格之比后，及时反馈给制造商，让他们选用，有利于完善产品的性能，有利于把握客户的需求变化动态，促进生产商调整适宜的生产经营战略。

（阙祖平. 物流案例分析. 北京：人民交通出版社，2005）

思考题

用库存控制原理分析一下本案例中的两种库存管理模式。

参考文献

[1] 白世贞.物流企业质量管理.北京:中国物资出版社,2006:5-8,47-52.
[2] 曲建科.现代企业物流管理.北京:中国经济出版社,2005:414-422.
[3] 孙超.企业管理学.北京:中国电力出版社,2005:210-212.
[4] 黄渝祥.企业管理概论.北京:高等教育出版社,2000:214-228.
[5] 熊青.企业物流管理.北京:人民交通出版社,2007:27-37.
[6] 葛新权.生产物流管理.北京:社会科学文献出版社,2006:110-115.
[7] 孙贵明.生产物流管理.北京:中国社会科学出版社,2005:130-145.
[8] 潘尔顺.生产计划与控制.上海:上海交通大学出版社,2003:75-77.
[9] 赵启兰,刘宏志.生产计划与供应链中的库存管理.北京:电子工业出版社,2003:63-68.
[10] 徐勇谋.现代物流管理基础.北京:化学工业出版社,2003:45-47.
[11] 张福荣.物流管理.北京:中国纺织出版社,2003:20-25.
[12] 刘伯莹,周玉清,刘伯钧.MRPⅡ/ERP原理与实施(第二版).天津:天津大学出版社,2003:122-135.
[13] 王明智.物流管理案例与实训.北京:机械工业出版社,2003:58-75.
[14] 方正.物流管理学.武汉:武汉大学出版社,2003:10-11.
[15] 李苏剑,连铸.连轧生产物流管理.北京:冶金工业出版社,2001:62-68.
[16] [日]田律志,著.藤永红,译.图解丰田生产方式.北京:东方出版社,2006:87-95.
[17] 夏年喜.丰田经营秘诀.北京:改革出版社,1997:38-40.
[18] 田肇云.生产物流管理.北京:社会科学文献出版社,2006:69-77.
[19] [日]门田安弘,著.王瑞珠,译.TOYOTA新丰田生产方式.保定:河北大学出版社,2001:52-54.
[20] 吴清一.物流管理.北京:中国物资出版社,2006:112-117.
[21] 朱晓春.先进制造技术.北京:机械工业出版社,2004:18-19.
[22] 孙燕华.先进制造技术.西安:西安电子科技大学出版社,2006:126-133.
[23] 刘忠伟.先进制造技术.北京:国防工业出版社,2006:18-21.
[24] 王隆太.先进制造技术.北京:机械工业出版社,2003:96-99.
[25] 赵汝嘉.先进制造系统导论.北京:机械工业出版社,2003:82-84.
[26] 徐燕.物流信息管理.北京:对外经济贸易大学出版社,2004:15-25.
[27] 陈福集.物流信息管理.北京:北京大学出版社,2007:46-58.
[28] 祝士明.管理信息系统.北京:机械工业出版社,2005:145-147.

[29] 冯耕中.物流管理信息系统及其实例.西安:西安交通大学出版社,2003:89-95.

[30] 孙红.物流信息管理.上海:立信会计出版社,2006:76-77.

[31] 张远昌.生产物流与采购管理.北京:中国纺织出版社,2004:42-48.

[32] 万志坚等.企业物流管理.广州:广东经济出版社,2005:36-49.

[33] 马士华.基于供应链的企业物流管理——战略与方法.北京:科学出版社,2005:66-74.

[34] 鲍新中.物流成本管理与控制.北京:电子工业出版社,2006:155-175.

[35] 曲建科.现代企业物流管理.北京:中国经济出版社,2005:414-422.

[36] 李伊松.物流成本管理.北京:机械工业出版社,2006:264-270,293-305.

[37] 现代物流管理课题组.物流成本管理.广东:广东经济出版社,2002:20-27,50-52.

图书在版编目(CIP)数据

生产物流管理/原宇,邵雷主编. --北京:人民交通出版社,2008.11

ISBN 978-7-114-07469-1

I. 生… II. ①原…②邵… III. 企业管理—物流—生产管理 IV. F273.4

中国版本图书馆 CIP 数据核字(2008)第 172849 号

Shengchan Wuliu Guanli

书　　名: 生产物流管理
著 作 者: 原　宇　邵　雷
责任编辑: 高　培
出版发行: 人民交通出版社股份有限公司
地　　址: (100011) 北京市朝阳区安定门外外馆斜街 3 号
网　　址: http://www.ccpress.com.cn
销售电话: (010) 59757973
总 经 销: 人民交通出版社股份有限公司发行部
经　　销: 各地新华书店
印　　刷: 北京市密东印刷有限公司
开　　本: 720×960　1/16
印　　张: 18.5
字　　数: 364 千
版　　次: 2008 年 11 月第 1 版
印　　次: 2018 年 11 月第 10 次印刷
书　　号: ISBN 978-7-114-07469-1
定　　价: 33.00 元